A QUÍMICA ENTRE NÓS

Larry Young, Ph.D., e Brian Alexander

A QUÍMICA ENTRE NÓS

AMOR, SEXO E A CIÊNCIA DA ATRAÇÃO

Tradução
Bruno Casotti

4ª edição

Rio de Janeiro|2023

CIP-BRASIL. CATALOGAÇÃO-NA-FONTE
SINDICATO NACIONAL DOS EDITORES DE LIVROS, RJ

Young, Larry, Ph. D.

Y68q   A química entre nós/Larry Young e Brian Alexander; tradução:
4ª ed.   Bruno Casotti. - 4ª ed. – Rio de Janeiro: BestSeller, 2023.

Tradução de: The Chemistry Between Us
ISBN 978-85-7684-664-2

1. Amor – Aspectos psicológicos. 2. Atração sexual. 3. Sexo (Psicologia). I. Alexander, Brian, 1977-. II. Título.

12-7695

CDD: 612.8
CDU: 612.8

Texto revisado segundo o Acordo Ortográfico da Língua Portuguesa de 1990.

Título original norte-americano:
The Chemistry Between Us
Copyright © 2012 by Larry J. Young and Brian Alexander
Copyright da tradução © 2012 by Editora Best Seller Ltda.

Desing de capa adaptado do original Jason Ramirez
Crédito das imagens de capa: Gregor Schuster/Getty Images e
Angelo Cavalli/Buena Vista Images/Getty Images
Editoração eletrônica: Abreu's System

Todos os direitos reservados. Proibida a reprodução,
no todo ou em parte, sem autorização prévia por escrito da editora,
sejam quais forem os meios empregados.

Direitos exclusivos de publicação em língua portuguesa para o Brasil
adquiridos pela
Editora Best Seller Ltda.
Rua Argentina, 171, parte, São Cristóvão
Rio de Janeiro, RJ – 20921-380
que se reserva a propriedade literária desta tradução

Impresso no Brasil

ISBN 978-85-7684-664-2

Seja um leitor preferencial Record.
Cadastre-se no site www.record.com.br e receba informações
sobre nossos lançamentos e nossas promoções.

Atendimento e venda direta ao leitor:
sac@record.com.br

A nossas famílias, onde o amor vive

SUMÁRIO

INTRODUÇÃO • 11

1 CONSTRUINDO UM CÉREBRO SEXUAL • 17

2 A QUÍMICA DO DESEJO • 46

3 O PODER DO APETITE • 74

4 O CIRCUITO MAMÃE • 109

5 SEJA MEU BEBÊ • 146

6 SEJA MEU TERRITÓRIO • 180

7 VICIADO EM AMOR • 215

8 O PARADOXO DA INFIDELIDADE • 243

9 REESCREVENDO A HISTÓRIA DO AMOR? • 274

AGRADECIMENTOS • 303

BIBLIOGRAFIA • 305

Os homens ainda são guiados por instintos antes de serem regulados pelo conhecimento.

— THEODORE DREISER, *SISTER CARRIE*

INTRODUÇÃO

A noção de amor como "mistério" está tão impregnada na imaginação humana que talvez seja nosso mais antigo clichê. Platão o chamou de "desejo irracional". Cole Porter parecia falar pela maioria de nós quando jogava as mãos para o alto e, numa espécie de suspiro musical de resignação, perguntava: "What is this thing called love?" [O que é essa coisa chamada amor?]. Em sua canção clássica, uma pessoa conta que estava contente, ainda que levando uma vida monótona, até que o amor misteriosamente chegou, mudou tudo e fez "de mim um tolo".

Mais cedo ou mais tarde, todos nós ficamos espantados com a maneira impressionante como nosso comportamento pode mudar quando o amor chega. E nosso desejo de sexo pode parecer ilimitado. Desejamos tanto que desembolsamos um bom dinheiro para sermos lembrados disso — para benefício financeiro de Hugh Hefner, Jimmy Choo e a economia de Las Vegas. A combinação entre o desejo erótico e o amor que ele conduz pode ser a força mais poderosa do planeta. Algumas pessoas matarão por amor. Nós nos casaremos com alguém que tem filhos e aceitaremos felizes o trabalho de cuidar de suas crianças, embora não tivéssemos intenção alguma de viver com qualquer tipo de criança quando éramos solteiros. Mudaremos de religião ou adotaremos uma religião pela primeira vez. Deixaremos a brisa quente de Miami e nos mudaremos para o clima gélido de Minnesota. Faremos inúmeras coisas que nunca imagináramos fazer, teremos pensamentos que nunca imagináramos ter, adotaremos estilos de vida que nunca imagináramos adotar — tudo sob o domínio do amor. E se o amor não for bem, nós nos perguntaremos, como fez o protagonista de Porter: "O que deu errado?" e "Como pudemos ser tão tolos?".

Como isso acontece? Como podem dois completos estranhos chegarem à conclusão de que não apenas seria agradável dividir suas vidas, mas de que **devem** dividi-las? Como pode um homem dizer que ama sua esposa e ainda assim fazer sexo com outra mulher? O que nos leva a manter relacionamentos mesmo quando o romance acaba? Como é possível se apaixonar pela "pessoa errada"? Como as pessoas vêm a ter um "tipo"? Como começa o amor? O que leva as mães a cuidarem de seus bebês? O que explica o gênero sexual das pessoas às quais direcionamos nosso afeto? O que sequer significa dizer que alguém é feminino ou masculino? Onde essa ideia reside? Como foi formada?

Quando Larry iniciou seus estudos de doutorado em neurociência, no departamento de zoologia da Universidade do Texas, não pensava em tentar responder a essas perguntas. Então ele começou a trabalhar com espécies incomuns de lagartos. (Explicaremos mais tarde por que esses lagartos são incomuns.) Lagartos, aparentemente, não teriam muito a nos dizer sobre o amor humano, mas Larry começou a fazer a conexão em sua mente quando descobriu que podia controlar completa e perfeitamente o comportamento sexual desses animais administrando apenas uma substância química. Uma única molécula, ativa no cérebro, criava mudanças fundamentais no comportamento de acasalamento. Para Larry, pessoalmente, e para sua carreira científica, foi um momento profundo. Ele não foi o primeiro a perceber que uma substância química ou outra tinha esse poder — como você verá, gerações anteriores de cientistas haviam pavimentado o caminho. Mas, quando Larry pesquisou o trabalho deles, fez suas próprias descobertas. E, quando ele e outros avançaram em seus conhecimentos sobre neurociência social — o estudo de como nos comportamos em relação aos outros —, um quadro dos mecanismos cerebrais que estão por trás dos mistérios que haviam intrigado tantos por tanto tempo começou a se formar em sua mente. Este livro é uma tentativa de interpretar esse quadro.

Ao longo do tempo, contadores de histórias como Platão e Porter gesticularam muito com as mãos ao tentar explicar o amor. Portanto, ousar se meter onde eles já pisaram pode parecer a missão de um tolo. Mas nós nos juntamos para tentar, porque a nova ciência está provando que o instinto de Larry na escola de pós-graduação estava correto: o desejo, o amor e os vínculos entre as pessoas não são tão misteriosos, no fim das contas. O amor não chega e vai embora realmente. Os comportamentos complexos em torno dessas emoções são impulsionados por algumas moléculas em nossos cérebros. São essas moléculas, agindo em circuitos neurais específicos, que influenciam com tanta força algumas das maiores decisões que tomaremos, e que mais tarde mudarão as nossas vidas.

Tendemos a pensar no miasma de símbolos, encantamentos e, enfim, comportamentos em torno do amor como misteriosos, porque parece que temos muito pouco domínio sobre eles. Mas também gostamos de acreditar que não somos levados por nossos instintos mais básicos, que o fato de sermos humanos nos isola da força da paixão. Afinal de contas, os seres humanos têm córtices cerebrais muito grandes e complicados — os lobos frontais. Encontramos grande conforto nesses assentos da razão, felicitando-nos por termos chegado acima de nossos parentes animais irracionais, movidos por impulsos, ao longo da evolução.

O Josef Parvizi, médico e neurocientista da Universidade de Stanford, chama essa atitude de "propensão corticocêntrica". Na verdade, o cérebro é formado por inúmeras estruturas que respondem a uma galáxia de substâncias neuroquímicas. Ao contrário do que se pensa comumente, nenhuma região do cérebro é "mais alta" ou "mais baixa" do que qualquer outra. O comportamento nem sempre se desenvolve como parte de um processo hierárquico gradativo; é mais uma operação paralela. Isso não significa que estamos completamente à mercê de nossos impulsos irracionais, e não argumentaremos isso neste livro. A razão pode, de fato, ajudar-nos a usar os freios. Mas também não devemos subestimar o poder desses impulsos. Os circuitos cerebrais do desejo e do amor têm uma influência tão grande que rotineiramente prevalecem sobre nosso eu racional, tornando nosso comportamento sujeito à força de impulsos da evolução. Como Parvizi escreveu, no século XIX, "os seres humanos eram considerados estritamente diferentes dos animais por causa da inibição voluntária de seus desejos instintivos em virtude da racionalidade e da razão pura. Porém, os tempos mudaram. Recentemente, começamos a identificar em outros animais as bases biológicas de nossos valores humanos centrais, como empatia, senso de justiça e cultura".

Neste livro, você vai ler muito sobre animais, bem como sobre pessoas. Há alguns motivos para isso. Os animais têm muito a nos dizer sobre nosso comportamento sexual e nossos vínculos sociais — sobre o amor humano. Há uma tendência a usar afirmações batidas como "animais não são pessoas" para rejeitar a relevância dos estudos sobre o comportamento animal para os seres humanos. É verdade, animais não são pessoas. Mas os animais — mesmo aqueles que pensamos ser primitivos — estão sob a influência das mesmas substâncias neuroquímicas que as pessoas quando se acasalam e reproduzem. Essas substâncias químicas desencadeiam comportamentos nos animais da mesma forma como fazem em pessoas. Esses comportamentos animais frequentemente têm análogos humanos próximos, e as substâncias químicas e os circuitos neurais em comum têm sido conservados na evolução. Às vezes, no contexto humano, têm sido remodelados ou ajustados, mas estão ali, e nos levam à ação.

Você provavelmente já viu programas de televisão mostrando imagens de ressonância magnética e outras tecnologias usadas em experiências em que um cérebro humano é estimulado pela música, ou por problemas de matemática, e em seguida retratado em cores impressionantes na TV quando esta ou aquela região do cérebro se acende em tons de vermelho e verde. Essas experiências são valiosas, e você lerá sobre algumas delas aqui. Mas a ressonância magnética e outras tecnologias de imagens não são as únicas e nem mesmo as mais poderosas ferramentas disponíveis para mostrar como nos comportamos. São usadas com tanta frequência e com tanto entusiasmo, porque são poucas as outras maneiras éticas de espiar dentro do cérebro humano em funcionamento. Infelizmente, os resultados desses testes podem ser mais sugestivos do que definitivos. Por outro lado, novas técnicas que permitem aos cientistas manipular os circuitos cerebrais de animais vivos são empregadas para ver como essas manipulações mudam o comportamento, quais são as substâncias químicas envolvidas e quais os acontecimentos resultantes no cérebro. Essas experiências com animais — às vezes corroboradas mais tarde em estudos de imagens com seres humanos — têm ajudado pesquisadores a entender o desenvolvimento de emoções como o medo e a ansiedade. Essas descobertas têm levado à criação de remédios usados para tratar seres humanos com fobias e transtorno de estresse pós-traumático.

Alguns poderiam argumentar que o sexo e o amor são tão imensamente complexos — tão misteriosos —, que recorrer a animais para nos ensinar sobre nossos comportamentos sexual e romântico é forçar demais a barra. Estamos totalmente preparados para essa crítica. Conforme você lerá, porém, alguns animais — como o modesto urgunuz-do-campo, um pequeno roedor — agem impressionantemente como as pessoas: formam vínculos monogâmicos, "apaixonam-se", choram a perda de um parceiro, sentem falta de casa, fazem sexo em resposta a sinais químicos, enganam seus "cônjuges". Os machos agem "como machos" e as fêmeas "como fêmeas", porque seus cérebros se desenvolvem de maneiras deterministas, assim como os cérebros humanos. E, pelo que se vê, alguns genes envolvidos nesses comportamentos têm demonstrado agora influenciar o comportamento humano também.

É claro que vamos usar também as últimas descobertas feitas em testes e experiências com seres humanos. Como você verá, recentemente tornou-se possível manipular as emoções humanas com as mesmas substâncias neuroquímicas que os cientistas estudam em animais.

Por mais importante que seja o romântico amor humano, os assuntos envolvidos no que você está prestes a ler vão bem além do romance, chegando ao cerne da natureza de nossas sociedades. O que a neurociência social está nos dizendo sobre o amor também se aplica ao modo como vivemos o resto de nossas vidas e ao tipo de mundo onde as viveremos. Distúrbios humanos como o autismo, a ansiedade social e a esquizofrenia têm déficits elementares de interação social. Esses distúrbios minam a capacidade de uma pessoa se envolver socialmente. Como as sociedades e as culturas são construídas com tijolos de envolvimento social — desde os primeiros olhares que as mães trocam com seus bebês até os apertos de mão e sorrisos entre consumidores e vendedores e ao primeiro beijo de um casal —, qualquer coisa que enfraqueça esses tijolos pode ter sobre uma sociedade os mesmos efeitos fortes que tem sobre os indivíduos.

Dizer que vamos escrever uma teoria grandiosa e unificada sobre cérebro, sexo e amor — que vamos tentar responder às perguntas que tanto antigos filósofos quanto Cole Porter fizeram — faz nossos joelhos tremerem um pouco, em parte porque alguma coisa do que você está prestes a ler poderá provar ser controversa. Para nós é importante assinalar que parte do que escrevemos é uma argumentação, um grupo de hipóteses para uma esquematização do amor. As hipóteses se baseiam na ciência, mas não são fatos científicos estabelecidos. Ainda assim, achamos que este livro é uma tentativa ousada de explicar o que antes era inexplicável. No fim das contas, críticos e leitores decidirão se cumprimos ou não nossos objetivos. No mínimo, achamos que você sairá entendendo muito mais sobre o amor — sobre por que o amor não é realmente nem um pouco louco, mas sim a maneira como fomos feitos para funcionar. Admitimos, porém, que esse conhecimento poderá oferecer pouco consolo quando você acordar numa manhã de fevereiro e descobrir que está em Minnesota.

1

CONSTRUINDO UM CÉREBRO SEXUAL

Pouco mais de sessenta anos atrás, em seu livro *O segundo sexo*, Simone de Beauvoir escreveu que "não se nasce mulher, torna-se mulher", uma frase que ficou famosa. Desde então, o epigrama se tornou um adesivo de para-choque para todos os fins, adotado igualmente por feministas e fashionistas. É claro que pode ser que os fashionistas não entendam totalmente o argumento de Beauvoir. Ela estava dizendo que as mulheres têm um comportamento baseado no gênero sexual forçado por um patriarcado, enquanto os fashionistas tendem a pensar que a feminilidade é concedida por um provocante vestido Ralph Lauren e um par de saltos. Mas a ideia geral é a mesma: o comportamento feminino ou masculino deriva de algum poder externo. Como as crianças da cidadezinha de Las Salinas, na República Dominicana, provaram, porém, Beauvoir estava errada.

Luis Guerrero não tinha intenção alguma de refutar a grande intelectual francesa; estava simplesmente intrigado com um enigma. Como jovem médico que trabalhava num hospital em Santo Domingo no fim dos anos 1960, ele se deparou com as histórias de vida peculiares de algumas crianças de Las Salinas e se perguntou por que as meninas estavam se tornando meninos.

Nativo da República Dominicana, sem muitas ferramentas de pesquisa avançadas à sua disposição, Guerrero não podia fazer muita coisa para investigar o fenômeno com o qual se deparava. Mas levou sua curiosidade com ele quando foi aos Estados Unidos fazer uma residência em endocrinologia, que incluía um trabalho no Medical College da Universidade de Cornell (atualmente Weill Cornell Medical College, em Nova York). Guerrero, hoje médico em Miami, contribuiu para o interesse de pesquisadores de Cornell em fazer uma viagem a Las Salinas para verem com seus próprios olhos o que estava acontecendo.

A viagem de 240 quilômetros de carro da capital da República Dominicana, Santo Domingo, até Las Salinas foi cheia de tensão e ansiedade. No início dos anos 1970, a maioria das estradas era de terra. "Aqueles caminhões de 18 rodas vinham cantando pneu nas curvas", recorda Guerrero. "Foi horrível." Las Salinas era pobre. Os telhados das casas eram de folhas de palmeira. A rua principal, Calle Duarte, era uma trilha empoeirada. Não havia instalações sanitárias, e algumas casas não tinham nem banheiro externo. As pessoas tomavam banho num rio próximo. Os homens que não trabalhavam na mina de sal que dava nome à cidade derrubavam árvores para fazer carvão para usar no fogo ou cultivavam pequenos lotes de terra.

Mesmo hoje, não há muita coisa para atrair visitantes. A praia caribenha mais próxima — dessas que tornou a República Dominicana um destino favorito de viajantes internacionais de férias — fica a mais ou menos 25 quilômetros de distância. Um cemitério forma a extremidade oeste da cidade. Atrás dele abre-se a velha mina de sal, um talho salgado na paisagem. A Calle Duarte hoje é pavimentada, e a maioria das casas tem telhado metálico e encanamento básico, mas pouca coisa mais mudou.

A equipe de pesquisa da Cornell logo descobriu que as duas dúzias de meninas afetadas que encontrou haviam nascido com todas as características femininas. Tinham genitálias de aparência feminina, com lábios vaginais e clitóris. Naturalmente, suas famílias as criaram como meninas. Enquanto cresciam, usavam tiaras no cabelo e vestidos — quando os tinham. Elas cumpriam as tarefas domésticas esperadas das meninas de Las Salinas, enquanto os meninos faziam brincadeiras rudes juntos e se divertiam em explorações longe de casa.

Então, na puberdade, elas desenvolviam pênis. Isso acontecia há gerações — há tanto tempo que os moradores até haviam dado um nome a isso: *guevedoces*, ou "pênis aos 12". Eles chamavam as meninas de *machihembra* ("primeiro mulher, depois homem") e, de fato, elas pareciam se tornar homens. Seus lábios vaginais viravam escrotos contendo testículos. Suas vozes engrossavam e seus músculos cresciam — o retrato de um *machihembra* de aproximadamente 19 anos mostra o físico desenvolvido de um empertigado boxeador peso-médio.

O comportamento dessas jovens também mudava. Elas caminhavam de um jeito masculino, juntavam-se aos meninos da vila em brincadeiras masculinas e até começavam a perseguir meninas. A maioria se casava. Algumas se tornavam pais. A transição para a maturidade masculina nem sempre era fácil, e havia diferenças para o resto da vida entre os *machihembras* e os homens. Os *machihembras* tinham pênis um pouco menores do que a média e suas barbas não cresciam muito. Com o passar dos anos, não sofriam de calvície. Eles também suportavam alguns estigmas sociais: imagine as gozações que um adolescente podia sofrer se seus colegas soubessem que ele já havia sido uma menina. Ainda assim, depois dos *guevedoces*, os *machihembras* se tornavam totalmente masculinos. E, o que é mais importante, aceitavam-se como homens.

Quando a equipe da Cornell resolveu pôr fim ao mistério dos *machihembras*, o artigo resultante de sua pesquisa recebeu tratamento importante, aparecendo na edição de dezembro de 1974 da *Science*, a principal revista científica americana, publicada pela Associação Americana para o Avanço da Ciência (AAAS, na sigla em inglês).

Quase exatamente um ano antes de o estudo sobre os *machihembras* ser divulgado, um homem chamado John Money se pôs diante de uma plateia no encontro anual da AAAS para relatar uma experiência explosiva que estava realizando. Em 1955, Money havia declarado que, no que dizia respeito ao gênero sexual, os bebês nasciam como tábulas rasas. Eles podiam chegar equipados com os 46 cromossomos — incluindo os dois X dos homens e o X e Y das mulheres — de um sexo ou do outro, e com genitália masculina ou feminina, mas, num eco de Beauvoir, Money argumentou que esse sexo biológico não determinava a "identidade de gênero", termo por ele cunhado. Assim como Beauvoir, ele insistiu que o comportamento sexual era *imposto* pelos pais, pela sociedade e pela cultura. Era uma situação de aprendizado se sobrepondo à natureza.

Por motivos variados, aproximadamente um em cada mil bebês nasce com uma genitália ambígua nos Estados Unidos. Uma menina pode nascer com um clitóris dilatado como um pênis; um menino pode ter um micropênis ou nenhum pênis e testículos que não desceram. Raramente os bebês nascem como hermafroditas verdadeiros — com as estruturas reprodutoras de ambos os sexos. O que fazer nesses casos sempre havia sido um embaraço, mas a ideia de não fazer nada parecia não ter muitos defensores. Em 1973, porém, as opiniões de Money haviam sido amplamente — e até avidamente — adotadas. Isso, em parte, porque sua base de poder na prestigiada Universidade Johns Hopkins dava um peso grande a suas opiniões. Mas ele também aliviou um bocado a ansiedade de pais e médicos.

Cirurgiões que operam crianças com genitália ambígua têm há muito tempo um ditado: "É mais fácil fazer um buraco do que um poste." Construir um pênis para um bebê 46,XX com um clitóris muito dilatado, ou para um bebê 46,XY com um micropênis, ou para um bebê cuja genitália é tão ambígua que se torna não identificável, é extremamente difícil. Remover um micropênis e construir uma pseudovagina é mais simples — e é isso que muitos médicos faziam quando determinavam cirurgicamente o sexo de um bebê. O argumento de Money de que essa era uma boa ideia — contanto que seguida de tratamentos hormonais pelo resto da vida e um rigoroso reforço social e parental — proporcionou a justificativa intelectual que médicos e pais precisavam. Poucas pessoas optaram por duvidar dele.

Embora Money estivesse seguro de si, e sua teoria tenha sido posta em prática, nunca houve um teste definitivo para provar que a sociedade cria a identidade sexual. Como alguém poderia realizar tal experiência? Idealmente, seria preciso usar um bebê com uma combinação de cromossomos normal e genitália perfeitamente normal e trocar sua genitália pela do sexo oposto — tudo isso seria bastante antiético. Ainda assim, não haveria controle algum (isto é, um bebê não tratado vivendo no mesmo ambiente) para que se pudesse avaliar o sucesso.

A família Reimer entrou sem querer nesse terreno desconhecido. Bruce e Brian, gêmeos canadenses idênticos, nasceram em 1965 perfeitamente normais. Depois que uma correção cirúrgica de prepúcio mal-feita destruiu o pênis de Bruce, seus pais consultaram Money, que imediatamente percebeu que o infortúnio de Bruce representava a experiência controlada ideal. Bruce e Brian tinham os mesmos genes, haviam se desenvolvido no mesmo útero e cresceriam no mesmo lar — e como Bruce havia sido um menino perfeitamente normal até o acidente cirúrgico, não havia dúvida sobre sua "masculinidade", como poderia haver se ele tivesse nascido com genitália ambígua ou como hermafrodita. Se Bruce crescesse e se comportasse com uma típica menina, enquanto Brian se desenvolvesse e se comportasse como um típico menino, ninguém poderia questionar o argumento de Money de que a sociedade, e não a biologia, exerce a influência mais forte para que nos comportemos como homens ou mulheres.

Os Reimer seguiram o conselho de Money. Eles castraram Bruce e lhe deram suplementos de estrogênio. Criaram-no como uma menina, mudando seu nome para Brenda e dando a Money, no encontro da AAAS, uma apresentação explosiva do que mais tarde se tornaria conhecido como o caso John/Joan.

A experiência foi bem-sucedida, disse Money à plateia da AAAS. O irmão, Brian, comportava-se exatamente como pensávamos que a maioria dos meninos de 8 anos se comportava, disse ele, descrevendo-o como feito de rãs, caracóis, rabinhos pequenos, e como uma criança que gostava de brincadeiras rudes. Já Brenda, feita de açúcar e perfumes, adorava seus vestidinhos e suas bonecas.

Como relatou a revista *Time* depois do encontro, a apresentação de Money deu "forte apoio a uma grande alegação dos defensores da liberação das mulheres: de que os padrões convencionais dos comportamentos masculino e feminino podem ser alterados. Money está convencido de que quase todas as diferenças são determinadas culturalmente e, portanto, opcionais".

Em seu tratado de 1898, *Woman and Economics*, a pioneira feminista Charlotte Perkins Gilman declarou que "não existe mente feminina. O cérebro não é um órgão sexual. Se fosse, também falaríamos de um fígado feminino". Agora, a *Time* sugeria que tanto ela quanto Beauvoir estavam certas. Feministas da segunda onda adotaram as ideias de Money como prova científica de que, sem sombra de dúvida, não havia qualquer diferença inata importante entre homens e mulheres.

Os resultados da investigação em Las Salinas pareciam ter posto essas conclusões em dúvida. Ao todo, a equipe da Cornell encontrou 24 homens em 13 famílias diferentes que haviam tido *guevedoces*. Todas essas famílias, exceto uma, podiam traçar sua linhagem até sete gerações atrás e chegar a uma mulher chamada Altagracia Carrasco, uma indicação de que aquela alteração tinha uma origem genética.

Cromossomicamente falando, os *machihembras* eram homens normais. Eram 46,XY. Também tinham testículos ao nascer, mas estes não haviam descido, ficando enfiados em seus abdomes. O que pareciam ser lábios vaginais eram, na verdade, a matéria-prima do escroto. O clitóris não era realmente um clitóris, mas um pênis à espera de instruções para se desenvolver — instruções que não chegaram quando os meninos estavam sendo gestados no útero de suas mães. Em outras palavras, os *machihembras* nasciam como pseudo-hermafroditas. Pareciam meninas, mas na verdade eram meninos.

A causa era uma mutação, um erro de impressão num gene que carrega instruções para as células fabricarem uma enzima (uma proteína que catalisa reações químicas) chamada 5-alfarredutase. Isso criava um problema de comunicação, pois as células não têm arranque automático, precisam de instruções que recebem por meio de um sistema de sinais químicos, como os hormônios, que se ligam a receptores, ou a bases de acoplagem, localizadas dentro ou sobre as células. Quando ativados por uma substância química de acoplagem, os receptores para hormônios esteroides como testosterona e estrogênio se ligam aos genes. Essa ligação, por sua vez, ativa (ou desativa, conforme o caso) o gene visado. Quando ativada, a receita do gene para produzir proteína é transcrita — como uma fita de teleimpressor — numa parte do RNA. A receita na fita de RNA termina nos ribossomos, as fábricas de proteína da célula. As proteínas produzidas nos ribossomos partem então para o mundo, a fim de realizar uma função. Como a 5-alfarredutase é uma proteína cuja função é transformar a testosterona num androgênio ainda mais forte chamado di-hidrotestosterona (DHT), e como o DHT sinaliza às células para começarem a formar a próstata, o pênis e o escroto, a receita ruim para a 5-alfarredutase significava que as células fetais dos *machihem-*

bras não recebiam a mensagem para começar a construir a genitália masculina.

A testosterona vai acoplar-se aos mesmos receptores de DHT, mas não com a mesma eficiência. É por isso que, apesar de produzirem testosterona enquanto fetos, os *machihembras* não conseguiam produzir o suficiente para superar a falta de DHT. Mas quando atingiam a puberdade, e conseguiam uma grande descarga de testosterona produzida nos testículos que não haviam descido (com uma pequena ajuda das glândulas adrenais), a quantidade abrupta desse hormônio era suficiente para inundar os receptores nas células que deveriam desenvolver o pênis e o escroto. *Voilà!*, as meninas pareciam se transformar em meninos.

O DHT não parece ser tão importante depois da puberdade, mas alguns tecidos — como as estruturas que produzem os pelos do corpo e a próstata — ainda respondem a ele. Nos *machihembras*, essas células só ouviam sinais mudos, o que explica por que os pseudo-hermafroditas de Las Salinas tinham muito pouca barba, próstatas pequenas e não ficavam calvos na testa, mesmo em idade avançada. Os folículos capilares na cabeça de um homem podem ser sensíveis ao DHT. Dependendo da genética da pessoa, a sensibilidade ao DHT pode levar à calvície padrão.

Hoje, quando você vê um comercial de TV em que um homem de meia-idade está se contorcendo de vontade de urinar, ou em que uma mulher atraente passa as mãos no cabelo abundante de um cara, você pode agradecer aos *machihembras* de Las Salinas. Remédios como o Avodart, para próstatas dilatadas, e Propecia, para crescer cabelo, são inibidores da chamada 5-alfarredutase).

A equipe da Cornell resolveu um mistério, mas só insinuou uma solução para outro. Se Money estava certo ao afirmar que a sociedade impõe a identidade e o comportamento sexuais, então por que, depois de parecerem meninas durante os primeiros anos de suas vidas, e terem o sexo feminino reforçado todos os dias durante anos, aqueles jovens assumiram sua nova masculinidade? Embora tenham enfrentado algumas dificuldades, eles não pareciam particularmente chocados com sua transformação. Algo além dos novos pênis estava lhes dizendo que eles haviam sido homens o tempo todo. Na verdade, no grupo original de *machihembras* estudados pela equipe da Cornell, apenas um deles manteve a identidade sexual feminina depois da puberdade e, de acordo com Gerrero, suspeitou-se que esse indivíduo excepcional escolheu a identidade feminina como artifício para ter acesso a mulheres jovens para fazer sexo.

Um ano depois de sair o artigo sobre Las Salinas na *Science*, Money traçou um futuro brilhante para Brenda Reimer. "Hoje com 9 anos, ela tem uma identidade sexual feminina diferenciada, em contraste acentuado com a identidade sexual masculina de seu irmão. Alguns outros pacientes [cujo tratamento Money dirigiu] são hoje adolescentes ou adultos. Eles demonstram que a gêmea pode esperar ser feminina em expressão erótica e vida sexual. Mantido o tratamento com estrogênio, ela terá uma psique feminina normal e uma aparência sexualmente atraente. Será capaz de estabelecer uma maternidade por meio de adoção."

Em 1979, os famosos sexólogos Robert Kolodny, William Masters e Virginia Johnson publicaram o pioneiro *Textbook of Sexual Medicine*, no qual destacaram a importância da transformação de Brenda. "O desenvolvimento infantil dessa menina (geneticamente masculina) tem sido notavelmente feminino e é muito diferente do comportamento demonstrado por seu irmão gêmeo idêntico. A normalidade de seu desenvolvimento pode ser vista como uma indicação substancial da plasticidade da identidade sexual humana e da importância relativa do aprendizado social e do condicionamento nesse processo." As opiniões de Money haviam se tornado um evangelho médico.

Mas, naquele mesmo ano, um dos membros da equipe da Cornell, Julianne Imperato-McGinley, escreveu um artigo para o *New England Journal of Medicine* que deu prosseguimento e expandiu o relato original sobre a 5-alfarredutase. Dessa vez, não havia insinuação. Imperato-McGinley afirmava claramente que "o grau de exposição do cérebro ao androgênio (testosterona) no útero, durante o período pós-natal inicial e na puberdade tem mais efeito sobre a determinação da identidade sexual masculina do que o sexo do aprendizado".

Ruth Bleier, médica e professora de medicina e estudos da mulher na Universidade de Wisconsin, além de renomada feminista que abriu uma livraria e café em Madison chamada Lysistrata (em homenagem à heroína da peça homônima de Aristófanes que convence as mulheres gregas a negar sexo aos homens), escreveu uma carta mordaz à revista. Bleier se formara em neuroanatomia na Universidade Johns Hopkins. Citando a pesquisa de Money, ela atacou a "objetividade científica e metodologia" da equipe da Cornell.

"A falha dos autores de sequer considerar uma explicação alternativa" para a troca da identidade feminina pela identidade masculina dos *machihembras* era "realmente impressionante", dizia a carta. É claro que as meninas tinham que agir como meninos, insistiu Bleier: elas desenvolveram pênis! Todos à sua volta começariam a tratá-las como meninos. Comportar-se como uma menina seria desafiar todas as expectativas sociais. Além disso, argumentou ela, as meninas naquela sociedade eram restringidas. Não podiam correr e brincar como os meninos; estavam ocupadas demais cumprindo tarefas domésticas. Qualquer pessoa sã calcularia que podia ser mais divertido ser um menino do que uma menina. "Meu medo", continuava ela, "é que esse estudo, assim como outros que incorporam pressuposições lógicas falhas e interpretações restritivas, seja tomado [...] como uma demonstração de que nossos cérebros fetais são impressos irreversivelmente, afinal, pela presença ou ausência de androgênios."

Alguns meses depois de a carta de Bleier ser publicada, Brenda Reimer, na época com 14 anos e desesperada para viver como homem, mudou seu nome para David.

A grande experiência de Money simplesmente não havia funcionado — era um desastre. Mesmo quando vivia como Brenda, o jovem Bruce Reimer odiava vestidos. Quando Brian se recusou a compartilhar com ele seus carros e caminhões de brinquedo, Bruce/Brenda economizou dinheiro de sua mesada suficiente para comprar seus próprios brinquedos. Comprou armas de brinquedo para poder brincar de exército com Brian.

A verdade era inconveniente, e não apenas para Money. Em 1970, o jornalista Tom Wolfe zombara do que chamou de "radical chique": a política de esquerda promovida pelos ricos e socialmente conectados. Nos dez anos que se seguiram, a cultura radical chique se tornara predominante, e um dos princípios mais prezados era o de que reconhecer diferenças inerentes era preconceito. As pessoas estavam encantadas com a ideia de "sociedade fabricável", recorda Dick Swaab, um pioneiro no estudo do cérebro e do gênero sexual no Instituto de Neurociência da Holanda. "Tudo era 'fabricável' e [a teoria de Money] se encaixava nesse conceito." Brenda — agora David — Reimer era uma dura reprovação.

Talvez por isso a história de Money tenha demorado mais 17 anos para ser desmistificada. Só em 1997 Milton Diamond, pesquisador de sexo da Universidade do Havaí, e a psiquiatra canadense Keith Sigmundson (que tratara de Bruce/Brenda sob a supervisão de Money) publicaram um artigo na *Archives of Pediatrics and Adolescent Medicine* que destruiu o triunfo de Money. Bruce/Brenda não apenas mudou seu nome para David como acabou fazendo cirurgias para remover os seios que haviam se formado graças ao estrogênio que recebera e para criar simulacros de pênis e testículos. Ele começou a tomar testosterona, conseguiu um emprego num matadouro, casou-se com uma mulher e a ajudou a criar os filhos dela. Infelizmente, não conseguiu extirpar totalmente sua história atormentada. David Reimer usou uma escopeta para cometer suicídio em 2004. Foi sua terceira tentativa. Até hoje, conta-nos Diamond, Money tem aliados nos Estados Unidos, assim como no mundo. Suas opiniões ainda estão refletidas em alguns programas de estudos universitários sobre gênero sexual que usam clichês como "a construção social do gênero sexual".

Tanto os *machihembras* quanto David Reimer sempre foram homens porque seus cérebros eram masculinos, não importando o que suas genitálias indicavam. E nem toda a socialização do mundo jamais mudaria isso.

A HIPÓTESE ORGANIZACIONAL

As vacas não parem gêmeos com frequência. Mas, quando o fazem, e se os gêmeos são dois machos ou duas fêmeas, o fazendeiro ganha um bom bônus. Por outro lado, durante centenas — provavelmente milhares — de anos, vaqueiros e pecuaristas se decepcionaram com gêmeos de sexos opostos, porque a fêmea geralmente nasce estéril. É uma *freemartin*. A origem desse termo se perdeu num nevoeiro lexicológico, mas ele é usado desde o século XVII para se referir à gêmea de um bezerro nascida estéril. Quase sempre ela é estéril; seu irmão, em geral, é perfeitamente normal.

Em 1916 e 1917, Frank Lillie, da Universidade de Chicago, começou a fuçar dentro das bezerras estéreis. Ele descobriu que com frequência elas tinham ovotéstis, uma amalgamação de gônadas masculina e feminina. Eram hermafroditas — o resultado da fertilização de dois óvulos diferentes por dois espermatozoides diferentes, resultando em embriões de sexos opostos que se fundem e compartilham do mesmo suprimento de sangue. O feto do macho, percebeu Lillie, começava a fabricar hormônios específicos dos machos (a testosterona só foi descrita em 1935, portanto Lillie não tinha um nome para os hormônios masculinos) antes de o motor hormonal do feto da fêmea começar a funcionar. Como eles compartilhavam o mesmo sangue, ela recebia uma dose de hormônios masculinos. Tornava-se masculinizada.

Trabalhos como o de Lillie disseminaram a ideia de que os hormônios desempenhavam funções de desenvolvimento importantes no útero, mas só em 1959 (cinco anos depois de Money promulgar suas teorias sobre gênero sexual) foi que a ciência começou a entender como os hormônios pré-natais podiam afetar o comportamento. Um artigo de pesquisa intitulado "The Organizing Action of Prenatally Administered Testosterone Propionate on the Tissues Mediating Mating Behavior in the Female Guinea Pig" tem a contenção sonífera comum a artigos científicos inovadores, mas se tornou a base do que é conhecido como a hipótese organizacional. Larry e outros acreditam que os eventos que a hipótese descreve, estabelecem o circuito cerebral que influencia enormemente todos os nossos comportamentos básicos relacionados ao amor.

A essência da experiência descrita no artigo era bem simples. Charles H. Phoenix e seus colegas da Universidade do Kansas injetaram testosterona em porquinhas-da-índia prenhes e depois esperaram para ver o que acontecia com seus filhotes. Quando eles nasceram, as fêmeas que haviam recebido doses mais elevadas de testosterona apresentavam o que um médico chamaria de genitália ambígua. Phoenix mais tarde pôs essas fêmeas no calor com injeções de hormônio e depois imitou o modo como os roedores machos solicitam sexo, que consiste em afagar a parte traseira do animal.

Quando está disposta, a fêmea do roedor se comporta como uma modelo de roupa de banho durante uma sessão de fotos: ela empina as costas e mostra a traseira, um convite para sinalizar que está receptiva. Isso se chama *lordose*. Quando um macho solicitante vê uma lordose, monta na fêmea. Quando Phoenix afagou as porquinhas-da-índia cujas mães haviam recebido testosterona, elas não apresentaram comportamento de lordose algum. Porém, agiram bastante como se quisessem montar — mais ou menos com a mesma frequência dos machos. O hormônio não havia alterado apenas os corpos dos filhotes que eram fêmeas, mas também seu comportamento. Isso significa que mudou seus cérebros.

Phoenix experimentou dar testosterona a fêmeas adultas normais, mas isso não teve o mesmo efeito. O que quer que estivesse acontecendo estava acontecendo no útero, durante o desenvolvimento do feto, para organizar o cérebro de maneira específica ao gênero sexual. Também tinha importância quando Phoenix dava testosterona às fêmeas grávidas. Ele descobriu que havia uma janela: se dava uma dose de hormônio quando essa janela estava aberta, ele podia estabelecer neurocircuitos que criavam um comportamento macho típico mais tarde na vida, quando substâncias neuroquímicas ativavam esses circuitos.

A hipótese organizacional se manteve de maneira notável ao longo de anos de aprimoramentos e acréscimos. Ela sustenta que a definição defeituosa está na "fêmea" durante o desenvolvimento fetal. Mais ou menos na oitava semana da gestação humana, as células testiculares começam a produzir testosterona a partir do colesterol. Num feto 46,XX típico, os testículos começam a se formar e produzem mais testosterona. Mais tarde, eles recebem um estímulo das glândulas adrenais, que também produzem uma pequena quantidade de testosterona. Essa testosterona e outros androgênios que derivam dela, como o DHT, desencadeiam a construção da genitália masculina a partir da matéria-prima disponível.

A testosterona — geralmente por meio da conversão para outros hormônios, como o DHT (e até o estrogênio) — também age no cérebro para estabelecer circuitos neurais geralmente masculinos e mudar permanentemente a química do cérebro. Mais tarde na vida, quando são secretados, os androgênios ativam esses circuitos masculinos, dando origem ao comportamento masculino.

Em 1978, um estudante de pós-doutorado da Universidade da Califórnia, chamado Larry Christensen, queria aprender a usar melhor um microscópio eletrônico e reservou algum tempo para uma sessão prática. Ele precisava de algo para olhar, é claro, e como estava trabalhando sob a supervisão de Roger Gorski, que passara a maior parte de sua carreira estudando hormônios, gênero sexual e o hipotálamo do rato, havia bastante cérebro de rato por perto, especialmente fatias de hipotálamo, uma região bem na base do cérebro que é importante para regular os comportamentos sexual, parental, alimentar e agressivo, entre outros. É também o painel de comando do cérebro para secreção de hormônios da glândula pituitária e das gônadas. Christensen pôs o tecido em algumas lâminas, ligou o microscópio e começou a olhar. Logo notou algo surpreendente na área preótica medial, ou MPOA — um local bem na frente do hipotálamo, onde os nervos óticos se cruzam (olho esquerdo para cérebro direito, olho direito para cérebro esquerdo) e formam um X (Figura 1, página 30).

Christensen notou que parte da MPOA parecia maior nos machos que nas fêmeas. Ele correu para contar a Gorski, mas este não acreditou nele.

"Ele me disse que havia diferenças sexuais e eu disse: 'Ah, não!'", recorda Gorski. "Eu estava certo de que não havia qualquer diferença sexual. Eu havia olhado centenas, se não milhares, de cérebros e nunca havia visto isso."

Um cético Gorski disse a Christensen para apresentar provas. "Bem, tínhamos dois projetores no alto e ele projetou aquilo na parede. E a diferença saltou diante dos olhos", conta-nos Gorski.

Era tão óbvio que depois que Gorski e sua equipe souberam o que procurar nem precisaram ampliar as imagens da região, que mais tarde chamaram de núcleo sexualmente dimórfico (SDN). Durante todas as décadas de uso de roedores em laboratórios do mundo inteiro, ninguém havia notado essa diferença. Mas, como se viu, o SDN do macho era aproximadamente cinco vezes maior do que o SDN da fêmea.

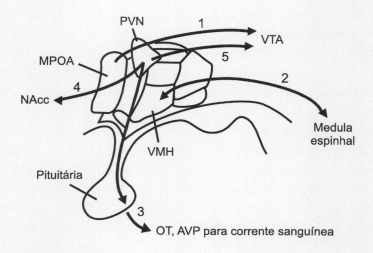

FIGURA 1: O hipotálamo (a esquerda é a frente). (1) A MPOA estimula a VTA a liberar dopamina para os centros de recompensa. (2) A informação sensorial de macho que corteja a fêmea modula a atividade no VMH, o que estimula a lordose. (3) A oxitocina (OT) e a vasopressina (AVP) do paraventricular (PVN) são liberadas da pituitária (4) para os sistemas de recompensa, incluindo o núcleo acumbente (NAcc), facilitando uma ligação. (5) Os neurônios da OT no PVN também modulam a liberação de dopamina via conexões com a VTA.

Em uma série de experiências, Gorski provou que essa diferença no tamanho do SDN dependia da exposição a hormônios masculinos ou femininos no útero, exatamente como previsto pela hipótese organizacional. Ele podia dar uma única dose de testosterona a uma rata prenhe e obter um filhote fêmea com um SDN do tamanho de macho. Em 1985, Dick Swaab anunciou que encontrara o SDN no hipotálamo humano. No homem, isso era duas vezes e meia maior do que na mulher, e com mais ou menos o dobro do número de neurônios.

O mesmo tipo de manipulação que Gorski realizou em ratos funcionou em primatas também. Um dos alunos de Phoenix, Robert Goy, fez experiências com macacos resos semelhantes àquelas feitas com porquinhos-da-índia e obteve resultados semelhantes. Dando testosterona a macacas prenhas, criou os mesmos tipos de mudanças psicológicas e comportamentais em seus filhotes. Mesmo se tivesse cromossomos femininos, uma macaca jovem agia como macho.

Goy considerou a questão do aprendizado. Será que essas fêmeas se comportavam como machos, perguntou ele, porque os outros membros do grupo, vendo um filhote com o que parecia ser um pênis, supunham naturalmente que era um macho e começavam a tratá-lo como tal — sugerindo, assim, que seria melhor ele agir como um macho? Se era isso o que acontecia, este seria um forte argumento em favor dos "roteiros" sexuais criados por culturas para promover a conformidade com as classificações de gêneros sexuais.

Para responder a essa pergunta, Goy experimentou dar testosterona a macacas prenhes em dois momentos diferentes. Um grupo recebeu o hormônio no início da gravidez e o outro mais tarde. As mães que receberam as doses no início da gravidez pariram fêmeas como aquelas da primeira experiência: com genitálias masculinas. Mas, apesar de terem partes do corpo masculinizadas, elas agiam como suas irmãs normais e assumiam o papel de fêmea. Os filhotes de macacas que haviam recebido testosterona num momento mais tardio da gravidez eram iguais às macacas típicas, com todas as características do corpo próprias das fêmeas. Claramente, as doses tardias de testosterona não encontravam a janela para influenciar o desenvolvimento físico.

Surpreendentemente, porém, essas fêmeas agiam como machos jovens — com mais brutalidade e agressividade. Mas, como pareciam fêmeas, esse comportamento masculino não podia ter sido causado por uma pressão social dos macacos. Havia claramente duas janelas de desenvolvimento que podiam ser afetadas por androgênios. Uma delas se abria no início da gravidez e controlava a formação da genitália. A outra se abria mais tarde e organizava o cérebro de acordo com o gênero, masculinizando e retirando a feminilidade nos machos. Sem a descarga de testosterona, o cérebro permanecia feminilizado — sua formação padrão.

Kim Walle, um colega de Larry que estudou sob a supervisão de Goy e hoje está na Universidade de Emory, deu prosseguimento a esse trabalho, realizando as experiências mais reveladoras de todas. Ele e seus alunos e colaboradores usaram macacos que viviam em ambientes naturalistas — grandes grupos sociais, famílias intactas —; portanto, expostos a toda a experiência de socialização normal dos macacos. Em 2008, Wallen e Janice Hassett usaram furtivamente ferramentas simples para testar a natureza e o aprendizado: brinquedos.

Um teste após o outro mostrou que se você põe um menino pequeno típico ou uma menina pequena típica numa sala com diversos brinquedos — brinquedos que geralmente pensamos ser de meninos e brinquedos que pensamos ser de meninas —, os meninos brincam com brinquedos "de meninos", como carros e caminhões, e as meninas brincam com brinquedos "de meninas", como bonecas. Esses resultados podem não parecer exatamente surpreendentes, mas alguns estudiosos há muito tempo argumentam que eles provam que a cultura programa os meninos para preferirem, digamos, um trator, e as meninas para preferirem uma Barbie. Afinal de contas, diz um argumento, não havia tratores há 1 milhão de anos, quando ainda estávamos iniciando nossa evolução, portanto, uma preferência por miniversões de equipamentos pesados não poderia ter sido cultivada em nossos genes. Em vez disso, sob a influência do marketing, da propaganda e das expectativas sociais, podemos encher nossas crianças de categorias de gênero sexual quando o que deveríamos estar fazendo é libertá-los de papéis preconcebidos para os gêneros sexuais. Alguns pais optam por criar seus filhos com essa ideia em mente, comprando apenas brinquedos de "gênero neutro" ou brinquedos de "meninas" para meninos e brinquedos de "meninos" para meninas.

Culturalmente falando, os macacos não têm qualquer preconceito particular com brinquedos — nenhum desenho animado matinal impingindo sabres de luz de *Star Wars* — *Guerra clônicas* nos machos, nenhum anúncio na TV para fêmeas mostrando a boneca Baby Alive Whoopsie Doo da Hasbro, que "'come' e 'faz cocô' como um bebê de verdade!". Os outros machos jovens do grupo não vão chamar o macaquinho Jake de maricas se ele apanhar uma boneca para brincar. E macacos pais não se importam particularmente com o brinquedo que seu filhote usa. Mas quando Hassett e Wallen presentearam macacos com brinquedos — especificamente bonecos macios que incluíam o Ursinho Pooh, uma boneca de pano, um fantoche de coala, um tatu, um ursinho de pelúcia, um Scooby-Doo e uma tartaruga, bem como uma seleção de brinquedos com rodas que incluía uma carroça, um caminhão, um carro, um veículo de construção, um carrinho de compras e um caminhão basculante — 73% dos machos preferiram os caminhões e carros e 9% preferiram os brinquedos macios. Já as fêmeas de categoria superior mostraram uma preferência pronunciada pelas bonecas, assim como um terço das fêmeas de categorias inferiores. (As fêmeas eram um pouco mais flexíveis que os machos: um terço delas preferiu os brinquedos com rodas e outro terço pareceu não se importar com o tipo de brinquedo.)

Os resultados demonstraram claramente que a socialização não determinava a preferência por brinquedos. Essa preferência está programada em nossos cérebros. Na verdade, desde o primeiro dia de vida a maioria das meninas prefere olhar para rostos humanos, enquanto os meninos preferem objetos mecânicos. Em 2010, no momento exato da corrida para comprar bonecas no Natal, pesquisadores da Universidade de Harvard anunciaram que vinham estudando um grupo de chimpanzés selvagens em Uganda e haviam descoberto que as fêmeas jovens tratavam pedaços de pau do mesmo modo que meninas tratam bonecas. Elas apanhavam os paus e os ninavam, levando-os para seus ninhos e brincando com eles como um chimpanzé mãe brinca com seu bebê. Machos jovens nunca faziam isso.

Macacos não são pessoas, é claro, e porquinhos-da-índia, também não. No mundo natural, os animais não recebem injeções de testosterona. Mas a natureza em si faz experiências com animais e pessoas, e essas experiências têm produzido fortes evidências para sustentar a hipótese organizacional de que o comportamento do gênero sexual é construído em nossos cérebros pelas ações de hormônios.

A hiena-malhada da África, por exemplo, é um animal social raro. As fêmeas são dominantes, enquanto os machos são submissos. As hienas fêmeas são mais agressivas do que os machos, e as fêmeas mais poderosas são mais agressivas do que as outras fêmeas. As fêmeas dominam por meio de intimidação. Fêmeas de categoria elevada não apenas obtêm mais acesso a mais comida, como exercem direitos de procriação e têm mais filhotes. Em suma, comportam-se como os leões ou os gorilas machos.

As hienas-malhadas fêmeas são incomuns de outra maneira. Elas têm pênis — ou o que parece ser um pênis, mas na verdade é um clitóris incrivelmente grande. Ele é tão grande que a maioria dos leigos não sabe diferenciar um macho de uma fêmea. Elas também não têm uma vagina funcional, parindo através do clitóris semelhante a um pênis. Esta é uma maneira muito ruim de parir, porque o parto é tão demorado e doloroso que os bebês podem acabar sufocando antes de chegarem ao mundo. O motivo da dominância da fêmea e da genitália semelhante à masculina é que as hienas são expostas a muitos androgênios durante o desenvolvimento fetal. Como as fêmeas de categoria mais elevada recebem as maiores doses de androgênios quando são fetos, e depois acabam tendo mais bebês, a evolução está continuamente selecionando cada vez mais hienas fêmeas masculinas.

As experiências humanas na natureza podem ser igualmente impressionantes. Aproximadamente um em cada 20.400 meninos nasce com um distúrbio chamado síndrome da insensibilidade a androgênios. Explicando de maneira simples: eles não têm receptores de androgênios eficientes. Embora produzam androgênios, como o DHT, não há base de acoplagem celular para receber as instruções que esses androgênios transmitem. Embora os meninos sejam 46,XY, aqueles com insensibilidade completa a androgênios nascem com corpos de aparência feminina e testículos que não desceram. Isso soa como os *machihembras*. Diferentemente das crianças afetadas de Las Salinas, porém, os meninos com insensibilidade completa a androgênios exibem um comportamento feminino quando são jovens, preferem brinquedos de meninas e brincadeiras femininas, e são atraídos por homens quando crescem. No que diz respeito a seus cérebros, eles são mulheres.

(A escritora feminista Germaine Greer argumenta que pessoas 46,XY com insensibilidade a androgênios são homens que fingem ser mulheres. Ela está errada.)

Um em cada 15 mil bebês no mundo tem um distúrbio chamado hiperplasia adrenal congênita, ou HAC. (Os índices variam significativamente de país para país. O índice no Japão é de um em 21 mil, enquanto entre os Yupik, no Alasca, é de um em trezentos.) A HAC se manifesta de várias formas e em vários graus, mas geralmente é causada pela deficiência de uma enzima que deixa os produtores de androgênios nas glândulas adrenais presos na posição de "ligado". Isso dá a um feto em desenvolvimento grande quantidade de hormônios andrógenos, como testosterona e androstenediona (nos anos 1990, o hormônio de escolha de jogadores de beisebol como Mark McGwire). Meninos com HAC são afetados fisicamente — tendem a ter baixa estatura e infertilidade, por exemplo — mas seu comportamento é típico de meninos.

O efeito da HAC em meninas 46,XX é mais profundo. A HAC pode resultar em genitália ambígua, clitóris dilatado e aparecimento de um escroto. Elas podem ter acne, excesso de pelos no corpo e calvície de padrão masculino. A mulher pode ser infértil. O percentual de meninas com formas mais completas do distúrbio que se autodescrevem como lésbicas mais tarde na vida é maior do que o de mulheres não afetadas, mas mesmo meninas com HAC menos afetadas e que se consideram femininas e heterossexuais brincam mais como os meninos típicos do que como as meninas.

Como no caso das crianças de Las Salinas, esses tipos de desenvolvimento no útero dependentes de hormônio já foram vistos com suspeita e carregavam um estigma. Uma palestra dada em 1918 pelo Dr. C. S. Brooks, de Frederick, Maryland, à Associação Médica Nacional, dá um testemunho claro do tipo de preconceito que as pessoas afetadas enfrentavam. No exato momento em que ele estava falando, Frank Lillie estava resolvendo o enigma dos *freemartins*, mas era tarde demais para o Dr. Brooks entender as implicações disso. Ele chamou sua palestra de "Algumas perversões do instinto sexual".

Um degenerado é um indivíduo defeituoso, seja física ou mentalmente. Observei três casos que eram defeituosos fisicamente. Num caso, um homem tinha a genitália muito pequena e o meato urinário se abria num períneo de aproximadamente meia polegada acima do orifício anal. Em outro caso, o meato urinário se abria logo acima da sínfise púbica. Num terceiro caso, uma mulher tinha uma vagina infantil e o clitóris era alongado, com a extensão de um dedo indicador. Esses três casos eram pervertidos sexuais, e suas anomalias variadas poderiam ter sido remediadas com interferência cirúrgica, portanto, reabilitando-os para um lugar normal na sociedade humana.

Essas pessoas não eram pervertidas, é claro. Em todos esses casos — e no caso de todos nós — uma simples molécula, um hormônio, aplicado ou impedido durante momentos discretos do desenvolvimento fetal, não apenas afetaria a genitália como também estabeleceria, para alguns, um caminho dos comportamentos mais importantes ao longo de nossas vidas.

CIRCUITO DIFERENTE, COMPORTAMENTO DIFERENTE

Embora os fundamentos da hipótese organizacional expliquem o básico da identidade sexual e do comportamento do heterossexual, a homossexualidade e a transexualidade aparentemente apresentam problemas. A maioria dos homossexuais, por exemplo, não tem HAC ou qualquer outro distúrbio, mas se comporta de maneira diferente em um dos âmbitos mais básicos da existência humana: prefere fazer sexo com pessoas do mesmo sexo. Transexuais geralmente não têm distúrbios médicos óbvios, como insensibilidade a androgênios, mas têm forte desejo de mudar de sexo.

Muitos consideram a homossexualidade e a transexualidade exemplos notórios de como nossa cultura perversamente permite — e até incentiva — pessoas que rejeitem os limites morais e sociais estabelecidos pela religião ou pelos costumes em favor de maneiras aberrantes de viver, mas a androginia é mais comum na natureza do que você poderia pensar.

Alguns peixes — garoupas, pargos e gudiões-azuis — vivem como transexuais. Geralmente, eles deixam de ser fêmeas e se tornam machos. Todos os gudiões-azuis, por exemplo, nascem fêmeas e permanecem assim até um residente macho desaparecer ou morrer. Então, as fêmeas mais dominantes imediatamente começam a agir como machos. Elas lutam por proeminência e quando uma delas finalmente assume o comando seus ovários degeneram, testículos se desenvolvem e seu cérebro cria novos comportamentos. Ela se torna ele.

Outros peixes são travestis. O macho do gobião-redondo, uma espécie que invadiu os Grandes Lagos Africanos, vigia seus ninhos. Mas quando está na função de vigia, não consegue se alimentar como faz quando passeia, e encontrar uma parceira é um desafio, porque basicamente ele tem de esperar que uma fêmea apareça em seu lugar. Alguns machos, chamados *sneakers*, criaram um truque para se aproveitar dessa limitação. Enquanto o macho caseiro que cuida do ninho tem a aparência típica da espécie — cabeça grande, larga e preta —, os *sneakers* são menores, com pintas marrons e cabeças mais estreitas, como as fêmeas. Além disso, comportam-se como as fêmeas. Enquanto o macho alfa protege sua casa de solteiro e sua Ferrari estacionada na garagem, bem como qualquer fêmea que aparecer para depositar seus ovos, o dócil travesti se insinua e propõe um *ménage à trois*. Como de hábito, o macho alfa acha a proposta irresistível. Mas os *sneakers* não têm apenas testículos. Eles têm gônadas maiores do que as de seus irmãos e produzem mais espermatozoides. Portanto, enquanto o macho residente acha que está fazendo sexo a três, o *sneaker* está na verdade fertilizando os óvulos deixados por uma fêmea verdadeira.

Muitos mamíferos, incluindo os primatas, assumem comportamento homossexual. A discussão sobre a cópula entre exemplares do mesmo sexo sempre foi se esses animais preferem ou não o sexo gay ao sexo hétero. A verdade é que os primatas preferem o primeiro. Eles têm orgasmos com parceiros do mesmo sexo. Ejaculam e emitem barulhos de felicidade quando fazem isso. Os gorilas-de-costas-prateadas dominantes têm namorados. Alguns machos do macaco langur passam 95% de sua vida sexual tendo encontros homossexuais.

Em parte porque os macacos não podem nos dizer, ninguém sabe ao certo se algum desses animais rejeitaria o sexo heterossexual em favor do sexo entre meninos ou entre meninas. Muitas interações homossexuais nos primatas parecem derivar da necessidade (machos em grupos formados exclusivamente por machos solteiros, que não têm outro escape além da masturbação, como homens numa prisão) ou da comunicação social (demonstrações de dominação, resolução de conflitos). Mas, como o comportamento existe e é tão comum, é óbvio que se trata de um produto natural do cérebro dos animais.

Uma preferência gay pode ser induzida em animais individualmente. Um fenômeno chamado efeito de posição, descoberto por Fred vom Saal, da Universidade do Missouri, funciona de modo semelhante com o processo que cria os *freemartins*. Uma fêmea de roedor que se desenvolve no útero da mãe entre dois irmãos da mesma ninhada pode ser masculinizada e destituída de feminidade, tornando-se um "camundongo lésbico". Essas fêmeas preferem montar em membros de seu próprio sexo, apresentam comportamento masculinizado e são menos atrativas aos machos.

Claramente, os cérebros têm uma capacidade intrínseca de demonstrar comportamento homossexual, bissexual e transexual. Se essa capacidade é expressa, isso depende de como um cérebro é moldado durante seu desenvolvimento. O biólogo Charles Roselli, da Oregon Health & Science University, acredita que, quando se trata de preferência sexual, os cérebros têm uma espécie de dispositivo de "desinibição", termo que descreve de maneira concisa o que ele acha que acontece em alguns animais.

O cérebro de um mamífero típico é organizado para inibir o desejo de se acasalar com um membro do mesmo sexo. Obviamente, há uma variação significativa no grau dessa inibição, do contrário os langures machos não passariam a maior parte de suas vidas fazendo sexo entre si. Mas a inibição estabelece um fluxo de informações dentro do cérebro dizendo a um animal que o sexo hétero é "melhor" que o sexo gay. O sexo entre machos pode acontecer como substituto, mas o sexo entre macho e fêmea, este, sim, é bom. O dispositivo pode ser manipulado, seja por uma substância química ou por um efeito de posição, ou por uma HAC. Às vezes, indivíduos podem ser natural ou completamente desinibidos, com sua capacidade de atração pelo mesmo sexo fixada na posição "ligado". Roselli chegou a essa conclusão depois de passar 15 anos estudando o único outro mamífero além do ser humano conhecido por preferir sexo homossexual: o carneiro.

Durante a maior parte do ano, as ovelhas não querem nada (ou quase nada) com os carneiros. Então, no outono, quando os dias ficam mais curtos e as noites mais frias, as ovelhas entram no cio. O aroma de sua urina e de seus órgãos sexuais muda, tornando-se mais atraente aos carneiros do que qualquer coisa que Coco Chanel poderia ter criado. Os carneiros reagem como você poderia esperar: ficam muito excitados.

Para sorte dos carneiros, os mesmos sinais hormonais que mudam o corpo de uma ovelha também agem como substâncias neuroquímicas para mudar o comportamento dela. Agora, ela é receptiva à versão ovina dos estímulos preliminares: esbarrar, cheirar as partes inferiores dela, chutar as pernas dela, lambê-la. O tempo todo, ela abanará o rabo para espalhar seu perfume sexy, e muitas vezes olhará o pretenso amante sobre o ombro. Por fim, ela ficará quieta enquanto ele monta. Seis meses depois, o fazendeiro terá um novo cordeiro.

Mas alguns carneiros simplesmente não cooperam. Nos círculos agrícolas, eles são chamados de *"nonworkers"* (os fazendeiros não são românticos), ou, como numa análise do problema em 1964, refletindo o jargão freudiano da época, de "sexualmente inibidos".

Roselli achou interessante o problema dos carneiros que não cooperavam. Ele fora para o Oregon a fim de trabalhar com John Resko, um colega da Phoenix, e de Goy. "Não posso dizer que fui estudar esse assunto em particular", recorda ele, com uma risada. Não obstante, Roselli começou a colaborar em Idaho com cientistas que vinham estudando os carneiros que eles haviam verificado que tinham "orientação para machos". Seu trabalho era descobrir o que acontecia no cérebro desses carneiros.

Uma ideia óbvia era de que o cérebro do carneiro gay, de algum modo, não fora destituído de feminilidade como o dos machos típicos. Mas esses carneiros não agiam como fêmeas: agiam como se espera que carneiros viris ajam. Eles não ficavam quietos, não abanavam o rabo, nem olhavam para trás como as ovelhas no cio. Cheiravam as fêmeas, chutavam-nas e vocalizavam como faz qualquer macho seduzindo uma fêmea — só que faziam todas essas coisas apenas com outros machos. Além disso, o encontro com um potencial parceiro sexual macho criava o mesmo tipo de descarga hormonal que ocorre nos machos com orientação para fêmeas. A questão era só que as ovelhas no cio, com seus cheiros sedutores, abanando seus rabos e seus olhares sensuais não produziam qualquer química nos carneiros gays.

"Você não pode nem dar hormônios femininos e esperar que eles demonstrem comportamentos femininos", conta-nos Roselli.

O motivo, acredita ele, é que o cérebro desses carneiros foi organizado para ser gay. Ele passou a crer que não existem apenas uma ou duas janelas de organização cerebral no feto, mas sim muitas janelas, que afetam regiões cerebrais discretas, em diferentes momentos.

A pergunta natural, é claro, é se os carneiros gays nos dizem alguma coisa sobre as pessoas gays. Roselli é cauteloso, dizendo: "Isso nos ajuda nas questões, é interessante." E acrescenta que "existem paralelos: biologia é biologia — há uma linha evolutiva comum aí, e isso me dá uma confiança maior no que a ciência diz sobre os seres humanos, mas acho que no fim das contas precisamos fazer a ciência em seres humanos".

É aí que entra Dick Swaab. Entre em seu laboratório a qualquer dia e você poderá se lembrar de alguma delicatessen em Nova York: alguém certamente estará utilizando o equivalente laboratorial de um fatiador de carne para transformar o cérebro humano em algo semelhante a presunto fatiado. Lâminas de cérebro com alguns centímetros de comprimento e um micrômetro de espessura repousam em bandeja após bandeja para secar e serem guardadas — as bandejas empilhadas umas sobre as outras. Antes de serem fatiados, os pedaços de cérebro — com frequência do hipotálamo — são mantidos em pequenos potes guardados em gavetas de metal. Uma sala cheia de congeladores compridos guarda mais tecidos. Ali, há uma grande quantidade de gavetas, centenas de amostras e milhares e milhares de fatias. Tudo isso porque a Holanda facilitou a doação de cérebros para estudos científicos.

Fazer um depósito no Netherlands Brain Bank, fundado em 1985 por Swaab, é tão fácil quanto assinar seu nome — e depois morrer. Se você morrer na Holanda, uma equipe de prontidão (todas as horas, todos os dias, sem espera!) chegará rapidamente para remover seu cérebro do crânio horas depois de seu falecimento. Na primavera de 2011, o banco, com cerca de 2.500 cérebros, era uma das maiores reservas — se não a maior — desse tipo no mundo. Swaab demorou décadas para reunir a coleção, mas nos últimos vinte anos isso ajudou cientistas do mundo inteiro a fazer uma série de descobertas.

O próprio Swaab usa muito esses cérebros. Hoje, ele trabalha no moderno campus médico de concreto da Universidade de Amsterdã, a uma distância de aproximadamente 20 minutos do centro da cidade, indo de bonde. Durante 27 anos, ele dirigiu o Netherlands Institute for Brain Research (hoje chamado Netherlands Institute for Neuroscience), onde o grosso de seu financiamento tem sido destinado a desvendar as causas de doenças psiquiátricas como depressão e esquizofrenia.

Além do trabalho que paga suas contas, Swaab tem o que chama de seu hobby. Não é bem um hobby, pois ele leva esse outro trabalho muito a sério e, como tem um senso de humor sarcástico e mordaz, quando diz "hobby" quer dizer, na verdade, algo como "uma ciência muito importante na qual trabalho há meio quarto de século e que dificilmente alguém se dispõe a pagar, porque envolve sexo".

Por outro lado, ele tem sido ajudado por essas milhares de pessoas que doaram seus cérebros. Você não pensaria que muitas pessoas gostariam da ideia de ter seus cérebros transformados em carne de delicatessen, mas desde que se divulgou que Swaab estava especialmente interessado em homossexuais e transexuais, ele obteve muitos doadores. Um deles — um americano que morreu aos 84 anos de câncer de pulmão — lutou a vida inteira com o sentimento de que era uma mulher, e não um homem. Ele tentou de tudo para se adaptar à vida de homem: casando-se e tendo filhos. Durante sua vida, manteve um diário privado meticuloso em que documentou seus sentimentos e pensamentos sobre a mulher em seu interior. Por fim, confessou seu segredo. Com sua permissão, depois de sua morte, sua filha pediu que seu cérebro fosse retirado e o enviou a Swaab — um esforço de autópsia para descobrir por que ele vivera com uma alma tão perturbada.

Como sugerem as dificuldades de financiamento de Swaab, a neurociência aplicada aos estudos dos gêneros e da preferência sexual não é uma linha popular de investigação científica. Mas, em retrospecto, Swaab estava destinado a perseguir isso. Seu pai, Leo Swaab, estudou ginecologia em Amsterdã. (Ele mal havia concluído sua formação e os nazistas ocuparam a Holanda. Como jovem intelectual judeu, Leo certamente seria alvo de deportação — parentes seus foram assassinados em Auschwitz — portanto, ele passou a maior parte da Segunda Guerra Mundial se escondendo.)

Assim como seu pai e, antes deste, seu avô, Swaab ingressou numa escola de medicina. Lá, acabou atraído para as aulas dadas por um velho amigo da família, um psiquiatra pioneiro chamado Coen van Emde Boas.

Quando as experiências da Phoenix e de Goy foram publicadas, Boas agarrou-se a elas. Em uma de suas aulas, o psiquiatra salientou que os estudos provavam que os hormônios sexuais moldavam o cérebro durante o desenvolvimento fetal. Seria possível, perguntou Boas, que alguma ação hormonal fosse a causa da homossexualidade?

Perguntas como essa levaram Swaab a seu chamado hobby. Em 1989, ele anunciou uma conclusão controversa: os cérebros dos homossexuais são diferentes. Não são diferentes porque as pessoas em questão são homossexuais; essas pessoas são homossexuais porque seus cérebros são diferentes. Os cérebros dos homens gays que Swaab examinou não eram femininos. E não era exatamente como dos homens heterossexuais também.

As diferenças são causadas, acredita Swaab, não por uma falta de hormônios, mas sim pelo momento da exposição pré-natal. "Pode ser o momento em que os hormônios sexuais estão influenciando o cérebro", explica ele. Esse momento, sugere ele, leva a diferenças, que não são nem especificamente masculinas, nem especificamente femininas, da maneira como geralmente entendemos esses termos, "mas diferentes".

Swaab também verificou o cérebro dos transexuais. Depois de anos de pesquisas, seu laboratório descobriu diferenças numa estrutura chamada núcleo da base da estria terminal (BNST). Em animais de laboratório, o BNST compartilha circuitos com a amígdala e a MPOA do hipotálamo. O BNST também é cheio de receptores de hormônios. É sexualmente dimórfico como os SDNs do rato, do carneiro e dos seres humanos, e é um elemento crucial para o comportamento sexual masculino.

Quando o laboratório de Swaab observou os BNSTs de heterossexuais e de homossexuais masculinos e femininos, bem como os de transexuais masculinos-para-femininos, verificou que o BNST do transexual tinha o mesmo tamanho do BNST das mulheres. Isso acontecia quer o transexual tivesse tido ou não seus testículos retirados. Essas descobertas foram usadas no Tribunal Europeu de Direitos Humanos para permitir que transexuais mudassem suas certidões de nascimento e seus passaportes de modo a refletir o gênero sexual de seus cérebros.

Outros pesquisadores encontraram inúmeras estruturas e circuitos que diferem em transexuais. Por exemplo, em 2008, o laboratório de Swaab relatou que uma estrutura chamada núcleo intersticial do hipotálamo anterior (INAH) — que alguns acreditam ser a mesma estrutura do SDN humano — também tinha tamanho feminino nos transexuais masculinos-para-femininos.

Roselli tem tentado comparar o INAH dos carneiros com o dos seres humanos. Novamente, ele é cauteloso para fazer qualquer comparação direta. Em vez disso, diz que "o melhor que podemos fazer é acenar e dizer que fica na mesma área geral do cérebro. A hipótese em que estou trabalhando é de que o INAH dos carneiros e o INAH humano são essencialmente a mesma coisa e compartilham algumas das mesmas funções".

Em sua maior parte, os transexuais que Swaab estudou não eram gays. Em outras palavras, quando eram transexuais masculinos-para-femininos, eram atraídos por homens. Os cérebros dos transexuais masculinos-para-femininos não são inteiramente femininos, porém. Num estudo sobre funcionamento, quando os transexuais foram expostos ao que se acreditava serem feromônios masculinos e femininos, seus cérebros pareceram ocupar um território intermediário entre homens heterossexuais e mulheres heterossexuais.

Ninguém sabe qual é o mecanismo preciso que cria as identidades transexuais, ou se existe apenas uma causa associada ou há um grupo de causas. Mas, qualquer que seja a causa, os efeitos aparecem como uma faixa e, como demonstraram pesquisas subsequentes no laboratório de Swaab e em outros lugares, não é apenas uma estrutura que apresenta diferenças — há diferenças em redes inteiras.

Os mesmos mecanismos organizacionais agem em heterossexuais típicos. Em 2010, Simon Baron-Cohen, professor de psicopatologia do desenvolvimento na Universidade de Cambridge (e primo de Sacha "Borat"

Baron Cohen), verificou que meninos que haviam sido expostos a mais testosterona no útero brincavam com mais agressividade do que meninos que haviam sido expostos a menos. Esses meninos não tinham um distúrbio médico como a HAC e não eram gays; eram apenas meninos típicos dentro de uma faixa normal de exposição e comportamento — mas as diferenças ainda importavam.

Swaab admite que ainda há muito para se aprender sobre como o cérebro cria o gênero sexual. Mas ele tem poucas dúvidas de que "a identidade de gênero e a orientação sexual são ambas determinadas pela interação entre hormônios sexuais e o cérebro em desenvolvimento". Como Goy demonstrou, as ações hormonais que desencadeiam a formação de nossas genitálias ocorrem no início da gravidez da mulher. As influências hormonais que moldam nossos cérebros acontecem mais tarde na gravidez. Os dois eventos podem ficar dissociados criando assim os transexuais.

Quaisquer que sejam os detalhes, Swaab insiste que o pênis não faz o homem e que a vagina não faz a mulher. "Se você olhar os órgãos sexuais, não pode chegar a uma conclusão sobre a direção que o cérebro tomou."

Como você pode imaginar, nem todo mundo recebe bem ideias como as de Swaab e Roselli. Mas se aceitamos que somos nossos cérebros, então um ser humano 46,XY com insensibilidade completa a androgênios é uma mulher. Se uma pessoa com pênis, barba e músculos grandes é inabalável em sua crença de que deveria ser uma mulher, quer agir como uma mulher e se sente atraída por homens, essa pessoa é uma mulher heterossexual, e não um homem gay. Um homem que se sente atraído por outros homens, mas se comporta e se sente como um homem é, de fato, um homem; ele só tem o cérebro de um homossexual. O que a hipótese organizacional e trabalhos como os de Swaab e Roselli nos ensinam é que a genitália, e até mesmo os cromossomos, podem ser irrelevantes para o comportamento de gênero. Meninos heterossexuais não tentam despejar uma lata de spray de água-de-colônia num lança-chamas porque vêm equipados com pênis e porque seus pais brincam de bola com eles no quintal — eles agem como meninos porque têm cérebro de menino. Meninas heterossexuais são geralmente mais flexíveis em suas expressões de gênero sexual do que meninos heterossexuais (Swaab acredita que os cérebros das mulheres são naturalmente um pouco bissexuais), mas uma menina heterossexual tem uma probabilidade muito maior de gostar de bonecas, brincar de servir chá, brincar de se arrumar e — como estamos prestes a ver — de se apaixonar pelo homem "errado", porque seu cérebro foi feito assim.

2

A QUÍMICA DO DESEJO

Nossos cérebros foram ambos organizados de maneira semelhante aos de muitos homens heterossexuais. Portanto, você provavelmente não ficará surpreso ao saber que Larry, quando cresceu, começou a esperar ansiosamente a chegada do último catálogo da Sears porque ele continha fotos de verdade, é sério, de mulheres de sutiã que não são minha mãe nem minha irmã. Quando tinha 6, 7 ou 8 anos, Larry não se interessava nem um pouco por fotos de mulheres de sutiã. Aos 11 ou 12 anos, um belo meia-taça — ou melhor, uma mulher com um belo meia-taça — era bastante fascinante para ele. De modo semelhante, chegou uma época em que Brian começou a esperar a chegada da edição de roupas de natação da *Sports Illustrated* mais ou menos da mesma forma que os druidas deviam esperar o solstício. Nenhuma dessas revelações deveria surpreender qualquer pessoa. Na verdade, elas nos tornam absoluta e tediosamente comuns: bilhões de meninos com cérebros organizados como os nossos sentem uma ativação do circuito do desejo sexual estabelecido durante o desenvolvimento — uma descarga desenfreada de hormônios que anuncia a chegada da puberdade. Quando isso acontece, Cheryl Tiegs de biquíni se torna incrivelmente relevante.

Para meninos e homens, essa ativação continua num nível razoavelmente constante (supondo boa saúde) até mais tarde na vida, quando a testosterona cai, mas mesmo então os androgênios ajudam a manter o sexo no cérebro masculino. Meninas e mulheres sentem algo semelhante levando à tempestade hormonal da primeira ovulação. Assim como os meninos, elas terão fantasias quando seus cérebros forem eletrificados pelos hormônios da puberdade. Diferentemente dos meninos, porém, seus hormônios aumentam e diminuem incrivelmente enquanto seus corpos se preparam para a gravidez. Como resultado, as mulheres fantasiam sobre sexo com uma frequência um pouco menor que a dos homens — embora não muito menor. Na puberdade, essas químicas não apenas mudam a maneira como vemos o mundo (ou, pelo menos, a parte sexualmente carregada deste), como também influenciam enormemente o modo como nos comportamos em relação ao mundo.

Tome como exemplo a mulher que estamos chamando de Susan. Ela está prestes a terminar com seu namorado. Ela não sabe que vai terminar com ele — não tem pensado nisso — mas dentro de alguns minutos é o que vai fazer, numa conversa, pelo menos.

Ela tem 21 anos, é bonita, tem mais ou menos 1,65m de altura, é magra, mas não esquelética. Seu cabelo louro bate no ombro. Susan tem um sorriso simpático e um rosto aberto. Tem seios um pouco grandes, mas não é uma garota glamourosa nem uma beleza de capa de revista. É o tipo de mulher jovem que homens jovens convidam para sair acreditando que ela poderá realmente dizer sim. Seu namorado fez exatamente isso, e eles têm sido um casal sério há algum tempo. Mas ele tem um defeito: não está aqui.

Susan entrou numa sala agradável, de aparência confortável, num prédio do campus da Universidade de Minnesota. Há uma escrivaninha na sala, com um monitor de vídeo sobre ela. Uma câmera presa à parede, logo acima do monitor, aponta para a cadeira de escritório onde Susan agora sentou. Um pesquisador agradece por ela aceitar ajudar o projeto, uma pesquisa sobre estilos de comunicação de homens no contexto de situações de namoro.

Susan já passou pela fase 1 da experiência. Mais ou menos duas semanas atrás, ouviu estas instruções:

"Você estará interagindo com dois participantes diferentes do estudo que têm irmãos gêmeos. Você verá esses participantes sepa-

*radamente nesta tela de televisão e terá a oportunidade de se co-
municar com cada um deles por meio de um sistema de câmeras
especial, instalado aqui na parede. A outra pessoa tem um aparelho idêntico na sala em frente. Depois de se comunicar brevemente
com um membro do primeiro par de gêmeos, você se comunicará
com um membro de um par de gêmeos diferente."*

Hoje, ela está se comunicando com os irmãos dos jovens que conheceu via vídeo, duas semanas atrás — as outras metades dos pares de
irmãos gêmeos.

O sistema de vídeo é unidirecional. Quando um dos jovens está falando, não consegue ver Susan. Quando ela está respondendo suas perguntas, não consegue vê-lo — portanto, ela foi avisada de que é melhor
não falar quando ele estiver falando.

Disseram-lhe que esses gêmeos são os objetos do estudo — não há
pressão alguma sobre ela. Tudo o que ela tem que fazer é sentar-se e
responder a algumas perguntas dos caras. Mais tarde, ela será solicitada
a compartilhar algumas observações com os pesquisadores. Não existem respostas certas ou erradas. Quando Susan terminar, receberá um
pequeno pagamento em dinheiro — mais ou menos o suficiente para
comprar duas margaritas.

O primeiro jovem começa a falar. Ele é branco e tem cabelo curto,
boa aparência, mas não a ponto de desfalecer. Ele parece tímido e um
pouco sem jeito. Porém, é muito sincero — o tipo de colega legal que
uma garota quer levar para casa e mostrar à mãe e ao pai.

"Eu sou ruim para falar sobre mim mesmo, e ainda pior falando para
câmeras", diz ele. "Então, se estiver tudo errado, me diga que eu começo
de novo, embora eu não tenha a menor ideia do que mais eu diria além
disso. Então, espero que esteja tudo bem.

"Basicamente, sou apenas um cara normal — ou pelo menos acho
que sou um cara normal. Entrego pizzas para um lugar bem popular em
Dinkytown [perto da universidade] à noite e estou tentando terminar
minha formação em inglês. Eu nunca fui bom nessa coisa de namorar.
Não sou muito 'descolado'." Ele tem objetivos: "Acho que sou um cara
legal também, e estou procurando uma mulher legal. Acho que juntos

seremos duas pessoas legais, ou algo assim. Não estou procurando uma diversão, ou algo desse tipo. Só gostaria de conhecer alguém com quem eu tenha uma ligação, alguém que queira seriamente ter uma vida em comum. Eu gostaria de me casar e ter uma família."

Quando tenta passar para as perguntas prescritas para ele pelos pesquisadores, ele diz: "Espero que eu não estrague isso também."

As primeiras perguntas eram do tipo que pessoas que acabaram de se conhecer, mas que estão interessadas, fazem uma à outra em bares, cafés e escritórios do mundo inteiro: o que ela gosta de fazer em seu tempo livre? O que tem feito de interessante ultimamente? Foi a algum lugar divertido? Em seguida, as perguntas mudam rapidamente o foco, sondando as táticas de namoro dela.

"Imagine que você saiu com seus amigos e viu um homem que você acha muito atraente. Mostre-me o que você faria para atrair a atenção dele." Ele pergunta sobre concorrência para namorar. "Imagine que você e outras duas ou três mulheres estão interessadas em namorar o mesmo cara. O que você diria e faria para persuadi-lo a namorar você, e não as outras?"

Susan responde apressadamente às perguntas, dando respostas com uma ou duas frases, elaborando pouco. Em resposta à pergunta sobre onde tem ido para se divertir, ela responde que saiu na semana anterior com seu "namorado". Eles se divertiram. Educadamente, ela responde com frieza às perguntas dele sobre como ela flertaria. E então acaba.

Depois de um breve intervalo, Susan se senta novamente para conhecer o outro irmão gêmeo. Ele também tem boa aparência, é branco, com cabelo castanho curto. Mas, diferentemente do cara todo certinho com o qual Susan acabara de falar, ele é falador, divertido e quase ofensivo.

"Geralmente, eu faço estudos em que você tem de descobrir qual o botão que deve apertar para conseguir uma pílula de comida. E se apertar o botão errado, leva um choque", diz ele, impassível. "Mas este é **realmente** bom, porque posso conhecer e falar com **você**." Em vez de explicar por que ela deveria querer namorá-lo, ele diz: "Vou lhe dizer por que você **não** deve me namorar. Então, quando eu terminar, podemos falar e realmente nos conhecer melhor. Você **não** deve me namorar se quiser um cara que chegue sempre na hora, ou alguém que sempre se lembre de cada acontecimento especial, como aniversários de dois meses. Você não deve me namorar", continua ele, mencionando esquiar em pistas difíceis e banquetes de panquecas na madrugada, até concluir: "E, o mais importante, você não deve absolutamente me namorar se não quiser se apaixonar completamente e ter um romance tão intenso que vai questionar tudo o que sabe e possivelmente começar a escrever com a mão esquerda."

Esse discurso pode parecer constrangedor a você, mas quando o jovem faz as perguntas previstas, Susan está ávida para responder. Ela entende as perguntas sobre suas técnicas de flerte como convites para demonstrá-las, exibindo o que o psicólogo Paul Ekman chamou de "sorriso de Duchenne" — um sinal de prazer inconsciente que envolve os músculos em torno dos olhos, bem como aqueles em volta dos lábios. Susan sorri e ri diante da brincadeira do jovem, embora não devesse dizer nada enquanto ele fala. Ela sacode o cabelo, levanta a cabeça, mexe nos brincos e se inclina para a frente na cadeira — uma tática, como explica a pesquisadora de psicologia social e marketing para o consumidor Kristina Durante, que está realizando a experiência, "para atrair a atenção para seu peito", mesmo quando ele está falando e ela sabe que ele não pode vê-la.

Em seguida, quando ele pergunta sobre passeios que ela fez recentemente, ela diz que saiu com um "amigo". Portanto, seu namorado é jogado sem cerimônia no ralo da conversa.

Não julgue Suzan tão duramente. Parafraseando Jessica Rabbit, Susan não é má: apenas é organizada dessa maneira. Ela sequer está completamente consciente de que está flertando, ou de que simplesmente apagou o namorado de sua vida. Também não tem consciência de o quanto seu comportamento mudou radicalmente de um homem para outro.

Como você pode ter imaginado, é Susan — e não os dois jovens — o objeto de estudo dessa experiência. Não existem gêmeos. Os dois jovens são atores, cada um desempenhando um par de gêmeos. Duas semanas antes, quando Susan se sentou para falar com eles, o interlocutor de fala suave de hoje — que Durante chamou de "o Safado" — desempenhou o papel de seu suposto gêmeo, um jovem ligeiramente tímido que, assim como "o Certinho" de hoje, estava à procura de um relacionamento sério. O Certinho de hoje desempenhou seu irmão — outro Safado — duas semanas atrás. Na ocasião, Susan respondeu ao Safado e ao Certinho mais ou menos da mesma forma como falou com o Certinho de hoje. Hoje, porém, ela estava extrovertida e flertando com o Safado. E, exceto por uma pequena diferença no estilo do cabelo, o Safado de hoje e o Certinho da sessão anterior são iguais — é claro, porque são a mesma pessoa.

Os homens não mudaram, mas Susan mudou. Hoje, ela está prestes a ovular.

Outras jovens que estão no período de ovulação, ou perto deste, demonstram comportamentos semelhantes ao de Susan. Elas põem o dedo na boca, olham de um lado para o outro, ajustam a roupa com frequência quando estão falando com os "safados". "Com o Safado, torna-se quase uma cena que você veria num bar", conta-nos Durante. Em seguida, ela chama atenção para a versão roedora da sedução feminina: pular, mover-se rapidamente e lordose. "Não é exagero dizer que isso é lordose — mostrar que está receptiva a esse homem. Não é visível, mas é a versão humana disso."

A maioria das mulheres tem uma boa compreensão de como os fluxos hormonais podem mudar seus corpos ao longo do ciclo menstrual. A glândula pituitária libera o hormônio folículo estimulante (FSH). O FSH faz com que os folículos — os botões de óvulos nos ovários — cresçam e secretem estrogênio. O hormônio luteinizante (LH) força um folículo a liberar seu óvulo — pronto para encontrar um espermatozoide — e o envia em sua jornada por uma trompa de falópio. Nesse momento, há uma descarga de estrogênio e progesterona, que torna a mucosa do útero mais espessa, numa preparação para receber o óvulo fertilizado. Nos seios, os vasos se dilatam. A progesterona aumenta e em seguida cai acentuadamente, mas o estrogênio continua elevado. Se o óvulo não é fertilizado, a mucosa do útero que estava espessa se solta durante a menstruação.

O período imediatamente antes, durante e depois da ovulação é um breve período desse ciclo. Mas é o único em que uma mulher pode engravidar, e seu cérebro sabe disso. Portanto, essas mudanças hormonais não afetam apenas a fisiologia de uma mulher, funcionam em seu cérebro para influenciar um comportamento no sentido de maximizar as chances de o óvulo ser fertilizado e não ir para o lixo reprodutivo.

Conforme mencionei na introdução, quando Larry iniciou sua carreira científica, começou com lagartos. Ele verificou que, quando dava estrogênio às fêmeas dos lagartos, elas sempre cediam à corte de um macho e se acasalavam. Quando dava testosterona a um macho, este ficava sexualmente motivado e tentava fazer sexo com o dedo de Larry. Ao se voltar para uma espécie chamada lagarto-rabo-de-chicote, ele ficou ainda mais estimulado com o poder dos hormônios.

Todos os lagartos-rabos-de-chicote são fêmeas. Normalmente, isso seria uma notícia bastante ruim para uma espécie, mas eles se reproduzem por partenogênese — fazem clones de si mesmo. Em lagartos mais típicos, as fêmeas só começam a desenvolver óvulos quando um macho as corteja, mas é claro que esses lagartos não podem esperar por um macho. Em sua tese de doutorado, Larry descobriu como eles contornam esse obstáculo: eles desenvolveram cérebros bissexuais. Quando uma taxa de esteroides sexuais está boa, ele se torna ousado, corteja e até se "acasala" com outra fêmea, estimulando essa fêmea a desenvolver seus óvulos. Quando a taxa inverte no lagarto que corteja, este será perseguido e cortejado. Em outras palavras, os hormônios, agindo em cérebros convenientemente organizados, criam o comportamento de acasalamento de dois gêneros sexuais no mesmo indivíduo.

Essa visão mecanicista não é a que a maioria de nós prefere para algo mais frequentemente descrito como destino, ou mágica. Até onde sabemos, Mila Kunis nunca pronunciou o termo "projeções neuronais" num filme romântico. Mas há uma forte conjetura a ser feita: quando usamos palavras como "destino", estamos buscando retroativamente, ao longo do tempo, construir uma racionalização para ações que não estávamos completamente conscientes de que estávamos realizando — ações fortemente dependentes de eventos moleculares em nosso circuito do desejo cerebral. Quando Patti Smith diz que "o amor é um anjo disfarçado de desejo", está correta, mas o desejo em si pode ser disfarçado de, digamos, fazer compras.

A não ser que estejamos na Frederick's of Hollywood, quase nunca pensamos em fazer compras como uma expressão de desejo. Mas na verdade o sexo, muitas vezes, é um motivador escondido do modo como gastamos dinheiro e daquilo que vestimos — sem falar em sua relação com o tipo de comportamento que Susan estava exibindo.

Com frequência, negamos essa influência. Por exemplo, quando se pergunta às mulheres se elas sentem mais desejo sexual perto da ovulação, muitas dizem que não. Mas quando a pergunta é relativa ao número de vezes que fizeram sexo — ou tomaram a iniciativa —, mais ou menos no período da ovulação ou nos dias anteriores, elas relatam uma frequência maior do que na baixa fertilidade de seus ciclos. Na ovulação, elas gostam mais de pornografia do que em outros períodos do mês. Tornam-se mais inclinadas a homens de beleza rude, em comparação a "homens legais", de aparência agradável. Tendem a evitar o próprio pai, consomem menos calorias e gastam menos dinheiro em comida do que em roupas e sapatos sensuais. As mulheres também fantasiam com mais frequência sobre fazer sexo com alguém que não seja seu parceiro atual.

Como explica Durante, o Certinho pode ser leal, trabalhador e estar à procura de um compromisso, mas estas são qualidades que atraem um cérebro racional — a parte de nós que calcula os benefícios de recompensas tardias para benefícios em longo prazo, cálculo esse que acontece no córtex, a maior parte de nosso cérebro. Os hormônios, porém, agem em outras partes do cérebro de Susan e amplificam suas vozes. Hoje, ela está mais interessada no curto prazo, e um cara sem jeito que estuda inglês, entrega pizzas e quer se casar não está satisfazendo suas necessidades imediatas.

"O que o estrogênio está fazendo em seu cérebro é avisar que o problema neste exato momento é se acasalar", diz Durante. "E toda a energia está direcionada para isso. Não é um pensamento consciente." O cérebro sabe que, para o óvulo recém-liberado, é agora ou nunca. E a confiança loquaz do Safado — sua conversa sobre esquiar em pistas difíceis, sua promessa subentendida de emoções românticas — faz com que ele pareça adequado, vigoroso e dominante, enquanto o Certinho exala incerteza. O Safado também tem a vantagem de simplesmente estar presente e disponível — o namorado de Susan está fora de vista, fora de sua mente.

O Safado pode ser fanfarrão, mas parece um vencedor. E a dura verdade para os homens é que não importa o quanto você seja bonito, em seus momentos mais férteis as fêmeas de todas as espécies apreciam mais os tipos vencedores. Quando cientistas de Stanford, liderados por Russ Fernald, examinaram como as fêmeas de peixes processam pistas sociais sobre a adequação de seus parceiros, descobriram que, quando uma fêmea grávida (pesada de ovos e pronta para desovar; mais ou menos como uma mulher em ovulação) via seu parceiro preferido vencer uma luta contra outro macho, exibia uma ativação maior de neurônios na MPOA. O hipotálamo ventromedial (VMH, Figura 1, página 30), uma região que regula diretamente o comportamento sexual da fêmea, também estava ativado. Em resumo, quando seu parceiro preferido vencia a luta, instigavam-se os centros de reprodução e atração sexual dela.

Quando seu parceiro preferido perdia a luta, porém, os circuitos do cérebro que produzem ansiedade eram ativados, parecendo indicar que ela estava tendo um estresse. Explicando em termos humanos: ela parecia estar temendo escolher um namorado perdedor para ser o pai de seus filhos.

Durante não está brincando quando compara o comportamento das mulheres jovens de seu estudo com o de roedores de laboratório. Quando Larry precisa usar uma das fêmeas dos animais de seu laboratório para uma experiência ou observação, e também precisa que ela esteja no cio e apresente comportamentos associados ao cio, tudo o que tem a fazer é dar ao animal uma injeção de estrógeno, seguida de progesterona, para conseguir uma mudança de comportamento quase imediata. Como diz Durante, os comportamentos que ela vê em mulheres em ovulação não são tão drásticos quanto a lordose, mas são paralelos.

O comportamento de Susan é um exemplo mais sutil do que os cientistas chamam de comportamento proceptivo, ou apetitivo. Os saltos e movimentos rápidos de uma fêmea de rato são proceptivos. O flerte de Susan é proceptivo. Seu ecossistema hormonal está criando um apetite para o acasalamento, mesmo que ela não perceba totalmente isso e provavelmente não aja em relação a isso — pelo menos não com o Safado.

Quando impulsionados por esses mesmos hormônios, alguns animais enviam sinais muito óbvios de que querem sexo, como podem relatar muitos donos de gatas.

AS GATAS QUE NÃO CONSEGUIAM DIZER NÃO

Digamos que você tenha uma gata chamada Buttons. Embora seja um dono responsável, você ainda não castrou Buttons, talvez porque ela seja tão doce, calma e inocente que o induziu à complacência. Então, praticamente da noite para o dia, a fofa Buttons se torna uma versão felina de uma garota da união dos estudantes bêbada nas férias da primavera, arranhando o carpete como se estivesse fazendo o passo *moonwalk*, urinando, roçando suas partes baixas nos móveis e miando tão alto que seus vizinhos reclamam. Buttons começa a arquear o dorso, a pressionar seu peito contra o chão e a apontar seu traseiro para o teto, com o rabo levantado. As crianças começam a fazer perguntas: "O que está havendo com Buttons?"

O que está havendo com Buttons é que ela se tornou uma gatinha muito excitada e está exibindo um comportamento proceptivo para que todas as partes interessadas saibam que ela está a fim.

Antes, quando era abordada por um gato, Buttons chiava e tentava arranhar o focinho dele. Mas agora está no cio e, se pudesse, a pequena Buttons faria sexo com o primeiro, o segundo, o terceiro e o quarto macho que conseguissem se aproximar dela. Ela ficará assim durante mais ou menos uma semana, ou até engravidar. Então, tão de repente quanto o bacanal começou, isso vai passar.

Esta é uma demonstração notável. Naturalmente, cientistas gostariam de estudar os mecanismos. Mas estudar o desejo sexual provou ser muito mais difícil do que qualquer um poderia prever, em parte porque ninguém podia descobrir como desativá-lo. Eles foram estraga-prazeres até onde puderam. Cortaram os impulsos nervosos para as zonas erógenas de gatos, coelhos e roedores, mas os animais ainda apresentavam comportamento de acasalamento. Destruíram partes dos cérebros das criaturas — como o bulbo olfatório, para que elas não conseguissem sentir cheiros que pudessem desencadear um comportamento sexual. Chegaram a fazer lobotomia neles e a remover seus olhos, mas os animais continuavam a ter um comportamento de acasalamento. Em outras palavras, os pesquisadores tentaram eliminar todo prazer sexual, todo estímulo do sexo oposto, todo "motivo" para fazer sexo, mas mesmo assim os animais ainda exibiam apetite sexual. Biólogos chegaram a conectar gatos a fios de energia para ver se eles conseguiam ter desejo sexual — mas o que aconteceu é que as descargas elétricas em cérebros só deixaram os gatos nervosos. Os choques desencadearam "uma variedade de funções", observaram secamente Geoffrey Harris e seu colega Richard Michael, do Maudsley Hospital, em Londres, "algumas das quais (como a resposta da raiva) podem ser antagônicas à expressão de receptividade sexual".

Parecia haver apenas uma maneira de cortar o desejo sexual nas gatas: remover seus ovários. Retire-os e uma gata nunca se acasalará — ou demonstrará qualquer interesse em se acasalar. Após essa descoberta do mecanismo liga/desliga dos gatos, Michael removeu os ovários das fêmeas e em seguida administrou estrogênio sintético para substituir o que faltava. Independentemente da época do ano (as gatas em geral entram no cio quando os dias ficam mais longos), ele conseguiu excitar as gatas. Isso pode parecer óbvio, mas pense no que significa. Nos mamíferos, o acasalamento é um comportamento bastante complexo, que envolve dois indivíduos interagindo de maneiras muito específicas em resposta um ao outro. Todos os tipos de variáveis podem entrar em jogo — como os ciclos de luz e escuridão dos dias, por exemplo. As gatas têm um bom motivo para evitar a cópula: os gatos têm espículos voltados para trás — como um velcro — sobre seus pênis. Mas os resultados de Michael eram tão previsíveis que ele pôde mapear matematicamente a única variável — a dose de estrogênio — com os comportamentos de acasalamento que viu. Uma molécula, deixada sob a pele, ativava o ímpeto sexual da fêmea.

Isso levantou a questão sobre como exatamente o estrogênio estava induzindo o comportamento proceptivo. Seriam as mudanças físicas do cio — as preparações feitas na vagina e no útero para a gravidez por vir? Será que essas mudanças agiam como um afrodisíaco, criando uma "coceira" que induzia o animal a arranhar? Ou o estrogênio agia diretamente no cérebro, independentemente dos efeitos que tinha sobre o resto do corpo?

Harris e Michael realizaram uma experiência seguida (apoiada por uma subvenção da Força Aérea dos Estados Unidos; sabe-se lá por quê). Desta vez, ao removerem os ovários das gatas, não substituíram o estrogênio por injeções sob a pele: criaram implantes que podiam pôr o estrogênio sintético diretamente nos cérebros das gatas — especificamente, no hipotálamo. Com os implantes, as gatas não demonstraram qualquer sintoma físico comum de excitação — nenhuma mudança na vagina, nas células do útero, nada. Mas exibiram todos os comportamentos comuns: os passos, os gritos, o roçar. Um grupo de gatas com implantes "pareceu estar num estado de receptividade sexual contínuo durante o período de duração. Essas fêmeas podiam ser descritas como hipersexuais, porque aceitavam machos sucessivamente a qualquer hora do dia ou da noite sem mostrar os sinais de refração que normalmente se seguem ao acasalamento". Elas continuaram a fazer sexo, repetidamente, por até 56 dias e noites.

A molécula de estrogênio estava agindo especificamente como um estímulo no hipotálamo para alterar drasticamente o comportamento, sem causar qualquer uma das mudanças físicas sistêmicas que normalmente acompanham o cio. O comportamento não dependia de mudanças no sistema reprodutor. Um hormônio, agindo como um estímulo de longo alcance nos circuitos cerebrais formados durante a vida fetal, instigava o comportamento.

Cientistas como Harris e Michael conseguem separar mudanças corporais de comportamentos estimulados pelo cérebro em laboratório. No mundo natural, um sistema de feedback, com o hipotálamo agindo como uma central telefônica, "ouve" as mudanças fisiológicas do cio induzidas por hormônios ovarianos e coordena o comportamento, de modo que a fêmea possa agir para engravidar no momento certo. Donald Pfaff, um neurocientista da Universidade Rockefeller, passou quase quarenta anos calculando precisamente como os hormônios e outras substâncias neuroquímicas ativam circuitos específicos em roedores para criar essas mudanças comportamentais.

As gatas só soltam óvulos quando realmente copulam, mas a maioria dos roedores é como os seres humanos: ovula espontaneamente depois de um surto de estrogênio e progesterona num ciclo de quatro dias, que é o que Larry imita ao dar injeções em animais cujos ovários foram retirados.

O estrogênio exerce seus poderosos efeitos sobre o comportamento fixando-se em receptores concentrados no hipotálamo ventromedial, bem atrás da MPOA. Quando esses receptores se prendem às regiões reguladoras de certos genes, a química dos neurônios muda. Eles aumentam a produção de neurotransmissores e se tornam mais sensíveis a outras moléculas sinalizadoras. Por exemplo, quando a fixação do estrogênio aumenta a produção de receptores de progesterona no hipotálamo ventromedial, o aumento da sensibilidade à progesterona resultante permite ao hipotálamo programar a ovulação com uma precisão incrível. Essa sequência estrogênio-progesterona leva a fêmea do rato a iniciar seus sedutores pulos e movimentos rápidos precisamente no momento em que está mais fértil, e em seguida a assumir a posição de lordose se um macho morder a isca.

Assim como ocorre com os ratos, essas mudanças bioquímicas e neurais levam os cérebros das mulheres a responder a sinais sociais de potenciais parceiros de maneiras que não acontecem quando a ovulação está ausente. Por isso, Susan jogou seu charme para o Safado hoje, mas não há duas semanas. Essas mudanças são necessárias porque a vida é mais do que apenas sexo. É sério.) Os cérebros dos roedores, assim como os dos humanos, usam artifícios para disputar a atenção. Mudar a química dos neurônios ajuda a desviar a atenção da roedora da procura por comida, da preocupação com cobras, ou da dor — e em direção ao sexo. Essa mudança é necessária porque fazer sexo é um negócio arriscado para um roedor — é difícil fugir de uma cascavel quando se está pulando e fazendo movimentos rápidos diante de um macho. Se ela está com medo de ser devorada, é improvável que esteja interessada em se acasalar. Sua libido é inibida porque ela tem que cuidar de outro assunto.

Estudos recentes mostraram que sistemas paralelos funcionam em pessoas. Hoje, há fortes evidências de que, nas mulheres, o comportamento proceptivo está intimamente ligado à resposta de estresse do cérebro. A resposta de estresse — incluindo os sentimentos de acautelamento, ansiedade, irritação, talvez em reação a um homem não confiável ou a um mau dia no trabalho — é mediada por interações entre o hipotálamo, a pituitária e as adrenais. Esse eixo de estresse opera com ajuda da amígdala, do tronco cerebral e do córtex pré-frontal. Regiões dentro do hipotálamo se comunicam com o tronco cerebral, a parte mais primitiva de nosso cérebro. O tronco cerebral ativa o sistema nervoso autônomo, que, nas fêmeas, regula as funções ovarianas e a libido. A amígdala se comunica com áreas do hipotálamo para regular hormônios e a reprodução; o córtex pré-frontal dirige o foco para um objetivo.

Como você pode depreender a partir dessa lista, há um bocado de superposição entre os circuitos que compõem a resposta de estresse e aqueles envolvidos no comportamento sexual. Tanto começar a se preocupar quanto a relaxar e aproveitar um momento sexy são reações que dependem amplamente do estrogênio. Se quantidades suficientes se prendem aos receptores de estrogênio (como acontece durante a ovulação, quando os níveis de estrogênio estão elevados), a resposta de estresse de uma fêmea é obstruída: seu cérebro foca menos em coisas que poderiam provocar ansiedade, como a perspectiva de se acasalar com alguém que tem velcro no pênis. Os homens tentam ajudar esse processo acendendo velas, abrindo champanhe e tocando bossa-nova. Podemos pensar que estamos sendo agradáveis, exibindo nossos movimentos, mas na verdade estamos reduzindo o volume da ansiedade para que uma mulher possa ouvir seu estrogênio falando.

Quando o hipotálamo recebe a mensagem de que está tudo bem, e os ovários estão prontos para soltar um óvulo, o estrogênio, funcionando como um sinal neural, muda a tendência do cérebro de uma mulher da rejeição para a aproximação, para fazer o que for preciso para ela engravidar — o "problema" que Durante diz que o cérebro de Susan está tentando tratar.

Várias coisas acontecem quando essas portas do desejo se abrem, seja num camundongo ou numa mulher. Um camundongo excitado, ou uma mulher em ovulação, pode de repente ter percepções positivas ampliadas sobre o sexo oposto. Qualquer sensação negativa, como a dor, será reduzida. Ela ficará menos vigilante para o perigo, mais disposta a correr um risco. Se a fêmea é um roedor, pulará e fará movimentos rápidos diante de um macho. Se for uma mulher, mais provavelmente ela flertará.

O cérebro de Susan está afastando a atenção dela para o fato de que o Safado é meio imbecil, diz Durante. "Há uma percepção exagerada dos brutos como sujeitos ótimos quando você está ovulando, mas só quando isso acontece." Mulheres em ovulação com frequência pensam, diz ela, que, "é claro, os Safados não poderiam se interessar por outras mulheres!".

"Isso é realmente um equilíbrio de dois cérebros", sugere Heather Rupp, uma neurocientista afiliada às universidades de Emory e Indiana. "O que muda ao longo do ciclo menstrual é a predisposição baseada na capacidade de impedir o impulso." Como Susan tem um cérebro racional, não é provável que use sua pequena remuneração pela experiência para convidar o Safado para sair, tomar umas margaritas e depois levá-lo para a cama, partindo o coração de seu namorado. Haveria custos para sua reputação, para qualquer plano futuro que ela tivesse feito com seu namorado, para seu próprio senso de lealdade. Na ovulação, ou perto dela, a tendência pode não mudar o bastante em relação a esses custos a ponto de Susan pegar um quarto no motel mais próximo, mas move a agulha significativamente na direção de deixar acontecer. Se por acaso o Safado é um homem desejável mais próximo, ele recebe a atenção.

Em Indiana, Rupp pôs mulheres numa máquina de ressonância magnética, um aparelho que pode detectar a atividade cerebral e produzir imagens de estruturas respondendo a estímulos. As mulheres foram registradas em imagens quando sua progesterona estava alta e seu estrogênio, baixo, e quando essas taxas se inverteram, perto da ovulação. Nos dois momentos, ela mostrou às mulheres fotos de rostos de homens para que considerassem a seguinte situação:

Você não está comprometida com um relacionamento e está aberta a um encontro sexual. Você e algumas amigas saem numa noite de sexta-feira. Quando isso acontece, você conhece o homem apresentado na imagem. Vocês dois têm bons momentos conversando e isso continua noite adentro. Vocês acabam indo para a casa dele para continuar a noite. Para você, está claro que ele faria sexo com você se você quisesse. Imagine nesta situação e aberta a um encontro sexual. Baseando-se na imagem e nas informações apresentadas, indique, por favor, usando o quadro abaixo: qual a probabilidade de você fazer sexo com ele?

Perto da ovulação, o córtex orbitofrontal medial — a área do córtex pré-frontal associada aos cálculos de decisões de risco e recompensa e a comportamentos direcionados a objetivos — estava significativamente mais ativo, possivelmente refletindo que as mulheres estavam avaliando os homens mais seriamente como parceiros sexuais e, de acordo com a hipótese, estavam mais propensas a fazer sexo.

Importante: a mesma região estava também um pouco mais ativa em resposta a outra situação: "Por favor, tome sua decisão em relação à probabilidade de alugar a casa mostrada na imagem baseando-se em quanto você a acha atraente." Assim como fazer sexo com um homem estranho, alugar uma casa tem seu risco. A ovulação diminuiu a resistência da mulher a correr riscos, assim como um aumento da testosterona reduz essa resistência nos homens.

Rupp reluta em dizer que esses mecanismos explicam por que algumas mulheres se envolvem com "meninos maus". *Tendência* é uma palavra melhor", diz ela rindo. "As pessoas ficam menos ofendidas assim. Mas acho que as mulheres ficam motivadas e predispostas por seus cérebros e hormônios a agir dentro de certas janelas de comportamentos possíveis, e é por isso que mulheres boas escolhem homens maus. É aquela preferência do meio do ciclo e o modo como o cérebro delas prioriza. O cara que mais provavelmente você vai escolher no meio do ciclo — ele não é necessariamente o cara que vai criar seus filhos. O cara perfeito é aquele do qual você gosta durante todo o ciclo, e eles são raros!"

Como Rupp e Durante nos lembram, predisposição não é o mesmo que predestinação. Para uma gata com implante de estrogênio no hipotálamo, o sexo é uma conclusão antecipada. Se a sedução de uma rata funciona e o macho toca em seus flancos, seu hipotálamo — especificamente seu VMH — sente a massagem e sinaliza as regiões do cérebro que controlam a função motora. Seus músculos quase imediatamente arqueiam seu dorso numa lordose, em preparação para a cópula (Figura 1, página 30). A reação de uma mulher é um pouco mais complicada, mas os mesmos mecanismos influenciam seu comportamento, predispondo-a a agir por impulsos sexuais.

DANÇARINAS ERÓTICAS, DINHEIRO E HOMENS

Não há uma boa explicação para o motivo pelo qual os homens escolhem a mulher "errada". Queremos dizer que há uma explicação precisa, mas não uma que seja atraente: somos fáceis. Geralmente ficamos bastante felizes por fazer sexo e não exigimos muitas respostas inteligentes de uma mulher, embora estas sejam bem-vindas, nem qualquer propaganda de seu status ou suas proezas em outros territórios além do sexo. Sabemos que podemos chocar e impressionar mulheres, mas não somos nada seletivos — principalmente quando somos jovens e nossa testosterona está no auge.

As razões são simples: espermatozoides são baratos; temos milhões deles, e nossa testosterona é um pouco parecida com a água quente que circula constantemente num prédio de apartamentos. Nossos receptores de androgênios são torneiras nos "apartamentos" hipotalâmicos relacionados ao comportamento sexual, e na amígdala. Há muitas torneiras, sempre prontas para serem abertas. E, como gastar espermatozoides custa pouco, nós esbanjamos como o Berlusconi de férias.

Os homens evoluíram assim. Mamíferos machos geralmente não sabem dizer quando poderão encontrar uma fêmea desejosa, portanto, têm que estar prontos — ou se aprontar facilmente — diante, por exemplo, de algo tão simples quanto pular e fazer movimentos rápidos.

O quanto a testosterona é crítica para o desejo sexual masculino é algo que tem sido demonstrado repetidamente por muitos cientistas. Usando as mesmas técnicas de Harris e Michael, eles restauraram esse desejo em animais castrados simplesmente implantando testosterona na MPOA. Capões começaram a agir como galos novamente. Camundongos e ratos voltaram a marcar seus territórios com urina, a ter ereções, a montar e a ejacular. Isso aconteceu embora os animais não exibissem os efeitos físicos da testosterona. Os capões não desenvolveram cristas e os roedores não desenvolveram próstatas maiores. Como o estrogênio nas gatas, o hormônio estava agindo apenas no cérebro, e apenas em circuitos muito definidos.

Durante milhares de anos, as sociedades agiram de acordo com o princípio de que a testosterona mais baixa reduzia o desejo sexual masculino, castrando homens para criar eunucos. A crença era de que os eunucos, livres dos anseios carnais, tornavam-se administradores melhores e mais confiáveis das casas e negócios imperiais, e de que era seguro deixá-los entre as mulheres. Mas, embora a castração de um homem geralmente o deixe impotente, isso nem sempre acontece — um pequeno segredo compartilhado por alguns *castrati* e algumas esposas perambulantes.

A testosterona cai em certos contextos além da perda de testículos. Quando os saguis machos cheiram um tubo de ensaio contendo o cheiro de seus filhotes (mas não dos filhotes de outros), a testosterona deles cai em vinte minutos. Isso pode ser um mecanismo de proteção, um modo de impedir o impulso sexual e a agressão de um pai quando ele está com seus bebês. Estudos em seres humanos mostraram que, quando os homens se tornam pais (e principalmente quando seus bebês são recém-nascidos), eles têm uma queda significativa de testosterona. Homens envolvidos nos cuidados com seus bebês apresentam as maiores quedas — provavelmente porque esse ato de cuidar em si reduz a testosterona e permite ao cérebro se concentrar mais em educar e menos em combater (mesmo que seja apenas uma promoção no trabalho em jogo), procurar sexo ou se irritar. A testosterona cai quando perdemos uma partida esportiva, e despenca até quando nosso time perde um jogo. (Sinto muito, Cleveland.) Dirigir um carro de família velho, caindo aos pedaços, reduz os níveis de testosterona do homem. Homens casados há muito tempo têm níveis de testosterona mais baixos do que homens solteiros (interprete isso como quiser). Ser demitido de um emprego também não é bom para nossos níveis. Embora a menopausa reduza os hormônios sexuais mais drasticamente nas mulheres, homens idosos também sofrem uma diminuição significativa.

Por outro lado, o contexto também pode elevar a testosterona. Vencer faz isso, seja uma competição de esporte, uma batalha, um jogo de xadrez ou uma campanha política. Esse efeito pode se autoperpetuar: uma vitória enche um homem de confiança, aumentando suas chances de vencer novamente. Dirigir uma Ferrari faz isso também. Quando um camundongo macho sente o cheiro de uma fêmea no cio, sua testosterona sobe, seus sentidos se acentuam e ele se torna extremamente direcionado ao objetivo, seguindo qualquer fêmea que pular, fizer sua dança de sedução e tiver cheiro de fértil. Algo semelhante acontece com os macacos. A testosterona apresenta um pico trinta minutos depois de os saguis machos serem expostos ao cheiro de fêmeas em ovulação. Os machos também passam mais tempo sentindo o cheiro e têm ereções que duram mais tempo do que quando sentem um cheiro de controle.

A última experiência é um exemplo de como pode ser a motivação sexual interativa. A reprodução exige uma troca de informações entre pretensos parceiros. Uma rata pula e faz movimentos rápidos. O Safado se gaba de esquiar em pistas difíceis. Susan inclina seu peito para a câmera. Assim como Susan ficou mais motivada ao falar com o Safado, os homens ficam mais motivados na presença da fertilidade.

No caso das mulheres, chamar esses comportamentos de "cio" ou dizer que elas ficam excitadas é muito controverso. Durante muitos anos, a maioria dos cientistas pensou que as mulheres não demonstravam qualquer sinal óbvio de fertilidade. Embora todos tenham passado a entender que os hormônios tinham um papel no desejo sexual, a maioria dos cientistas achava que as mulheres tinham, no máximo, um "cio escondido". Diferentemente dos gatos e dos roedores, os seres humanos fazem sexo em qualquer época do ano e em qualquer hora do dia ou da noite. Usamos o sexo para muito mais do que a reprodução. De algum modo, prosseguia o raciocínio, havíamos nos dissociado dos motivadores de sexo contextuais básicos de outros animais.

Diversas teorias da evolução tentaram explicar isso. Algumas correntes argumentavam que as mulheres evoluíram para manter os homens pensando isso para que pudessem controlá-los mais facilmente quando fizessem sexo. Outras alegavam que as mulheres evoluíram para manter os homens pensando isso para que eles nunca soubessem quando elas estavam férteis e, por presumirem que eles não quereriam correr o risco de cuidar do bebê de outro homem, ficassem por perto para protegê-las de outros pretendentes ao sexo. Foi assim que nos tornamos monógamos, dizem alguns.

Mas o que explica os comportamentos sinalizadores entre duas pessoas que indicam que elas estão desejosas e ávidas? Como elas percebem que está na hora? Por que o comportamento de Susan mudou de duas semanas para cá? Na verdade, estão aumentando as evidências de que as mulheres têm um cio — e de que os homens podem perceber isso. Essas novas evidências sugerem que os homens gostam tanto das pistas sutis do cio humano que até pagam para estar perto dele.

O Spearmint Rhino é um templo dedicado ao desejo. Mas o desejo é apenas uma ferramenta para promover o verdadeiro negócio do templo: separar os homens de seu dinheiro. Localizado num distrito de indústrias leves e armazéns perto da avenida principal de Las Vegas, o Rhino é um confuso labirinto de grandes salas cheias de homens e *strippers* femininas. Embora fique aberto 24 horas, ali dentro é sempre meia-noite. Durante nossa visita, está tão escuro que, a qualquer distância superior a 3 metros, as dançarinas se tornam silhuetas indistintas, iluminadas apenas por fracas luzes cor-de-rosa e roxas. Além da visão, as atendentes do bar, em seus sutiãs *push-up*, precisam se valer tanto da memória quanto do tato para caminharem pelo ambiente com as bandejas de bebidas destinadas aos fregueses.

Como em qualquer templo, a decoração visa chamar a atenção. Assim como os cassinos próximos se esforçam para manter a atenção dos jogadores nas apostas, dentro do Rhino a escuridão, o labirinto de salas e a atmosfera surrealista de safári, boate e bordel cria uma experiência de privação sensorial que oblitera qualquer preocupação que um cliente possa ter com o mundo lá fora — a convenção da qual ele deveria participar, a quantidade de dinheiro que perdeu nas mesas de jogos, a esposa em casa. Nada existe dentro do Rhino a não ser os homens, as dançarinas, a música e a sensação tentadora de que, contrariando toda a experiência, você é realmente o tipo de cara que uma mulher sexy numa microssaia de colegial quer levar para casa.

Se você quer se permitir essa fantasia, deve observar certos rituais. As dançarinas, vestidas com alguma variação de calcinha de biquíni tipo tanga, salto alto, meias na altura da coxa e vestidos curtos colantes, dançam sobre pequenas plataformas alguns metros acima das cadeiras em volta, dispostas em semicírculo, de onde os homens assistem. Outras cruzam as salas, conversando com os clientes. Um dólar, 2, ou 5, postos sobre a mesa durante a dança, ou imediatamente depois, é um sinal de que um cliente pode estar interessado em passar mais tempo com a dançarina. A mesma mensagem é enviada quando um cliente compra uma bebida para uma stripper que se aproximou dele.

"Sou estudante do terceiro ano de medicina", diz uma dançarina que se apresenta como Lana, em pé no bar, bebericando um drinque que compramos. Talvez Lana seja estudante de medicina, e talvez esta seja apenas sua história (se todas as strippers que dissessem ser estudantes de medicina fossem realmente estudantes de medicina, haveria uma abundância de médicas, e os participantes das convenções anuais da American Medical Association pareceriam um elenco de telenovela). De qualquer modo, Lana, obviamente, elaborava muito sua fala mecânica. Ela também selecionava cuidadosamente sua fantasia — cinta-liga, sutiã rendado, biquíni fio-dental, saltos tão altos que ela ficava acima da maioria dos homens — para atrair ao máximo. Ela se inclina sobre Brian enquanto fala em seu ouvido.

São táticas que as strippers usam para induzir os clientes a pagarem por uma dança erótica de vinte dólares — ou uma série de danças eróticas que custa cem dólares ou mais, num espaço VIP privado. (Qualquer um que deixe de dar uma "gorjeta" por uma dança erótica geralmente é encaminhado a um dos funcionários do tamanho de um armário que circulam pela boate, e cujos deveres incluem sugerir energicamente adesão ao protocolo.) Uma dança erótica pode levar a outra, e outra, e possivelmente à compra de extras, como uma garrafa de vodca de preço insanamente exagerado. O cliente talvez perceba que está gastando dinheiro demais. Mas, a essa altura, sua amígdala e seu hipotálamo estão sendo inundados de testosterona e ele está bastante concentrado no "problema" à sua frente.

A sedução pode ser artificial, mas a cascata neuroquímica que ela produz é real. Como os homens dão valor a obter riqueza e a demonstrá-la quando estão perto de mulheres atraentes (o que explica as vendas da Cristal), um cliente que recebe uma dança erótica quer bancar o chefão para sua dançarina. Então, ele suspenderá a incredulidade e dará dinheiro, às vezes muito dinheiro — uma tática de anunciar seu desejo de ser um parceiro de curto prazo, mesmo que saiba que a dançarina não fará realmente sexo com ele.

As dançarinas podem ganhar salários altos assim, mas primeiro têm que levar um homem a aceitar a oferta de uma dança erótica. Sua capacidade de fazer isso não depende apenas do modo como se vestem, ou da qualidade de sua conversa. A quantidade de dinheiro que uma dançarina consegue pode depender também de ela estar perto ou não da ovulação.

"Os homens nessas boates estão à procura da maior sensualidade por dólar que gastam", diz Geoffrey Miller, um psicólogo da Universidade do Novo México que acompanhou os rendimentos de uma stripper ao longo dos ciclos de ovulação. Considerando a concorrência inerente entre as dançarinas pela atenção dos homens — em que atenção é igual a dólar —, "o cliente pode usar seu nível de testosterona, sua excitação, como uma espécie de indicador da sensualidade das mulheres, e ele está disposto a pagar um extra por isso, para estar com uma mulher que o tire do sério". Miller descobriu que as mulheres que tiram os homens do sério com mais eficiência em qualquer turno são mulheres que estão em ovulação, ou perto dela.

O efeito que Miller descobriu não era pequeno nem sutil; ele o qualifica como "chocante". Miller e seus colegas usaram boates do Novo México como laboratórios no mundo real para realizar um estudo que intitularam de "Ovulatory Cycle Effects on Tip Earnings by Lap-Dancers: Economic Evidence for Human Estrus?" — com base em resultados financeiros, parece claro que não há necessidade alguma de ponto de interrogação. Quando as strippers que Miller registrou estavam no cio, conseguiam mais ou menos 354 dólares num turno de cinco horas. Mulheres que não estavam no cio conseguiam 264 dólares — uma diferença de noventa dólares! A menstruação cortava pela metade os ganhos das dançarinas. A diferença não pode ser atribuída à capacidade de uma mulher de atrair mais do que outra, ou a estilos de escolha, porque a pesquisa foi realizada durante dois meses. As mulheres que estavam ou não estavam no cio eram as mesmas, documentadas em diferentes momentos. As dançarinas que usavam pílula anticoncepcional — o que essencialmente elimina o cio — ganhavam aproximadamente 193 dólares por turno — também muito menos do que as mulheres em ovulação.

Ao ligar a preferência pela dançarina ao dinheiro, e não a declarações dos clientes, Miller conseguiu mostrar que essa preferência era real e inconsciente. Falar é fácil: se um cara abre a carteira, ele quer dizer que é um negócio.

Assim como os homens, as dançarinas não tinham consciência alguma do efeito. Algumas achavam que ganhavam mais dinheiro durante a menstruação do que em qualquer outro período do ciclo. "Elas falam muito sobre seus ganhos", explica Miller. "Este é o maior assunto das fofocas; é para isso que elas estão ali (para alimentar seus filhos, conseguir pagar a escola etc.), mas nenhuma delas fazia qualquer ligação. Nenhuma delas percebia que tomar pílula prejudicava seus ganhos, e nenhuma delas marcava seus turnos de trabalho de modo a maximizar seus ganhos."

Mas se os homens preferiam as dançarinas no cio, como eles sabiam quais delas estavam no cio e quais não estavam? Eles não escolhiam conscientemente as mulheres no cio, é claro. Mas as boates que Miller selecionou para o estudo eram escuras e barulhentas, feitas para concentrar a atenção dos homens nas dançarinas. Ao observarem as mulheres enquanto elas apresentavam suas danças no palco e, depois, em contato próximo durante o período de conversa (a música pode ser tão alta nesses lugares que você praticamente tem que pôr a boca no ouvido da pessoa para ser ouvido), quando decidiam pagar ou não pela dança erótica, os homens conseguiam captar pistas sutis. Havia, literalmente, química entre os sexos.

Quando homens são expostos a amostras de odor retiradas de mulheres em ovulação, ou perto delas, assim como seus primos macacos, eles mostram um pico de testosterona, comparados a homens que experimentam os odores de mulheres que não estão ovulando. O contato próximo necessário numa conversa numa boate barulhenta pode dar aos homens dicas olfatórias.

Miller acha que outros fatores podem atuar também. "Sabemos por outras pesquisas que, com a ovulação, a qualidade da voz da mulher — timbre e altura — é mais atraente. A qualidade da pele e a atratividade facial aumentam um pouco, mesmo que de maneira não muito bem-compreendida. O formato do corpo muda também — há uma proporção entre a cintura e o quadril relativamente menor — e alguns estudos mostraram que mulheres no auge da fertilidade têm mais fluência verbal e criatividade."

Não apenas os homens captam essas pistas; Miller suspeita também que as mulheres no cio se comportam de maneira diferente. Com a redução da sensação de ansiedade e risco que acompanha a ovulação, mulheres no cio podem estar mais dispostas a fazer uma aproximação. Podem ter mais confiança em sua atração sexual e em seus corpos e podem se mover de modo mais sedutor.

Explicando de outra maneira: as dançarinas no cio são melhores ao exibir um comportamento proceptivo — sua versão de pular e fazer movimentos rápidos — e os homens, respondendo de modo equivalente com um aumento de testosterona, tornam-se mais focados e direcionados a seus objetivos. Isso, por sua vez, leva-os a abrir suas carteiras.

Miller diz que esta é uma teoria plausível, acrescentando que, embora pareçam não ter consciência do poder do cio, as dançarinas conseguem, de todo modo, tirar vantagem dele. A razão pela qual a maioria dos homens não consegue passear por aí e escolher quem está ovulando e quem não está, sugere Miller, é que as mulheres "não querem transmitir isso" do modo como as fêmeas de primatas fazem, com seus traseiros brilhando, porque as mulheres não querem ser molestadas sexualmente. "Em vez disso, a mulher quer restringir a transmissão dessas pistas a sujeitos de alta qualidade nos quais está interessada sem vazar essas pistas para o namorado ou para outras mulheres, como a parceira de um sujeito." Assim, Susan se contém com o Certinho e se abre para o Safado. "É provável que tenha havido uma corrida armamentista evolutiva, com os homens sendo selecionados por detectarem a fertilidade com a maior precisão possível e as mulheres sendo selecionadas por enviarem essas pistas apenas para selecionar parceiros possíveis", diz Miller.

Durante concorda com Miller, mas acha que os homens estão atrás na corrida graças à capacidade das mulheres de utilizar armamento tecnológico. "Podemos levar os cérebros deles a acreditar que somos jovens e férteis, mesmo quando somos idosas e estamos na perimenopausa", diz ela, com uma indisfarçável risada conspiratória. Durante, que se refere aos Safados — e aos homens atraentes em geral — como "Clooneys" (como George Clooney), chama esse fenômeno de efeito Demi Moore-Ashton Kutcher. Ela acha que o desejo de criar um fac-símile razoável da fertilidade ovulatória é o que move as indústrias de cirurgia plástica e cosméticos.

Às vezes, o comportamento associado ao cio só visa indiretamente a atrair um parceiro de alta qualidade. O alvo mais direto com frequência são outras mulheres, que disputam o acesso aos Clooneys. As mulheres frequentemente negam isso, "portanto, quando você pede a elas em pesquisas para ver como as mulheres competem, você obtém resultados nulos", diz Durante, acrescentando, com um pouco de sarcasmo, "porque queremos nos certificar de que os homens saibam que somos comunitárias, carinhosas e quentes". As mulheres também dizem a ela que não experimentariam usar mais maquiagem ou se vestir de modo mais sedutor. "Elas dizem: 'Eu jamais vestiria algo sexy! Eu aumentaria minha inteligência.'" Mas, assim como a resposta das mulheres à pergunta sobre se elas sentem mais desejo sexual na época da ovulação, essa resposta reflete o que elas acham aceitável para si próprias e para a sociedade — não o que realmente fazem.

Durante provou isso abrindo uma loja de moda na internet. As cobaias foram informadas de que sua ajuda era necessária para divulgar roupas e acessórios. Na verdade, Durante queria ver como o comportamento das mulheres nas compras podia mudar na época da ovulação. As mulheres foram solicitadas a "selecionar dez itens que gostariam de ter e levar para casa, hoje". Metade dos produtos foi previamente testada como "sexy" e metade havia sido julgada como "menos sexy". Todos os itens tinham preços semelhantes e não tinham marcas, para não influenciar as escolhas. Na fase de pré-teste da experiência, Durante havia exposto outras mulheres ao site, perguntando se a experiência de fazer compras as levava a pensar em mulheres atraentes ou mulheres de aparência normal e a se compararem com essas mulheres. Ela descobriu que o ato de comprar roupas leva as mulheres a se compararem com mulheres mais atraentes.

Na principal experiência, mulheres no auge da fertilidade mensal escolheram itens "mais sexy" do que quando estavam com a fertilidade baixa.

Durante outra fase da experiência, as compradoras viram fotos de mulheres que lhes foram apresentadas como estudantes da mesma universidade. Algumas fotos mostravam mulheres muito atraentes; outras eram de mulheres simples. As mulheres em ovulação que haviam visto fotos de mulheres locais atraentes escolheram uma quantidade significativamente maior de itens de moda "sexy" do que aquelas em ovulação que haviam visto imagens de mulheres de aparência comum.

"A motivação direta é a seguinte: 'Quem são minhas concorrentes?'", explica Durante. "O quanto eu tenho de parecer atraente, o quanto eu tenho de trabalhar nisso? Eu moro em Malibu, onde todo mundo se parece com Jennifer Aniston, ou eu moro em Milwaukee?" Quanto mais atraentes as concorrentes diretas de uma mulher, maior a pressão que ela sente para se equiparar a elas. "Pode haver um milhão de Clooneys na sala, mas ir atrás deles, vestir-se para eles, só é eficaz se primeiramente você se assegurou de ser mais atraente do que as outras mulheres no ambiente local."

As cobaias de Durante não tinham consciência de que faziam escolhas diferentes ou de que seus comportamentos estavam mudando. É importante notar também que a população de seu estudo, em sua maioria, tinha menos de 40 anos e era solteira. Mulheres mais velhas e mulheres acasaladas em segurança com homens de alta qualidade não tendem a apresentar essas fortes mudanças de comportamento. E Durante enfatiza que estes são os resultados médios numa curva de sino.

Ela também fica impressionada com os fortes efeitos das mudanças hormonais no cérebro. "É engraçado, eu vejo mulheres chegarem ao laboratório em dias de fertilidade baixa e elas estão usando seus óculos, e tiramos fotografias delas para os estudos. E então, quando elas vêm na ovulação, os óculos desapareceram, pois elas tiveram o trabalho de colocar suas lentes de contato. Nos vídeos, observando-as, sem olhar a tabela de seus ciclos, podemos ver, uau!, elas estão ovulando, só de olhar para a cara delas."

Tudo isso sustenta a ideia de que as fêmeas humanas têm cio, de que este não é escondido e de que, na ovulação, o cérebro de uma mulher fértil a leva a se comportar de um modo que maximiza suas chances de se acasalar com o homem mais adequado e mais acessível que ela puder encontrar. Os homens, por sua vez, respondem com a testosterona mais elevada, o que ajuda a motivá-los a se envolver com mulheres desejavelmente férteis.

Quando homens já acasalados com mulheres que estão ovulando sentem o cio, eles não apenas querem estar perto da "sensualidade" de sua companheira como querem manter outros homens afastados. Namorados adotam comportamentos mais vigilantes quando suas namoradas estão ovulando; o comportamento de Susan na ausência de seu namorado no laboratório nos ajuda a entender por quê. Homens vigilantes com as parceiras tendem a interrogar suas namoradas e esposas sobre onde elas estão indo e quem estão vendo. Eles bisbilhotam os pertences de suas amadas; demonstram mais ciúme. Mas alguns comportamentos vigilantes são positivos. Os homens elogiam suas parceiras com mais frequência, tentam passar mais tempo com elas e expressam sentimentos de amor e compromisso quando elas estão ovulando.

Quando Durante fala sobre seu trabalho, às vezes recebe reações adversas de mulheres. "Eu ouço: 'Você acha que sua pesquisa é um tapa na cara das mulheres?' — e fico pasma." Mas ela diz que tenta não "pensar na política disso" porque a ciência avança à sua maneira. Como qualquer bom pesquisador, ela desenvolve a hipótese a ser testada, às vezes com base em suas próprias observações de relatos. Depois de morar em Los Angeles, Austin, Londres, Boston, Nova York e Minneapolis, Durante — que vem a ser uma mulher jovem bastante atraente, de olhos castanhos e cabelo também castanho, comprido, e um sorriso adorável — notou que sua própria atratividade relativa aumenta e diminui em relação à sua "concorrência local". "Se estou na minha cidade, sou sexy", explica ela com uma risada. "Se estou em Los Angeles, é como: 'Ai, meu Deus! meu valor como parceira está mudando!'" Então ela testa essas hipóteses usando o método científico. Ela não está inventando: o comportamento das mulheres e dos homens realmente muda. Uma maneira que utiliza para tentar desarmar as acusações de antifeminismo é pedir às mulheres para prestarem atenção na próxima vez que estiverem perto da ovulação e a registrarem mentalmente seus pensamentos, sentimentos e fantasias. "Quando têm consciência disso", diz ela, "elas dizem: 'É, eu tive uns sonhos com Jake Gyllenhaal!'"

3

O PODER DO APETITE

Em maio de 2011, Jack T. Camp saiu da Federal Correctional Institution, em El Reno, Oklahoma, depois de cumprir uma sentença de trinta dias. Uma sentença de trinta dias numa prisão federal de segurança média não era um acordo ruim, considerando que Camp fora preso sob acusações referentes a drogas e armas de fogo, crimes que muitas vezes resultam em uma pena dura de vários anos. O veredicto pode ter sido leniente, mas Camp sofreu bastante. Ele era juiz federal, indicado para o cargo pelo presidente Reagan, em 1988, formado na Citadel, veterano do exército, homem de família e sócio de um bem-sucedido escritório de direito. Sua condenação destruiu uma reputação construída ao longo de uma vida inteira.

Camp tinha 67 anos quando agentes do FBI o prenderam por comprar anfetaminas e opiáceos de uso controlado de um agente disfarçado. Ele pretendia compartilhar as drogas com sua amante, uma stripper e traficante de drogas já condenada, de 27 anos, chamada Sherry Ramos. O caso começara vários meses antes, quando Camp conheceu Ramos numa boate de striptease em Atlanta.

Naturalmente, quando Camp foi preso, ninguém que o conhecia podia acreditar nas acusações. Depois de ele se declarar culpado, seu advogado de defesa apresentou documentos no tribunal alegando que algo — talvez um transtorno bipolar ou um acidente de bicicleta anos antes, que atingira seu lobo temporal — comprometera a capacidade de Camp de controlar seus impulsos. Embora isso não fosse uma desculpa, afirmavam os autos, um acidente desse tipo "ajudava a explicar como, em maio de 2010, um homem solitário, no crepúsculo de sua vida, envolveu-se com uma prostituta sedutora". A declaração foi largamente ridicularizada.

Cinco anos antes da prisão de Camp, os empregadores de Abraham Alexander na Cardiovascular Research Foundation, em Nova York, ficaram chocados ao descobrirem que seu confiável amigo e funcionário desviara 250 mil dólares da organização sem fins lucrativos. Alexander era o contador da fundação. Aparentemente um homem feliz no casamento, ele tinha uma boa casa em East Meadow, Long Island. "Ele era um cara tranquilo", conta-nos seu advogado, Hershel Katz.

Alexander não tinha qualquer registro criminal nem qualquer indício de problema em seu passado. Mas se declarou culpado por roubar o dinheiro da fundação, que usara para pagar por transportes, acomodações e serviços em frequentes viagens a Columbus, Ohio, onde visitava Lady Sage, uma dominatrix profissional.

Histórias desse tipo podem levar você a se lembrar do senador americano e do governador de Nova York que visitavam prostitutas; das belas professoras que seduziam meninos adolescentes em suas aulas; do governador da Califórnia e astro de cinema casado que era pai do filho de sua empregada; de pastores conservadores; de presidentes americanos, políticos franceses e parlamentares britânicos derrubados por escândalos sexuais de um tipo ou outro. Em sua maioria, os escândalos sexuais, porém, não são nem criminosos nem públicos. Acontecem todo dia entre milhões de pessoas do mundo inteiro: a mulher que trai, o namorado que vai para a cama com a garota que acabou de conhecer, a adolescente que havia jurado continuar virgem até o casamento... Cada um representa uma incapacidade de seguir as regras e as expectativas da sociedade — ou simplesmente as nossas — muitas vezes à custa de nosso próprio interesse.

A história de Abelardo e Heloísa pode ser uma das histórias de amor mais românticas que já houve, mas foi um escândalo sexual. Quase 900 anos antes da prisão de Camp, Abelardo, um jovem estudioso eclesiástico francês, com reputação de "casto", viu-se desejando ardentemente uma jovem, a graciosa Heloísa. Ele sabia, conforme escreveu mais tarde, que qualquer contato carnal entre eles era "diretamente contrário à moralidade cristã" e "odioso perante Jesus Cristo". Mas, como Abelardo contou em sua apologia apropriadamente intitulada *Historia Calamitatum,* ele não conseguiu se conter. Sob a influência da testosterona em elevação e do circuito masculino heterossexual ativado, ele tramou para levar o tio da garota a nomeá-lo tutor dela. Não apenas os dois se tornaram amantes como também parecem ter explorado o que hoje chamamos de sadomasoquismo.

> Sob o pretexto de estudar, passamos nossas horas na felicidade do amor, e as lições nos propiciavam as oportunidades secretas que nossa paixão ansiava. Nosso diálogo tinha mais amor do que os livros que permaneciam abertos diante de nós; trocávamos muito mais beijos do que palavras pensadas. Nossas mãos procuravam menos os livros do que os seios um do outro — o amor atraía nossos olhos muito mais do que a lição os atraía às páginas de nosso texto. Para que não pudesse haver suspeita alguma, havia, de fato, às vezes, golpes, mas o amor os dava, e não a raiva; eles eram as marcas, não da ira, mas de uma ternura sobrepujando o mais fragrante bálsamo em doçura. O que se seguia? Nenhum grau no progresso do amor deixou de ser tentado por nossa paixão, e se o próprio amor podia imaginar qualquer maravilha ainda desconhecida, nós a descobrimos. E nossa inexperiência nesses prazeres nos fez ainda mais ardentes em nossa procura por eles, de modo que nossa sede um pelo outro ainda era insaciada.

Agora que eles haviam experimentado o sexo, afastar-se daquele desejo proibido era impossível. A paixão se tornou tão forte que Abelardo, assim como o juiz Camp e Abraham Alexander, começou a se comportar de um modo muito atípico. Ele parou de estudar. Ir à escola se tornou "repulsivo". Frequentemente, ele faltava a todas as aulas.

Como acontece quando duas pessoas jovens e férteis fazem muito sexo, Heloísa engravidou. O tio descobriu o romance e concordou em permitir o casamento, mas depois enganou o casal e fez com que Abelardo fosse atacado e castrado: "Eles cortaram as partes de meu corpo com as quais eu fizera aquilo que era a causa de sua tristeza... Eu vi, também, como Deus me punira com justiça naquela parte do meu corpo com a qual eu pecara."

Abelardo viveu depois a vida de um monge; Heloísa, a de uma freira. Abelardo, provavelmente porque perdera suas gônadas, pareceu muito mais capaz de se adaptar do que Heloísa. "Entre os heroicos defensores da Cruz eu sou a escrava do desejo humano", escreveu ela a Abelardo. "Como é difícil lutar pelo dever contra a inclinação... Minhas paixões estão em rebelião; presido sobre os outros, mas não consigo dominar a mim mesma."

Embora muitos de nós possamos nos identificar com o conflito interno de Heloísa, Dante reservou o segundo círculo do inferno para essas pessoas.

Ouvi que estão no padecer horrendo
Os que aos vícios da carne se entregavam
Razão aos apetites submetendo.

Mas o apetite ao qual Dante se refere é um importante propulsor — não apenas de nossa economia, mas de nosso amor. É exatamente o mesmo apetite tão frequentemente usado por empresas de cosméticos, fabricantes de cerveja e de ferramentas, e pela empresa de pneus Pirelli, que publica famosos calendários sensuais. Impérios de negócios foram erguidos sobre esse apetite. Em 1953, Hugh Hefner era um editor magricela e livresco — anteriormente na *Esquire* — que se sentou a uma mesa em sua casa e montou o que se tornaria a primeira edição da *Playboy*. Sua criação não era inteiramente original, era uma combinação de duas formas existentes: o texto sofisticado e urbano da *Esquire* e as imagens de baixo nível e pulcras das revistas de nudez clandestinas, de produção barata. Mas, nos anos 1970, a *Playboy* tinha uma circulação mensal de mais de 6 milhões de exemplares, e Hefner estava voando pelo mundo num DC-9 personalizado, pintado com o famoso logotipo da cabeça de coelho.

Essas manifestações de nossos apetites libidinosos estão muitas vezes em conflito com milhares de anos de leis e regras, ensinamentos morais, costumes e restrições autoimpostas — tudo destinado a coibir paixões. Mas os mesmos apetites que tornaram Hefner rico são aqueles que nos levam ao amor apaixonado que enaltecemos como um dos ideais mais elevados da espécie humana. O atrito resultante é a matéria da qual a literatura é feita, mas tanto a glória quanto a vergonha derivam do mesmo circuito cerebral.

A batalha cerebral entre o "quero" e o "devo" é travada em muitos aspectos da vida, não apenas no campo erótico. Eis um exemplo prático, e não sexual, que ilustra um problema que a maioria de nós enfrenta: Larry é apaixonado pela comida de sua mãe, uma culinária típica da região da Geórgia rural. Ele foi desmamado com frango frito, quiabo frito com sal, papa amanteigada, purê de batata, chá doce e, de vez em quando, churrasco de carne de bode. Larry faz deliciosas versões de todos esses pratos. A primeira vez, porém, que ele cozinhou para Brian, este foi embora dirigindo seu carro com um dedo em cima da tecla do 911 de seu telefone celular, caso tivesse um ataque cardíaco. Agora, digamos que, assim como nós, você acha essas comidas tentadoramente gostosas. Infelizmente, seu cardiologista as desaprova, então você tenta comer apenas saladas, omeletes de clara de ovo e peixe no vapor. Você pode não gostar disso, mas diz a si mesmo que conseguirá seguir a dieta porque fez um cálculo racional de que preferiria viver até os 90 anos a cair agarrando o peito aos 50. Embora você adore comidas gordurosas e salgadas, não existe um Lipitor grande o bastante para reduzir todo o colesterol de suas artérias.

Como você é disciplinado e racional, consegue manter a dieta. Mas um dia (provavelmente mais cedo que tarde), você se vê a meio caminho de um convidativo prato de frango frito à milanesa, crocante, purê de batata amanteigado com molho de miúdos e *hush puppies* (bolinhos de massa de milho) fritos — porque, convenhamos, como é que você consegue deixar de comer os *puppies*?

Seu "eu racional" tentou evocar uma visão de você deitado numa maca, numa sala de emergência, enquanto os médicos pressionam duas pás eletrificadas contra seu peito e gritam: "Afasta!" Mas aquele cara estava dominado por seu apetite. É a velha situação do Patolino "Diabo" *versus* o Patolino "Anjo", cada qual empoleirado em um ombro. O Patolino Diabo não apenas tem um megafone como também pode enganar o Patolino Anjo com racionalizações astutas ("Vou fazer uma hora de aparelho elíptico!").

O economista comportamental George Loewenstein se refere a isso como o "diferencial de empatia quente/frio". No carro, voltando para casa depois de sua consulta com o cardiologista, você estava num estado totalmente "frio". Usando sua mente racional, entregou-se a um peixe cozido e uma verdura com o fervor de um convertido. Mais tarde, quando sofreu a influência do que Loewenstein chama de "fatores viscerais", você entrou num estado "quente". Subestimou a dificuldade que teria de resistir a alimentos gordurosos — o "diferencial" de empatia em seu cérebro — e rapidamente cedeu.

Esse fenômeno foi explorado nos últimos vinte anos por pesquisadores como Loewenstein e Dan Ariely, cujo livro de 2008, *Previsivelmente irracional*, foi um best seller. Embora termos como "diferencial de empatia quente/frio" e "fatores viscerais" possam descrever com precisão o fenômeno, eles não explicam a biologia que os propulsiona. Como vimos no capítulo anterior, foi essa propulsão, funcionando em circuitos cerebrais femininos ativados, formados durante o desenvolvimento fetal e depois, que influenciou o comportamento de Susan durante sua conversa com o Safado. Aquilo foi um começo, uma cutucada, quando seu cérebro ficou propenso ao acasalamento e ela encontrou um candidato desejável — mas ela não saiu com o Safado. Embora a propensão tenha aumentado seu apetite o suficiente para alterar seu comportamento, ela não se tornou a "Heloísa de Minnesota". Algo muito mais forte propulsou Abelardo e Heloísa, Camp e Alexander.

O CASO DOS ROEDORES HEDONISTAS

Pode ser que você se arrependa de ler isso, mas pode ser que seja útil algum dia para fazer uma aposta num bar: não apenas é possível masturbar uma rata, como, quando você faz isso, ela dá gritinhos de felicidade que soam como de um filhote de passarinho: *Iip! Iip! Iip!*

Duas ratas albinas estão fazendo ruídos de *iip, iip, iip* no laboratório do porão de um prédio no campus da Universidade de Concórdia, em Montreal. Duas mulheres jovens, Mayte Parada e Nicole Smith, com jalecos brancos de laboratório e luvas de látex, estão apanhando, cada uma delas, uma rata e dando cinco pinceladas rápidas nos clitóris dos roedores com pincéis pequenos e macios previamente mergulhados em lubrificante sexual. Em seguida, elas soltam as ratas sobre a superfície plana de um carrinho. Uma assistente conta cinco segundos e Parada e Smith repetem o processo. Depois de algumas repetições, as ratas não querem ser soltas de novo no carrinho. Quando Parada e Smith as soltam de volta, as ratas olham para as mulheres, com olhares de decepção. Depois da quarta série de pancadinhas, a rata de Parada se agarra em seu braço, sobe por sua cintura e se enfia na dobra de seu cotovelo.

"Eu amo você, eu amo você", diz Parada, com o que imagina ser uma voz de rato. A cena parece saída de um daqueles vídeos pornográficos exóticos que mostram fetiches que você nunca soube que existiam.

Se você fosse posto diante de uma fileira de neurocientistas suspeitos na polícia e solicitado a apontar o cara cujo laboratório masturba ratos, apontaria para Jim Pfaus. Com uma argola em cada lóbulo da orelha, uma daquelas tatuagens de espinhos pontudos contornando o antebraço direito e um cavanhaque castanho que lhe dá um toque satânico, Pfaus poderia facilmente ser confundido com um empresário de diversões para adultos dos anos 1980, cercado de mulheres desejáveis, com cabelos grandes e macacões de lycra. Ele é um neurocientista bastante raro, que consegue citar *Monty Python*, Pavlov, *Garganta Profunda*, William James, Suzanne Sommers, Stendhal e o roqueiro punk Jello Biafra num intervalo de dez minutos. Quando estudava na Universidade American, um certo Mohawked Pfaus passou a fazer parte da cena punk de Washington, no fim dos anos 1970 e início dos 1980, cantando e tocando guitarra na banda Social Suicide. Pfaus prosseguiu os estudos na escola de pós-graduação da Universidade British Columbia e depois trabalhou com Don Pfaff, antes de aterrisar na Concórdia. Quando não estava à frente de uma nova banda chamada Mold, estava estudando os mecanismos cerebrais que fazem o sexo ser bom — e como essa sensação boa leva a um comportamento específico.

Como a maioria dos cientistas, Pfaus queria saber as respostas para essas perguntas porque era curioso. Diferentemente da maioria dos cientistas, ele consegue lembrar o momento exato em que sua curiosidade se tornou uma obsessão. Filho de um funcionário do governo e de uma professora de música, Pfaus cresceu como um menino intelectual perdido que analisava praticamente tudo. Assim, quando teve seu primeiro orgasmo autoinduzido, não ficou satisfeito pensando simplesmente consigo mesmo "Legal" ou "Será que o estraguei?", como acontece com a maioria dos meninos. Em vez disso, tentou diagnosticar aquilo. "Eu fiquei pensando: 'Meu corpo nunca fez *isso* antes. O que aconteceu?'", relembra ele.

De modo semelhante, quando Pfaus conheceu doidões em Washington, não os repeliu nem tentou se juntar a eles. Em vez disso, diz ele: "Eu me perguntei: 'Por que essas pessoas estão atrás de coca, metanfetamina ou heroína?' E elas descreviam a sensação e soava como sexo, e eu pensei: 'Agora eu sei sobre o que é *A Ilíada*! É sobre sexo!'"

O salto dos doidões para o sexo e deste para *A Ilíada* é típico de Pfaus, mas, por mais desconectados que esses temas possam parecer, eles constituem um somatório do que acontece no cérebro humano. E, como você verá, Larry está convencido de que os mecanismos da paixão irracional que Pfaus e outros exploram são pilares da construção do amor humano.

A história científica de Pfaus começa realmente em 1953, o mesmo ano da fundação da *Playboy*, quando um novo Ph.D. de Harvard, chamado James Olds, iniciou sua pesquisa de pós-doutorado na Universidade McGill, em Montreal. Em sua primeira experiência, Olds tropeçou na descoberta de sua vida.

Eletrofisiologistas tiveram um apogeu nos anos 1950 e 1960, quando cientistas encontraram maneiras de desencadear comportamentos com eletricidade (um primeiro passo para o mapeamento do cérebro). Para fazer isso, eles implantaram eletrodos nos cérebros de animais.

Olds queria estudar o que chamou de sistema reticular, termo dado a um grupo meio amorfo de neurônios no fundo do mesencéfalo que age como um vigia, dizendo ao cérebro para prestar atenção a alguns inputs e ignorar outros. Então, Olds pôs eletrodos no que ele esperava que fosse o sistema reticular. Mais tarde, no entanto, admitiu — ele era novato nesse tipo de coisa e tinha má pontaria — que nem todos os eletrodos atingiram o alvo em todos os animais.

Sua experiência era simples. Olds deixava um rato vagando por uma arena aberta e usava um botão de controle para periodicamente enviar uma pequena descarga de eletricidade na cabeça do animal. Em seguida ele observava se o choque mudava o comportamento de algum modo. Suas primeiras observações foram triviais, mas quando um rato começou a se arrastar no chão da arena e Olds apertou o botão, o animal imediatamente parou, retrocedeu alguns passos e olhou para o cientista perplexo. "O rato parecia dizer: 'Eu não sei o que fiz, mas, o que quer que seja, quero fazer de novo.'"

Conforme os testes continuaram, Olds descobriu que podia levar o rato a preferir um canto específico da arena dando-lhe um choque quando o rato visitava aquele canto. Quando ele parava de administrar os choques, o animal perdia o interesse e vagueava novamente. Olds podia então direcioná-lo para um outro canto.

De início, Olds achou que estava simplesmente estimulando a curiosidade. Então ele montou um caminho que fazia uma interseção em T, bifurcando-se em um braço à esquerda e outro à direita, como uma passarela de desfile de moda. Ele descobriu que o rato virava para o braço que levava ao zumbido cerebral. Em seguida, ele pôs o rato num jejum de 24 horas. Depois disso, ele colocou comida nas duas extremidades dos braços do T e pôs o rato no início do caminho. Quando é deixado sozinho, qualquer rato faminto normal que sente o cheiro da comida e a vê corre para uma das pilhas de rango e a devora. Mas quando Olds deu a esse rato uma descarga de eletricidade quando ele andava pelo caminho reto em direção à interseção, ele parou, perdendo todo o interesse pela comida. O rato gostava mais do que quer que estivesse acontecendo em seu cérebro do que da comida.

Olds e Peter Milner, um colega da McGill, iniciaram então uma nova experiência. Dessa vez, eles puseram eletrodos em diversas regiões do cérebro de ratos, incluindo aquela que Olds achava que atingira no rato extraordinário. Eles puseram os animais, um de cada vez, numa caixa Skinner (assim chamada por causa do renomado behaviorista B. F. Skinner). A caixa era equipada com uma alavanca que, quando pressionada, soltava um disparo de eletricidade nos cérebros dos ratos. Toda vez que punham um rato na caixa, os cientistas apertavam a alavanca para mostrar ao rato como ela funcionava. Em seguida, eles deixavam o animal sozinho para fazer o que quisesse.

Alguns ratos evitaram a alavanca e outros a adoraram. O rato número A-5 pressionava a alavanca 1.920 vezes por hora, ou uma vez a cada dois segundos. Olds e Milner ainda não sabiam, mas os eletrodos no cérebro de A-5 haviam atingido o sistema de recompensa, uma coleção de áreas interconectadas, incluindo a área tegmental ventral (VTA, onde a dopamina é produzida), o feixe prosencefálico medial (liga a VTA a outras áreas do cérebro), o septo, o hipotálamo e a amígdala (Figura 2, página 93).

Depois de dissecarem o pobre A-5, Olds e Milner perceberam que haviam encontrado o circuito que cria as sensações boas quando um apetite é saciado — como um forte desejo de comida ou sexo. Mais do que isso, porém, eles haviam descoberto que esse sistema pode realmente controlar o comportamento até o ponto da destruição.

O primeiro rato faminto parou perto da comida quando sentiu o zumbido prazeroso em sua cabeça: uma decisão que parecia diretamente oposta a seu interesse. Quando Olds e Miner puseram eletrodos no lugar certo e deixaram os ratos fazerem suas próprias escolhas, os animais continuaram pressionando a alavanca — ignorando os impulsos pela comida, pela água e do sono — repetidamente, sacrificando todos os outros interesses, até morrerem de prazer.

Nas décadas que se seguiram à Segunda Guerra Mundial, muitos cientistas esperavam realizar experiências de eletrofisiologia com pessoas, mas era difícil recrutar voluntários dispostos a deixar que enfiassem eletrodos em seus cérebros — e, mesmo que eles pudessem fazer isso, administradores acadêmicos estavam compreensivelmente apreensivos com a ideia. Essa situação frustrou o psiquiatra Robert Galbraith Heath. Apesar de ocupar uma posição de prestígio na Universidade de Colúmbia, em Nova York, onde estudava esquizofrenia, Heath se irritou com as restrições éticas da universidade. Ele podia fazer experiências com roedores, e às vezes macacos, mas queria ter acesso a seres humanos.

A Universidade Tulane assumiu uma visão diferente da de Colúmbia. A escola tinha grandes aspirações a se tornar um importante centro intelectual no Sul dos Estados Unidos, mas tinha dificuldades para atrair talentos de primeira linha. Quando os burocratas ambiciosos da universidade decidiram que queriam abrir um departamento de psiquiatria, pensaram em Heath para comandá-lo. Comparada a Colúmbia, Tulane era atrasada, mas quando a escola olhou ao redor no mapa e viu Nova Orleans e o resto do estado, percebeu que o grande Charity Hospital da cidade, que atendia aos pobres, e os hospícios da Louisiana representavam um grande manancial de possíveis cobaias para experiências humanas. Tulane ofereceu a Heath acesso a essa grande quantidade do que chamou de "material clínico" e ele ingressou na faculdade em 1949.

No ano seguinte, ele começou a pôr eletrodos — às vezes mais de uma dúzia de uma vez — em cérebros de pessoas. Com frequência, notou que disparar eletricidade em certas regiões cerebrais produzia sensações prazerosas, mais ou menos da mesma forma como Olds e Milner descobriram depois em ratos. Diferentemente dos ratos, porém, as pessoas podem falar. Quando descreviam a natureza do prazer que sentiam, elas às vezes diziam a Heath que ele era, em sua maior parte, erótico.

Em 1972, Heath realizou uma experiência especialmente notória (numa carreira de trabalhos notórios), durante a qual tentou converter "B-19" — um jovem gay de 24 anos — em um heterossexual, implantando oito eletrodos em sua região septal. Heath combinou a recompensa sensorial das descargas elétricas com um filme pornográfico e as atenções de uma prostituta de 21 anos, de modo que B-19 associasse o prazer em seu cérebro à heterossexualidade. Onze meses depois da "terapia", Heath declarou que a experiência era um triunfo e sugeriu usar a estimulação do cérebro como um modo de reforçar o comportamento desejado e "extinguir" o comportamento indesejado (oferecendo, assim, material de estímulo antipsiquiátrico a cientologistas e teóricos da conspiração da área de controle da mente em toda parte).

Na verdade, a "conversão" de B-19 deveria ser vista com grande ceticismo. Heath — que não estava na sala durante o encontro de B-19 com a prostituta — baseou-se na versão dela sobre o que havia acontecido. Ela afirmou que foi um grande sucesso, com orgasmos à beça, apesar de B-19 nunca antes ter feito sexo com uma mulher, de os fios presos à sua cabeça e que o ligavam a uma máquina tornarem a ginástica do sexo um pouco estranha e de prostitutas raramente atingirem o clímax com seus clientes. Ainda assim, a história pós-terapia de B-19, de manter um breve relacionamento sexual com uma mulher casada (não entrevistada por Heath) que nunca lhe permitia ejacular em sua vagina, e sua afirmação de que fizera sexo gay "apenas" duas vezes desde o tratamento, foram suficientes para Heath declarar sua vitória contra a homossexualidade.

Embora mais provavelmente Heath não tenha transformado B-19 num heterossexual, ele fez duas observações importantes. Quando eletrizou o cérebro de B-19, este — que usara drogas por muito tempo — disse ter se sentido como se estivesse usando anfetaminas. E quando permitiu a B-19 controlar sua própria estimulação, o cientista logo teve que afastar o controlador: B-19 ficou apertando o gatilho repetidamente, tal como os ratos de Olds e Milner.

O prazer erótico no cérebro pode levar a esse tipo de comportamento obsessivo. Em 1986, médicos relataram o caso de uma mulher que tivera eletrodos implantados no fundo de seu cérebro, num esforço para tratar de uma dor excruciante que ela suportava, resultante de uma lesão nas costas. A estimulação do cérebro ajudou a aliviar a dor, mas também criou um intenso prazer erótico (embora sem orgasmos). Ela ficou tão extasiada com as sensações que esfolou o dedo polegar de tanto manipular o dispositivo do controlador. Às vezes, passava dias inteiros estimulando-se, negligenciando seu tempo com a família, sua higiene e até sua alimentação. Em determinado momento, ela deu o controlador a um membro da família, com ordem para que não o devolvesse a ela. Depois, implorou para tê-lo de volta.

MAIS PARECIDO COM ISSO

Trabalhos no laboratório de Pfaus, e em outros, estão mostrando agora que a estimulação sexual física pode ter o mesmo efeito. Parada está dando pinceladas nos clitóris de ratas com pincéis previamente mergulhados em lubrificantes para descobrir se a estimulação intermitente — em oposição à contínua — do clitóris pode levar esses animais a adotar uma "preferência de lugar", e se variações na química do cérebro das ratas as influencia a desenvolver essa preferência. Experiências ao longo de muitos anos, e em muitos laboratórios, mostraram que os roedores gostam de estar em lugares onde coisas boas acontecem. Alimente um rato algumas vezes em uma câmara, em seguida dê a ele as opções de estar nessa câmara ou em outra adjacente e, na maioria das vezes, os ratos escolherão demorar-se na câmara onde foram alimentados. Deixe um rato fazer sexo numa câmara com, digamos, uma grade desconfortável sobre o chão, e depois dê a ele as opções de passar algum tempo nessa câmara ou em outra que tem confortáveis lascas de madeira no chão e ele escolherá com mais frequência a sala desconfortável.

Parada está usando a opção claro/escuro. Os ratos naturalmente preferem lugares com pouca luz, mas Parada está descobrindo que quando mantém um rato esperando pelas sessões de pinceladas numa câmara pintada com tinta metálica prateada e depois o devolve a uma câmara com paredes escuras conectada o rato vai para a câmara clara.

A estimulação intermitente do clitóris por Parada imita o que os behavioristas que estudam animais chamam de "ritmo". Fêmeas de roedores controlam a frequência com que fazem sexo da maneira como gostam quando têm permissão para isso. Quando uma fêmea é posta numa gaiola com duas câmaras e um divisor que ela pode atravessar, mas que um macho não pode, ela pode decidir quando deixar o macho montar e quando deixá-lo em seu lugar. Se está no cio, ela vai para a câmara dele, pulando e fazendo movimentos rápidos para seduzi-lo e, em seguida, adotando a posição de lordose. Depois de algumas intromissões, ela passa pela abertura e volta para sua câmara antes de retornar querendo mais, criando o ritmo de sexo que quer até ficar satisfeita. Mais tarde, se for posta nessa gaiola de novo, mesmo sem a presença de um macho ela passará a maior parte do tempo na câmara que abrigava o macho que ela usava para o sexo compassado.

Em outras palavras, os roedores se lembram dos lugares onde sentiram prazer e associam esse prazer ao ambiente onde estavam quando o sentiram. Essa experiência é tão forte que pode fazer os animais suprimirem suas aversões naturais, como, por exemplo, estar num lugar claro.

Pode também sedimentar preferências por parceiros. Se uma fêmea tem permissão para controlar a frequência com que faz sexo com um macho que foi artificialmente perfumado, ou que tem uma pigmentação diferente dos outros machos, para que ela possa receber pistas associadas ao prazer, com frequência ela preferirá fazer sexo com esse macho, e não com os outros. Ela não será monógama, mas terá seus favoritos.

Entre os ratos, a poligamia é um comportamento estabelecido, inato. Mas, recentemente, Pfaus começou a se perguntar se até mesmo *isso* pode ser modificado pela experiência sexual.

Quando uma fêmea desenvolve uma preferência por um macho, ela o faz principalmente com base no cheiro. Por isso, há anos o laboratório de Pfaus faz experiências com cheiros e comportamento em acasalamento. (Pfaus usa odores artificiais, porque os machos têm dificuldade para identificar fêmeas pelo cheiro natural delas; já para as fêmeas é mais fácil usar o cheiro natural dos machos para discriminá-los, porém para algumas experiências elas também precisam da ajuda de odores artificiais.) Por exemplo, se ratos machos têm sua primeira experiência sexual com uma fêmea borrifada com perfume de limão, ao terem a chance de escolher entre uma fêmea com limão e outra com cheiro natural, eles escolherão aquela com limão. Isso acontece embora o cheiro de uma rata no cio seja muito atraente para os ratos e embora os machos geralmente gostem de se acasalar com muitas fêmeas diferentes.

Cientistas do laboratório de Pfaus se perguntaram o que poderia acontecer se eles permitissem que ratos normalmente polígamos copulassem com apenas uma parceira — uma parceira sem qualquer aroma artificial, apenas o cheiro normal das fêmeas. Eles deram ao casal um tempo para copularem repetidamente, prevendo que o macho criaria uma preferência por sua namorada. Mas ficaram surpresos ao descobrirem que, quando acrescentavam uma segunda fêmea ao casal para criar um *ménage à trois*, os machos eram ejaculadores de oportunidades iguais: não preferiam nenhuma das duas fêmeas. Ficaram surpresos também com o que as supostas namoradas faziam: elas ficavam com ciúmes, tentando ativamente impedir os machos de se acasalarem com a fêmea intrusa. Não se espera que ratos façam isso, mas as namoradas ficaram agressivas com a segunda fêmea e tentaram bloquear o acesso do macho a ela.

Como as fêmeas não eram o objeto da experiência, os cientistas a repetiram. Dessa vez, porém, puseram um cheiro de amêndoa nas supostas namoradas. Diferentemente do primeiro teste, os machos, agora com a ajuda de uma pista olfativa forte, mostraram uma preferência acentuada por ejacular apenas com a namorada durante o *ménage à trois*, embora ainda assim montassem na intrusa. Nessa ocasião, as namoradas se tornaram ainda mais violentas com a segunda fêmea.

"Quando ela usava o odor, ficava hiperagressiva", recorda Pfaus. "Ela batia feio na outra fêmea. Não posso lhe dar nada que não seja uma explicação antropomórfica do tipo 'Se estou usando meu odor sexy, é melhor ele fazer comigo, e só comigo'. Ela associou o uso do odor a ele e à expectativa de fazer sexo só com ele. Ela não sabe o que sabemos, que ele direcionará sua ejaculação apenas para ela; tudo o que sabe é que ele está trepando com outra fêmea. Então, ela bate na outra e o solicita repetidamente. Ela se torna a principal garota da festa."

Esses desvios do comportamento natural dos roedores podem ser associados diretamente ao mesmo sistema cerebral de recompensa descoberto por Olds e Milner. Embora Pfaus e outros trabalhem principalmente com roedores, e embora as experiências com roedores não sejam automaticamente transferíveis para pessoas, as evidências dos relatos indicam há muito tempo que os seres humanos também desenvolvem uma preferência por lugares onde tiveram sexo gratificante, mesmo que esses lugares — motéis baratos, Las Vegas, um carro Chrysler LeBarons 1982 — possam não parecer muito atraentes.

Em 2010, pesquisadores da Universidade de Chicago confirmaram o que muitos já haviam concluído, substituindo o sexo pela anfetamina. Eles descobriram que pessoas que recebiam pequenas doses dessa substância desenvolviam uma preferência pelo cômodo onde a dose era dada, enquanto aquelas que recebiam um placebo não desenvolviam preferência de lugar.

Os efeitos de recompensa vão além de simplesmente preferir um lugar ou um parceiro sexual. Os animais, incluindo as pessoas, gostam tanto da recompensa sexual que trabalham para isso. Barry Everitt, da Universidade de Cambridge, provou isso quando montou um templo de prazer para os ratos. Em parte da experiência, ele criou uma preferência de lugar em ratos machos fornecendo a eles uma fêmea desejosa. Mas acrescentou um detalhe. Em uma parede da gaiola, ele instalou uma pequena luz circular que era acesa sempre que os ratos copulavam.

Em seguida, Everitt pôs os machos de volta na caixa, agora equipada com uma alavanca que acendia a luz. Os machos rapidamente aprenderam a apertar a alavanca para acender a luz. Eles não recebiam comida nem uma fêmea — pelo menos não imediatamente. A luz por si só produzia uma recompensa cerebral porque passara a ser vista como um sinal de sexo. Mais ou menos 15 minutos depois de um macho acender a luz uma fêmea disposta ao sexo caía do teto como um doce que lhe era entregue.

Isso é chamado de aprendizado baseado em recompensa. E embora mulheres desejosas não caiam do teto quando os homens acendem uma luz, homens e mulheres aprenderam a trabalhar para conseguir sexo. Ou, para aqueles de nós que achamos que a vida deveria ser mais como *O picolino*, agimos romanticamente: flertamos, compramos flores — muito embora não saibamos distinguir uma gardênia de uma orquídea —, usamos roupas sensuais — muito embora façamos mais o tipo jeans e tênis. Nós nos pegamos concordando que podemos perceber totalmente a diferença de gosto entre um atum de corte *saku* e o que quer não seja um atum de corte *saku*, muito embora não tenhamos a menor ideia do que estamos falando — e cada vez que olhamos para aquele bolinho de arroz com peixe cru em cima seríamos capazes de matar por um bife decente.

Se fôssemos um rato da experiência de Everitt, estaríamos acendendo a luz.

"Não precisamos nos cuidar, realmente não precisamos", explica Pfaus. "Um cuidado excessivo com o cabelo não muda em nada nossa aparência. Mas cuidamos. Não precisamos usar nossa meia da sorte num encontro, mas certa vez, quando a usamos, transamos, então a usamos na vez seguinte... Isso surge por causa dos mecanismos do cérebro que Everitt estava explorando. O rato da experiência de Everitt sabe que a luz representa sexo."

Explicando de outra maneira: a luz é como comprar roupas sensuais para as mulheres nos estudos de Durante, um gatilho para recompensa apetitiva, mesmo sem sexo. O mesmo acontece com o dinheiro. Ganhar dinheiro produz uma recompensa cerebral por si só, mas um dos motivos pelo qual o dinheiro produz recompensa cerebral é que muito frequentemente é associado a sexo. Os homens com mais dinheiro conseguem mais sexo, ou pelo menos mais oportunidades de sexo. E não apenas sexo, mas sexo com melhores opções de parceiras. "Pergunte a qualquer homem e ele lhe dirá que quando você vê uma garota sexy, calcula o quanto terá de trabalhar para seduzi-la", diz Pfaus.

Como a maioria das mulheres sabe, depois que os homens ejaculam, eles param de se esforçar para ter mais sexo, o que explica a rápida transformação de um "Vou levá-la a Paris em seu aniversário", solto em meio às preliminares, para um "Não temos dinheiro para isso", dito depois da ejaculação. É o querer que leva um homem a usar um terno Armani, a besuntar o cabelo de gel, a exibir o dinheiro. Esse é um comportamento apetitivo — como as fêmeas de roedores pulando e fazendo movimentos rápidos, como o flerte de Susan —, e recebemos uma recompensa cerebral quando fazemos isso.

O desejo pode começar internamente, quando nossos cérebros estão carregados de estrogênios (como no caso da ovulação das mulheres), ou de androgênios, nos homens, e entram em contato com o mundo (como em "Estou com tesão e quero fazer sexo"). Pode também vir do mundo e entrar em nossos cérebros quando nossas genitálias são estimuladas, ou quando encontramos um sinal no ambiente relacionado a sexo, o que pode ser qualquer coisa — desde um homem de uniforme até o cabide de lingerie numa loja de departamentos.

Um estado geral de excitação ajuda. Não estamos nos referindo a ficar excitado sexualmente, mas à excitação do sistema nervoso simpático. Se algum dia você já fez *bungee jumping* ou saltou de um avião, provavelmente sentiu uma alegria que durou horas, ou até dias. Saltar de uma ponte (depois de ser amarrado a uma corda elástica por um adolescente que ganha salário mínimo porque ficou reprovado em física) leva a uma grande descarga de noradrenalina (também chamada de norepinefrina). Seu coração bate mais rápido, sua boca fica seca, você fica hiperalerta — pronto para lutar ou fugir, mas, depois de perceber que não vai morrer, você se sente quase eufórico.

Não há realmente necessidade alguma de saltar de uma ponte: um bom comediante, alguns expressos, exercícios e até mesmo umas palmadas podem ter o mesmo efeito, pois eles geram excitação por meio de risadas, cafeína, esforço ou dor leve. Novas experiências podem funcionar também. Mesmo casais casados há muito tempo e sexualmente entediados podem se descobrir de repente se roçando durante um café da manhã quando tiram férias. Eles estão comendo comidas diferentes, encontrando pessoas diferentes, caminhando por ruas desconhecidas — tudo isso pode induzir a uma ansiedade de baixo nível, até prazerosa.

Isso é semelhante ao que Pfaus chama de fenômeno *"dud-to-stud"* (de brocha a garanhão). "Níveis de choque e dor de baixos a moderados podem transformar ratos machos sexualmente morosos ou inativos em copuladores semivigorosos", explica ele. A ativação do sistema de excitação geral é neutra; não tem que levar ao desejo sexual. Se você está cercado de comida, pode começar a comer, mesmo que não esteja com fome. Se está cercado de sinais de sexo, provavelmente ficará interessado em sexo. A excitação "recebe 'sentido' do que quer que esteja no ambiente no momento", explica Pfaus.

Esse "sentido" vem do que Pfaus chama de "fundo" do cérebro: o hipotálamo e o sistema límbico. Em seres humanos, ratos e macacos, o comportamento apetitivo tem como base esse sistema, que consiste de área pré-ótica medial (MPOA), núcleo acumbente, amígdala e VTA. Nossos apetites são ativados e somos motivados a agir por substâncias neuroquímicas que se ligam a receptores nos neurônios dessas regiões.

Tomando um pouco emprestado de William James, Pfaus gosta de se referir à interação entre as funções executivas de nossos cérebros e as funções do sistema límbico como "de-cima-para-baixo *versus* de-baixo-para-cima", ou, como Loewenstein talvez dissesse: frio *versus* quente. A parte "de cima" de nossos cérebros foca-se em interesses e em disputa, e está sempre pesando, julgando e fazendo cálculos disso contra aquilo — e com frequência dizendo não. O frango frito à milanesa como o que a mãe de Larry fazia apela ao sistema límbico, mas a preocupação em cair duro no chão vem de cima.

Como Olds, Milner, Everitt e anos de trabalho no laboratório de Pfaus e alhures provaram, a recompensa pode tombar a balança do poder de cima para baixo. O ponto de virada está, em grande parte, no hipotálamo, em particular na MPOA, que age como um guarda de trânsito. Além de funções como regular a temperatura, direcionar o fluxo de sangue e controlar a secreção de hormônios, a MPOA escolhe, com base em sinais do ambiente, satisfazer apetites como sede, comida e sexo. Se você nunca tentou se acasalar com uma lagosta cozida, pode agradecer à sua MPOA.

Vários eventos ocorrem praticamente ao mesmo tempo para criar a recompensa apetitiva. Primeiro, hormônios esteroides desencadeiam a síntese e a liberação do hormônio alfa melanócito estimulante (MSH), que, por sua vez, leva à liberação de dopamina na MPOA. A MPOA envia fortes sinais à VTA, que aciona estruturas do sistema límbico, como o acumbente. O glutamato originado na amígdala também diz a neurônios dopaminérgicos no hipotálamo para liberar dopamina na MPOA. Essa dopamina se prende a um dos vários tipos de receptores de dopamina, incluindo o D1, às vezes chamado de receptor do "desejo a curto prazo". Enquanto isso, uma pequena quantidade de opioides — a versão cerebral da heroína — é liberada. Isso cria uma sensação agradável.

Quando toda essa dopamina atinge os receptores D1 nos neurônios da MPOA, ficamos bastante atentos aos sinais relacionados ao sexo. (Se estamos morrendo de fome, a estimulação de nossa fome, combinada à dopamina na MPOA, focaliza nossa atenção nos sinais de comida.) Em segundo lugar, a MPOA dirige o sistema nervoso parassintético para que ele envie sangue à genitália, criando ereções nos homens e inchaço do clitóris nas mulheres. (Não se sabe ainda como isso funciona exatamente, mas envolve outra estrutura hipotalâmica, o núcleo paraventricular, que está ligado por neurônios à MPOA. Os sinais sexuais também estimulam a liberação de oxitocina, sobre a qual você lerá muito mais, e a oxitocina e a dopamina nesse núcleo ajudam a criar a lordose em fêmeas de roedores e ereções em roedores machos.) Terceiro, depois de receber sinais da MPOA via projeções neurais, a VTA transmite dopamina para o córtex pré-frontal, parte de nosso cérebro executivo (Figura 2, página 93).

Dante pode ter condenado as pessoas que traem sua razão em favor da luxúria para o primeiro círculo do inferno, mas não sabia que a natureza — ou Deus, se você preferir — projetou essa traição em nossos cérebros. A dopamina silencia o córtex pré-frontal, desinibindo o desejo sexual e reduzindo nossa visão para os sinais que podem levar a satisfazer esse desejo. Quando homens jovens veem fotos de mulheres nuas, sua reação de susto diante de barulhos altos fica fraca. Quando mulheres em ovulação veem fotos de homens nus, suas pupilas dilatam e elas sorriem inconscientemente, em grande parte como Susan reagiu ao Safado.

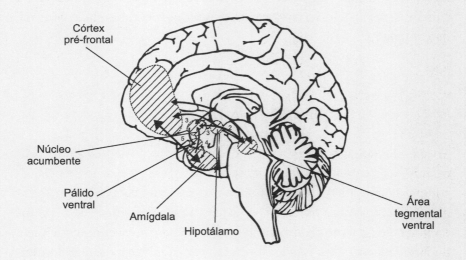

FIGURA 2: Conexões neurais envolvidas no sexo, no amor e na atração. (1) A dopamina ativa o sistema de recompensa. (2) A oxitocina (OT) promove a liberação de dopamina em novas mães. (3) A OT é liberada nos sistemas de recompensa. (4) A vasopressina da amígdala estimula sistemas de recompensa. (5) O córtex pré-frontal aplica freios aos impulsos subcorticais. Cada um desses circuitos é questionado em relação a sexo, amor e infidelidade.

É claro que bebidas e drogas podem silenciar o córtex pré-frontal também. A "parte de cima", parental, está festejando com martínis na sala, bêbada demais para supervisionar as crianças indisciplinadas que estão brincando de girar a garrafa no porão. A cocaína e as anfetaminas podem aumentar muito a motivação sexual, porque estimulam a liberação de grandes quantidades de dopamina. Simplesmente fazer um bocado de trabalho mental pode soltar as rédeas. O pensamento executivo envolve uma área comparativamente enorme — o córtex pré-frontal humano é aproximadamente dez vezes maior que o hipotálamo — e consome muito mais energia. Loewenstein descobriu que fazer problemas de matemática antes de lhe oferecerem biscoitos pode reduzir a resistência da pessoa que faz dieta à recompensa de uma boa Toll House: todo esse raciocínio esgotou as baterias do cérebro executivo.

Como Santo Agostinho disse aos primeiros cristãos em *Cidade de Deus*, "a alma não é, neste sentido, nem mestra de si mesma, assim como a luxúria não é, nem do corpo, para manter os membros sob o controle da vontade".

A ISCA DO AMOR E OS BACANAS DE JAQUETA DE COURO

Você pode pensar que é triste termos que nos desgastar, nos embebedar ou nos encher de dopamina para fazer sexo. Mas, se não fosse pela recompensa, por que faríamos isso? Como escreveu Schopenhauer: "Imaginemos que o ato da procriação não fosse uma necessidade, nem acompanhado de extremo prazer, mas uma questão de pura reflexão racional: poderia então a raça humana continuar a existir? Não possuiriam todos, pelo contrário, tanta compaixão pela geração por vir a ponto de preferirem poupá-la do fardo da existência?"

Seu colega alemão Eduard von Hartmann argumentou que temos de ser subornados para o sexo, e nossa razão bloqueada, porque sexo não leva a nada de bom: casamento, a dor do parto, dinheiro desaparecendo, desilusão no amor. A pior coisa que pode acontecer, pensou Hartmann, é se tornar consciente de que "a alegria sonhada nos braços do ser amado não é nada além de uma isca enganadora" usada para nos levar a procriar. Temos a ilusão do controle — mas é claro que é nosso instinto de procriação inconsciente, funcionando em nossos cérebros, que está conduzindo nosso comportamento.

De acordo com Hartmann, o confronto da biologia com as normas sociais pode exigir uma trégua drástica. "Se o amor é reconhecido como um mal, e ainda assim deve ser escolhido como o *menor* de dois males, contanto que o impulso persista, a razão necessariamente exige um terceiro, ou seja, a erradicação do impulso, isto é, a castração, se por meio disso a erradicação do impulso for alcançável." Ele então citou, em apoio, um trecho do capítulo 19 do evangelho de Mateus sobre homens que se fizeram eunucos para alcançar o paraíso. (E as pessoas se perguntam por que há poucos comediantes alemães bons.)

A visão pode parecer exageradamente sombria. Mas é verdade que a promessa da recompensa nos impede de pensar demais no possível lado negativo do sexo e nos faz querer trabalhar para obtê-lo. Quando Everitt desconectou as amígdalas de ratos, eles pararam de trabalhar para conseguir sexo. Já não acendiam a luz porque não tinham apetite algum para o sexo. Se ele desconectava a MPOA, eles acendiam a luz, a fêmea caía do teto e os machos agiam com interesse, mas não consumavam o negócio.

Antes de nosso primeiro orgasmo, não há qualquer objetivo específico de consumação, apenas apetite. Quando um menino pequeno descobre que tocar o pênis gera uma sensação boa, ou quando uma menina pequena tem um momento eureca com a água que jorra da torneira da banheira, eles geralmente não estão pensando em sexo — pelo menos não em sexo na forma que isso assumirá em seus cérebros algum dia. As sensações são sua recompensa. A menina pode passar a gostar da hora do banho, e o menino pode ansiar por passar algum tempo no lugar privado que associa ao prazer de tocar em si mesmo. Banheiras e o armário do quarto passaram a ser associados ao prazer e podem criar uma recompensa apetitiva como a luz da gaiola de Pfaus, embora sem o final do jogo. Quando pesquisadores do laboratório de Pfaus acariciam o clitóris de uma rata virgem numa câmara perfumada de limão, o próprio cheiro de limão se torna a recompensa para a rata e a faz desejar ser acariciada.

Mas, no fim das contas, desejamos a consumação. Quando a desejamos, nosso comportamento apetitivo leva ao comportamento de consumação. As diferenças na estrutura do cérebro que Dick Swaab e Charles Roselli estão explorando relacionam-se a como e para quem nosso desejo apetitivo e nosso objetivo de consumação são direcionados. Esses impulsos são inatos. Mesmo antes de ratos machos terem qualquer experiência sexual, o cheiro natural de uma fêmea no cio desencadeia a liberação de dopamina nos acumbentes de seus cérebros. Antes da puberdade, meninos e meninas heterossexuais podem insistir em tratar com repulsa o sexo oposto. Mas, apesar de seus protestos, eles estão interessados, embora o interesse não esteja focado.

Um dia, digamos, se um menino se vir sozinho com o encanto bidimensional da Miss Outubro, a forma e o aspecto da Miss Outubro — especialmente seus seios, seu rosto e seus olhos, os três locais do corpo nu de uma mulher que estudos mostram que os homens passam a maior parte do tempo olhando — ativarão seu impulso apetitivo inato e ele terá uma ereção. Se estiver sozinho, ele responderá a essa recompensa procurando mais recompensa e tocando seu pênis. A Miss Outubro e outras como ela — incluindo mulheres de verdade, ao vivo e em três dimensões — tornaram-se agora eroticamente recompensadoras por seus próprios méritos. A Miss Outubro se tornou uma "condição antecedente". Simplesmente olhar sua imagem resulta em uma recompensa cerebral como a da luz na gaiola dos ratos. O prazer da estimulação genital possui agora um contexto sexual.

Então, um dia, perseguir essa recompensa apetitiva leva a um orgasmo. Um menino pode não ter nem idade suficiente para ejacular, mas desse momento em diante ele tem um objetivo. Nunca mais ficará satisfeito apenas com o apetite; ele quer a recompensa da consumação.

O mesmo processo acontece nas fêmeas — de duas ou quatro pernas — principalmente com a chegada da puberdade. "Quando nossas fêmeas associam o estímulo do clitóris a um odor, acham isso fabuloso", diz Pfaus. "Mas se colocamos o macho com ela e estimulamos seu clitóris, então a coisa de verdade está ali. Agora, a estimulação do clitóris se torna uma condição antecedente e as leva a solicitar o macho. Isso é intrínseco. Elas estão dizendo" — aqui Pfaus eleva sua voz uma oitava de rata e agita as mãos —: "Ai, meu Deus! agora a coisa é de verdade! Aqueles toques no clitóris me atiçam inteira, mas meu clitóris estimulado só por um pincel? Muito obrigada por isso, foi ótimo, mas estou ovulando: eu quero foder!".

Pessoas e animais não querem nada impedindo seu caminho quando do se tornam direcionados ao objetivo do sexo. O D1 se prendendo na MPOA de roedores leva os machos a solicitarem fêmeas. Eles acharão a saída de um labirinto, esperando encontrar uma fêmea desejosa no fim do caminho. Os humanos seduzirão, darão gorjetas excessivas a strippers e trairão seus próprios valores.

Behavioristas sociais como Loewenstein realizaram experiências para mostrar como os homens podem ficar determinados quando dominados pela busca de recompensa. Em 1996, eles descobriram que homens que olhavam imagens na *Playboy* tinham uma probabilidade maior de dizer que tentariam convencer uma mulher a tirar a roupa, mesmo depois de ela se recusar a fazer sexo, do que homens que haviam olhado as mesmas imagens um dia antes de responderem.

Dez anos depois, Loewenstein e Dan Ariely realizaram duas pesquisas com homens — uma delas quando eles estavam em estado neutro (frio) e outra quando estavam se masturbando ativamente diante de imagens eróticas em computadores portáteis (devidamente envolvidos em plástico). Os homens da primeira pesquisa responderam a uma série de perguntas sobre sua ética sexual do modo como esperaríamos que respondessem. Poucos disseram que embebedariam uma mulher com a qual saíam para fazer sexo com ela, por exemplo. Quando lhes foi perguntado o que achavam sexualmente excitante, as respostas foram, de novo, previsíveis. Poucos disseram que se excitavam com mulheres obesas, sapatos e sexo com animais. Mas quando responderam às perguntas enquanto estavam excitados, um número significativamente maior de homens disse que embebedaria a mulher. Um número ainda maior achava sexualmente excitantes mulheres obesas, bestialidade, sapatos e sexo a três — com outro homem e uma mulher. No contexto de uma excitação séria, qualquer meio de levar a um fim será considerado.

Quando os opioides e a dopamina fazem seu trabalho, nossa inibição desaparece. "Você já não tem aquele duelo de titãs entre de cima para baixo e de baixo para cima", explica Pfaus. "De baixo para cima vence."

Quando Pfaus se refere a essa recompensa apetitiva como "semelhante à cocaína", ele não está apenas fazendo uma analogia. A recompensa sexual apetitiva é *exatamente* como a recompensa apetitiva da cocaína e da metanfetamina. A inoculação de anfetaminas — o que leva à liberação de dopamina — diretamente no núcleo acumbente de ratos machos torna-os extraordinariamente ávidos para fazer sexo. Por isso B-19 disse a Heath que a eletricidade dos eletrodos lhe dava uma sensação erótica bem semelhante à de tomar anfetaminas. Quando usuários de cocaína e metanfetamina são postos em máquinas de ressonância magnética e apresentados a fotos neutras, fotos sensuais e fotos de parafernália de drogas, como canudos, lâminas de barbear e carreiras de pó branco, o sistema límbico deles se ativa da mesma maneira diante das fotos sensuais e das fotos relacionadas a drogas.

Foi assim que Hugh Hefner ficou rico. Sem entender exatamente o que estava fazendo, ele explorou um desejo inato de olhar seios e rostos femininos, levando milhões de homens do mundo inteiro a experimentar a recompensa apetitiva, a gastar dinheiro com a revista ou a ansiar por sua distribuição a cada mês. A *Playboy* se tornou uma condição antecedente que levou seus leitores a uma recompensa de consumação — e que levou Hefner a ter uma mansão em Los Angeles e um jato DC-9.

Essa necessidade da recompensa de consumação é tão grande que, quando animais são frustrados, suas preferências podem ser rompidas. Quando Pfaus põe uma fêmea no cio num recinto com um macho colocado atrás de uma tela, de modo que ele não consegue tocá-la, o cheiro do macho "fornece sinais de odor e feromônios que são incondicionalmente apetitivos", diz Pfaus. Isso "ativa sua amígdala, sua área pré-ótica medial, e deixa-a pronta para solicitar, mas, em nossas condições, ela foi importunada. Ela estava toda arrumada mas sem lugar para ir. Ela solicita o macho que está atrás da tela, mas ele não pode fazer nada. Então, no que lhe diz respeito, ele a importunou muito". Como resultado, mesmo se mais tarde a fêmea tiver acesso a esse macho, se outro macho estiver presente, ela evitará aquele que a importunou — ou sinais associados a ele e à subsequente frustração que ela viveu — e se acasalará com o macho que puder dar alguma continuidade.

Ninguém sabe se as fêmeas de roedores, ou mesmo os machos, têm orgasmos, embora Pfaus goste de pensar que sim. Mas, quer tenham ou não, eles recebem uma recompensa cerebral de consumação, assim como os seres humanos. A dopamina no acumbente e na MPOA despenca. A oxitocina é liberada para o sangue e o cérebro. Os endocanabinoides — a versão cerebral da maconha — nos deixam um pouco sonolentos. A serotonina jorra dos neurônios serotonérgicos, induzindo uma sensação de calma, saciedade e satisfação.

Os opioides — como as endorfinas — que estavam aumentando aos poucos para elevar a recompensa apetitiva agora têm um surto, fluindo para o sistema límbico e áreas hipotalâmicas. Por isso, viciados em heroína que Pfaus encontrou em Washington lhe disseram que tomá-la era como fazer sexo. Já em 1960, o psiquiatra Richard Chessick escreveu sobre "o orgasmo farmacogênico do viciado em drogas".

(É aqui que surge uma confusão sobre se alguém pode ou não ficar "viciado" em sexo. Em contraste com aqueles que promovem o vício em sexo — advogados de celebridades da TV, por exemplo –, Pfaus insiste que isso não existe, e que o que parece ser um vício em sexo é, na verdade, uma versão do transtorno obsessivo-compulsivo. Um homem que se masturba cinco vezes por dia não é viciado nisso; ele se torna obcecado em atingir cinco orgasmos por dia, o que é, afinal de contas, um feito e tanto.)

Além de fazer com que a gente se sinta bem, os opioides da recompensa de consumação também bloqueiam a dopamina no córtex pré-frontal, permitindo o reinício das funções executivas. Como Hartmann explica: "O céu da consciência fica claro de novo e observa, impressionado, a chuva fertilizante sobre o solo." A maioria das pessoas tende a ficar um pouco menos poética. "Meu Deus! Olha o que fizemos com o sofá!"

A recompensa da consumação é ainda mais forte do que a recompensa apetitiva. "Com a experiência, mesmo em adultos, a ejaculação e o orgasmo mudam o cérebro", explica Pfaus. "Eles aumentam a proliferação sináptica no núcleo acumbente, no cerebelo, e o interessante é que o acumbente fica sensível a sinais associados à recompensa sexual... Agora, o neurônio muda. Você faz mudanças a longo prazo para a transcrição de genes" — o modo como os genes são traduzidos em proteínas que se prendem a receptores para instruir células — "e você fez uma mudança permanente na conexão sináptica. Agora, você é o cão de Pavlov, e toda vez que alguém toca uma campainha, você saliva."

Quando sentimos uma satisfação sexual e recebemos a recompensa da consumação, nós (assim como os ratos de Everitt que acendiam a luz porque isso se tornara a recompensa por seu próprio mérito) nos preparamos para receber uma recompensa apetitiva de quaisquer sinais associados a essa experiência. Quanto maior a frequência com que recebemos a recompensa da consumação, mais forte se tornam as associações. O que estávamos vestindo? Como era ela? Que música estava tocando? Onde eu estava? Todas essas coisas se tornaram condições antecedentes porque a amígdala, que é ligada ao acumbente, registrou as circunstâncias dessa sensação muito agradável.

Nós desenvolvemos um fetiche. "Os mecanismos de fetiches diagnosticáveis são extremos dos mesmos mecanismos que ajudam as pessoas a ter sexo normal", diz Pfaus. Todos nós, em um grau ou outro, somos fetichistas. Ou, explicando de outro modo, todos nós, em um grau ou outro, desenvolvemos fortes preferências.

O circuito da recompensa e as substâncias neuroquímicas que agem nele são responsáveis pelos motivos pelos quais as pessoas preferem amantes altas ou baixas, louras ou morenas, magras ou gorduchas, de óculos ou não. O sistema da recompensa sexual torna a própria beleza um fetiche. De que outra maneira explicar os cerca de 13 bilhões de dólares que os americanos gastam a cada ano em cirurgias plásticas e os 37 bilhões que eles gastam anualmente em produtos e serviços de beleza? (No mundo, o gasto anual é de aproximadamente 170 bilhões de dólares.)

Isso não acontece apenas — como alguns psicólogos evolutivos argumentaram — porque os seres humanos evoluíram para favorecer as proporções entre cintura e quadril e a simetria facial que indicam boa saúde e genes favoráveis à procriação.

"Psicólogos evolutivos agem como se nunca devêssemos fazer besteiras", diz Pfaus. "Mas fazemos besteira o tempo todo! E fazemos porque temos coisas em disputa acontecendo." Queremos gerar filhos saudáveis, mas também queremos satisfazer nossas preferências de recompensa moldadas pela experiência. "Quero dizer, para os psicólogos evolutivos, o corpo nu de uma mulher em idade de reprodução deve ser *isto*. E por que não é isso? Por que devemos ter qualquer preferência? ('Ah, preciso que você tenha cabelo de menino, 'Preciso que você vista uma lingerie sexy' ou 'Preciso que você fale palavrões'.)"

Pfaus ilustrou o poder da preferência baseada em recompensa de maneira dramática.

Ratos e seres humanos têm uma aversão inata ao cheiro de morte. É um cheiro extremamente repugnante, sem que ninguém nos diga o que significa. Os ratos fazem quase qualquer coisa para se afastar do cheiro, até mesmo atravessar grades eletrificadas.

Pfaus pintou fêmeas no cio com uma substância química chamada, apropriadamente, cadaverina, uma forma sintética do cheiro de morte. (Se algum dia você tiver a oportunidade de cheirar cadaverina, recuse. Essa coisa pode lhe dar pesadelos.) Em seguida, ele pôs machos inexperientes sexualmente numa gaiola com essas fêmeas. Elas começaram a pular e a fazer movimentos rápidos, como fazem normalmente. Foi preciso algum tempo para se acostumar com o cheiro horrível — Pfaus teve que treinar os machos a subir nas fêmeas fedorentas muitas vezes. Mas muitos deles acabaram fazendo sexo com essas fêmeas regularmente, o que mostra o quanto uma pequena sedução pode motivar.

Mais tarde, Pfaus pôs esses machos com um grupo de fêmeas no cio, uma delas perfumada com cadaverina. Eles preferiram a rata com cheiro de morte àquelas que tinham um cheiro naturalmente doce (quer dizer, para um rato). Ele até tentou perfumar algumas fêmeas com limão, mas os machos que tinham tido seus primeiros acasalamentos com fêmeas cheirando a morte ainda preferiram o odor repugnante. Alguns se acasalaram *apenas* com as fêmeas que cheiravam a morte. Haviam se tornado fetichistas de cadaverina.

O laboratório de Pfaus transformou roedores em todo tipo de fetichista. Na sala adjacente àquela onde Parada está pincelando os clitóris de ratas, Pfaus caminha até uma bandeja sobre um balcão e diz: "Aqui está um estudo de fetiche." Mas não há muito o que ver, exceto meia dúzia de pequeninas jaquetas de couro. As jaquetas têm buraquinhos nos quais um rato pode pôr suas patas dianteiras, fazendo com que a roupa fique em torno de seu peito e de seu lombo — quando um rato se enfia ali, ele fica parecido com Marlon Brando, em *O selvagem*.

Estamos certo de que você pode entender aonde isso vai dar. Pfaus deu a alguns roedores machos a primeira experiência de ejaculação. "Tínhamos dois grupos, com jaqueta e sem jaqueta" — aqui, Pfaus interrompe para rir, embora já tenha ouvido uma centena de vezes ele próprio e seus colegas dizendo "sem jaqueta".* "Nos dois grupos, eles sobem numa fêmea em mais ou menos dez segundos e ejaculam em poucos minutos, o que é normal." A jaqueta não mudou o comportamento apetitivo ou de consumação.

Porém, mais tarde, quando os ex-Brando foram postos numa arena — sem jaqueta — com uma fêmea no cio, mais ou menos 30% deles se recusaram a copular, e muitos daqueles que pareciam fazer sexo estavam na verdade apenas fazendo os movimentos, porque não introduziram seus órgãos (o que significa que tiveram dificuldade para ter ereção). Aqueles que copularam levaram muito mais tempo do que o normal, e a fêmea realmente teve que se esforçar. "A ativação da excitação falhou simplesmente porque faltava a jaqueta", diz Pfaus. "A jaqueta se tornou a encarnação da excitação. Isso é fenomenal! Achamos que os seres humanos fetichistas são estranhos, mas quem é que não teve uma primeira experiência estranha?"

Pfaus acredita, e nós concordamos, que a fantasia e a masturbação repetidas — talvez combinadas à excitação geral decorrente do medo de ser apanhado ou romper um tabu — selam um fetiche em um lugar.

Isso pode parecer forçado para alguns, mas considere este caso relatado pelo psiquiatra alemão do *fin de siècle* Richard von Krafft-Ebing:

---

* Em inglês, "*Jacket-off*" lembra "*jack off*", que significa "masturbar-se". (*N. do T.*)

O senhor V. P., de uma família antiga e honrada, polonês, 32 anos, consultou-me em 1890 por causa da "inaturalidade" de sua vida sexual. Desde os 15 anos, ele reconhecia a diferença entre os sexos e era capaz de ter excitação sexual. Aos 17, foi seduzido por uma governanta francesa, mas o coito não era permitido, de modo que a intensa excitação sexual mútua (masturbação mútua) era tudo o que era possível. Nessa situação, sua atenção foi atraída para as botas muito elegantes dela. Causaram-lhe uma impressão muito profunda. Durante essa associação, os sapatos dela se tornaram um fetiche para o menino infeliz. Ele começou a ter interesse por sapatos de moças em geral, e na verdade começou a tentar localizar moças que usavam botas bonitas. O fetichismo do sapato adquiriu grande poder sobre sua mente. Ele fazia a governanta tocar seu pênis com os sapatos dela e, assim, a ejaculação com grande sentimento de prazer era imediatamente induzida. Depois de se separar da governanta, ele procurou prostitutas e fez com que elas executassem a mesma manipulação. Isso geralmente era suficiente para sua satisfação.

Ou este, de um relatório feito em 1968 por psiquiatras japoneses sobre um homem de 23 anos com fetiche por vinil:

Desde a infância, ele tinha o hábito de molhar a cama, o que, não obstante a rígida disciplina de sua mãe para remediar, continuou até ele deixar o ensino fundamental. Naquele tempo, dificilmente havia detergentes disponíveis, e a mãe do paciente usava uma fralda para contornar o problema. O paciente sentia uma mistura de vergonha e prazer quando sua mãe o punha numa fralda e o cobria. Quando foi para a escola ensino médio e começou a se preparar para o exame de acesso à universidade, ele sentiu certa vez forte atração pela capa de chuva de vinil de uma mulher desconhecida que viu casualmente na rua. Desde então, começou a perseguir com os olhos figuras de mulheres com capas de vinil toda vez que chovia. Mais tarde, já não podia se satisfazer apenas tocando-as em bondes e comprou uma capa de chuva de vinil feminina, vestiu-a e se masturbou. Hoje em dia, ele estende um lençol de vinil branco sobre um colchão e se deita sobre este vestindo uma capa de chuva de mulher. Em seguida, cobre-se com um lençol de vinil branco, como se fosse uma coberta. Enquanto permanece quieto, o vinil é amaciado por sua temperatura e emite um cheiro peculiar, o que estimula uma sensação agradável nele. Agora, ele fantasia uma cena masoquista em que ele próprio é uma mulher e é manipulado por uma outra mulher num ato sexual. A sensação de prazer sexual é pequena na ausência do vinil.

Brian entrevistou muitos fetichistas e, com frequência, eles são capazes de recordar vividamente as circunstâncias iniciais do desenvolvimento de seu fetiche. Como um deles nos conta, sua paixão por vestir couro e *codpieces* e por se comportar como um "mestre" com sua namorada "escrava" começou quando ele ficou excitado com revistas em quadrinho. "Se eu pensar lá atrás, foi a garota que era escrava bárbara, com certeza. Esta foi uma das primeiras vezes — essa coisa Conan — e eu fiquei, assim: 'Isso me parece muito bom de onde estou', a garota caída contra a perna do homem. E pela primeira vez eu vi que, mesmo aos 8 ou 9 anos, na sala dos fundos da biblioteca, eu estava assim: agite!" E então ele agitou, usando a imagem como inspiração para se masturbar. (Para sua sorte, sua namorada seguira um caminho semelhante, exceto que gostava da ideia de ser a escrava, o que prova que para todo mundo há alguém.)

As fetichistas de cordas se descrevem subindo em cordas e sentindo a textura rude roçando seu clitóris. Os fetichistas de brincar de cavalo falam de montar em pôneis e se sentirem sexualmente excitados. Os fetichistas de palmadas se lembram de serem espancados quando eram crianças — o que pode criar uma excitação geral — e de porem esse espancamento num contexto sexual. Um fetichista masculino de sapato pode ter se masturbado no armário de sua mãe, cercado pelos sapatos dela, apenas para citar um possível cenário na infância.

"Eu argumentaria que o que quer que esteja ali na hora da recompensa, adquire alguma força associativa", diz Pfaus.

A própria dor, excitando o sistema nervoso simpático, pode se tornar um fetiche quando leva uma pessoa sexualmente excitada ao limite, e ao orgasmo. "A dor pode se tornar parte fixa do ato sexual", argumenta Pfaus. E, como Abraham Alexander descobriu, se Lady Sage, de Columbus, Ohio, dispõe-se a proporcionar um pouco dessa dor, você pode ficar extremamente determinado a visitá-la, mesmo se tiver que desviar algum dinheiro para isso.

Como prova de que é a recompensa, e não o sexo em si, que cria o comportamento, Pfaus aplicou doses variadas de morfina (um opiato) em ratos machos e em seguida os apresentou a fêmeas no cio com cheiro de amêndoa. Com doses mais elevadas, os machos criaram forte preferência pelas fêmeas como parceiras, embora nunca fizessem sexo, porque ficavam doidões demais para se acasalar.

Fetichistas humanos podem ser levados a extremos destrutivos, apesar de sua compreensão racional de que esse comportamento os prejudica. Um homem da Califórnia, que escrevera poemas de amor para sua escavadeira hidráulica, matou-se acidentalmente, enforcando-se quando tentava uma asfixia autoerótica com a máquina. Alexander certamente sabia que desviar dinheiro da fundação que o empregava era errado, mas não conseguia lutar contra sua necessidade de voar até Ohio para ser castigado. Camp havia condenado muita gente à prisão por crimes de drogas. Abelardo sabia o perigo que enfrentava. Mas o cérebro racional havia sido abafado pelo poder do apetite.

Assim como Dante, assim como aqueles que zombaram da alegação de Camp no tribunal, muitas vezes atribuímos os resultados relativos, negativos ou positivos, do sexo à firmeza moral. Mas a reação de alguém à sedução da recompensa pode ser fortemente influenciada pela maneira como seu cérebro é construído e pelos seus genes. O grau com que os ratos aprendem a atribuir a recompensa a um ato ou objeto que de outro modo não seria recompensador — como a luz de Everitt — varia de acordo com a genética. Explicando nos termos das experiências de

Pfaus, alguns ratos têm uma probabilidade muito maior de se tornar fetichistas de jaqueta de couro do que outros, e os mais suscetíveis podem se tornar fortemente motivados — a ponto de a motivação controlar seu comportamento.

Estudos recentes com imagens em seres humanos mostraram que a força de ligação entre o córtex pré-frontal e o núcleo acumbente influencia a resistência de um indivíduo a desejos apetitivos que surgem no sistema límbico. Outro estudo com imagens mostrou que pessoas com compulsão alimentar — diferentes de pessoas obesas comuns — tinham um pico significativamente maior nos níveis de dopamina cerebral em resposta a sinais de comida. O cérebro de psicopatas pode liberar quatro vezes mais dopamina em resposta a sinais apetitivos — como dinheiro — do que o da maioria das pessoas. Quanto mais dopamina, maior o impulso para alcançar qualquer que seja o objetivo, não importa o custo — uma forma extrema do que Loewenstein encontrou em homens jovens no calor da paixão por laptops.

Às vezes, uma doença ou um trauma podem aumentar extremamente a ânsia por recompensa. Em 2002, médicos no Texas descreveram o caso de um homem cuja esclerose múltipla causava lesões no lado direito de seu hipotálamo. Ele desenvolveu um desejo insaciável de tocar os seios de mulheres. Um homem de 59 anos da Califórnia, com doença de Parkinson, submeteu-se a uma cirurgia cerebral e estava tomando L-dopa, um remédio para Parkinson que se transforma em dopamina. Quer tenha sido devido à cirurgia, ao remédio ou a uma combinação dos dois, seus médicos relataram que "o paciente começou a exigir sexo oral, até 12 ou 13 vezes por dia, à sua esposa de 41 anos. Ele a forçava a fazer sexo com ele apesar de ela ter sérios problemas cardíacos. Masturbava-se com frequência e propunha sexo às amigas de sua mulher. Começou a contratar strippers e a circular de carro pela cidade à procura de prostitutas. Passava horas na internet procurando sexo e comprando materiais pornográficos. Em determinado momento, sua esposa o encontrou tentando se aliviar sexualmente enquanto olhava uma fotografia de sua neta de 5 anos". Um trauma no córtex pré-frontal pode também prejudicar a capacidade de dizer não, deixando o sistema de recompensa descontrolado, como sugeriram os defensores do juiz Camp.

Por outro lado, defeitos no sistema de recompensa podem ser inibidos patologicamente. Alguns podem achar extremamente difícil agir porque estão imunes à recompensa, analisando obsessivamente cada possível consequência de um comportamento. Pessoas que tomam antidepressivos de um certo tipo, chamados de inibidores seletivos de recaptação de serotonina, ou ISRS, podem sofrer redução da libido. Os remédios mantêm a serotonina disponível aos neurônios, o que facilita a sensação de desespero comum à depressão, mas também suprime a energia sexual, assim como acontece momentos depois do orgasmo.

A maioria de nós é suscetível à recompensa, e a maioria de nós desenvolve fortes preferências em resposta. Pagaremos qualquer preço para obter a preferência de nosso cérebro, sejam cinco dólares por uma revista e sua representação de nosso desejo em 28 centímetros e tinta, ou muito mais por uma visita a uma prostituta, por drogas para uma stripper ou por uma sessão com uma dominatrix. Em todos esses casos, estamos tentando satisfazer nosso desejo. E quando encontramos alguém que satisfaz esse desejo, tendemos a querer experimentar a recompensa de consumação repetidamente. Desenvolvemos uma preferência por uma parceira ou um parceiro tão forte quanto qualquer fetiche.

Digamos que você tem alguns orgasmos com Bob, e são experiências muito agradáveis, com sorrisos e beijos delicados depois. De um ponto de vista evolutivo, você não precisa de Bob para fazer um bebê — Rodrigo faria isso também. Mas agora seu apetite está direcionado não apenas a fazer sexo ou a ter um orgasmo, mas a ter um orgasmo especificamente com Bob, e não com Rodrigo. Você evita Rodrigo em favor de Bob: ele é sua condição ascendente. Ele está morando em sua amígdala. Você tem uma preferência de parceiro por Bob. Você se tornou fetichista de Bob.

Assim como um fetiche de jaqueta de couro não faz qualquer sentido evolutivo — porque os verdadeiros fetichistas de jaqueta não conseguem acasalar sem a jaqueta —, um fetiche de Bob também não faz sentido. Ambos são "reprodutivamente ineficientes". Mas dê a jaqueta aos ratos fetichistas de jaqueta e eles ficarão bem. Dê Bob a você e você ficará bem. Você está começando a se apaixonar. Mas só começando. Embora o apetite e a fixação por uma pessoa sejam críticos, Larry acredita que alguns surpreendentes mecanismos específicos do gênero sexual também são necessários para que o amor humano floresça.

4

O CIRCUITO MAMÃE

Maria Marshall tem olhos castanhos, cor de mogno, ao mesmo tempo belos e desconcertantes. Onde alguém poderia esperar encontrar sedução, timidez, vivacidade ou curiosidade, há duas órbitas inescrutáveis. Se você examiná-los, esperando algum sinal de envolvimento, eles se movem para cima e se afastam, cautelosos e incertos, como se Maria estivesse no palco e tivesse esquecido sua próxima fala.

Durante os primeiros momentos de um encontro, Maria projeta a imagem de uma jovem feliz e confiante. Ela diz: "É um prazer conhecê-lo" — e aperta sua mão. Se você perguntar como ela está se sentindo ou se teve um bom dia, ela responderá. Mas há uma natureza estranhamente mecânica em suas palavras, e depois que ela as diz, a conversa acaba. Não há retorno, nenhum "Você veio bem?" ou "Como foi o seu dia?".

Maria tem 21 anos. Mora com seus pais adotivos, Ginny e Denny Marshall, no leste rural da Pensilvânia, numa casa com um cedro ao lado, localizada numa área de pouco mais de 1 hectare de florestas, na divisa entre os condados de Chester e Lancaster. Muitos vizinhos próximos dos Marshall são fazendeiros amish que trabalham usando cavalos de tração e carroças. O ambiente parece idílico e seguro, um daqueles lugares sobre os quais as pessoas dizem: "É um ótimo lugar para criar filhos".

Criar filhos foi parte do motivo pelo qual os Marshall saíram da Filadélfia, indo para o interior e compraram sua propriedade em meio às árvores. Quando descobriram que ter filhos biológicos exigiria fertilização *in vitro*, decidiram adotar. E como queriam o que a maioria dos pais quer — compartilhar seu amor e formar um bom lar —, era irrelevante o lugar onde seus filhos teriam nascido, ou a raça deles. Então eles viajaram até a Coreia para adotar dois meninos, Michael e Rick. Maria veio da Romênia, onde nascera um ano antes da queda do ditador Nicolae Ceausescu.

Os 21 anos de Ceausescu no poder deixaram a Romênia marcada pelo impacto de suas imposições arbitrárias e bizarras. Uma das mais infames, de 1966, proibiu o aborto e todas as formas de contracepção. As mulheres eram punidas por não terem bebês em número suficiente. A Romênia precisava de trabalho, acreditava Ceausescu, e, independentemente dos desejos pessoais de seu povo, ou mesmo da pobreza deste, ele estava determinado a cultivar uma safra maior de trabalhadores para o Estado.

Previsivelmente, muitas mulheres abandonaram seus bebês. Crianças inundaram os orfanatos da Romênia, que eram tristemente mal-equipados, lotados e com funcionários insuficientes. Quando Ceausescu foi executado por um pelotão de fuzilamento, no dia de Natal de 1989, e seu reinado encerrado por uma revolução popular, os orfanatos haviam se tornado sombrios depósitos cheios de crianças.

Maria era uma delas. Passara seus primeiros 27 meses de vida num orfanato quando os Marshall chegaram a Sighisoara, Romênia (a terra natal de Vlad, o Empalador, um príncipe do século XV que inspirou *Drácula*, de Bram Stoker).

"Ficamos num apartamento, e do outro lado do nosso prédio havia um orfanato, não o de Maria", conta-nos Ginny. "Podíamos acordar de manhã e, de nossa janela, ver aqueles dois blocos de concreto cinzentos, perto um do outro, com janelas pelas quais podíamos ver dentro. O sol da manhã brilhava no lado oposto dos prédios, então víamos todas aquelas crianças, com a luz por trás, ajoelhadas, balançando para a frente e para trás, com as cabeças indo para a frente e para trás nas janelas."

Quando os Marshall encontraram Maria em seu orfanato, ela estava fazendo a mesma coisa. "A parte de trás dos calcanhares de Maria estava cheia de calos de tanto ela bater o traseiro neles", recorda Ginny. "Sua bunda batia na parte de trás de seus calcanhares. Era esmagada ali. Ela fazia isso durante a maior parte do dia."

As crianças faziam isso num esforço para se confortarem, porque raramente eram seguradas pelos funcionários ou recebiam cuidados deles. Alguns dias, os Marshall podiam ouvir crianças do orfanato em frente gritando quando suas cabeças eram raspadas descuidadamente com cortadores elétricos cegos e velhos — uma estratégia para reduzir infestações de piolho e evitar o uso de xampu, praticamente indisponível. Maria era submetida ao mesmo tratamento em seu orfanato. As crianças, incluindo ela, passavam a maior parte do dia no chão ou em cercados com barras de metal e uma placa de metal plana ou algum outro tipo de tampa posta por cima, para que não conseguissem sair. Aos 27 meses, Maria pesava o mesmo que um americano típico de 8 meses.

Fotos da viagem dos Marshall à Romênia, em 1990, mostram Maria como uma criança abandonada quase careca, num vestido pequeno. Em uma delas, um homem a segura para que os Marshall possam tirar a foto. Os braços de Maria estão estendidos como dois gravetos. Seus dedos estão afastados e retesados. Sua coluna está rígida. Há uma expressão de terror em seu rosto.

"Quando a seguramos, ela estava rígida como uma tábua", recorda Ginny. "Ela nunca nos tocava. Era como segurar uma boneca de plástico. Ela ficava rígida no momento em que você a apanhava."

Ao dizer isso, Ginny — uma mulher expansiva, com cabelo curto de cor clara e uma simpática separação nos dentes da frente — dá uma risada curta, com um traço de pigarro de fumante e um quê de resignação diante do estranho absurdo daquela imagem. Os Marshall sabiam que se levassem adiante a adoção, assumiriam um desafio, mas estavam determinados. "Éramos o tipo de pessoa que dizia: 'Podemos superar isso'", explica Ginny. Tudo o que eles tinham a fazer era amar Maria. O que ela realmente precisava era de um pai e uma mãe. Ginny ri de novo, desta vez de si mesma.

A infância impressionantemente privada de Maria, quase sem toque e afeição humanos, significou que ela não conheceu o vínculo entre mãe e bebê. Essa ligação, o primeiro amor que qualquer um de nós experimenta, é a mais fundamental de todas. Seus antecedentes evolutivos são antigos e compartilhados, em um grau ou outro, entre espécies amplamente diversas, até mesmo alguns peixes. Enquanto a maioria dos peixes se contenta em depositar os ovos e esperar pelo melhor, as fêmeas do peixe acará disco, da Amazônia, ficam com seus filhotes e os alimentam com um muco exsudado por sua pele. O muco é liberado por indução da prolactina, um hormônio que tem em grande parte a mesma função nas mulheres. Essa relação interdependente forja uma ligação entre a mãe e seus filhotes; se você tenta separar a mãe de seus filhotes, ela se debate e nada em pânico.

Mas, embora apreciemos o poder da mãe de amar quando vemos isso em pessoas, elefantes ou peixes, com frequência não perguntamos **por que** uma mãe se preocupa com seus bebês. Apenas supomos que ela se preocupa. Mas preocupar-se com um recém-nascido é uma grande mudança de comportamento. Exige que um animal ou uma pessoa abdique, pelo menos temporariamente, do interesse por si mesmo em favor de uma criatura que nunca viu. Fazer essa mudança é vital não apenas para a vida do bebê como também para seu futuro e o futuro das sociedades humanas. Gostamos de pensar que *optamos* por nos preocupar com nossos filhos. E é claro que sim. Mas a natureza dessa escolha não é exatamente o que a maioria de nós espera: essa mudança no comportamento de uma mãe, tão macro quanto pode ser, é motivada por micromudanças no cérebro.

Imagine estar num avião superlotado, uma fileira à frente de um bebê que está chorando com o ardor de uma soprano do Scala. A maioria das pessoas acha esse som irritante, na melhor das hipóteses, e provocador de pensamentos obscuros, na pior. Um grupo, porém, tem uma probabilidade maior de tolerar o choro, de ter empatia pelo bebê, de possivelmente até apreciar (pelo menos por pouco tempo) a performance da criança: as novas mães. Embora o restante dos passageiros possa estar lutando contra o impulso de prender um paraquedas nas costas da criança e lançá-la na atmosfera, as novas mães podem sentir vontade de acalmar fisicamente o bebê e niná-lo.

Isso acontece porque elas passaram por uma transformação extraordinária. "Antes de eu ter filhos, nunca me interessei muito por bebês ou crianças", postou uma mulher que se identificou como "SweetnessInFlorida" num site de encontros para mães solteiras, numa história típica de conversão de mamãe. "Eu não desgostava deles, apenas não estava interessada, e nunca me via como mãe ou cuidando de crianças. Nunca brinquei com bebês, nunca olhei para roupas e objetos de bebês, nunca cuidei de bebês, nunca fiquei fazendo dá-dá-dá para um bebê sorridente de olhos arregalados num mercado. Pensar em fraldas me fazia querer ligar as trompas. Então, quando tive uma gravidez não planejada, e segurei meu bebê pela primeira vez, senti tanto instinto materno, amor e ternura, que agora tenho duas crianças e espero ter mais! Consigo trocar uma fralda no escuro e com apenas uma das mãos!"

Outras mulheres sentem anseios maternais muito antes de terem um bebê, é claro, mas as convertidas repentinamente muitas vezes se maravilham com o modo como os bebês — antes vistos como fábricas de baba escorrendo — tornam-se doces bolinhos humanos ("Vou comer você!"). As mulheres que se preocupam com sua própria retração, ou sua aversão escancarada, diante de bebês antes de darem à luz podem ficar perplexas com o modo radical com que a afeição por seu bebê se torna tão intensa a ponto de elas se surpreenderem alegrando seus amigos sem filhos com análises sobre a cor do cocô de seu filho. Elas descrevem como olham nos olhos de suas crias e sentem uma onda de emoção afetuosa que parece um tsunami de amor materno passando por seus corpos.

Essa reação ao nascimento de um filho é muito boa para a sobrevivência de nossa espécie, como também para a de todos os mamíferos. Assim como SweetnessInFlorida, todo ano milhões de mulheres, talvez atraídas para colisões sexuais por hormônios e recompensas cerebrais, descobrem-se "acidentalmente" grávidas. Na verdade, aproximadamente um terço de todos os nascimentos nos Estados Unidos ocorre como resultado de uma gravidez não planejada — assim como era o caso da maioria dos nascimentos no planeta até o advento da contracepção moderna. Mas a grande maioria dessas mães acidentais se descobre cuidando alegremente de um estranho muito necessitado do qual não tinham a menor intenção de cuidar apenas nove meses antes.

Poder-se-ia argumentar, como fazem alguns — mais notavelmente a historiadora, escritora e feminista francesa Elisabeth Badinter, que insiste que o instinto materno humano não existe —, que, em seres humanos, cuidar de filhos é uma escolha feita sob pressão de expectativas culturais. É verdade que as sociedades humanas fazem grandes exigências ao comportamento da mãe e que uma mulher que contraria essas exigências quase certamente enfrentará um duro julgamento social. Shakespeare, um mestre da observação do comportamento humano, compreendeu essa reação automática às mães que traem seus bebês. "Já amamentei e conheço como é agradável amar o terno ser que em mim mama", declara Lady Macbeth quando estimula seu marido a dar continuidade ao plano de matar o rei. "Pois bem, no momento em que estivesse sorrindo para meu rosto, eu teria arrancado o bico do meu peito de suas gengivas sem dentes e teria feito saltar seu crânio, se tivesse jurado como assim juraste." Shakespeare usou essa declaração — mais do que todo o seu plano de assassinato e seu tormento ao marido — para estabelecer Lady MacBeth como uma das vilãs mais repugnantes da literatura. E, como você verá, ele usou até um bocado da biologia correta, indo diretamente à importância dos seios.

POR QUE AS MÃES AGEM COMO MÃES

A cultura pode influenciar se o filho usará um terno Beau Brummell em miniatura no primeiro dia do jardim da infância (ou mesmo se ele vai para o jardim da infância) e pode ter algo a dizer sobre se Madeleine beberá uma pequena taça de vinho no almoço quando tiver 12 anos. Mas a base do comportamento maternal e do vínculo entre mãe e filho é um fenômeno inato. As mães são levadas a agir como mães por seus cérebros, e a cultura da maternidade simplesmente se forma em torno dessa natureza. Como se vê nos mamíferos, a gravidez, o feto e depois o bebê são muito bons para induzir essa mãe a amar, manipulando as vias fisiológicas e neurais para assegurar a sobrevivência dos recém-nascidos.

Os ratos não têm qualquer das expectativas culturais, sociais ou religiosas sobre as quais Badinter e outros argumentam. A maioria das fêmeas de roedores não possui muito — ou qualquer — instinto materno antes de se tornar mãe. Elas não pensam que devem "amar" ou mesmo se preocupar com seus bebês. Na verdade, as fêmeas virgens de ratos e camundongos geralmente têm tanto medo de bebês que evitam os recém-nascidos ou os atacam e matam. Porém, antes mesmo de darem à luz a seus filhotes, elas começam a fazer um ninho. E quando os filhotes chegam, elas se preocupam com eles, passando pelo mesmo tipo de conversão pela qual muitas mulheres passam: deixam de evitar bebês e passam a cuidar deles.

Já em 1933, cientistas notaram essa transformação em seus animais de laboratório. Concluíram que havia algo na gravidez e no nascimento que alterava a bússola interna das fêmeas, transformando totalmente os filhotes, que deixavam de ser objetos de temor para virar objetos de encantamento. Ainda assim, demorou uma geração inteira para que os biólogos começassem a explorar o que faz uma fêmea se tornar maternal.

Um behaviorista especializado em animais chamado Jay Rosenblatt levou a questão adiante fazendo a mais básica das perguntas: por que uma mãe age como mãe? Ele pôs filhotes de ratos em gaiolas com fêmeas virgens e cada adulta agiu de acordo com seu tipo: ou manteve distância ou fez movimentos agressivos entre o pequeno. Ela parecia amedrontada e ansiosa. Aos poucos, porém, pareceu perder o medo. Depois de alguns dias, começara a se aproximar do filhote. Após mais ou menos uma semana, demonstrava muitos comportamentos típicos de uma rata mãe, como inclinar-se sobre o filhote, como se estivesse alimentando-o (embora, por ser virgem, não produzisse leite algum), lambê-lo e resgatá-lo quando ele se afastava dela. Claramente, o cérebro da rata continha as ligações necessárias para ela se comportar como mãe sem de fato ser mãe.

Na vida real dos ratos, os filhotes não podem esperar uma semana até mamãe decidir começar a fazer seu trabalho. Um filhote, assim como um bebê humano, precisa de muitos cuidados e muita atenção desde o instante em que nasce. Algo deve ativar esse circuito existente antes de os filhotes chegarem, para que as ratas mães cuidem deles desde o início. Usando esse raciocínio literalmente, Rosenblatt e Joseph Terkel, na época trabalhando na Universidade Rutgers, tiraram sangue de ratas em fase avançada de gravidez e o injetaram em ratas virgens. As virgens começaram a agir como mães quando apresentadas a filhotes.

Isso foi em 1968. Quatro anos depois, Rosenblatt e Terkel levaram a experiência mais adiante. Eles costuraram as circulações sanguíneas de uma rata grávida e uma rata virgem, de modo que os fatores da primeira que a levavam a um comportamento maternal — mesmo que estes mudassem ao longo do tempo — fossem compartilhados com a virgem. Conforme esperado, quando os filhotes nasceram, a mãe foi atenciosamente maternal, mas também sua gêmea cirurgicamente unida a ela. E a virgem não demorou uma semana para agir de modo maternal; começou, de imediato, efetivamente dando aos filhotes duas mães.

Rosenblatt sabia que hormônios tinham que estar envolvidos nessa mudança radical de comportamento, mas não sabia quais. Em experiências subsequentes ao longo de um período de décadas, ele, e depois seus ex-alunos, descobriram muitos detalhes de como o "circuito mamãe" funciona.

Durante a gravidez, há altas e baixas de marés hormonais, em grande parte direcionadas por células da placenta fetal, que basicamente sequestra o corpo da mãe para satisfazer suas necessidades. A progesterona aumenta e depois cai; o estrogênio aumenta constantemente, chegando a um pico perto da hora do nascimento. Essa coordenação hormonal tem duas funções: preparar o corpo de uma fêmea para hospedar o bebê (ou bebês) e alterar seu cérebro.

Numa fase avançada da gravidez, o estrogênio estimula a produção de prolactina, o hormônio que inicia a produção de leite nos seios, e dos receptores desta. Também desencadeia um grande aumento do número de receptores de oxitocina no útero. Como indica sua derivação grega, a oxitocina ("nascimento rápido") estimula as células musculares lisas do útero a se contraírem ritmicamente, forçando o bebê a sair durante o parto. Quando entra em trabalho de parto, a mulher pode ter trezentas vezes mais receptores de oxitocina nessas células que antes da gravidez. A oxitocina também é necessária para ejetar leite de seus seios, portanto, mais receptores são feitos ali também. Se tudo correr de acordo com o plano, uma rata, ou uma mulher, estará fisicamente preparada para parir e alimentar sua prole no momento exato em que seus bebês estiverem prontos para vir ao mundo.

Mas todo esse trabalho de preparação no corpo de uma fêmea não servirá para nada se ela não estiver motivada para criar seu filhote. Ela tem que **querer** ser mãe. Felizmente para os bebês de mamíferos — e para os de algumas outras espécies, como o peixe acará disco — o estrogênio, a prolactina e a oxitocina mudam radicalmente o cérebro da mãe. Essa mudança começa no início da gravidez, ganhando velocidade mais ou menos na metade desta, quando os níveis de estrogênio e prolactina se elevam.

Quando uma fêmea de mamífero entra em trabalho de parto, o colo de seu útero amadurece (um termo estranho para se aplicar a uma parte do corpo; não é uma banana). Enquanto a área vaginocervical se estende, um sinal nervoso é enviado ao hipotálamo, especificamente ao núcleo paraventricular (PVN), e a uma área chamada núcleo supraótico (SON) (Figura 1, página 30). Os neurônios ali disparam ritmicamente e em uníssono, sinalizando a glândula pituitária, onde pulsos de oxitocina são emitidos das terminações nervosas. Essa oxitocina entra no corpo, chegando a todos aqueles novos receptores do músculo liso do útero, e as contrações começam. Com sorte (embora nunca tenhamos ouvido uma mulher descrever seu parto como fácil), o bebê é expulso imediatamente. Hoje, milhões de mulheres recebem oxitocina sintética para induzir o parto.

A prolactina — que agora está sendo bombeada há pelos menos alguns dias — estimula os seios a produzir leite. Mas a prolactina e a oxitocina não são apenas liberadas no corpo. Elas agem sobre elementos cruciais do "circuito mamãe", impulsionando o comportamento maternal no cérebro.

Como provou um dos alunos de Rosenblatt, Michael Numan, o eixo desse circuito não é parte consciente do cérebro, capaz de tomar decisões, mas sim a MPOA. Ele demonstrou isso desorganizando-a. Quando desconectou a MPOA de outros elementos do circuito, como o PVN e o SON, as mães deixaram de agir como mães. Como Numan e outros descobriram desde então, o estrogênio, a prolactina e outros lactígenos originados pela placenta fetal alteram fisicamente os neurônios na MPOA.

Quando uma rata sente o cheiro de um bebê estranho, esse estímulo se torna uma informação. A informação viaja então de seu órgão olfativo para sua amígdala, que "lê" indicações de emoção e medo nos novos cheiros. A amígdala sinaliza outras regiões do cérebro, que criam então uma defesa reflexiva ou uma agressão. Ou ela recuará ou atacará a ameaça percebida. Quando a gravidez segue conforme planejado, porém, a prolactina e a oxitocina agem para afastar a nova mãe do medo. Bem perto da hora do nascimento, a prolactina estimula a MPOA, que, por sua vez, sinaliza à amígdala para suprimir o conteúdo de medo em relação ao que a mãe está cheirando ou vendo. Ela fica mais calma, menos hiperalerta ao perigo e mais concentrada nos filhotes que estão vindo, ou que acabaram de chegar.

Quase imediatamente depois do nascimento, os filhotes de roedores começam a roçar o pelo da mãe, procurando os mamilos. Quando encontram um deles, agarram-no e começam a sugar. Como os mamilos contêm neurônios que se projetam por todo o caminho até o cérebro, a sensação de amamentar estimula a liberação de oxitocina para o cérebro e o corpo. A mãe libera o leite. Ela está calma, concentrada nos bebês, e menos propensa a se assustar com barulhos altos ou outras indicações de perigo.

Esses peptídios são necessários e poderosos. Sem a prolactina, as ratas mães não amamentam. Em 1979, na Universidade da Carolina do Norte, Cort Pedersen demonstrou claramente que essa oxitocina pode também induzir o comportamento maternal. Ele injetou oxitocina em cérebros de 13 ratas virgens e as presenteou com uma ninhada de filhotes: seis delas se tornaram "mães" imediatamente. Elas protegeram os filhotes, inclinaram-se sobre eles e os lamberam. Quando Pedersen inoculou uma solução salina em outro grupo de 12 e lhe deu filhotes, nenhuma delas demonstrou comportamento maternal. As fêmeas no cio responderam de maneira ainda mais radical: o estrogênio desencadeia um aumento na densidade do receptor de oxitocina. Quando Pedersen deu estradiol a um grupo de fêmeas e em seguida lhes deu oxitocina, 11 das 13 exibiram todos os comportamentos maternais.

Para uma mãe, não é suficiente simplesmente estar disposta a alimentar. Ela tem que querer, do contrário não conseguirá manter isso. Então, como uma fêmea que algumas semanas antes tinha tanto medo de bebês estranhos desenvolve um apetite para cuidar deles?

Como acabamos de ver no capítulo anterior, o cérebro tem uma maneira de criar o comportamento apetitivo por meio da recompensa. A MPOA — que se torna bastante sensível via estrogênio para prolactina e oxitocina — é ativada por pistas dos filhotes de uma fêmea. Assim ativada, a MPOA envia sinais para a área tegmental ventral (VTA), onde é produzida a dopamina, o que despeja o transmissor no núcleo acumbente. O choro e o cheiro de um filhote são agora tão atraentes que a nova mãe rata atravessa uma grade eletrificada para apanhá-lo. Depois que as ratas consumam seu apetite e protegem, lambem e roçam um filhote, a recompensa lhes ensina que agir como mãe pode ser uma ótima ideia. Nas ratas, é o surto inicial de hormônios como estrogênio, prolactina e oxitocina que cria a primeira explosão de comportamento maternal. Bloqueie-os e você poderá inibir esse comportamento. Quando Larry e colaboradores no Japão produziram geneticamente camundongos com receptores de oxitocina modificados, as fêmeas se tornaram mães ruins. E quando Pedersen bloqueou receptores de oxitocina no VTA, descobriu que podia impedir os cuidados maternos. Mas é a recompensa que mantém as mães agindo como mães.

Os cuidados maternos são um ato social que envolve dois indivíduos. Em outras palavras, o "circuito mamãe" é social: quando Numan desconectou as MPOAs, as ratas pararam de cuidar dos filhotes — mas ainda trabalhavam por uma recompensa de comida. Portanto, não foi a recompensa em geral que sofreu um curto-circuito, foi especificamente a recompensa da interação com outro indivíduo.

Em se tratando do básico do circuito mamãe, as mães humanas não são muito diferentes das mães ratas como se poderia esperar. Assim como nas ratas, o estrogênio aumenta, criando os mesmos tipos de alterações hormonais, físicas e cerebrais. No meio de uma gravidez, uma mulher começa a se sentir "maternal" em relação a seu filho, embora ele ainda não tenha nascido. Ela pode, por exemplo, ficar preocupada com os rituais de preparar o quarto do bebê, de comprar os apetrechos para ele, de escolher um nome, ou pesar obsessivamente os prós e os contras dos pimpões de algodão orgânico.

Quando a data do parto se aproxima, a prolactina desencadeia a produção de leite. Durante o nascimento, quando o colo do útero amadurece, um sinal nervoso viaja até o cérebro e começam os pulsos de oxitocina.

Enquanto as ratas se inclinam sobre seus filhotes, as mães humanas ninam seus filhos recém-nascidos nos braços, enfiados contra seus seios, e os bebês, mais ou menos como os filhotes de roedores, começam naturalmente a procurar comida. Mais ou menos 25 minutos depois de nascer, o bebê alcançará com sua mão o peito da mãe e começará a massagear a aréola e o mamilo.

Como pesquisadores suecos descobriram quando gravaram em vídeo interações de recém-nascidos com suas mães, os bebês têm uma estratégia. Os cientistas monitoraram os níveis de oxitocina das mães e descobriram que essa massagem no peito sinaliza ao cérebro para liberar pulsos de oxitocina — o bebê está tocando a sineta do jantar. Alguns minutos depois de começar a massagear o peito, o bebê humano estica a língua para fora na esperança de conectá-la ao mamilo. Quando faz isso, o bebê lambe o mamilo enquanto continua a massagem. O mamilo fica ereto e neurônios no mamilo continuam a enviar sinais ao cérebro. Por fim, talvez uma hora ou noventa minutos depois do nascimento, o bebê começa a sugar. Isso também aumenta a oxitocina na mãe e no filho.

Há mais coisas acontecendo aqui do que nascer e alimentar: informações sociais vitais estão sendo trocadas.

Digamos que você é um daqueles pais que abriram uma poupança para a educação de seus filhos e enviaram um pedido do catálogo de estudantes de Yale no momento em que souberam que teriam um filho. Naturalmente, se você vai pagar por uma educação na Ivy League, quer se assegurar de que estará enviando a criança certa para New Haven — não a criança muito mais sem graça gerada pela mulher do quarto ao lado na maternidade. Isso exige de você não apenas reconhecer seu bebê entre todos os outros, mas dar a ele prioridade nos cuidados em relação ao bebê da porta ao lado.

Os carneiros enfrentam um problema semelhante. Como qualquer pessoa que já caminhou por um pasto cheio deles pode atestar, pode ser praticamente impossível diferenciar um do outro. Isso é especialmente verdadeiro durante a temporada de nascimento de cordeiros.

Todos os cordeiros são quase exatamente iguais. Num grande rebanho, com recém-nascidos mais ou menos da mesma idade vagando pelo pasto, uma mãe tem que saber qual deles é o que ela gerou. Os roedores não enfrentam esse problema porque seus filhotes são mais ou menos imóveis —, se estão no seu ninho, provavelmente são seus bebês. Na verdade, pesquisadores trocam filhotes de uma ninhada por outros e a mãe os adota como aquelas "mães da vizinhança" que tendem a alimentar qualquer criança que aparece em sua casa. Mas uma ovelha não quer dar de mamar a qualquer cordeiro; quer alimentar seu próprio filho.

As ovelhas conseguem isso principalmente com um olfato apurado, embora também possam reconhecer os rostos de seus cordeiros. Quando uma ovelha pare, aprecia a placenta de seu cordeiro como se fosse leite e mel — o que pode parecer estranho para um herbívoro como o carneiro, mas ela lamberá seu recém-nascido para limpá-lo, comerá grande parte da placenta e captará o aroma do filhote.

As mães humanas e de outros primatas têm um sistema ligeiramente diferente, baseado fortemente na visão e na audição. Quando uma mãe humana segura seu bebê junto ao seio, observa seu rosto e seus olhos — e o bebê com frequência a olha de volta. Ela ouvirá os choros e as vocalizações de seu bebê e vocalizará de volta. Ela constantemente tocará seu bebê, arrumará seu cabelo e o afagará. Estudos mostraram que quanto mais elevado o nível de oxitocina de uma mulher, mais ela terá esses comportamentos. Quer o input venha do bulbo olfativo de uma ovelha ou dos olhos e ouvidos de uma mãe humana, a oxitocina do cérebro ajuda a transmitir à amígdala essas pistas sensoriais, dando a elas uma proeminência extremamente forte e associando essas informações a um sentimento emocional. Por isso, a amígdala da mãe é ativada de maneira única sempre que ela encontra seu bebê.

Tanto as mães humanas quanto as mães ovelhas recebem uma recompensa cerebral exatamente como acontece com as mães ratas quando atendem a seus filhotes. O mesmo caminho de recompensa com dopamina está envolvido quando a mãe vê, cheira e ouve seu bebê, ligando as pistas sensoriais, o sentimento emocional e a recompensa, e silenciando o córtex pré-frontal. Tudo isso motiva as mães a cuidarem de seus filhos. Cuidar de um bebê faz você se sentir bem, principalmente se é o seu bebê. Assim como os ratos de Jim Pfaus, que superaram sua habitual aversão a cheiros assustadores para fazer sexo, essa recompensa leva as novas mães humanas a ansiarem por cuidar de seus filhos, e a suspenderem qualquer aversão anterior que pudessem ter à saliva, ao xixi, ao cocô e à presença de um estranho de 3,5 quilos e meio agarrado a seu mamilo.

Na verdade, a estimulação do peito parece ter um papel importante de dar a essas informações uma forte proeminência. Um grupo internacional que incluía James Swain, da Universidade de Michigan, gravou em vídeo mães que haviam amamentado e outras que não haviam interagido com seus bebês. Eles também registraram imagens de cérebros de mães enquanto estas ouviam seus bebês chorando e bebês estranhos chorando. As mães que amamentaram, como grupo, tenderam a mostrar uma resposta de ativação maior em certas regiões do cérebro, incluindo a amígdala, quando ouviram seus bebês chorando. Os cérebros das mães que não amamentaram tenderam a reagir ao choro do bebê genérico da mesma forma que reagiram ao choro de seu bebê. Essa ativação mais intensa da amígdala nas mulheres que amamentaram foi, por sua vez, associada a um aumento do comportamento afetuoso que as mães demonstraram em relação a seus bebês quando brincaram com eles.

O método de parto também parece ser importante para ativar esse eixo recompensa-oxitocina. Aproximadamente um terço de todos os nascimentos nos Estados Unidos hoje em dia é realizado por cesariana, um procedimento que se desvia do canal vaginal. Esse desvio impede que a sinalização dos nervos da área vaginocervical alcance o cérebro, reduzindo a liberação de oxitocina no PVN. Num estudo com imagens semelhante ao teste da amamentação, Swain descobriu que os centros de motivação e recompensa nos cérebros de mães que deram à luz por cesariana, e não pela vagina, foram menos responsivos aos choros de seus próprios bebês. Mães que deram à luz por cesariana também tenderam a ter uma pontuação maior em medições de depressão.

Nenhum desses estudos com ressonância magnética prova que a falta de amamentação ou a cesariana com certeza levam a uma ligação menor, ou mais difícil, entre mães e bebês. Mas eles oferecem fortes evidências de que manipular o seio e estimular o colo do útero e o canal vaginal são importantes para facilitar o laço entre mãe e filho. De modo interessante, quando ovelhas parem cordeiros quando estão sob uma anestesia que bloqueia os sinais do colo de seus úteros para seus cérebros, a liberação de oxitocina é menor e o comportamento maternal subsequente, reduzido. Essas ovelhas, com frequência, rejeitam seus cordeiros.

Mulheres que olham imagens de bebês quando estão tendo seus cérebros registrados em imagens numa máquina de ressonância magnética mostram uma ativação das regiões de recompensa do cérebro diferente em resposta à visão de fotos de seus próprios bebês, em comparação a fotos de bebês de outra pessoa. Lane Strathearn, do Baylor College of Medicine, testou reações de mães a bebês com rostos felizes e tristes. Quando ele escaneou os cérebros das mães, a força de ativação relativa das vias de dopamina-recompensa foi não apenas maior quando elas viram seus próprios bebês, como o efeito foi também especialmente forte quando essas mães viram seus bebês sorrindo. Um bebê feliz é uma grande recompensa para uma mãe. O modo como você mantém um bebê feliz é segurando-o, tocando-o, alimentando-o e cuidando dele. É claro que nenhuma mãe quer acreditar que está sendo subornada para cuidar de seu bebê, mas é isso que seu cérebro faz.

Enquanto a mãe está formando uma ligação baseada em informações sobre o bebê, o bebê também está coletando informações valiosas — não apenas sobre a mãe, mas também sobre o que pode esperar do mundo à sua volta com base no modo como a mãe, ou outra pessoa que cuida dele, está se comportando. O bebê forma (ou não forma) um vínculo em reação a essas informações. Assim como tenta manipular os circuitos dos cuidados da mãe para ser alimentado, mantido aquecido e tranquilizado, o bebê também anseia pela aproximação. Se o sistema está funcionando direito, ele encontra recompensa no calor da pele da mãe, no alimento do peito da mãe e nos sons suaves tranquilizantes da voz da mãe.

Talvez a experiência mais radical a mostrar o quanto a recompensa de um vínculo materno pode ser forte para o bebê tenha sido revelada em 2001 pelo cientista britânico Keith Kendrick e seus colegas. Eles deram cordeiros recém-nascidos a mães cabras e cabritos recém-nascidos a mães ovelhas. (Explicaremos no próximo capítulo por que as ovelhas adotaram os filhotes.) Os bebês não apenas se afeiçoaram às suas mães adotivas como, mesmo quando criados num grupo de espécies misturadas, em que podiam interagir com animais da própria espécie, suas brincadeiras e comportamentos se assemelhavam aos de suas mães adotivas: um bode agia como um carneiro e vice-versa. Mais tarde, quando os animais adotados cresceram, os bodes adotados fizeram sexo com ovelhas, os carneiros adotados fizeram sexo com cabras, as cabras fizeram sexo com carneiros e as ovelhas fizeram sexo com bodes, o que parece uma loucura e uma heresia, mas, mesmo depois de três anos vivendo apenas com animais de sua espécie, os machos adotados ainda preferiam se acasalar com fêmeas da espécie de suas mães adotivas. Depois de três anos, as fêmeas adotadas, numa demonstração de flexibilidade organizacional, reverteram o acasalamento para membros de sua espécie. Em resumo, o vínculo entre mãe e filho determinou a motivação e a ação sexual via caminhos de recompensa. Os bodes se tornaram fetichistas de ovelhas e as ovelhas se tornaram fetichistas de bodes.

Os céticos em relação a essa visão do circuito mamãe poderão insistir que os seres humanos são diferentes porque somos muito dependentes de peptídios de neurossinalização, como a oxitocina, para nos impulsionar a cuidar de nossos filhos. Sabemos que **devemos** cuidar deles, que isso é o certo a fazer. Além disso, testes como as experiências com imagens de ressonância magnética não são conclusivos, e uma experiência em laboratório com seres humanos — está certo — seria antiética e impossível. A experiência de Maria e as experiências de outras crianças de orfanatos romenos adotadas, porém, são o tipo de experiência humana cruel e não intencional que não apenas mostra o que acontece quando uma criança é privada dos cuidados maternos como também demonstra claramente a importância dos sinais e circuitos que acabamos de descrever.

REDUZINDO O VÍNCULO

"As árvores faziam seus gestos de árvores, mas os seres humanos enfrentaram o impedimento organizado de tudo que vinha de modo natural", escreveu Saul Bellow sobre a Romênia de Ceausescu em seu romance *Dezembro fatal*. Nos primeiros dois anos de sua vida, Maria não teve oportunidade alguma de formar qualquer tipo de vínculo natural. E, apesar de 20 anos de intervenções afetuosas, incluindo psiquiatria, escolas especiais e programas de aprimoramento, ela sempre exibia as consequências dessa privação.

Desde o momento em que chegou à Pensilvânia, Maria tinha medo de praticamente tudo. Uma luz vermelha de advertência para aviões no alto de uma torre de rádio próxima a apavorava a ponto de perder o sono. Vacas mugindo provocavam gritos assustados. Depois que seu cabelo finalmente cresceu e que chegou a hora de ir a um especialista para cortá-lo, Maria resistiu a se sentar na cadeira. Como muitas outras crianças, ela manifestou medo em sua primeira visita ao cabeleireiro, mas, diferentemente da maioria das crianças, continuou a ter medo, tremendo tanto que a especialista sugeriu por fim usar tesouras para fazer um corte silencioso. A estratégia funcionou, até que outra cabeleireira ligou um cortador elétrico. Maria saltou da cadeira, gritando.

De início, Maria parece confortável e à vontade quando ela e Brian saem para um rápido passeio de carro. Mas então, no caminho de volta, quando passa mais perto da casa dos Marshall, Brian diz:

— Vamos seguir um pouco mais pela rua, está bem?

— Nossa entrada é ali! — diz Maria, com urgência.

— Eu sei, mas vamos ver algumas fazendas.

— Você está passando a nossa entrada!

Menos de um quilômetro depois, Maria diz:

— Acho melhor voltarmos. — Então, Brian vira o carro na entrada de um vizinho.

— Acho que eles não vão gostar disso, — diz Maria. Quando Brian põe o carro de frente para a rua para voltar, ela diz:

— Acho que devemos ir agora.

Entre outras coisas, Maria foi diagnosticada como tendo transtorno obsessivo-compulsivo. Na semana anterior à nossa visita, ela pôs 22 calcinhas na bagagem para uma viagem de quatro dias para acampar. "Ela disse que não sabia por quê", recorda Ginny, "mas estava preocupada a semana inteira com isso." Maria ainda tem um cardápio de medos. Fios elétricos a perturbam. Qualquer coisa relacionada a medicina, como camas de hospital e estetoscópios, pode lhe causar pânico.

Na época em que a visitamos, Maria estava trabalhando uma vez por semana na Hershey's Farm Market, uma loja e padaria local, principalmente esfregando o chão da cozinha e limpando utensílios da cozinha. Quando Brian pergunta o que ela gostaria de fazer na vida, ela responde:

— Eu nunca penso no futuro. Tenho medo do futuro, e fico louca com isso.

— Seu futuro?

— Sim. Meu futuro.

— De que você tem medo?

— De eles irem. De ela [Ginny] ir para algum lugar, e tenho medo disso. E de qual será a previsão do tempo.

Como passa uma quantidade de tempo absurda com ratos ansiosos, Frances Champagne tem uma boa ideia do motivo pelo qual Maria exibe essa espécie de ansiedade extrema. Os ratos naturalmente são criaturas ansiosas, mas alguns ratos de Champagne são mais ansiosos do que outros. Ela começou a estudar a ansiedade dos ratos porque precisava de um trabalho. Quando era estudante de pós-graduação em psicologia na Universidade McGill, Champagne trabalhou num projeto que tentava descobrir a relação — se é que existia alguma — entre complicações na gravidez, estresse em mães e um diagnóstico posterior de esquizofrenia nos filhos. O estudo ficou sem dinheiro, então Champagne o trocou pelo renomado programa de neurociência da McGill, porque ali podia ganhar algum dinheiro administrando registros de colônias de animais.

"Eles estavam começando a verificar como os cuidados maternais podem levar a mudanças de longo prazo no desenvolvimento", recorda ela. "Então observei ratos interagindo com seus bebês." Logo ela percebeu que certas ratas tinham estilos próprios de cuidar de seus filhotes. Isso despertou sua curiosidade sobre por que uma mãe rata se comportava de certa maneira com seus filhotes e outra da mesma espécie se comportava de outra maneira. A função de Champagne de cuidar dos registros lhe permitiu traçar linhagens familiares. Quando ela verificou os registros matrilineares, ficou impressionada com o modo como as peculiaridades das mães se tornavam peculiaridades das filhas e as peculiaridades das filhas se tornavam peculiaridades das netas. "Era estável, e isso ainda me fascina: como você pode ter variações em indivíduos e como eles as transmitem para seus filhotes."

A maioria de nós pode suspeitar que as filhas estavam aprendendo a se comportar observando suas mães, e depois se comportando do mesmo modo em relação às suas filhas e por aí em diante. É assim que muitas vezes pensamos sobre estilos de famílias humanas. Mas a verdade se revelou muito mais desconcertante.

Quando estava concluindo seu trabalho de pós-graduação na McGill, no laboratório de Michael Meaney, Champagne integrava uma equipe liderada por Darlene Francis (que mais tarde trabalhou com Larry), que explorava as diferenças nos cérebros de ratas mães que se comportavam lambendo e roçando (comportamento que gerou na pesquisa o índice LR) muito seus filhotes, e arqueando seus lombos sobre eles. A equipe descobriu que as mães ratas com um número maior de receptores de oxitocina na amígdala lambiam e roçavam seus filhotes com muito mais frequência do que as mães com níveis baixos de receptores. Quando se tornavam adultos, os filhotes criados por essas mães de alto LR tinham mais receptores de oxitocina do que aqueles criados por ratas com baixo LR. A pergunta então se tornou: o que causava a variação?

Champagne, uma simpática canadense de cabelo castanho, trabalha hoje na Universidade de Colúmbia, onde seu escritório fica no fim de um corredor, num prédio de frente para a Amsterdam Avenue, em Upper West Side, Manhattan. A base de sua pesquisa está localizada abaixo do nível da rua, onde um grande número de ratos vive em grandes gaiolas, muitas delas interligadas — uma versão roedora da cidade lá fora. Usando esses ratos, Champagne traçou essa variação de comportamento herdada não para o aprendizado, nem para mutações genéticas, mas para o modo como a experiência social altera o DNA em torno dos genes.

Enquanto os organismos interagem com seu ambiente, os genes podem ser "reduzidos", ou "desligados", por meio de um processo chamado metilação. Quando um gene é metilado, um grupo químico gruda em partes dele da mesma maneira que um guarda-costas lida com *paparazzi* que estão colando em uma celebridade que sai de uma boate em Hollywood. Isso pode tornar o botão de ligar e desligar do gene, seu promotor, menos acessível à enzima polimerase do RNA que copia as instruções do gene para produzir uma proteína. O gene está ali, mas foi desligado, ou rejeitado. O estudo desse fenômeno se chama epigenética. Além da herança genética de nossos pais, nós também recebemos um legado epigenético pelo modo como nossos pais nos tratam.

Quando Champagne pegou filhotes de mães de baixo LR e os deu a mães adotivas de alto LR, eles cresceram e se tornaram mães com alto LR. Então, não são exatamente os genes que fazem essa diferença: é o que acontece com os genes em resposta ao ambiente. Nos roedores, essa transferência da herança epigenética é estabelecida, em sua maior parte, durante a primeira semana de vida. Depois dessa semana, o comportamento das fêmeas em relação a seus filhotes está bastante fixado: os filhotes de baixo LR crescerão e se tornarão mães de baixo LR, que produzirão outra geração de filhotes de baixo LR e por aí em diante.

"Para os circuitos maternais, é a experiência pós-natal dos ratos, e não algo com o qual eles nascem", diz ela, explicando por que algumas ratas se tornam mães dedicadas e outras, não. Em seguida, ela nos diz: "A partir da hipótese organizacional-ativacional, eu diria que o período pós-natal organiza os circuitos maternais para serem mais responsivos ao estrogênio quando os níveis de estrogênio estão altos, de modo que quando eles se tornam adultos, você tem a ativação desses circuitos. Isso acontece porque os genes estão sendo metilados para estabelecer uma estrutura para quantos receptores de estrogênio você terá, sejam muitos ou poucos."

Ratas mães com baixo LR não cuidam muito de seus filhotes porque não gostam de fazer isso. Champagne encontrou uma densidade reduzida de estrogênio-receptor na MPOA de mães de baixo LR. Como os receptores de oxitocina dependem da ativação estrogênio-receptor, essas mães terão níveis mais baixos de receptores de oxitocina. A densidade mais baixa de oxitocina-receptor resulta numa aproximação mais relutante em relação aos filhotes, em menor liberação de dopamina e em menos recompensa pelos cuidados maternos.

"Uma das correlações mais estreitas da mudança neurobiológica, em variações naturais de cuidados maternos da rata, é a produção de dopamina no núcleo acumbente", diz Champagne. "Isso realmente tem grande correlação com o quanto elas lambem seus filhotes. Os níveis aumentam antes de elas lamberem, portanto, não é apenas o produto das lambidas que aumenta a dopamina: é um desejo que elas têm. Elas veem o estímulo [os filhotes], e isso ativa os sistemas de recompensa."

Quando Champagne testou mães com alto LR, descobriu que elas desenvolveram uma preferência de lugar na câmara onde interagiam com os filhotes — um fenômeno semelhante à preferência de lugar criada com a recompensa sexual nos estudos de Jim Pfaus. Mães com baixo LR não criaram uma preferência de lugar. Se Champagne punha uma mãe com baixo LR numa câmara intermediária entre a que continha os filhotes e a que continha um brinquedo, ela preferia visitar aquela com o brinquedo. Na verdade, preferia estar em qualquer lugar onde os filhotes não estavam, "o que é incrível", diz ela. "É incrível que filhotes de damas com baixo LR sobrevivam até. As mães realmente oferecem cuidados um pouco adequados, mas se tiverem uma chance, vão embora."

Como os circuitos de comportamento maternal são muito integrados a outros tipos de comportamento, esse período crítico na vida de um roedor recém-nascido tem grandes efeitos sobre a personalidade do animal. Como um filhote — inclusive um bebê humano — adquire um senso do mundo através de sua mãe, as ações dela descrevem um longo caminho para ensinar ao recém-nascido o que ele pode esperar do mundo. Para os filhotes de uma mãe com baixo LR, o mundo é apavorante.

Durante os primeiros 27 meses de sua vida, Maria foi mantida viva com comida e cuidados pouco adequados. Mas sua experiência social (os toques, os cuidados e os olhares com os quais o vínculo entre mãe e filho é formado) foi quase totalmente inexistente. O mundo certamente parecia um lugar apavorante para ela.

Filhotes de mães com alto LR tendem a ver o mundo com mais confiança. Eles têm uma probabilidade maior de explorar e se mover com determinação em espaços abertos. Se fossem pessoas, morariam em Boulder, Colorado, e escalariam pedras.

Por outro lado, os filhotes de mães com baixo LR são ansiosos, agressivos e estressados. "Portanto, se você os põe num ambiente novo, o comportamento deles fica inibido", explica Champagne. Um rato com baixo LR num labirinto em campo aberto seguirá se agarrando às paredes e tremendo. "Se você o expõe a um fator estressante", como um barulho alto ou caminho elevado, "o nível de hormônio do estresse dele aumenta e permanece elevado por um período muito mais longo", porque sua resposta de oxitocina, que reduz o estresse, é atenuada.

Até onde a pequena Maria sabia, o mundo onde ela entrara era um lugar difícil e solitário. Ela tinha todos os motivos para ter medo.

As diferenças entre as estratégias de reprodução do ser humano e do rato estão no cerne desse efeito. Os ratos pertencem à "escola Costco" da reprodução — como na rede de mercados, com grandes volumes, preços baixos e baixo investimento. Eles produzem muitos bebês de uma só vez, e produzem uma ninhada após outra. As pessoas, os macacos, as baleias, os elefantes e os carneiros pertencem a essa escola sob medida. Comparados à produção em massa dos roedores, somos os alfaiates italianos da produção de bebês: demoramos muito tempo e investimos muitos recursos. Isso não apenas explica a existência do carrinho de bebê Roddler (3.500 dólares) e de certos jardins da infância particulares em Manhattan como também explica por que Maria não parece ter um vínculo verdadeiro, mesmo com Ginny.

Se você é um camundongo ou um rato, você é o almoço favorito de cada gavião, cobra, cachorro, gato e coiote. O medo, a ansiedade e um hiperestado de alerta acabam sendo muito úteis. E como tudo é muito perigoso lá fora, você quer produzir tantos bebês quanto possível quando crescer. Afinal de contas, sabe-se lá quantos deles vão sobreviver. Na verdade, as ratas de Champagne criadas em ambientes de muito estresse são menos maternais porque dedicaram todos os seus recursos para ter seus bebês, e não para cuidar deles. As mães que lambem menos e cuidam menos de seus filhotes também tendem a ter níveis altos de testosterona em circulação. Seus fetos são expostos a mais testosterona no útero, o que faz com que seus cérebros sejam masculinizados. Champagne acredita que isso prioriza os circuitos sexuais do feto fêmea, à custa dos circuitos maternais.

As ratas com alto LR sentem estresse, e geram níveis semelhantes de hormônios do estresse em resposta a isso. Mas enfrentam isso, reduzindo a ansiedade mais rapidamente do que as ratas com baixo LR. Filhotes com baixo LR têm uma resposta ao estresse de disparo imediato. Quando é ativada, esses filhotes continuam se sentindo estressados, o que, por sua vez, expõe seus cérebros a níveis muito mais altos de hormônios do estresse chamados glucocorticoides.

Os mesmos mecanismos funcionam nos primatas. Macacos criados no equivalente a um ambiente de baixo LR mostram os mesmos tipos de padrão de comportamento dos ratos de Champagne. Quando são separados de seus pais e criados por outros, são mais ansiosos e respondem com mais rapidez e agressividade a ameaças percebidas. De novo, isso se parece com a reação instantânea de pânico de Maria diante de qualquer coisa imprevisível ou estranha — desde a luz vermelha da torre de rádio, quando ela chegou à Pensilvânia, até sua ansiedade por ser conduzida de carro um pouco além da entrada da casa de sua família e ao que Ginny chama de "problemas de raiva".

O CIRCUITO DA EMPATIA

Maria tem dificuldades intelectuais, mas não é deficiente mental, como poderíamos supor. Ela é como é devido ao modo como foi tratada durante seus primeiros 27 meses. Estudos nos Estados Unidos e na Europa mostraram que as condições de Maria não são raras em crianças que foram adotadas dos orfanatos da era Ceausescu. Essas crianças — hoje adultos jovens — apresentam vários desafios, nem todos causados necessariamente pela falta de vínculo. A subnutrição, por exemplo, pode ser pelo menos em parte responsável por algumas de suas dificuldades intelectuais. Mas uma característica que muitas delas têm está relacionada mais diretamente à privação social: o déficit de empatia.

Maria acha difícil ter empatia por qualquer pessoa, até mesmo ela própria. Com frequência, sente-se triste, principalmente sozinha à noite na cama, e se pergunta por quê. "Eu tento me sentir feliz — muito", diz ela. Mas Maria não consegue fazer com que sua mente sinta empatia por seu eu futuro. Esta é uma habilidade crucial para traçar objetivos, para prever quem e o que nos tornaremos, baseados em como nos sentiremos em diferentes cenários possíveis.

— Quando você se pergunta por que está triste, chega a alguma resposta? —, pergunta Brian.

— Não, não realmente —, responde ela.

Maria certamente sente emoções. Ela é capaz de ter afeições limitadas e consegue ser expansiva e simpática quando você fala com ela diretamente. Muitas vezes, porém, não parece sentir as reações esperadas, mas imitá-las.

Quando Ginny tem uma dor de cabeça ou um resfriado, Maria tende a ficar zangada. "Ela não está realmente preocupada em que eu fique bem", explica Ginny. "Ela está preocupada em como *ela* se sente em relação a isso. É com ela. Isso a afeta, mas não é algo como 'me sinto mal porque mamãe está mal'. Tento recorrer à sua racionalidade para fazê-la entender que este é o comportamento apropriado para ter empatia quando alguém não se sente bem, e não ficar zangada."

— Você ama sua mãe? — pergunta Brian.

Maria olha para trás, sem expressão.

— De vez em quando — interpõe Ginny, tentando ajudar.

— De vez em quando — repete Maria.

Não é que Maria não queira criar vínculos com outras pessoas. Ela quer isso desesperadamente, embora não o diga. Quando tinha mais ou menos 20 anos, a jovem teve um namorado que chamaremos de Brad. Mas Brad terminou com ela, e isso a deixou muito triste. Ela diz não ter a menor ideia de porque Brad terminara com ela — não consegue encontrar motivo algum. Ginny sabe o motivo, porque Brad lhe disse: Maria nunca parecia retribuir à sua afeição. Nunca o procurava, nunca o convidava para ir a lugar algum, nunca parecia estar interessada na vida dele. "Ela não conseguia dar nada em troca", explica Ginny. Curiosamente, o próprio Brad foi adotado de um orfanato romeno mais ou menos na mesma época que Maria, e apresenta muitas de suas características. Tem especial dificuldade para olhar qualquer pessoa nos olhos, por exemplo, e quando rompeu com Maria, não olhou para trás. Tomou a decisão e pronto. Embora os dois ainda se cruzem de vez em quando, Maria reclama que ele a trata "como lixo".

Depois de várias horas de conversa, Brian pergunta a Maria se ela gostaria de lhe fazer alguma pergunta.

— Qualquer coisa — diz ele. — Você pode me perguntar qualquer coisa sobre minha família, meu trabalho, qualquer coisa, e prometo a você que responderei.

Maria não consegue pensar numa pergunta.

— Você tem curiosidade em relação a mim?

— Não.

— Nada que você queira saber?

— Não. Sinto muito.

Empatia é algo que exige algum modo de detectar as emoções de outras pessoas, bem como desejar detectá-las. Usamos o rosto, principalmente os olhos, além de pistas de linguagem, para interpretar os sentimentos dos outros. Essa habilidade é adquirida quando somos embalados nos braços de nossas mães. Ela olha para o seu rosto e ouve os sons que você faz. Nós, em troca, olhamos de volta. Se esse comportamento — facilitado pela oxitocina e motivado pela recompensa do cérebro — não ocorre, o sistema que decifra emoções pode ser bloqueado ou ficar tão quieto que não consegue ser ouvido. (Recuperá-lo em crianças com autismo é um dos focos da pesquisa de Larry.)

Se a empatia fosse vista como algo que reflete o grau de motivação para cuidar dos filhos, poder-se-ia dizer que as mães roedoras com baixo LR não sentem isso por seus filhotes. Porém, mesmo as ratas mães com alto LR não são tão ligadas a seus bebês quanto as mães ovelhas, macacas e humanas, por causa de sua estratégia de reprodução de estilo Costco. Nos dois estilos de criação, as mães prestam muita atenção a seus bebês, absorvendo informações sensoriais sobre eles. Mas os roedores, cujo órgão sensorial mais importante é o nariz, fazem isso em conjunto, captando pistas olfativas sobre toda a ninhada e todo o ninho, e não pelos filhotes individualmente. Isso é ótimo para cientistas como Champagne, que podem trocar filhotes de uma mãe para outra sem que os dois se preocupem com isso. Mas isso também significa que a maioria das mães roedoras não tem vínculos fortes com seus filhotes, principalmente a longo prazo. Você pode trocar a ninhada inteira de uma mãe e ela dificilmente vai se importar. Se você retirar os filhotes, ela rapidamente voltará a ficar no cio e encontrará outro parceiro que possa lhe dar outra ninhada. Não haverá nenhum período de luto, nenhum sinal de depressão, nenhuma cara feia.

As mães humanas, por outro lado, usam informações relacionadas a seus bebês codificadas em seus cérebros para interpretar constantemente os rostos e as ações dos bebês de modo a decifrar o que eles estão sentindo. Em outras palavras, elas desenvolvem forte empatia por seus recém-nascidos, o que, por sua vez, as ajuda a responder às necessidades deles. Mas crianças criadas no equivalente humano a uma situação de baixo LR — um orfanato da época de Ceausescu seria um exemplo extremo — não recebem esses cuidados.

Estudos provaram que a oxitocina e a sensibilidade cerebral à oxitocina aumentam a capacidade de interpretar rostos com precisão. Quando pessoas veem fotos das regiões dos olhos de rostos humanos que estão expressando algum tipo de emoção, decifram a expressão corretamente com mais frequência quando receberam antes uma dose de oxitocina. Pessoas que são, por algum motivo, menos preparadas socialmente para avaliar como os outros se sentem durante conversas sobre eventos emocionais são também mais capazes de ter empatia quando recebem antes oxitocina. A resposta da oxitocina silenciada naqueles que foram privados de cuidados apropriados quando eram bebês pode resultar em reduzida capacidade de se acalmar quando sentem estresse, em menos empatia pelos outros e numa cegueira social semelhante à do autismo.

Durante um café da manhã com panquecas de mirtilo e salsichas no White Horse, um restaurante em Gap, uma vila com um único sinal de trânsito no Condado de Lancaster, Pensilvânia, Maria recorda os tempos em que aprendia a tocar clarineta. Ela praticou durante um ano, mas seus esforços nunca obtiveram grandes resultados, e hoje ela não consegue sequer tocar as escalas.

"Não se sinta mal", diz Brian. "Dois anos atrás, uns amigos me deram um conjunto inteiro de gaitas em meu aniversário, com um amplificador e um microfone especial. E agora, dois anos depois, depois de praticar muito, eu consigo tocar uma versão ruim de 'Row, Row, Row Your Boat'."

Ginny ri, e também Michael, irmão de Maria, mas Maria, não. Em vez disso, ela diz: "Meu Deus!", como se Brian tivesse acabado de anunciar que sabe tocar o Concerto para Violino em Ré Maior de Tchaikovsky.

O sarcasmo depende do contexto. É anunciado por expressões faciais, pelo tom de voz e pela desconexão entre frases como "dois anos depois", "praticar muito" e "versão ruim" — que parecem estar conduzindo a algo grande — e o fraco resultado de aprender uma canção infantil de quatro notas. Maria não consegue detectar o sarcasmo porque é quase cega para essas pistas conceituais. Tem muita dificuldade para interpretar a emoção no rosto de uma pessoa, então o sorriso de Brian pode ter parecido de orgulho, e não um deboche de si mesmo. Ela aprendeu que dizer "Meu Deus!" é uma resposta esperada.

O mundo de Maria é literal. Quando ela era mais nova, alguém descreveu um grupo de crianças pequenas "chorando de se esgoelarem", obrigando Ginny a dar uma explicação tensa a uma Maria horrorizada de que chorar muito não levava realmente uma pessoa a se esgoelar.

A prova humana mais forte de que as dificuldades de Maria têm como base, em parte, o circuito da oxitocina e do vínculo entre mãe e filho veio em 2005, quando uma equipe da Universidade de Wisconsin estudou 18 crianças, com idades em torno de 4 anos e meio, adotadas por famílias americanas. A maioria delas nascera depois da queda de Ceausescu, e durante um período em que os orfanatos da Romênia estavam lutando para melhorar. Elas haviam vivido neles por pouco mais de 16 meses, em média, antes de serem levadas para os Estados Unidos. Comparados aos de um grupo de controle de crianças, os parâmetros de seus níveis de oxitocina eram mais ou menos os mesmos.

Na época, a equipe pôs as crianças para brincar de um jogo de computador sentadas no colo de suas mães adotivas. De poucos em poucos minutos, cada dupla de mãe e filho interrompia um pouco o jogo para sussurrar um no ouvido do outro, para bater de leve na cabeça um do outro e para contar os dedos um do outro — todas atividades de toque. Os níveis de oxitocina do grupo de controle de crianças subiram depois de elas jogarem com suas mães. Os níveis de oxitocina das crianças adotadas não se alteraram.

É claro que nem todo mundo que tem dificuldade de sentir empatia, ou que é ansioso, passou dois anos num orfanato na Romênia. E poucas pessoas mostram os mesmos tipos de efeitos que Maria depois de ficarem lá. Mas muitas delas lutam contra diversas barreiras mentais e sociais que podem ter origem nos estilos iniciais em que foram criadas, alguns dos quais refletem estranhamente as variações encontradas nos ratos de Champagne. Por exemplo, quando uma equipe que incluía o mentor de Champagne, Michael Meaney, examinou os cérebros de vítimas humanas de suicídio, descobriu que aquelas que haviam sofrido negligência ou abuso na infância mostravam os mesmos tipos de mudanças epigenéticas dos ratos de baixo LR. Isso não se aplicava a todas as vítimas de suicídios, apenas àquelas que haviam sofrido abuso ou negligência.

Christine Heim, uma ex-colega de Larry na Emory, documentou respostas de estresse muito elevado em mulheres que sofreram abusos, negligência ou viveram relações conturbadas no início da vida com seus pais. Quando ela, Larry e outros colegas testaram mulheres com histórias de abuso na infância, descobriram que as concentrações de oxitocina no líquido cefalorraquidiano eram mais baixas nelas do que em mulheres que não haviam sofrido abusos. Isso acontecia especialmente quando o abuso era emocional, e não físico. Homens apresentam efeitos semelhantes.

O fato de abusos e negligência levarem a mudanças no cérebro pode parecer intuitivo, mas uma infância dickensiana não é necessariamente exigência para enfraquecer a resposta de empatia de alguém. Todd Ahern descobriu isso quando realizou um estudo particularmente provocativo no laboratório de Larry.

O arganaz-do-campo é um reprodutor de estilo Costco, assim como seus primos rato e camundongo. Mas, diferentemente dos ratos e dos camundongos, as famílias de arganaz-do-campo são a versão roedora dos Cleavers do filme *Foi sem querer*. Em sua maioria, as fêmeas dessa espécie obtêm uma densidade de receptores de oxitocina comparativamente alta em algumas partes cruciais de seus cérebros quando ficam grávidas e depois dão à luz. Como resultado, elas dão muita atenção a seus filhotes, lambendo-os e roçando-os com frequência. Além disso, papai não se acasala com mamãe e depois some rapidamente da cidade para procurar outra fêmea. Ele fica e vai trabalhar, coletando comida. Quando chega a vez de mamãe sair para se alimentar, ele assume posição na frente da casa, afagando, protegendo, lambendo e roçando os filhotes. Filhotes machos e fêmeas crescidos com frequência, moram em casa, mesmo que mamãe e papai ainda estejam fazendo novos irmãos e irmãs.

Tudo que Ahern precisou fazer para romper esse sistema social foi retirar o pai. Em famílias sem pai, as mães solteiras não compensaram a ausência do parceiro intensificando seus comportamentos de cuidados com os filhotes — estes receberam menos atenção. As filhas quase sempre evitavam filhotes quando eram virgens e cuidavam menos de seus filhotes quando eram mães. Eram menos motivadas a cuidar deles. Significativamente, tanto elas quanto os machos criados em famílias de mães solteiras também tiveram dificuldades para formar vínculos adultos com parceiros, tornando mais provável outra geração de famílias de mãe ou pai solteiro.

Quase trinta anos atrás, o vice-presidente americano Dan Quayle criou uma grande confusão ao criticar um personagem de TV que era mãe solteira. Muitos liberais sociais o acusaram de ignorar a realidade de famílias de mãe ou pai solteiro. Os conservadores sociais insistiram que ele estava certo. A experiência de Ahern com os arganazes não resolveu a questão nem de um jeito nem de outro, mas o que se sabe é que filhos de mães com pouco afeto, ou filhos que sofreram abuso ou negligência, conforme indicado no estudo sobre suicídio de Meaney, mostram taxas elevadas de sintomas de depressão e transtorno de déficit de atenção e hiperatividade quando se tornam adultos, sendo que as meninas, com frequência, se tornam elas próprias mães com pouco afeto.

Isso não quer dizer que mães humanas solteiras estão condenadas a criar filhos problemáticos. Champagne observa corretamente que pode não ser a ausência do pai por si só que produz arganazes-do-campo mal-cuidados, mas sim a perturbação da estrutura social familiar habitual e a falta de compensação para essa perturbação. Diferentemente dos seres humanos, não têm amigos, tias, tios, avós ou creches que possam participar da criação que deveria ser assumida pela mãe ausente. Champagne argumenta também que, mesmo sem esse apoio social, as mães humanas, assim como as mães arganazes, podem usar seus grandes córtices para racionalizar a necessidade de intensificar seus cuidados para ajudar a compensar a falta de atenção de um pai que partiu, mesmo quando não têm vontade de agir como mães.

Mesmo assim, existe hoje um conjunto crescente de evidências de que as consequências de uma alteração no vínculo inicial entre mãe e filho humanos aparecem mais tarde na vida, influenciando o modo como amamos os outros, nosso estilo sexual, a maneira como criamos nossos filhos e até o modo como nossas culturas e sociedades se desenvolvem.

Lane Strathearn começou a pensar em como o início da vida afeta o comportamento adulto durante seu treinamento em pediatria na Austrália. Quando trabalhava com uma bolsa de estudos, pesquisando abusos ou negligência na infância, ele ficou frustrado ao ver os danos que já haviam ocorrido. Quis então saber o que os havia causado e como impedi-los de acontecer.

Seu primeiro estudo com imagens cerebrais nos Estados Unidos pareceu confirmar que a recompensa cerebral era importante para o vínculo entre mãe e filhos humanos, assim como o é em animais de laboratório. Mas não lhe disse muito sobre o motivo pelo qual algumas mães podem ser menos ligadas a seus bebês que outras. Inspirado em parte pelo trabalho de laboratórios como os de Larry, Meaney e Champagne, ele quis saber se a experiência de uma mãe humana de receber cuidados na infância influenciava seu próprio estilo de ser mãe.

Primeiro, ele fez com mulheres grávidas um teste chamado "entrevista de apego do adulto", uma ferramenta padrão em psicologia. O entrevistador pergunta à pessoa sobre suas primeiras lembranças da infância, pede a ela para pensar em palavras para descrever sua relação com os pais, em como seus sentimentos de ansiedade e decepção quando criança foram transmitidos pelos pais, em como os pais reagiam quando ela era fisicamente ferida, em como se sentia quando era separada dos pais... e por aí em diante. Depois, perguntava sobre sua relação atual com o próprio filho e sobre suas esperanças para o futuro do filho. O objetivo é classificar as pessoas por estilo de apego. Strathearn usou três categorias: seguro, inseguro/indiferente e inseguro/preocupado.

O seguro é — ora! — seguro. Strathearn descreve a pessoa insegura/indiferente como um tipo Sr. Spock, externamente sem emoção, que não é afetado por demonstrações de sentimento de outras pessoas. Por exemplo, uma criança criada com reprimendas para não chorar ou se zangar pode "simular um rosto feliz e seguir em frente", explica ele. Já uma pessoa com estilo de apego inseguro/preocupado faria o oposto, agindo emocionalmente e tomando decisões baseadas quase exclusivamente nas necessidades do momento.

Depois que os bebês nasceram, as mães retornaram e Strathearn aferiu seus níveis básicos de oxitocina no sangue. Assim como os órfãos do estudo da Wisconsin não mostraram diferença alguma nos níveis básicos, não houve diferença alguma entre as mães classificadas como seguras e inseguras. Então, Strathearn pediu que as mães brincassem com seus filhos por cinco minutos. As mães seguras mostraram um estímulo de oxitocina muito maior do que as mães inseguras.

"Somente durante esse período de interação física direta com o bebê houve essa diferença na resposta de oxitocina", diz ele. "Isso combina bem com os modelos de roedores de experiências no início da vida programando epigeneticamente o desenvolvimento do sistema de oxitocina."

Quando as mães tiveram suas imagens registradas numa máquina de ressonância magnética, as seguras apresentaram uma ativação significativamente maior de regiões do hipotálamo que produzem oxitocina em reação a fotos de seus bebês. Centros cruciais de processamento de recompensa se iluminaram em todas as mães, assim como aconteceu durante o primeiro estudo de Strathearn com imagens, em que mães olharam para seus bebês. Mas, quando olharam para os rostos felizes de seus bebês, as mães com um padrão de apego seguro mostraram uma ativação mais intensa do que as mães com apego inseguro.

De forma interessante, quando as mães olharam para os rostos tristes de seus bebês, as mulheres inseguras/indiferentes — os Srs. (ou, neste caso, Sras.) Spock — mostraram uma ativação maior na região do cérebro chamada ínsula. A ínsula está fortemente associada a sensações de ser tratado injustamente, de desgosto e de dor física. Os centros de recompensa de mães seguras ainda estavam ativos. Se esses dados de ressonância magnética refletem o que está realmente acontecendo no cérebro, os cérebros das mães com padrão de apego seguro estavam dizendo a elas para se aproximarem de seus bebês tristes, zangados, enquanto os cérebros de mães com padrão de apego inseguro diziam-lhes que os evitassem.

"A sensação que eu tenho", reflete Strathearn, "é que, quando as mães inseguras/indiferentes veem seus bebês aflitos, em vez de seus cérebros sinalizarem uma resposta de aproximação para ajudar o bebê, para fazer o que quer que o bebê precise, eles ativam mais uma resposta de retirada. Eles estão dizendo: 'Isso é doloroso, desconfortável, difícil?'".

Se esses resultados realmente descrevem uma situação de causa e efeito, isso não significa necessariamente que essas mães se recusarão a ajudar seus filhos. Significa que, num nível emocional, elas não estão motivadas a fazer isso. Nessas mães, o aprendizado baseado na recompensa se descontrolou. E se uma mãe está indiferente ou preocupada, seu bebê tem que imaginar um modo de lidar com esse sistema falho, seja agindo ou se fechando. "Acho que esta é a organização do cérebro", diz Strathearn. "Falamos de 'defeitos', mas na minha cabeça isso é uma adaptação para essa criança naquele momento." Se o ambiente é caótico e desorganizado — se, digamos, a pessoa que está cuidando do bebê está usando cocaína ou se existe violência doméstica —, para atrair alguma atenção, o bebê precisa intensificar o afeto, mostrar uma resposta emocional exagerada, dizer: "Eu estou aqui! Eu tenho necessidades!" Inversamente, se uma mãe ou um pai é frio e indiferente, um bebê pode tentar se adaptar tornando-se frio e indiferente também.

Para os bebês, esse comportamento pode ser adaptativo. Mais tarde, porém, na escola, em relacionamentos com amantes, ou em relacionamentos com seus filhos, pode se tornar não adaptativo. "Temos a criança com transtorno de déficit de atenção por hiperatividade, ou com transtorno de oposição e desafio e outros rótulos que damos às crianças, sem entender de onde vêm esses comportamentos", diz Strathearn. "Acho que, entre meus colegas da profissão médica, poucos têm algum entendimento em suas mentes. Para eles, os genes são tudo. Eles não reconhecem que o ambiente em que nos encontramos muda o modo como os genes funcionam."

Essas adaptações podem afetar o comportamento sexual também. A experiência extrema de Maria pode ter levado a uma reação extrema. Ela relata que beijar Brad — as poucas vezes que fez isso — era OK, mas que odiava quando ele tentava tocá-la. Ela diz que "nunca — irc! —, de jeito nenhum" quer fazer sexo. Quando outro jovem, que chamaremos de Ward, tentou namorá-la, e também tentou tocá-la, Maria ainda hoje o chama de "Mãos Arrepiantes".

O resultado oposto pode ser mais comum, porém. Em experiências realizadas por Nicole Cameron, também no laboratório de Meaney, na McGill, filhotes fêmeas de ratas com baixo LR tinham mais encontros sexuais e começavam a tê-los mais cedo. Como explica Champagne, essa resposta é uma adaptação a um ambiente estressante. "Se você é um rato ou um camundongo, acaba sendo muito ansioso e querendo fazer muito sexo", diz ela. Essa adaptação pode ajudar muitas ratas a sobreviverem e a se reproduzirem. Mas se somos humanos, diríamos que elas têm baixa autoestima e fixação no pai.

Se você lembrar o capítulo anterior, as fêmeas de roedores gostam de controlar o ritmo do coito. Se tiverem chance, escolherão uma estimulação intermitente, porque gostam mais, e desenvolverão preferências pelos lugares e parceiros sexuais que encontram quando podem impor o ritmo. As fêmeas que são filhotes de roedoras com alto LR exigem mais tempo entre as introduções. Se não conseguem isso, ou se simplesmente não querem fazer sexo com um macho, agem agressivamente com ele, erguendo-se sobre suas pernas traseiras como um peso-mosca tentando esmurrá-lo. Em uma experiência, filhotes de fêmeas com alto LR rejeitaram sexo com machos metade das vezes.

Fêmeas que são filhotes de mães com baixo LR raramente rejeitam machos — apenas 10% das vezes, em uma experiência. Elas deixam os machos fazerem ao modo deles e não insistem tanto no ritmo. Assumirão a posição de lordose logo que os machos se apresentem para o sexo. São fáceis e começam a fazer sexo mais cedo do que as fêmeas com alto LR. As fêmeas de macacos rhesus criadas sem suas mães também passam por um declínio acentuado dos níveis de oxitocina, são mais agressivas e muito impulsivas, mostrando pouco autocontrole quando buscam experiências prazerosas.

Cientistas sociais descobriram que garotas de famílias com relações entre pais e filhos conturbadas tendem a começar a menstruar mais cedo do que outras. Elas começam a fazer sexo mais cedo e não são muito exigentes ao escolherem seus parceiros. Como resultado, correm um risco maior de engravidar na adolescência e de transmitir essas tendências para seus filhos.

Strathearn sugere que a motivação sexual elevada pode ser outro mecanismo de sobrevivência. Aqueles que tiveram um apego inseguro/preocupado, especula ele, "podem apenas estar indo no fluxo — quem quer que apareça em meu caminho, faremos sexo; o que quer que aconteça, acontecerá. Não se pensa nas consequências. Aqueles com apego indiferente podem estar usando o sexo de modo cognitivo, como em 'Eu quero alcançar essa finalidade, e fazer sexo com essa pessoa é um meio de conseguir o que quero'. Poderia ser o mesmo problema de comportamento, mas com mecanismos cerebrais diferentes".

Ele também se pergunta se o estresse na família e o estresse do mundo moderno em geral podem estar recriando nos seres humanos o que os roedores vivem em laboratórios. "Pode ser uma função da maior exposição ao estresse mais cedo na vida à qual a população está sendo exposta", sugere ele. "Acho que, nos seres humanos, o estresse tem uma função semelhante. Se você está num ambiente estressante e perigoso, a chance de ter uma prole que sobrevive e se desenvolve é menor, portanto, ter filhos mais cedo pode ser adaptativo."

Embora Strathearn admita que está supondo, esse tipo de corolário entre o trabalho em laboratório e evidências humanas levanta questões fascinantes e difíceis. Champagne, por exemplo, está dolorosamente consciente de que os resultados que está obtendo — e até mesmo apenas a natureza da própria pesquisa — estão repletos de potenciais conflitos políticos e sociais — uma perspectiva que a deixa imaginando intranquila hordas de manifestantes marchando pela Amsterdam Avenue. "Estou feliz por trabalhar com ratos", declara com um sorriso. "Não posso ter problemas demais com ratos." Ainda assim, ela não consegue deixar de evitar ceder a especulações de que seu trabalho e o de outros podem explicar o impacto de tendências parentais.

Quando ainda estava na McGill, Champagne trabalhou num estudo com 120 universitários. Os estudantes relataram suas percepções sobre os cuidados e teor de afeto maternos que receberam quando crianças. Aqueles que disseram que o afeto de suas mães era baixo na escala apresentada sentiam mais estresse e por períodos mais longos, quando realizavam uma tarefa que induzia a ansiedade.

Por outro lado, diz ela, rindo, algumas ratas de laboratório agem como mães o tempo todo. "Você tem os meninos da mamãe e os meninos que não são da mamãe. É realmente divertido ver os filhotes das mães com alto LR, porque eles sugam, sugam e sugam, e suas mães não interrompem isso. E, você sabe, da perspectiva de seus filhotes, por que se importar? Se eles podem obter cuidados maternos, por que parar?"

Esses ratos jovens tendem a agir como se nada de ruim pudesse lhes acontecer, o que leva Champagne a pensar em alguns de seus alunos. Estudantes muitas vezes ficam chocados quando recebem uma nota menor do que excelente. Quando isso acontece, Champagne com frequência se vê atendendo a um telefonema de pais. "Recebo muitas ligações. Na verdade, nós professores não temos mais permissão para falar com os pais."

"As práticas de criação dos filhos mudam e, falando com base em relatos, posso dizer que os estudantes que temos agora são mais dependentes e solicitadores, mesmo no contexto da universidade, do que na minha geração. Eu converso com outros acadêmicos e todos eles mencionam a intensa atenção dos pais continuando." (Curiosamente, estudos mostraram que, em alguns roedores, níveis altos de LR e oxitocina em mães estão associados à sua agressão em relação aos outros. Pode ser que um comportamento adaptativo, induzido pela oxitocina e pela ligação com o filho, leve algumas mães a defendê-lo com mais vigor.)

Ela também se pergunta como diferenças culturais na criação e na estrutura familiar podem afetar o caráter de nações, e sobre a necessidade de ações do governo para ajudar a interromper o ciclo de privação emocional e social que pode ser transmitido de uma geração a outra por meio de mudanças moleculares no cérebro. Por exemplo, ela mostrou que intervenções precoces em filhotes de ratas com baixo LR podem mudar seus comportamentos ansiosos em algum grau. Uma experiência no laboratório de Larry sustenta esse ideia.

Em 2011, uma das colegas de Larry no pós-doutorado, Alaine Keebaugh, deu, artificialmente, mais receptores de oxitocina a fêmeas de arganazes-do-campo recém-desmamadas. Quando elas se tornaram adultas, cuidaram voluntariamente de filhotes estranhos, tornando-se o equivalente a mães com alto LR. Larry supõe que, mesmo na juventude, a elevada estimulação de receptores de oxitocina — talvez em brincadeiras com irmãos — pode continuar a moldar a personalidade social. Strathearn também acredita que terapias podem ajudar as pessoas. "Podemos ajudá-las a aprender maneiras de se adaptar e compensar", diz ele. Para muitos, porém, é tarde demais. "Os padrões desenvolvidos estão ali, e é difícil ou impossível revertê-los."

Uma medida que tem demonstrado revertê-los — pelo menos temporariamente em testes limitados com seres humanos — envolve a administração de oxitocina. Ginny e Denny Marshall tentaram ajudar Maria à maneira antiga. "Meu marido e eu dissemos: 'Bem, com amor e afeição ela vai melhorar'", recorda Ginny. "E ela melhorou, até certo ponto."

Maria não chora com frequência, mas, para Ginny, só o fato de ela derramar lágrimas é um avanço. Maria tem conseguido também combater seus medos. Ela doou sangue, mesmo sentindo enorme ansiedade. "Ela tinha tanto medo que você não acreditaria", diz Ginny. "Mas tem coragem para algumas coisas. Ela quer fazer coisas, mesmo que fique apavorada." Maria também já não tem medo de câmeras fotográficas; ela faz caretas para qualquer lente que vê. E pouco tempo antes de a visitarmos, durante um dos "ataques de Maria", como diz Ginny, ela pediu para ser abraçada. "Eu fiquei assim: 'Uhul!', diz Ginny, rindo de verdade dessa vez. "Corri até ela o mais rápido que podia."

5

SEJA MEU BEBÊ

O Dr. H. W. Long estava cansado dos cochichos. Seus colegas médicos trocavam histórias sobre pacientes que tinham diversos problemas sexuais. Havia também tratados e livros sobre sexo escritos exclusivamente para esses profissionais. Mas os médicos raramente discutiam — se é que discutiam — o assunto abertamente com seus clientes. Como resultado, acreditava o Dr. Long, o público leigo era infelizmente ignorante em relação à sexualidade. Agora, porém, os tempos estavam mudando. O armistício acabara de pôr fim à Primeira Guerra Mundial — durante a qual o próprio governo, temendo que os americanos que tinham contraído doenças venéreas fossem tantos que o exército ficaria com poucos soldados, montou uma campanha bastante pública de sexo seguro — e antigas convenções sociais estavam desmoronando. Por isso, em 1919, o Dr. Long publicou um livro para todos: *Sane Sex Life and Sane Sex Living: Some Things That All Sane People Ought to Know About Sex Nature and Sex Functioning, Its Place in the Economy of Life, Its Proper Training and Righteous Exercise*. Era tão simples quanto qualquer guia de algum guru da revolução sexual dos anos 1960, incluindo instruções específicas e explícitas sobre tudo — desde o grau dos ângulos de inserção até como uma esposa deveria "subir e descer os quadris, ou mexê-los para os lados, ou movê-los em círculo, rodando e rodando".

Uma agitação!

Embora reconhecendo que havia muitas posições sexuais possíveis, o Dr. Long era firme em relação às vantagens do coito cara a cara. Nessa posição, cara a cara, é perfeitamente natural e fácil os órgãos se harmonizarem. Quando isso é feito da maneira correta, e conforme descrito no livro, a mulher deve também pôr seus calcanhares nas dobras dos joelhos de seu amante e apertar o corpo dele com seus braços.

Deve-se observar que somente na família humana essa posição é possível! Entre meros animais, o macho está sempre sobre o lombo da fêmea. Eles — meros animais — nunca podem olhar nos olhos um do outro e se beijar durante o ato! Esta é outra diferença bastante notável e bastante significativa entre os seres humanos e todos os outros animais nesse aspecto, embora saibamos que os seres humanos não são realmente os únicos a fazer sexo de frente um para o outro: os macacos bonobos fazem isso o tempo todo.

A ideia, escreveu ele, era "excitar e distender ainda mais todos os órgãos envolvidos" enquanto o marido e a esposa olhavam um para o outro.

Joy King raramente tem problemas com as partes de "excitar" e "distender" do conselho de Dr. Long, mas acha a parte do cara a cara um negócio complicado. King é ex-vice-presidente de projetos especiais da Wicked Pictures, uma das maiores produtoras do mundo de entretenimento para adultos, e agora trabalha como consultora. Iniciou sua carreira nos anos 1980, e desde então se tornou conhecida como uma espécie de sábia conhecedora daquilo que os consumidores de pornografia comprarão. Foi King quem transformou uma stripper e aspirante a atriz chamada Jenna Marie Massoli no furacão da mídia Jenna Jameson.

A Wicked Pictures produz principalmente os chamados filmes para casais. Como esse gênero evita cenas radicais e bizarras em favor de fantasias mais suaves, na maioria heterossexuais, King tenta criar imagens atraentes tanto para mulheres quanto para homens. Ela viaja com frequência para encontros de fãs, convenções e eventos em lojas. Mantém sua presença on-line em redes sociais, para poder falar com consumidores, principalmente mulheres, e perguntar o que elas gostariam de ver.

King admite que é difícil generalizar, mas uma coisa com a qual a maioria das mulheres concorda é que, embora corpos e partes de corpos sejam bem-vindas, os rostos são vitais. "Encontrei recentemente uma diretora que vai filmar uma nova série para nós, e uma das coisas que discutimos sobre o mercado foi a importância do contato visual e a filmagem do contato visual", ela nos diz. "Precisamos que as duas pessoas se olhem profundamente nos olhos. Estranhamente, ela disse que uma das coisas mais difíceis de conseguir que seus atores façam é olhar nos olhos um do outro."

King, certa vez, fez ela própria uma experiência, fazendo contato visual com pessoas que encontrava em filas, na rua, em cafés e através de seu trabalho. Ela descobriu que seu olhar deixava a maioria das pessoas desconfortável. "Isso as faz virar o rosto", diz ela. Mas quando está sexualmente envolvida com outra pessoa, ela faz um bocado de contato visual. Seu homem a olhará nos olhos também. Parece não apenas confortável, mas essencial. Ela percebeu que as pessoas geralmente não olham nos olhos das outras — fazer isso no mundo animal, muitas vezes, é visto como uma ameaça — "a não ser que estejam envolvidas em algum tipo de relacionamento, e principalmente pessoas que estão tendo um relacionamento e fazendo sexo".

Por mais improvável que possa parecer, tanto o problema de Joy King na pornografia quanto os conselhos do Dr. Long há quase um século estão diretamente relacionados aos motivos pelos quais Maria Marshall tem dificuldade de sentir empatia pelos outros, aos motivos pelos quais as mães olham para seus bebês e, no fim das contas, à gênese do amor romântico humano.

Assim como o vínculo entre mãe e filho, o amor é um processo social. Começa quando nós começamos: com a maneira como nossos cérebros são organizados, antes mesmo de nascermos. Em seguida, percorre nossos cérebros sob o véu da luxúria enquanto hormônios esteroides ativam o desejo. Incitada pela recompensa cerebral, nossa luxúria se torna mais focada antes de se desfazer da urgência da paixão crua em favor de algo mais profundo, mais rico, mais cativante.

"Procurando sempre, ansiosa, os pontos em que presume encontrar seu amado, o dono da beleza", disse Platão a Fedro sobre uma mulher apaixonada. "Ao percebê-lo, aspirando o desejo em largos haustos, abre-se o que antes estava obstruído e, tomando novamente o fôlego, deixa de sentir as agulhadas e as dores." A semelhança entre a descrição do comportamento de uma mulher apaixonada pelo filósofo e a conduta de uma nova mãe ao cuidar de seu filho não é casual.

Quando Ronnie Spector implorou a seu homem, "Be my baby", acertou em cheio. A convicção de Larry de que o amor é uma propriedade emergente de moléculas agindo sobre um circuito neural definido leva à conclusão de que, para as mulheres, o que chamamos de amor romântico é realmente o resultado de uma adaptação evolutiva — um ajuste — de circuitos neurais que conduzem o vínculo maternal, e de que nossos corpos — principalmente o pênis masculino e a vagina e os seios femininos — evoluíram para nos ajudar a ativar esse "circuito mamãe" quando fazemos sexo. Argumentar que, no que diz respeito ao cérebro feminino, os amantes masculinos são bebês nos deixa expostos a piadas de séries cômicas de TV sobre como os homens se tornam infantis quando estão doentes e se agarram ao controle remoto da televisão como se este fosse uma chupeta, mas acreditamos que isso explica as mudanças impressionantes no comportamento de uma mulher quando ela se apaixona.

Quando uma jovem estudante de medicina vai ao Burning Man,* faz sexo casual com um cara que largou o ensino médio para dirigir um site na internet para fãs de Vespas antigas e, em seguida, anuncia que está abandonando a escola para viajar com ele a fim de assistir a shows da Phish, ela não está totalmente sob influência de seu cérebro racional. Assim como as mulheres que parecem ter dúvida sobre ter um bebê e depois ficam cheias de amor pelo filho, ela foi transformada.

Na verdade, o sexo pode não ser uma precondição para o que normalmente pensamos ser o amor romântico humano. Algumas pessoas dizem que se apaixonam "à primeira vista", bem antes de fazer sexo.

A literatura medieval está repleta de histórias em que uma pessoa permanece amando outra apesar da total ausência de paixão física.

---

*Festival anual de contracultura em Nevada, Estados Unidos (*N. do T.*)

Hoje, as pessoas criam ligações afetivas com um colega de trabalho, um amigo casado ou alguém que não corresponde a seus sentimentos — pessoas que elas nunca poderão ter sexualmente. Esse amor à distância pode existir, mas não é o que pensamos com mais frequência tratar-se de uma paixão ardente.

Maud Gonne, por exemplo, "amou" o grande escritor irlandês William Butler Yeats. O relacionamento deles durou quase cinquenta anos. Desde que se conheceram, em 1889, até a morte de Yeats, em 1939, os dois fizeram um *pas de deux* que foi, alternadamente, romântico e doloroso.

Gonne — uma beleza, uma atriz, uma intelectual, uma fervorosa republicana irlandesa e católica romana que acreditava no misticismo — nunca se dispôs a explorar o lado físico do amor com Yeats. Manteve-o à distância, insistindo que a relação deles no mundo real era uma amizade temperada com amor espiritual no plano astral. Gonne argumentava que o amor místico era inerentemente mais puro do que uma união baseada em sexo poderia ser. O amor com esse distanciamento, disse a ele, iria deixá-lo livre para prosseguir em seu trabalho literário sem as complicações sensuais e emocionais que podem arruinar as ambições de alguém.

Essa atitude deixou Yeats imensamente frustrado. Ele propôs casamento a Gonne repetidamente, e ela recusou todas as vezes. Então, ele a pôs — ou um avatar dela — verso após verso em sua poesia. Enquanto isso, Gonne rejeitava as contínuas ofertas de Yeats para consumar fisicamente o amor astral deles. Tudo o que Yeats conseguiu foi um beijo nos lábios em 1899.

Gonne não era tão fria com todo mundo. Um breve caso com um jornalista francês levou ao nascimento de um filho, que morreu aos 2 anos. Depois da morte da criança, Gonne e seu amante fizeram sexo sobre o túmulo dela. Gonne esperava que qualquer bebê resultante daquela união seria a reencarnação do menino morto. Em vez disso, o acasalamento rendeu uma filha, Iseult. (Mais tarde, Yeats também pediu Iseult em casamento.)

Em 1903, Gonne se casou com um republicano irlandês, John MacBride. Embora a união tenha sido infeliz, Gonne não se voltou para

Yeats em busca de romance. Continuou a considerá-lo um amigo e a tratá-lo como tal em suas cartas. Em abril de 1908, ela escreveu para Yeats de Paris, onde morava na época. "Meu querido Willie", começava ela. Era o tipo de missiva noticiosa que um amigo enviava a outro. Ela assinou como "Sua amiga de sempre, Maud Gonne".

Ela escreveu outra carta em junho, a "meu amigo". Quando escreveu em julho, Yeats era "Willie".

Naquela carta de julho, ela escreveu novamente sobre seu sofrimento diante da ideia de uma união física. Comparado à união mística no plano astral, o sexo não seria nada além de "uma sombra pálida". Ela assinou "Maud Gonne".

Quando recebeu essa carta, Yeats escreveu num caderno de anotações que "o velho pavor do amor físico a enfraqueceu".

Uma carta de Gonne em outubro foi endereçada ao "Querido Willie" e, novamente, assinada por "Sua amiga de sempre, Maud Gonne".

Então, apenas dois meses depois, em dezembro, Gonne se dirigiu a Yeats como seu "Queridíssimo". Ela sentia sua falta fisicamente, escreveu. Subitamente, tivera um forte desejo por ele que rezava para afastar. Assinava a carta como "Sua Maud".

Esta é uma mudança e tanto de comportamento. Depois de vinte anos, como Yeats passou de "amigo" e de "Willie" para "Queridíssimo"? Por que, subitamente, Gonne achou doloroso estar longe dele?

Alguns dias antes de Gonne escrever essa carta, e depois de décadas insistindo num amor estritamente espiritual por Yeats, os dois haviam finalmente consumado a relação. Aparentemente, o ato sexual a alterou emocionalmente. Gonne agora tinha um sentimento por Yeats que vinte anos de projeções astrais nunca haviam produzido.

Em 2011, cientistas sociais de várias universidades, liderados por Joshua Ackerman, da MIT Sloan School of Management, do Massachusetts Institute of Technology, exploraram esse tipo de transformação. Eles mostraram que as mulheres ficam mais felizes ao ouvir as palavras "eu amo você" de seus parceiros depois da relação sexual, e não antes. As mulheres que eles estudaram também disseram que pensavam que seus parceiros estavam fazendo a declaração com mais honestidade depois de fazer sexo pela primeira vez, o que indica que depositavam um grau maior de confiança em seus homens depois de fazer sexo com eles. Como tinha uma tendência para a economia, a equipe atribuiu essa mudança de atitude a razões econômicas (talvez inconscientemente). Lançou a hipótese de que, como haviam investido em um "bem" (o sexo), as mulheres estavam felizes por saberem que o investimento compensara. E "eu amo você" *antes* da primeira relação sexual podia ser uma falsa proposta de compra destinada a simplesmente atrair uma mulher para a cama.

Isso pode ser verdade. Mas há um processo cerebral inconsciente que sustenta a mudança.

ARGANAZES APAIXONADOS

Na peça *Stage Kiss*, de Sarah Ruhl, um marido que pega a mulher na cama com outro homem diz a ela: "Isso não é amor. Isso é oxitocina." É uma fala divertida que reflete a percepção cada vez mais popular de que a oxitocina é o hormônio do amor, ou a poção do amor. A história verdadeira é um pouco mais complicada. Preferimos pensar na oxitocina como o guardião do amor.

Grande parte do que o mundo acha que sabe sobre os efeitos da oxitocina sobre o "amor" provém de estudos sobre o arganaz-do-campo. A não ser que os arganazes estejam escavando seu jardim, é difícil não gostar deles. Eles são roedores, portanto, parentes dos ratos, mas, na escala de beleza dos roedores, os arganazes estão lá no alto, junto com os esquilos. São bolinhas de pelo — de mais ou menos 12 centímetros de comprimento, se você esticá-los — com olhos que são pequeninas contas pretas.

No estudo da oxitocina, os biólogos se dividem há muito tempo entre a mosca-das-frutas, o camundongo, o rato e os vermes, de acordo com o modelo animal que usam para pesquisas. (Você ficaria impressionado com o quanto alguns cientistas sabem sobre o sexo da mosca-das-frutas.) Nessa área de pesquisa, não havia arganazes até 1980, quando Lowell Getz, biólogo da Universidade de Illinois, contratou uma jovem cientista chamada Sue Carter. Getz estudava há muito tempo populações de arganazes-do-campo, principalmente porque os agricultores os consideravam uma peste. Mas, depois que Carter chegou, seu laboratório começou a realizar experiências com arganazes cativos, num esforço para entender o comportamento incomum desses animais.

Quando apanhava os arganazes no hábitat deles, as pradarias do Meio-Oeste norte-americano, Getz capturava com frequência dois animais em cada armadilha: um macho e uma fêmea — o que era muito curioso! Com o passar do tempo, ele percebeu que muitas vezes apanhava os mesmos pares de macho e fêmea. Intrigado, concentrou-se mais atentamente em seus hábitos de acasalamento, descobrindo que, depois de se acasalarem, os pares de macho e fêmea se aninhavam e permaneciam juntos, o que sugeria que os arganazes-do-campo eram monógamos.

As relações dos arganazes-do-campo têm fortes paralelos com as relações humanas — eles até "namoram". Quando um macho acha uma fêmea atraente, ele a corteja. Diferentemente do estilo superficial do rato macho de namorar afagando um pouco os flancos da fêmea no cio, rolando rapidamente na serragem e agitando alegremente uma pata ao sair para encontrar outra fêmea, o arganaz-do-campo é praticamente um Maurice Chevalier. Ele esfrega o focinho na fêmea e a roça, envolvendo-a nas preliminares, e em seguida começa a se aconchegar numa dança bastante demorada que pode durar um dia ou dois. A fêmea faz jogo duro. Seus circuitos de comportamento sexual forçam o macho a cortejá-la para fazer sexo. Diferentemente de outras roedoras, que, funcionando como um relógio, entram no cio a cada quarta noite, a fêmea do arganaz-do-campo é um pouco parecida com as fêmeas de lagartos que Larry estudou no Texas, que só desenvolviam ovos depois de cortejadas. A fêmea do arganaz-do-campo só entra no cio depois que seu estrogênio é ativado pelos aromas ferormonais do macho que a corteja Em outras palavras, é o cheiro dele que a excita.

Se falássemos de um par de arganazes-do-prado, o macho ejacularia e, sem sequer uma promessa de telefonar mais tarde, sairia em busca de outra fêmea. Enquanto isso, sua ex-amante sairia passeando para encontrar um ninho onde pudesse parir seus filhotes e cuidar deles, sozinha. E quando dizemos "cuidar", queremos dizer cuidar mal. As fêmeas de arganazes-do-prado são mães minimalistas. Elas alimentam os filhotes, mas aproximadamente duas semanas depois cansam-se e os abandonam. Elas têm sérios problemas de apego.

Os arganazes-do-campo, por outro lado, iniciam uma família de verdade. Os filhotes usam dentes de amamentação especializados para agarrar com segurança os mamilos da mãe, e o pai permanece ali, colaborando com os cuidados e a proteção do filhote.

Não é apenas a formação da família que é diferente: os arganazes-do-campo almejam um contato social. Quando podem, passam a maior parte do dia com uma companhia. Os arganazes-do-prado, por outro lado, são solitários, como em *O estranho sem nome*, indo de um lugar — e um encontro para acasalamento — para outro.

Há também importantes diferenças comportamentais em cada arganaz-do-campo, dependendo se ele acasala ou não. Na natureza, os arganazes-do-campo virgens dos dois sexos se associam livremente, passando algum tempo com indivíduos dos dois sexos sem demonstrar qualquer apego particular a um parceiro. Eles saem com os amigos. Depois de fazer sexo, porém, um novo casal procurará uma casa segura e confortável e a arrumará para criar uma família. O macho, apesar de deixar a casa para encontrar comida, voltará de vez em quando. Os parceiros criam um vínculo entre eles, demonstrando o que Larry acredita ser o antecedente evolutivo do amor humano. Esse vínculo é tão forte que, na maioria dos casos, se o macho acaba virando comida de falcão, sua noiva permanecerá sozinha pelo resto da vida, rejeitando todos os futuros pretendentes.

Essa ligação emocional e social os torna extraordinários entre os mamíferos. A monogamia entre roedores é extremamente rara, e, pelo que se estima, apenas 3% a 5% de todas as espécies de mamíferos vivem monogamicamente. Os arganazes-do-prado e os arganazes-da-montanha são o que os cientistas — soando como a irmã Mary Catherine — chamam de "promíscuos". Eles se acasalam com muitos parceiros e não tendem a se estabilizar. Os arganazes-do-campo são modelos exemplares de monogamia.

Mas não são exatamente os modelos exemplares que alguns fizeram deles. Ao contrário da propaganda de alguns conservadores sociais e religiosos e de alguns defensores da educação sexual que prega a abstinência até o casamento — que com frequência têm usado o nome de Larry combinado a pronunciamentos malformulados, enganosos ou mesmo completamente falsos —, "monogamia", para um biólogo, não significa necessariamente a estrita exclusividade sexual. Embora os seres humanos sejam com frequência considerados monógamos, pelo menos pela definição de um biólogo, algumas sociedades, tanto antigas quanto atuais, não correspondem a isso: Abraão, do Antigo Testamento; os primeiros mórmons; os homens muçulmanos, em alguns países; a comunidade de Oneida, do século XIX, nos Estados Unidos; o povo Toda, da Índia, no qual as mulheres são poliandras; alguns cultos religiosos americanos; enclaves da Boêmia; campi universitários; o Studio 54 no fim dos anos 1970. Na cultura de sexo casual do século XXI, a maioria dos seres humanos passa pelo menos alguma parte de suas vidas não sendo sexualmente monógama. Isso pode acontecer mesmo se eles estão ligados emocional e socialmente a uma pessoa. Certos golfistas profissionais, um monte de políticos e *swingers* de meia-idade com tangas de lycra vêm à mente. Exploraremos os encontros extramonogâmicos mais tarde. Por hora, para o propósito de entender como as fêmeas criam vínculos com os machos, estamos falando sobre uma ligação emocional e social, e não necessariamente sobre exclusividade sexual. É esse vínculo que os arganazes-do-campo e as pessoas têm em comum.

Apesar de parecerem quase idênticos e serem bastante semelhantes geneticamente, existe uma enorme diferença, não apenas em comportamento, mas também em sistemas sociais, entre os arganazes-do-campo e os arganazes-do-prado.

Para descobrir o que desencadeia esse vínculo de casal, Carter fez uma experiência tão surpreendente em 1994 que se tornou a base de todo o campo do apego social. Refletindo a exploração feita por Cort Pedersen e Keith Kendrick na criação de filhotes por ratos e carneiros, Carter injetou oxitocina nos cérebros de fêmeas de arganazes-do-campo que não se interessavam por sexo. Normalmente, essas fêmeas não receptivas rejeitam qualquer tentativa de acasalamento e não formam qualquer ligação emocional com um macho. Conforme esperado, quando Carter apresentou machos a essas fêmeas, elas não se acasalaram.

Ainda assim, criaram vínculos com os machos como se tivessem feito sexo. O estímulo de uma substância química no cérebro alterou completamente a vida de um arganaz, precipitando a versão de amor dos arganazes e, inadevertidamente, deflagrando uma cultura pop de febre da oxitocina. (Discutiremos essa onda mais tarde.)

Em 1994, sob a direção de Thomas Insel (que no momento em que este livro está sendo escrito é diretor do National Institute of Mental Health), Larry e um colega, Zuoxin Wang, usaram arganazes capturados em Illinois para iniciar uma colônia na Universidade Emory. Desde então, essa se tornou talvez a coleção mais famosa do mundo de arganazes, e há muitos deles. Quando Brian visitou a colônia pela primeira vez, achou que seus habitantes eram todos exatamente iguais (afinal, um arganaz é um arganaz), mas a colônia de Larry também continha arganazes-do-prado. Sua procura pelo que cria a tremenda diferença de comportamento entre eles esclarece tanto por que Maria Marshall olha para as pessoas com olhos vazios, como é criado um vínculo normal entre mãe e filho e, ainda, por que as pessoas se apaixonam.

Juntamente com Insel, Larry se perguntou onde, no cérebro, a oxitocina atua para induzir a ligação emocional nos arganazes-do-campo. Conforme vimos, os receptores de oxitocina no circuito de recompensa do cérebro ajudam a motivar o vínculo entre mãe e filho. Portanto, a equipe da Emory suspeitou primeiramente que os arganazes-do-campo deviam ter mais células e fibras com oxitocina em seus cérebros do que os arganazes-do-prado. Wang provou que não tinham. Insel, em vez disso, descobriu que as áreas do cérebro que contêm receptores de oxitocina eram radicalmente diferentes nas duas espécies. E Larry descobriu que o núcleo acumbente dos arganazes-do-campo era muito mais sensível à oxitocina. O acumbente se tornou um novo suspeito. O córtex pré-frontal, que é diretamente ligado ao acumbente, também estava cheio de receptores, portanto, era um bom candidato também. Larry e a equipe injetaram um antagonista da oxitocina (um bloqueador do receptor) ou uma substância falsa nessas duas estruturas, bem como numa área de controle que acharam que não estava envolvida.

Em seguida, eles tornaram as fêmeas receptivas pondo-as no cio com injeções de estrogênio e então armaram um encontro de 24 horas com um macho experiente. Depois, os pesquisadores fizeram um teste de preferência por parceiro. Eles amarraram o macho em um dos lados de uma caixa retangular com três câmaras, amarraram um novo macho no lado oposto e puseram as fêmeas no meio. Como grupo, as fêmeas que receberam injeções falsas ou de antioxitocina na região de controle passaram mais do dobro do tempo aconchegando-se ao parceiro original. Elas haviam formado vínculos fortes com o amante. Mas as fêmeas que haviam tido seus receptores de oxitocina bloqueados no acumbente ou no córtex pré-frontal passaram o mesmo tempo com cada um dos machos. Elas não haviam formado uma preferência.

Isso provou que as fêmeas de arganazes-do-campo tinham que ter receptores de oxitocina nos centros de recompensa de seus cérebros ativados para formarem vínculo com um macho. Mas não provou que o acasalamento em si causava essa ativação.

Mais tarde, Larry e Heather Ross, outra colega, criaram uma maneira de liberar continuamente amostras de oxitocina no núcleo acumbente de fêmeas de arganazes adultas enquanto elas interagiam com machos. Eles deram estrogênio às fêmeas para elas ficarem receptivas. Antes de promover o encontro, Ross fez uma leitura dos parâmetros de oxitocina e obteve... bem, não obteve nada. A quantidade de oxitocina presente no núcleo acumbente era tão minúscula que o exame de microdiálise que eles fizeram — que não conseguiu detectar nada acima de 0,05 picogramas em 25 mililitros (1 picograma é o trilionésimo de 1 grama) — não pôde perceber nada.

Em seguida, eles puseram um macho sexualmente ansioso numa gaiola de rede. Depois, puseram essa gaiola dentro da gaiola da fêmea, para que os dois pretensos amantes pudessem interagir e fazer algumas coisas que os arganazes fazem, como cheirar e tocar. Mas os arganazes não podiam fazer sexo. Depois de duas horas, algumas fêmeas mostraram uma pequena quantidade de oxitocina. Estatisticamente falando, porém, não havia uma diferença real entre os níveis registrados durante a interação restrita e os parâmetros observados no início da experiência. As fêmeas não tinham qualquer oxitocina mensurável antes de encontrar os machos, e não tinham praticamente nenhuma oxitocina depois de encontrá-los de maneira sexualmente restrita.

Por fim, Ross soltou os machos para que eles e as fêmeas pudessem fazer o que quisessem, incluindo sexo. Muitos machos, por serem machos, fizeram bravas tentativas. Nem todas as fêmeas foram igualmente receptivas. Mas, entre aquelas que permitiram o coito, quase 40% produziram quantidades mensuráveis de oxitocina durante o acasalamento. Quando Larry e Ross analisaram as medidas de oxitocina das fêmeas que se acasalaram e as compararam com as daquelas que não se acasalaram, somente o grupo de fêmeas que se acasalaram tinha números significativos produzindo quantidades mensuráveis de oxitocina no núcleo acumbente. O coito liberou oxitocina, que atingiu o acumbente, parte do centro de recompensa envolvida na sensação de prazer derivada de cuidar de um bebê, de cheirar cocaína ou de vestir uma jaqueta de couro pequenina se você é um dos ratos fetichistas de Jim Pfaus.

Mas havia um possível problema: os arganazes-do-prado também recebem recompensa cerebral com o sexo, mas não criam vínculos afetivos. Wang, agora na Universidade do Estado Flórida, resolveu a questão fazendo, para liberar dopamina e formar o vínculo, o que Larry e Ross haviam feito para liberar oxitocina e formar o vínculo. As fêmeas que fizeram sexo tiveram um aumento de 50% na produção de dopamina no cérebro. É claro que, só porque o sexo aumentou a produção de dopamina, isso não provava necessariamente que a dopamina era necessária para a formação de vínculo. Então Wang usou drogas em diferentes grupos de arganazes que aumentavam o número de receptores de dopamina ativados, aumentavam a ativação dopamina-receptor, mas bloqueavam receptores de oxitocina, ou nada faziam (um placebo). Em seguida, fez uma experiência semelhante à que Larry realizara com os arganazes gigolôs. Esta provou que a dopamina era necessária para formar o vínculo. Wang chegou a pôr fêmeas fora do cio numa gaiola com um macho durante seis horas — o que não é tempo suficiente para forjar um vínculo sem sexo nos arganazes, e esses arganazes não fizeram sexo —, e obteve um vínculo forte nas fêmeas que haviam recebido o ativador de dopamina-receptor, assim como Carter obtivera em fêmeas que não fizeram sexo, mas receberam oxitocina extra.

Em suma, tanto a oxitocina quanto a dopamina são necessárias para as fêmeas de arganazes criarem vínculos, e ambas são liberadas quando elas fazem sexo. Se você se lembrar do capítulo anterior, tanto a dopamina quanto a oxitocina também são necessárias para o comportamento maternal.

Ainda assim, não é a presença dessas duas substâncias neuroquímicas por si só que causa o vínculo do casal. Arganazes-do-campo, arganazes-do-prado, ratos e camundongos têm neurônios emissores de oxitocina com origem no hipotálamo — principalmente no núcleo paraventricular. Aparentemente, fibras desassociadas desses neurônios chegam a outras estruturas do cérebro como palhas que se soltam de um palheiro e voam num dia de vento. Algumas dessas fibras acabam dentro do acumbente. A distribuição de oxitocina e fibras nervosas não difere muito entre essas espécies. Portanto, ratos, camundongos e arganazes-do-prado ou arganazes-da-montanha que não criam vínculos monógamos têm dopamina, oxitocina e receptores para elas dentro de suas cabeças, e todos eles também liberam essas substâncias químicas quando fazem sexo. Os arganazes-do-campo, porém, têm muito *mais* receptores de oxitocina em seu núcleo acumbente.

Existe, porém, mais uma molécula essencial para a formação do vínculo do casal. James Burkett, trabalhando no laboratório de Larry, supôs que se a formação do vínculo envolvia a ativação do sistema de recompensa, talvez também precisasse da heroína do cérebro — os opioides —, assim como os ratos de Pfaus precisavam dos opioides para formar preferências sexuais.

Conforme explicamos no Capítulo 3, o sexo também nos dá uma injeção de opioide no cérebro. É esse surto que torna o sexo uma sensação tão boa. Burkett descobriu que, se fossem bloqueados os receptores de opioides, as fêmeas de arganazes-do-campo fariam sexo (tudo bem), mas não formavam um vínculo com o macho depois. Elas sentiam falta de sua dose de heroína do cérebro.

Portanto, a oxitocina, a dopamina e os opioides são necessársios para iniciar a versão de amor das fêmeas de arganazes-do-campo. A oxitocina facilita a aproximação. Os opioides agem em seus receptores para criar o efeito "Uau!" do sexo. A dopamina ajuda o cérebro a aprender exatamente o que está causando esse uau! imprimindo uma associação entre o estímulo — um macho específico — e a recompensa.

De novo: camundongos, ratos, arganazes e pessoas têm oxitocina, dopamina e opioides. Mas há uma grande diferença entre, digamos, a reação de uma rata promíscua e de uma fêmea de arganaz-do-prado depois de elas receberem descargas de dopamina e opioides. A rata associa a sensação maravilhosa da cópula ao cheiro dos machos gostosões. Um rato associa essa sensação ao cheiro das fêmeas no cio. Os ratos não se importam se é um macho ou uma fêmea específica a fonte desses cheiros: qualquer parceiro que cheire bem serve. Mas os arganazes-do-campo têm todos aqueles receptores de oxitocina sendo ativados em seus circuitos de recompensa. E, como Larry e seus colegas descobriram, a oxitocina é mais do que apenas uma molécula maternal, mais do que apenas uma molécula que facilita o caminho para se aproximar do outro. Ela é vital para o último segredo da formação do vínculo e da monogamia. Esse segredo é a memória social.

A memória social é diferente de outros tipos de memória, como a de onde deixamos a chave do carro ou, depois de a encontrarmos, qual o caminho para o trabalho que evitará o caminhão de colchões que virou na rodovia interestadual. Por exemplo, pessoas com uma lesão numa parte do cérebro chamada giro fusiforme direito (a região que nos ajuda a reconhecer rostos) geralmente não têm problemas para se lembrar que odeiam chucrute, que têm uma reunião de negócios na quarta-feira, ou de como passar por todos os níveis de dificuldade "iniciante" no jogo World of Warcraft. Elas, porém, não conseguem — se virem apenas o rosto — reconhecer a própria mãe, ou a pessoa amada, ou qualquer outra pessoa que conhecem. Elas têm um distúrbio conhecido como prosopagnosia.

Indivíduos humanos podem prosperar — embora com alguns momentos embaraçosos — quando têm prosopagnosia porque a sociedade, bem como os amigos e a família, os ajudam a compensar isso. O neurologista e escritor Oliver Sacks é um bom exemplo: ele escreveu sobre sua própria prosopagnosia e sobre como lida com isso. Mas a falta de memória social num animal na estepe africana, ou na floresta, pode ser desastrosa. Se você é um gorila e não consegue se lembrar que aquele outro gorila com cara de mau é o chefe, pode levar uma surra. Os flamingos e pinguins também dependem da memória social. Eles vivem em grupos de milhares de pássaros praticamente idênticos. Mas os parceiros acasalados podem encontrar um ao outro na multidão porque seus cérebros processam bem informações sociais e registram bem essas informações na memória.

Os roedores também precisam de memória social, que eles formam principalmente pelo cheiro. Quando um novo animal for introduzido na gaiola de outro animal, o residente fará uma vigorosa "investigação" anogenital. Como um cãozinho cumprimentando outro, ele vai cheirar o traseiro e as genitálias do carinha novo. Tire o animal visitante da gaiola por dez minutos, ponha-o de volta e o residente poderá dar uma cheirada perfunctória ou duas, só para se assegurar de que está encontrando o mesmo companheiro de antes. Mas ele o reconhecerá e em seguida dará prosseguimento a sua rotina normal de roedor.

O negócio dos ratos e camundongos, porém, é que, embora eles tenham memória social, ela é bem fraca, a não ser que algo extraordinariamente chocante aconteça — uma briga violenta, por exemplo. Como aquelas agentes de Hollywood falantes que dão beijinho no rosto e são amicíssimas durante os primeiros cinco minutos tinindo taças de champanhe no Globo de Ouro, e que depois esquecem quem você é quando você liga no dia seguinte para falar daquela ótima ideia para um roteiro, ratos e camundongos se esquecem rapidamente. Deixe o novo animal fora da gaiola durante uma hora, em vez de dez minutos, e o residente macho o investigará com rigor novamente, porque agora ele não tem a menor ideia de quem é aquele animal. As fêmeas de roedores têm uma memória social melhor que a dos machos, mas acabam esquecendo também.

Jennifer Ferguson, colega de Larry, provou que é a oxitocina, agindo na amígdala, que tem um papel crucial na capacidade de formar lembranças de indivíduos. Primeiro, ela ministrou em camundongos o equivalente a gerar-lhes prosopagnosia, eliminando o gene da oxitocina deles por meio de manipulação genética. Ela obteve camundongos que passavam zunindo por labirintos que conheciam e encontravam comida em lugares onde haviam encontrado antes, mas que nunca se lembravam de outro camundongo que haviam acabado de encontrar. Tinham memória social zero. Se o camundongo era perfumado com aroma de limão ou amêndoa — para os camundongos, o equivalente a um crachá com o nome —, ele tinha um desempenho melhor, mas isso porque estava se lembrando de cheiros inaturais, não de sinais sociais. É como Oliver Sacks não se lembrando de um velho amigo numa convenção, mas em seguida vendo seu crachá com o nome e apertando calorosamente sua mão.

Quando Ferguson injetou oxitocina em camundongos geneticamente alterados, a memória social deles foi restaurada. Dar oxitocina a camundongos depois de expô-los a outro camundongo não ajudou nem um pouco. Assim como Michael Numan (sobre quem você leu no Capítulo 4) descobriu quando desconectou as MPOAs dos ratos e fez com que as mães parassem de cuidar dos filhotes, mas ainda buscassem uma recompensa de comida, a oxitocina era crucial para processar informações sociais, mas não de outros tipos.

Depois de um quarto de século de investigações, está claro agora que o "amor" e a monogamia do arganaz se caracterizam por um conjunto definido de ingredientes: uma recompensa de bem-estar e uma memória forte, emocionalmente notável, do indivíduo ao qual ele estava se associando quando a recompensa veio. Esse é o coquetel.

CRUZANDO A PONTE PARA AS PESSOAS

Muitas pessoas, incluindo cientistas, achavam fascinantes (e muitas ainda acham) essas pesquisas sobre pequenas criaturas peludas — mas certamente não muito aplicáveis a seres humanos. Nossos cérebros grandes e racionais haviam conseguido se dissociar dos impulsos animais, argumentavam. Aqueles que acreditavam nisso se baseavam em um único fato indiscutível: não havia testes com seres humanos. E se você não podia provar que o amor do arganaz era de algum modo paralelo ao amor das pessoas, a discussão estava encerrada.

Markus Heinrichs não se dispôs a abordar o amor, exatamente, mas quis fazer uma ponte sobre o vazio entre as experiências com animais e os seres humanos. Quando Heinrichs — na época um jovem estudante de douturado da Universidade de Trier, na Alemanha, e hoje chefe do departamento de psicologia comportamental da Universidade de Freiburg — leu os estudos sobre animais, começou a se animar a dar oxitocina a pessoas para verificar se esta tinha alguns dos mesmos efeitos comportamentais sobre elas.

"Mas ninguém quis fazer isso", recorda Heinrichs, enquanto se senta em seu novo escritório na Freiburg. "Fui até meu supervisor e disse: 'Eu gostaria de testar isso.' E ele disse: 'Não, ninguém faz isso.'"

Havia motivos teóricos para ninguém fazer isso, mas havia também um forte motivo prático. Como hormônios como a oxitocina têm efeitos tanto no cérebro quanto no corpo, injetá-los na corrente sanguínea poderia desencadear efeitos colaterais indesejados no corpo — e como as moléculas são grandes, parecem não passar pela barreira entre o sangue e o cérebro, portanto, seria inútil injetá-las. Além disso, poucos achavam que uma molécula poderia ter forte efeito comportamental sobre as pessoas.

Heinrichs — um homem alto, simpático e com rosto de menino que, talvez para obter um ar de seriedade, usa antiquados óculos redondos de pensadores da Europa Central do início do século XX — estava convencido de que a oxitocina podia ajudar pessoas com distúrbios mentais como ansiedade social ou autismo — ou pelo menos elucidar alguns mecanismos por trás desses transtornos enigmáticos. Determinado, ele passou cinco anos indo a conferências científicas e importunando cientistas da área, incluindo seu supervisor, até se tornar tão chato que venceu a oposição. Um especialista disse: "Se isso fizesse algum sentido, alguém já o teria feito nos Estados Unidos!", recorda ele, jogando a cabeça para trás numa gargalhada. Por fim, ele obteve permissão para realizar uma pequena experiência.

Como não havia um modo de assegurar que a oxitocina dada a um ser humano entrasse no cérebro, e temendo possíveis danos, a experiência usou mulheres lactantes, porque a amamentação era conhecida por aumentar naturalmente os níveis de oxitocina. As mulheres foram solicitadas a amamentar ou simplesmente segurar seus bebês antes de serem submetidas a um teste de estresse. O teste, criado em Trier, exige que seus participantes falem sobre si próprios diante de um grupo de entrevistadores com rostos pétreos e, em seguida, façam uma contagem regressiva a partir de um número alto com um diferencial de 17 enquanto os entrevistadores, abruptamente, corrigem qualquer erro e pedem para as pessoas acelerar a contagem. (Experimente: é bastante estressante.)

As mulheres que amamentavam mostraram um nível significativamente menor de ansiedade sob estresse. Heinrichs concluiu que, a curto prazo, pelo menos, o ato de amamentar suprimia a resposta de estresse habitual. Como os níveis de oxitocina no sangue não mudaram em nenhum grupo de mulheres, a diferença da resposta de estresse tinha que ser atribuída ao aumento da oxitocina no cérebro, provocado pela amamentação. Exatamente a mesma coisa acontece em ratas e arganazes lactantes. A não ser que haja sério perigo, as ratas em período de amamentação vão ignorar estímulos que em outras épocas as estressariam. Ratas não lactantes também terão uma reação de estresse menor se receberem uma injeção de oxitocina em seus cérebros.

Em 1996 cientistas alemães relataram um modo de contornar a barreira sangue-cérebro, mas seu método só chamou a atenção em 2002, quando outros alemães publicaram a mesma solução. Era uma tecnologia quase comicamente simples. Eles criaram sprays nasais contendo peptídeos e descobriram que depois de aspergi-los no nariz, as drogas apareciam no líquido cefalorraquidiano — o canal do cérebro para o corpo — cerca de 30 minutos depois.

Na época, Heinrichs se mudara para a Universidade de Zurique. Mas, numa continuação de seu trabalho na Trier, ele deu a homens sprays de oxitocina ou placebo e em seguida realizou o "Teste de estresse Trier". Os resultados ressoavam o estudo sobre mulheres lactantes.

Embora tivesse lutado durante muito tempo para realizar experiências humanas com oxitocina porque achava que resultados como os que Larry obtivera com animais poderiam abrir caminho para ajudar as pessoas, Heinrichs mal pôde acreditar em seus próprios resultados. "Conseguimos efeitos tão fortes que tememos que não seriam reproduzidos. Eram efeitos comportamentais muito fortes."

Ele não precisava se preocupar. Seus primeiros resultados com a oxitocina intranasal foram reproduzidos e expandidos repetidamente.

A ciência mostrou que as descobertas em animais tinham fortes paralelos em seres humanos.

A memória social foi um dos primeiros ingredientes do amor do arganaz a ser explorado em seres humanos por meio do uso da oxitocina intranasal. Enquanto os roedores dependem, principalmente, do cheiro para distinguir um indivíduo familiar de um estranho, nós dependemos mais de nossos olhos. Usamos os olhos em combinação com a memória social para decidir se a pessoa que estamos vendo é um amigo do trabalho, o marido ou a mãe. E também usamos essas ferramentas para adivinhar o humor e as intenções de outras pessoas: ele está flertando? Ela está zangada? Aquele cara quer me assaltar? Meu bebê está sofrendo?

Quando o psicólogo Adam Guastella, da Universidade New South Wales, pediu a dois grupos de voluntários para olharem fotografias de rostos humanos que exibiam expressões neutras — rostos que não estavam particularmente zangados, alegres ou tristes —, descobriu que o grupo que recebera uma dose intranasal de oxitocina passou mais tempo olhando fixamente os olhos dos rostos humanos, mesmo que tivesse sido instruído a olhar apenas as bocas. Aparentemente, a oxitocina induziu seus cérebros a direcionar o olhar para os olhos dos outros. Na ausência de qualquer sinal óbvio de emoção ou intenção nos rostos, as pessoas estavam tentando interpretar as mentes — deduzir as emoções dos outros — olhando para as janelas de suas almas. Os voluntários que haviam recebido um spray de placebo não se fixaram tanto nos olhos.

Uma experiência suíça testou a capacidade dos homens de não apenas recordar um rosto visto antes como também de **conhecer** esse rosto. Os homens foram divididos em dois grupos. Um grupo recebeu uma borrifada de oxitocina e o outro recebeu um spray de placebo. Em seguida, os cientistas mostraram aos homens uma série de imagens que incluíam casas, esculturas, paisagens e rostos. Alguns rostos pareciam negativos, outros, positivos e, outros ainda, neutros. Os homens foram solicitados a classificar a facilidade de se aproximar de cada objeto ou rosto, uma tarefa destinada a garantir que eles dessem uma boa olhada em cada imagem.

No dia seguinte, os cientistas surpreenderam os homens mostrando a eles a mesma série de imagens, mas com novos rostos e novos objetos inseridos para criar um ruído visual. Em seguida, pediram aos homens para dizer se se lembravam ou não exatamente da imagem, se a reconheciam vagamente e não tinham certeza de seu contexto ou se a consideravam nova. Na hora de recordar os objetos, não houve diferença alguma entre os homens que haviam recebido oxitocina e aqueles que não. Mas o grupo da oxitocina relembrou melhor os rostos — o outro extremo dos camundongos com deficiência de oxitocina que se lembravam de todo tipo de informação, mas não de outros camundongos. Além disso, havia uma diferença radical no modo como os dois grupos de homens classificavam a familiaridade dos rostos. Os homens do placebo disseram, com frequência, que reconheciam os novos rostos quando, é claro, não os haviam visto antes. Já os homens da oxitocina não cometeram esse erro com frequência: eles diferenciavam melhor.

Pessoas que receberam oxitocina também têm maior probabilidade de se comunicar com pessoas íntimas de maneira aberta e positiva. Tome o "Casal 35" como exemplo. O cara — cerca de 30 anos, calça preta, relógio, camisa preta e branca — adotou subitamente a aparência envergonhada universal (desengonçado, ombros caídos, cabeça baixa) que diz que ele preferiria estar arrancando um dente do que estar sentando numa sala tendo essa conversa. Sua namorada de muito tempo — também com cerca de 30 anos de idade, jeans e suéter verde — não disse nada para provocar essa reação. Foi o modo *como* ela disse. Quando ele afirma que ela é "controladora" demais, quando tudo o que ele queria fazer era sair com seus amigos, ela responde que ficaria mais do que feliz em ir com ele se, de vez em quando, ele fizesse algo que interessasse a ela. Pode parecer algo complacente para ela dizer, mas nós, assim como seu namorado, estamos notando que seu queixo está se projetando, sua cabeça está rodando e ela está usando um tom de voz ligeiramente debochado. Além disso, ele está extrassensível a todos os sinais dela, porque acabou de receber uma borrifada de oxitocina no nariz.

Estamos sentados no escuro, numa pequena sala de aula da Universidade de Zurique. E, embora estejamos assistindo a um vídeo, estamos lamentando um pouco pelo jovem envergonhado que vemos — até nos lembrarmos que ele pediu isso, pois foi ele que se apresentou como voluntário. Beate Ditzen, professora de psicologia, ex-aluna de Heinrichs e ex-colaboradora de Larry, pôs esse casal na sala e pediu aos dois que discutissem o tema "conflito no relacionamento" durante dez minutos, portanto, o rapaz sabia para que estava ali. Ditzen queria descobrir se a oxitocina realmente tinha algum impacto sobre os relacionamentos humanos na vida real — não apenas em laboratório de economia ou em testes de observação de fotos, porque, além de seu trabalho acadêmico, ela aconselha casais.

Depois de alguns minutos, Ditzen interrompe o Casal 35 e passa para o Casal 31 (ela testou ao todo 47 casais heterossexuais), que recebeu um spray de placebo. Durante dez minutos eles falam sobre o cerne de seu perene conflito de casais: trabalho doméstico. A mulher alega que ele não gosta do trabalho doméstico, então não o faz, deixando-o todo para ela. Ele responde que ficaria feliz em fazê-lo, mas... E em seguida há uma espécie de frágil dissimulação masculina sobre horários e falta de habilidade para a arte tecnicamente complexa de lavar louça.

A linguagem corporal e o tom de voz desse casal são quase exatamente iguais às pistas sociais do Casal 35. Não podemos dizer quem tomou a droga e quem tomou o placebo. Nem Dtizen pode dizer; ela tem que verificar isso mais tarde em seus registros. Devido à imagem popular de poção do amor da oxitocina, você esperaria que o homem e a mulher do casal drogado caíssem nos braços um do outro e se beijassem para sair do conflito, mas os efeitos da oxitocina extra são muito mais sutis. Só depois de uma terceira parte independente analisar cuidadosamente os vídeos em busca de comportamentos "positivos" — olhares, sorrisos, toques, elogios, abertura — e "negativos" — retraimento, criticismo — foi que Ditzen obteve resultados muito claros. Os indivíduos dos casais que receberam a oxitocina demonstraram mais comportamentos positivos do que negativos entre eles. Nos casais que receberam o placebo, os indivíduos demonstraram mais comportamentos negativos do que positivos. De novo, a oxitocina induziu os cérebros dos seres humanos ao lado positivo dos relacionamentos. Assim como em estudos anteriores, também reduziu o estresse, diminuindo muito os níveis do cortisol, hormônio do estresse. Isso significa que os casais com oxitocina estavam menos cautelosos e mais abertos.

Como que para confirmar os resultados de Ditzen, os pesquisadores Adam Smith e Jeffrey French, da Universidade de Nebraska, testaram casais de micos monógamos. Quando Smith esguichou nuvens de oxitocina nos narizes de alguns micos, e não de outros, aqueles que receberam os esguichos passaram mais tempo aconchegados com seus parceiros. Mas quando receberam um bloqueador de oxitocina, os micos sequer dividiram a comida com seus parceiros.

Considerando resultados como esse, não é surpreendente que cientistas isralenses tenham relatado, no início de 2012, que os níveis de oxitocina podiam predizer o sucesso de um relacionamento. Eles mediram a oxitocina em novos casais e em seguida acompanharam esses casais durante seis meses. Os amantes que ainda estavam se relacionando depois de seis meses haviam tido os níveis mais altos no início.

A oxitocina não apenas ajusta o cérebro para uma comunicação social positiva e incentiva a interpretação da mente como também melhora a precisão de nossos detectores de emoção internos. "Fico sempre impressionado, ainda, por melhorar 50% a interpretação de emoções com uma única dose de oxitocina", maravilha-se Heinrichs.

Embora a precisão da interpretação de emoções melhore com a oxitocina, parece haver uma tendência. Quando os cérebros de pessoas que receberam oxitocina foram examinados em imagens de ressonância magnética, a ativação da amígdala diferia, dependendo de as pessoas estarem olhando para rostos amedrontados ou felizes. A ativação foi de algum modo reduzida em resposta a rostos amedrontados e intensificada em resposta a rostos felizes, sugerindo que a oxitocina induz o cérebro a prestar atenção a pistas sociais positivas, como sorrisos e olhos piscando, e a se afastar de pistas negativas.

Outras experiências mostraram que homens e mulheres que receberam oxitocina avaliam rostos masculinos e femininos como mais confiáveis do que pessoas que receberam o spray de placebo. Para mulheres que receberam uma dose de oxitocina, além de os rostos parecerem mais confiáveis, os rostos dos homens parecem mais atraentes. Depois que Heinrichs publicou seu primeiro estudo sobre os efeitos de uma dose intranasal, alguns colegas do departamento econômico da Zurique realizaram um teste usando dinheiro real trocado entre "investidores" e "depositários". Eles descobriram que pessoas que haviam recebido o spray verdadeiro entregavam mais dinheiro aos depositários que aquelas que haviam recebido o placebo. Elas confiavam mais, assim como as mulheres que estavam mais abertas para ouvir um "Eu te amo" de homens depois de fazerem sexo com eles pela primeira vez. O efeito desapareceu quando os voluntários foram solicitados a investir num computador: a oxitocina não reduz universalmente as barreiras para se encarar riscos abstratos, ela funciona apenas em situações de pessoa para pessoa.

Em todos esses testes, os voluntários não tinham a menor ideia sobre o que havia sido borrifado em seus narizes. Como sugerem as diferenças sutis entre os casais de Ditzen, eles não têm consciência de qualquer efeito comportamental. "Sempre perguntamos às pessoas se elas receberam placebo ou oxitocina, e elas nunca sabem ao certo", relata Heinrichs. "Dez anos atrás eu teria dito que duvidava que um hormônio estivesse fazendo todas essas coisas. Agora, há evidências demais."

O aumento da consciência de pistas sociais, juntamente com uma tendência positiva, tende a facilitar os relacionamentos entre as pessoas, reduzindo a apreensão — assim como facilita às novas mães aproximarem-se de seus filhos e cuidarem deles e também a impulsionar os arganazes a se juntarem, deixando-os vulneráveis a um disparo de recompensa cerebral sexual.

Os efeitos, porém, não são uniformes. A experiência de Maria Marshall é um exemplo drástico de como a variação humana no sistema de oxitocina pode agir. E há crescentes evidências de que pequenas diferenças no gene que contém a receita para os receptores de oxitocina podem ajudar a explicar variações mais típicas no amor e nos vínculos entre indivíduos.

Cientistas israelenses pediram a homens e mulheres para participarem de um exercício de economia chamado "jogo do ditador". Não é exatamente um jogo. Uma pessoa, o ditador, recebe uma soma de dinheiro (neste caso, 50 pontos, sendo cada ponto igual a 1 siclo) e é solicitada a decidir como dividi-la com uma segunda pessoa. A segunda pessoa tem que aceitar a decisão. É só isso. Mas o jogo tem mostrado ser um bom indicador do altruísmo — quanto maior a quantia partilhada, mais altruísta é o ditador. Os cientistas também usaram um segundo exercício, chamado "orientações de valor social", que testa a preocupação de uma pessoa com outras. Como você poderia esperar, quanto mais preocupação as pessoas demonstram por outras, mais elas partilham. Esse dois indicadores estavam significativamente correlacionados a uma versão específica (o polimorfismo de nucleotídio único, ou SNiP) do gene receptor de oxitocina. Aqueles que não tinham essa versão mostravam menos preocupação e dividiam menos dinheiro. Quando os cientistas testaram apenas mulheres, obtiveram resultados ainda mais robustos. As mulheres com uma versão do gene davam em média 18,3 novos shequels (moeda israelense) à outra pessoa. As mulheres com a outra versão davam em média 25.

Será que essa variação natural em um gene faz alguma diferença no amor na vida real? Usando uma grande base de dados de pares de gêmeos masculinos e femininos, pesquisadores suecos fizeram a ligação. As mulheres que tinham um SNiP específico eram mais propensas a se afeiçoarem menos a seus esposos, a terem uma chance significativamente maior de viverem uma crise conjugal, a terem passado por mais problemas sociais quando meninas (o que lembra os efeitos dos cuidados maternos de baixo índice LR em roedores) e a terem uma pontuação de comunicação pior numa medição de comportamento semelhante ao autismo. Os homens não pareciam ser afetados.

"De modo interessante", escreveu o cientista, "isso está de acordo com os estudos de arganazes que mostram que espécies de arganazes não monógamas mostram menos comportamento associativo do que espécies monógamas nos primeiros dias de vida."

POR QUE HOMENS TÊM PÊNIS GRANDES, MULHERES TÊM SEIOS GRANDES E UMA MULHER É COMO UMA OVELHA

Homens e mulheres não borrifam oxitocina em seus narizes para se aproximarem e em seguida confiarem um no outro, iniciarem um relacionamento e se apaixonarem. (Embora isso não tenha impedido alguns comerciantes inescrupulosos de tentar vender "oxitocina" a frequentadores assíduos de bares.) Em vez disso, precisamos de mecanismos que elevem nossa oxitocina cerebral do mesmo modo como acontece com as novas mães. Por sorte, nós os temos — e os carneiros, também.

O nascimento dos cordeiros é um momento crítico para os criadores. Se um ano será lucrativo ou não, isso depende de quantos cordeiros sobrevivem — sua morte prematura acontece geralmente nos três primeiros dias de vida, com frequência, porque suas mães morreram ou, por algum motivo, os rejeitaram e se recusaram a amamentá-los. Em qualquer um desses casos, seria uma dádiva para os criadores se eles pudessem descobrir um modo de fazer outras ovelhas adotarem cordeiros órfãos ou rejeitados. Conforme explicamos, porém, as ovelhas não querem amamentar cordeiros que não sejam seus filhotes. E sabem diferenciá-los de todos os outros, mesmo num campo lotado de recém-nascidos, pela forte marca sensorial e emocional — a memória social — que seus bebês imprimiram em seus cérebros, desde quando elas os cheiraram e mastigaram suas placentas.

Certa vez, há muito tempo, um pastor descobriu como tranformar ovelhas em mães adotivas. Quem era exatamente esse pastor e como ele descobriu esse truque são coisas que sumiram no tempo. Talvez seja melhor para a reputação do pastor que não saibamos sua identidade, porque seu truque envolvia estimular a vagina e o colo do útero de uma ovelha parida recentemente. Exatamente como ele estimulava a vagina e o colo do útero da ovelha é um mistério, mas, presumivelmente, ele notou que quando fazia isso com um cordeiro órfão por perto a ovelha permitia ao cordeiro estranho mamar.

Keith Kendrick e Barry Keverne, seu colega na Universidade de Cambridge, foram precursores de grande parte da ciência que está por trás dos vínculos entre carneiros. Foi Keverne quem descobriu por que o truque do antigo pastor funcionava.

Em 1983, Keverne e seus colegas foram comprar suprimentos de laboratório incomuns. Eles entraram numa sex shop e logo saíram com um vibrador bem grande, o que mostra que Mr. Wizard, da TV, estava certo: você pode usar todo tipo de objeto doméstico para fazer ciência. Eles usaram o vibrador para estimular a vagina e o colo do útero de uma ovelha e descobriram que mesmo uma ovelha que não havia parido (mas que recebera estrogênio e progesterona para imitar uma gravidez) demonstrava "todos os complementos do comportamento maternal [...] depois de cinco minutos de estimulação cérvico-vaginal" (VCS, na sigla em inglês). Novas mães não precisavam de qualquer fornecimento hormonal. Kendrick descobriu que cinco minutos de VCS manual podia fazer uma ovelha criar um vínculo com um cordeiro estranho — mesmo depois de ela já ter criado um vínculo com seu próprio filhote — por até 27 horas depois de parir. Muitos cientistas começaram a meter suas mãos e seus "instrumentos de laboratório" nas vaginas de outros animais, descobrindo que a VCS funciona em cabras e éguas também.

Em outras palavras, Kendrick e Keverne descobriram que imitar a estimulação natural do parto levava as ovelhas a formarem vínculos com um cordeiro estranho, quer elas tivessem ou não criado vínculos com seus próprios filhotes e quer ou não tivessem realmente parido. O nascimento não podia ser dissociado do vínculo entre mãe e filho: a estimulação da vagina e do colo do útero e a liberação de oxitocina que esse estímulo causa são o que desencadeia o processo de formação desse vínculo.

Na verdade, embora isso não produza nem de perto a boa história que a VCS produz, você pode induzir o vínculo numa ovelha simplesmente dando-lhe uma injeção de oxitocina no cérebro, especificamente no núcleo paraventricular (PVN), a área onde se origina a oxitocina cerebral do ser humano (e dos carneiros). Dê oxitocina a uma ovelha provida de hormônios e ela adotará um cordeiro estranho em menos de um minuto.

A VCS também sobrecarregará a memória social de uma arganaz fêmea. Se você fizer uma massagem de VCS (caso você esteja se perguntando como — e por que não o faria? —, os pesquisadores usam uma sonda, não as mãos, nas arganazes) numa fêmea prestes a entrar no cio ou que já esteja no cio e em seguida apresentá-la a um filhote, ela ainda reconhecerá esse filhote cinco horas depois. Isso prova que a estimulação da vagina e do colo do útero cria a liberação de oxitocina no cérebro, induzindo o apredizado da recompensa e aumentando a memória social e o desejo de criar vínculo.

Nervos ligam a genitália ao PVN produtor de oxitocina dos roedores, um fato descoberto pela esposa de Larry, Anne Murphy, e outros que trabalhavam com ela. A influência desses sinais sobre as células produtoras de oxitocina é maior nas fêmeas do que nos machos, o que faz sentido, uma vez que o estrogênio aumenta a expressão dos receptores de oxitocina. Murphy acredita que é provável que as células produtoras de oxitocina se projetem para partes do cérebro que regulam o comportamento social, na prática ligando o sexo e o amor dos roedores um ao outro.

Experiências como as que Larry e seus colaboradores e colegas realizaram demonstram que arganazes que fazem sexo naturalmente recebem surtos de oxitocina, dopamina e opioides em seus cérebros — e que essas substâncias químicas levam ao amor dos arganazes — não podem ser realizadas em seres humanos. Por isso, não podemos provar que Maud Gonne mudou sua atitude em relação a Yeats porque os dois haviam tido relação sexual, mas há poucas dúvidas de que a oxitocina é liberada no cérebro humano durante o sexo e o orgasmo.

Sabe-se que a oxitocina entra em circulação no sangue quando as pessoas fazem sexo. Durante séculos parteiras disseram a mulheres que o trabalho de parto pode ser apressado fazendo sexo. Nos tempos modernos, os obstetras usaram dilatadores e dispositivos em forma de balão cheios de água para obter o mesmo trabalho. O motivo pelo qual esses dispositivos funcionam e pelo qual a relação sexual pode iniciar o trabalho de parto é que as duas coisas estimulam a vagina e o colo do útero, assim como em arganazes que fazem sexo e em ovelhas submetidas a VCS. Também é altamente provável que a oxitocina seja liberada no cérebro ao mesmo tempo porque, como Murphy mostrou nos roedores, o centro de produção de oxitocina no cérebro está diretamente ligado à genitália.

Os seres humanos parecem ter evoluído especificamente para explorarem esse circuito.

Pode ser uma notícia bem-vinda para muitos homens o fato de que, proporcionalmente ao tamanho de nossos corpos, somos muito bem-dotados: temos os maiores pênis de todos os primatas. O pênis ereto médio de um gorila mede pouco menos de 4 centímetros apenas. (Não fique convencido. As cracas — ou bálanos — têm pênis oito vezes maiores que o comprimento de seus corpos.) Também é verdade que o tamanho importa.

Distorcendo, para fins reprodutivos, a resposta do verticalmente dotado Abraham Lincoln a um homem que lhe perguntou o quanto as pernas de um homem devem ser longas ("O suficiente para alcançar o chão", disse Lincoln), um pênis precisa apenas ser longo o bastante para fazer um depósito de espermatozoides perto da abertura do útero. A vagina humana tem uma profundidade média de 63 milímetros, medida a partir do útero na parte de trás até o entroito, o ponto onde estaria o hímen, na frente. Considerando que o pênis médio ereto de um homem que não é astro pornográfico é de 13 centímetros, o pênis humano seria um caso de evolução em que nosso equipamento foi exageradamente projetado. A vagina é incrivelmente flexível — por isso um bebê de 3,5 quilos pode passar por ali — e, portanto, acomodará até mesmo o pouco dotado, principalmente quando a mulher está sexualmente excitada. Mas o fato é que a maioria dos homens tem pênis significativamente maiores do que o necessário para pôr os espermatozoides no lugar certo.

Teóricos da evolução questionam há muito tempo o motivo pelo qual temos pênis mais longos do que nossos primos primatas. Uma teoria é de que os homens os utilizam como uma espécie de juba de leão para uma exibição do tipo Anthony Weiner* "olhe para mim": um símbolo para outros machos de que somos os He-man a serem enfrentados. Nossos ancestrais com pênis mais longos afastavam machos rivais das fêmeas. Outra teoria sugere que os homens desenvolveram pênis mais longos porque nossos espermatozoides competem como os de outros machos — que podem se acasalar com a mesma fêmea logo depois de nós — dentro do canal vaginal. Quanto mais perto do colo do útero fizermos o depósito, maior vantagem inicial daremos aos nossos nadadores na grande corrida para o óvulo. Uma terceira ideia sugere que as mulheres são exigentes na escolha. Diferentemente da maioria das fêmeas de primatas, as mulheres podem ter mais de um orgasmo. Quan-

---

* Congressista americano que ficou conhecido em 2011 por enviar uma foto de seu pênis ereto escondido numa cueca a uma jovem, pelo twitter. (*N. do T.*)

do descobrem que o pênis masculino é um dispositivo útil para induzir orgasmos, elas selecionam os homens generosamente equipados.

Acreditamos que há uma maneira melhor de explicar os pênis humanos grandes; ou seja, que Dr. Long sabia o que estava falando em 1919. Larry acredita que o pênis humano evoluiu como uma ferramenta para estimular a vagina e o útero de modo que a oxitocina seja liberada no cérebro de uma mulher. Quanto maior o pênis, mais eficiente ele é para desencadear um surto de oxitocina durante a relação sexual. Picos de oxitocina ajudam a reduzir qualquer apreensão ou ansiedade que uma mulher possa ter, tornando-a aberta ao sinais emocionais e sociais de seu amante. Ela capta o rosto e os olhos dele e registra com força o contexto emocional em sua amígdala. Presumivelmente, dopamina e opioides são liberados. Enquanto olha para seu amante de um modo que seria desconcertante em outros contextos, ela recebe prazer e o associa especificamente a ele, do mesmo modo como uma mãe faz com seu bebê. Esse é um cenário bem mais erótico e agradável que o de um pastor estimulando manualmente uma ovelha a fim de fazê-la adotar um cordeiro — o mecanismo, porém, é mais ou menos igual.

Um estudo realizado por Stuart Brody, da Universidade the West of Scotland, indicou que, por mais que sejam divertidos, nem o sexo oral, nem a masturbação, nem qualquer outra forma de atividade sexual dá às mulheres a sensação de satisfação geral com o relacionamento, incluindo "sentir-se próxima do parceiro", que o sexo peniano-vaginal cria.

Percebemos que pode ser que soemos como defensores da posição papai e mamãe, mas o sexo cara a cara também tem outra vantagem: os seios da mulher ficam bem à mão.

No Capítulo 3 argumentamos que a obsessão com os seios era inata no macho humano heterossexual e que Hugh Hefner ficou rico explorando isso. Desde os tempos mais antigos os seios são centrais para o imaginário erótico humano. Os homens não querem apenas olhar para eles, porém. Claramente, adoramos brincar com eles. Nós os lambemos, mordiscamos, mexemos neles como se fossem o dial de um rádio. Cantamos "My Way" neles como se fossem microfones. Não precisamos estar fazendo sexo para fazer qualquer uma dessas coisas, mas fazemos especialmente durante o sexo, e somos os únicos animais machos que fazem isso. Isso não tem qualquer sentido reprodutivo.

Brincar com os seios durante o sexo é quase universal. Quando Roy Levin, da Universidade de Sheffield, e Cindy Meston, da Universidade do Texas, fizeram uma pesquisa de opinião com 301 pessoas (153 eram mulheres) sobre seios e sexo, descobriram que estimular seios ou mamilos aumentava a excitação sexual em cerca de 82% das mulheres e que quase 60% delas pediam explicitamente para terem seus mamilos tocados.

Assim como o comprimento do pênis masculino, essa excentricidade das mamas humanas intriga há muito tempo biólogos evolutivos. Alguns supõem que seios fartos armazenam a gordura necessária, que, por sua vez, sinaliza a um homem que a mulher tem boa saúde e, portanto, excelente probabilidade de parir e criar seus filhos. Mas os homens não são conhecidos por serem exigentes em relação a suas parceiras sexuais. Se o objetivo principal de fazer sexo é transmitir genes, faria mais sentido fazer sexo com tantas mulheres quanto possível, independentemente de elas parecerem ou não com a *playmate* do mês passado.

Outra hipótese se baseia no fato de que a maioria dos primatas faz sexo com o macho penetrando por trás, como afirmou Dr. Long. Isso pode explicar por que algumas macacas exibem uma elaborada propaganda no traseiro. Os homens, prossegue o argumento, precisavam de um pouco de incitação erótica para lembrá-los de como seus ancestrais evolutivos costumavam fazer isso. Assim, os dois seios na frente se tornaram maiores para imitar os contornos do traseiro de uma mulher.

Mas só existe uma explicação neurológica para essa esquisitice entre os seres humanos. Como vimos no capítulo anterior, os recém-nascidos se envolvem em manipulações bastante elaboradas dos seios de suas mães não apenas para trazer o leite, mas também para liberarem a oxitocina que facilita o vínculo, incentivando a mãe a se aproximar emocionalmente de seu bebê e imprimir os sinais sensoriais dele em sua amígdada. O bebê também recebe recompensa cerebral e a sensação de segurança. A fascinação masculina com os seios começa aí.

Mais tarde, numa recapitulação daqueles tempos mais antigos, usamos os seios para ajudar a formar e a manter o vínculo romântico. Os seios, assim com os pênis, evoluíram para se tornarem ferramentas que estimulam a liberação de oxitocina pelo neurocircuito do vínculo mãe-filho.

Manipular os seios libera oxitocina, e você não precisa ser um bebê em fase de amamentação para obter isso. A amamentação, assim como a relação sexual, tem sido usada para induzir o parto desde a pré-história. Em algumas culturas antigas, as parteiras punham um bebê em fase de amamentação no mamilo de uma mulher lutando para dar à luz com a finalidade de apressar as coisas. Desde então, ventosas de sucção, massagem nos seios e até esfregar os mamilos com algodão embebido em parafina têm sido usados. Em 1973, médicos israelenses experimentaram uma bomba mamária, operada pelas próprias mulheres testadas, e descobriram que o mecanismo induzia o parto 69% das vezes.

Existe uma ligação neural direta entre os mamilos e os neurônios oxitocinérgicos do cérebro. Quando Barry Komisaruk, da Universidade Rutgers, e Stuart Brody obtiveram imagens (de ressonância magnética) de mulheres estimulando-se de várias maneiras, descobriram que a estimulação dos mamilos ativava o cérebro mais ou menos da mesma maneira que a estimulação do útero. Eles especularam que, assim como acontece com os roedores, esse tipo de estimulação libera a oxitocina do PVN.

Essa ligação seio-oxitocina explicaria por que os homens são os únicos mamíferos machos fascinados por seios e as mulheres as únicas fêmeas de mamíferos cujos seios permanecem aumentados, mesmo quando não estão amamentando. O ser humano é o único animal para o qual os seios se tornaram uma característica sexual feminina secundária.

Aumentando as evidências de que o acasalamento humano explora o circuito do vínculo entre mãe e filho para criar amor, neurocientistas da Universidade College London pediram a mulheres para entrarem em máquinas de ressonância magnética e, assim como em outros estudos que discutimos, olhar para fotos de seus bebês. As imagens resultantes pareciam com as de outros desses testes. As mesmas áreas se iluminavam, reconfirmando a existência de um circuito do vínculo entre mãe e filho. Em seguida, os cientistas pediram às mulheres para olhar mais fotografias, incluindo de tipos como George Clooney, estranhos anônimos, parentes e seus amantes. Olhar para Clooney — e também olhar para estranhos ou até mesmo parentes — não era como olhar para seus bebês. Mas quando as mulheres olhavam para fotos de seus amantes, os padrões de ativação em seus cérebros coincidiam estranhamente com os padrões formados quando elas olhavam para seus bebês.

Ninguém pode tentar fazer com seres humanos o tipo de experiência que Larry e seus colegas fizeram com os arganazes-do-campo. Portanto, as evidências que apresentamos aqui não são definitivas, não são provas científicas: formam uma hipótese. Quando um arganaz-do-campo se acasala, um conjunto de neurônios que viaja do hipotálamo para a pituitária é ativado. As fibras que se desviaram do feixe central que leva à pituitária e encontraram caminho até o núcleo acumbente também são ativadas. As imagens de ressonância magnética mostram que mulheres que olham para seus bebês e seus amantes usam as mesmas estruturas cerebrais; são as mesmas áreas — e os mesmos neurônios — que controlam o comportamento maternal tanto nos arganazes quanto nas pessoas.

Se a teoria de Larry está correta, poder-se-ia perguntar por que os atores que trabalham para Joy King têm dificuldade de se olharem nos olhos. Por que eles não se apaixonam cada vez que atuam? Por que William Butler Yeats escreveu um de seus poemas mais famosos, "Sem Segunda Troia" (que começa com "Por que culpá-la se ela encheu meus dias/ De mágoa...")* depois de Gonne voltar a se distanciar dele? Por que o sexo casual não leva sempre à monogamia afetiva?

Conforme afirmamos, o contexto é importante: um set de filme pornográfico não é exatamente romântico, nem mesmo muito sexy. Mais importante: como os roedores de Pfaus mostram, desenvolver um fetiche exige alguma prática. Em seu papel de guardiã, a oxitocina simplesmente abre o portal do amor. É preciso passar por esse portal algumas vezes e nas condições certas. Mesmo assim, essa prática tem que ser constantemente renovada. Uma transa de uma noite pode ou não levar você a pensar que está apaixonado, mas, quaisquer que sejam os efeitos, eles vão diminuir.

O sexo humano não é apenas para reprodução e transmissão de nossos genes: em sua maioria, os mamíferos se tornam sexualmente

---

*Tradução de Augusto de Campos (*N. do E.*)

receptivos somente quando estão férteis, mas os seres humanos fazem sexo mesmo quando não há chance alguma de fertilizar um óvulo. O sexo, então, deve servir a algum outro propósito além de produzir mais pessoas. Acreditamos que durante a evolução humana o mecanismo de vínculo entre mãe e filho — compartilhado por todas as espécies de mamíferos — foi ajustado para as mulheres poderem usar o sexo para estabelecer um vínculo ou para mantê-lo.

Explicando de outra maneira: os homens estão usando seus pênis e os seios de suas parceiras para incitarem as mulheres a serem babás deles. (Uma mulher pode querer manter isso em mente na próxima vez que um homem usar a boca para fazer barulho de lancha entre seus seios.) As mulheres querem algo também, é claro, e, como você está prestes a aprender, elas também exploram um antigo circuito masculino para obter isso.

6

SEJA MEU TERRITÓRIO

Assim como aconteceu com Markus Heinrichs antes de realizar suas experiências, pode ser que você também duvide de que uma única molécula, ou uma série de moléculas, possa realmente estar na raiz de algo tão complexo quanto o amor humano. Essa ideia parece reduzir o papel do livre arbítrio no que talvez seja a decisão mais importante de nossas vidas. Nós escolhemos quando fazer sexo. Escolhemos com quem faremos sexo e escolhemos quem amar. É nisso que a maioria das pessoas acredita. Embora não seja nossa intenção sugerir que o livre-arbítrio *não* participa do jogo, esperamos mostrar que os seres humanos são muito fortemente influenciados por substâncias neuroquímicas, que o amor humano realmente é resultado da ação dessas substâncias químicas em circuitos definidos em nossas cabeças e que o "como" do amor — mesmo nossa capacidade de nos comprometermos verdadeiramente com o amor monógamo — varia individualmente, de acordo com eventos genéticos e ambientais sobre os quais temos pouco controle.

Para ver o quanto é forte o papel das substâncias neuroquímicas, e há quanto tempo elas fazem isso, fomos ao laboratório de Kathy French, na Universidade da Califórnia, em San Diego, no alto de um platô com vista para o oceano Pacífico. French estuda sanguessugas. Estuda há anos, o que a faz parecer um pouco excêntrica. Mas não é exatamente o que alguém poderia imaginar, que é uma aficionada por sugadores de sangue: sombria, gótica e misantrópica. Ela é uma loura alegre, delicada e cheia de energia que poderia ter sido uma líder de torcida no ensino médio.

Quando French e sua colega de pós-doutorado Krista Todd nos levam para uma salinha cheia de vapor — na verdade, um grande closet —, onde as sanguessugas são mantidas, não há muita coisa para ver exceto pequenos aquários de vidro dispostos sobre uma série de prateleiras. Dentro de cada tanque, juntamente com um pouco de água e musgos, algumas sanguessugas estão fazendo... bem, não estão fazendo nada. Se fosse possível dizer que essas sanguessugas têm alguma atitude, você teria que dizer que elas são de uma arrogância intratável. Seria fácil confundi-las com escargots mimados fora de suas conchas. Elas têm mais ou menos 8 centímetros de comprimento quando são comprimidas (o que acontece, na maior parte do tempo, embora elas possam se esticar até mais ou menos 20 centímetros). Se você não as cutuca, tudo o que elas fazem — além de sorver ruidosamente de vez em quando sua ração de sangue — é descansar, imóveis, à beira d`água, como se fossem Jabba the Hutt de férias em Aruba.

French, contudo, pode contar fatos sobre elas com a excitação de uma menina de 13 anos falando sobre o cabelo de Justin Bieber. O *Hirudo medicinalis* — a sanguessuga medicinal — faz parte de uma família de animais chamada anelídeos. Minhocas são anelídeos e, na verdade, as próprias sanguessugas são vermes. Ninguém sabe exatamente o quanto as sanguessugas são antigas em termos de evolução, mas elas são muito velhas. Anelídeos fósseis foram encontrados em pedras de mais ou menos 500 milhões de anos, do período cambriano. O *Hirudo,* provavelmente, não é tão velho assim, mas as sanguessugas estiradas nos tanques de French são relíquias vivas cujos predecessores descansavam mais ou menos da mesma maneira, perto de alguma lagoa pantanosa, muito antes de arganazes, carneiros ou pessoas — ou qualquer mamífero — caminharem pela Terra.

Todos os *Hirudos* são hermafroditas: cada um deles tem as gônadas masculina e feminina. Isso pode parecer bastante conveniente, mas, apesar de terem equipamentos para os dois sexos, eles não podem se autofertilizar. Na verdade, o sexo da sanguessuga é bem esquisito.

Primeiro, a sanguessuga tem que encontrar um parceiro. Como elas não têm olhos, French acha que elas "provam" o ambiente para conhecer os candidatos próximos, provavelmente usando sensores químicos em seus lábios. O que elas estão provando, acredita French, é a urina liberada pelos poros do lado de baixo dos corpos das sanguessugas. Quando uma sanguessuga está com vontade de fazer sexo, ela levanta a cabeça como uma cobra e estala seus lábios, abrindo-os e fechando-os — como uma velha sem dentes faz com as gengivas —, na esperança de encontrar alguma urina saborosa e perceber nessa urina que alguém está disposto a se acasalar. Elas estão buscando informações sociais sobre parceiros receptivos. French ainda não pode provar isso, mas diz que "elas devem ter alguma percepção disso, do contrário acabariam estuprando umas às outras o tempo todo".

Quando uma sanguessuga encontra um parceiro, precisa realizar uma coreografia elaborada. Outros poros — chamados gonóporos, e também na parte de baixo do corpo — levam aos órgãos sexuais. O pênis está localizado num gonóporo no quinto segmento do corpo. Um gonóporo feminino está localizado no segmento seguinte, o sexto. Portanto, se você é uma sanguessuga, tem que se certificar de que o quinto segmento de seu corpo se alinhe com o sexto segmento do corpo de seu parceiro e vice-versa — o que não é fácil. Para conseguir isso as sanguessugas têm que revelar o lado de baixo de seus corpos e depois se enroscar, contorcendo-se em torno uma da outra, no que French e Todd chamam de "fio de telefone", pelo motivo óbvio de que, quando fazem isso, as sanguessugas parecem fios de telefone enroscados.

É difícil imaginar sanguessugas preguiçosas — que normalmente descansam à beira da lagoa — fazendo algo assim. French acredita que elas só revelam a parte de baixo de seus corpos, só realizam os movimentos de cobra e só se enroscam como fios de telefone quando estão tentando se acasalar, e em nenhum outro momento. Há um motivo para elas quererem evitar esse comportamento tão extravagante: ele é muito perigoso. Quando as sanguessugas estão se enroscando, elas ficam vulneráveis a predadores.

O que quer que desencadeie isso, tem que ser terrivelmente forte para fazê-las desconsiderarem sua segurança. Embora o *Hirudo* tenha sido usado em medicina durante séculos, e conquistado um papel ainda maior na medicina moderna, ninguém sabia o que o fazia começar a se enroscar até French ouvir um cientista da Universidade de Utah falando num encontro acadêmico. O cientista, Baldomero Olivera, falava do veneno que os caramujos conus usam para caçar presas, geralmente algum tipo de caramujo-do-mar — outro anelídeo. O veneno do caramujo conus contém neurotoxinas. Vendo uma oportunidade, French disse: "Hummm. Nós temos vermes anelídeos e vocês têm esses agentes neuromusculares. Adoraríamos testá-los em nossos animais."

Os dois laboratórios iniciaram uma colaboração. O pessoal de Utah destilou o veneno, obtendo as substâncias químicas que o constituem, e enviou alguns desses ingredientes para o pessoal de San Diego, que injetou cada um deles nas sanguessugas, esperou para ver o que acontecia e depois informou a Utah. Ambos os laboratórios imaginaram que os testes durariam muitos meses, ou anos. Quase imediatamente, porém, French teve um choque.

"Foram necessárias apenas três repetições para descobrirmos que uma subfração do veneno produzia todos os comportamentos reprodutivos" da sanguessuga: os gestos de cobra, o enroscamento como um fio de telefone, mesmo quando não havia um parceiro na área — recorda ela. Essa subfração estava comumente disponível em empresas de suprimentos químicos. Então French comprou um pouco. Quando a injetou nas sanguessugas, estas demonstraram o que ela hoje chama de "flerte fictício". Elas começaram a tentar se acasalar. (Todd havia sugerido a "trepada fictícia", que na verdade está mais perto do que acontece, mas French achou que o termo poderia não causar boa impressão nos cartazes apresentados em encontros científicos.)

Para mostrar como é forte e imediato o efeito da substância química, Todd pega um seringa fina e põe a agulha em cima de uma sanguessuga que está sozinha num contêiner de plástico, com apenas um pouco de água. Esticada, essa sanguessuga teria mais ou menos 12 centímetros de comprimento, mas, como sempre, ela não está esticada: está agindo como uma sanguessuga, apenas descansando. Todd aplica a injeção e em mais ou menos dois minutos a sanguessuga ancora seu rabo no fundo do contêiner e começa a esticar e contorcer o resto do corpo para expor sua parte de baixo, abrindo a boca e agindo como um fio de telefone vivo. Por fim, ela começa a soltar a ponta de seu pênis do gonóporo masculino.

Todd cutuca a sanguessuga com a agulha da seringa. Normalmente, uma sanguessuga sairia correndo. Mas esta ignora a dor e continua se contorcendo. O laboratório de French chegou a dar choques de eletricidade estática em sanguessugas que estavam se enroscando daquela maneira, e elas não se moveram. Elas ficam completamente tomadas por essa resposta de acasalamento. Não fazem nada além de tentar fazer sexo. É possível que o veneno do caramujo conus tenha evoluído para conter uma substância química que sequestra a resposta de acasalamento dos caracóis, permitindo ao caramujo transformar os vermes em petiscos indefesos.

Essa substância química — a mesma que excitou as sanguessugas de French — é chamada de conopressina. A sanguessuga tem uma análoga chamada anetocina. Os seres humanos também têm uma análoga, aliás, duas, na verdade —, a oxitocina e a vasopressina.

A linhagem da oxitocina e da vasopressina humanas remonta a cerca de 700 milhões de anos. Em algum momento durante a evolução o gene do progenitor químico da conopressina e da anetocina se dividiu em dois genes muito intimamente relacionados, que se tornaram os genes da vasopressina e da oxitocina. Todas essas substâncias químicas consistem de uma cadeia de nove aminoácidos. Aqui, por exemplo está a cadeia da anetocina:

Cys•Phe•Val•Arg•**Asn**•**Cys**•**Pro**•Thr•**Gly**.

Agora, aqui está a cadeia da conopressina:

Cys•Phe/IIe•IIe•Arg•**Asn**•**Cys**•**Pro**•Lys/Arg•**Gly**.

Esta é a oxitocina humana:

Cys•Tyr•IIe•Gln•**Asn**•**Cys**•**Pro**•Leu•**Gly**.

Por fim, aqui está a vasopressina humana:

Cys•Tyr•Phe•Gln•**Asn**•**Cys**•**Pro**•Arg•**Gly**.

As letras representam os nomes dos aminoácidos e suas posições nas cadeias, mas não se preocupe com os nomes. As letras em negrito são aquelas que os animais que evoluíram centenas de milhões de anos atrás têm em comum com os seres humanos. Em outras palavras, essas substâncias químicas têm sido extremamente conservadas, desde as antigas sanguessugas até nós. Na verdade, se você pegar o gene que codifica a substância análoga da oxitocina no baiacu, a isotocina, e colocá-lo no genoma de um rato, o hipotálamo do rato fabricará isotocina em seus neurônios que fabricam oxitocina. O que significa que, apesar de algumas diferenças, as sequências de DNA nos genes de peixes e mamíferos que fornecem instruções para onde esses genes serão usados — as sequências "promotoras" — são tão conservadas que funcionam da mesma maneira em espécies muito diferentes. Note também que a oxitocina humana e a vasopressina humana diferem apenas na terceira e oitava posições. Os dois hormônios têm tanto em comum que podem se ligar aos receptores um do outro e ativá-los.

Quando o laboratório de French quis testar como um antagonista — um bloqueador de receptor — comprometeria o efeito da conopressina nas sanguessugas, alguém sugeriu que simplesmente comprassem um antagonista de vasopressina. "Eu disse: 'Olhe, essas proteínas são realmente complicadas e específicas. Bem, está certo, vá em frente e compre-as, mas não vai funcionar, portanto, não fique deprimido'", recorda ela com uma risada. O antagonista funcionou perfeitamente.

Algo tão conservado deve ter um papel biológico muito básico, caso contrário teria sido jogado para fora na beira da estrada da evolução há muito tempo. Já discutimos alguns papéis da oxitocina. Ela foi descoberta em 1906 por Sir Henry Dale (que ganharia o Prêmio Nobel em 1936 por sua codescoberta de que os nervos falam uns com os outros com substâncias químicas, e não com eletricidade, como a maioria das pessoas pensava). A oxitocina foi recriada em laboratório por um cientista americano, Vincent du Vigneaud, em 1953. Seu laboratório foi o primeiro a isolar a vasopressina e a sintetizá-la. Ele também ganhou um Prêmio Nobel.

Na época em que Vigneaud isolou a vasopressina, a ciência já estava se referindo a esta como o hormônio antidiurético por ser ela responsável por manter o equilíbrio de água correto em nossos corpos. Crianças que fazem xixi na cama cronicamente são com frequência medicadas com um remédio de vasopressina. Nos anos 1950, ninguém suspeitava que a vasopressina também funcionava em nossos cérebros para afetar o comportamento. Mas ela pode ser crucial também para o amor humano, principalmente do ponto de vista masculino, da mesma forma como age no acasalamento das sanguessugas.

Sanguessugas e equilíbrio de fluidos parecem estar a um mundo de distância do amor humano monógamo. Mas digamos que você está num porão tentando fazer sua fornalha voltar a funcionar — uma tarefa que se torna um pouco mais tolerável porque você levou uma garrafa de cerveja lá para baixo com você. Então, depois de perceber que não tem a menor ideia de como consertar uma fornalha, você sente a sede chegando e apanha a cerveja. Agora você percebe que o abridor está no andar de cima, na gaveta da cozinha. Em vez de subir até lá para apanhá-lo enfrentando perguntas desconfortáveis sobre a fornalha no caminho — e em vez de criar um abridor de garrafa no local, você apanha uma chave de fenda que está à mão e descobre que ela funciona muito bem. A evolução também adapta ferramentas existentes a novos usos. A vasopressina e a oxitocina são exemplos daquilo que biólogos evolutivos chamam de exaptação: usar uma molécula ou circuito preexistente para um novo propósito.

As sanguessugas fazem xixi pelo mesmo motivo que as pessoas fazem: livrarem-se do excesso de água e dos dejetos que ela contém. Podem também conseguir muitas informações na urina de outras sanguessugas, como se uma delas que está por perto está ou não disposta a se enroscar. Mamíferos usam a urina o tempo todo para se comunicar — pergunte ao seu cachorro. Quando você leva Sparky para passear, ele provavelmente passará uma quantidade de tempo exagerada esguichando um pouco de urina sobre seus pontos de referência em sua vizinhança (ou melhor, na vizinhança dele). Ele está enviando mensagens. Mamíferos podem dizer bastante sobre os outros por meio da urina, inclusive, no caso de algumas espécies, que querem fazer sexo. Muitas espécies marcam seu território com jatos de urina, dizendo ao mundo que aquele espaço que marcaram é deles.

Alguns não usam urina para marcar território: usam glândulas olfativas. Em 1978 e, novamente, em 1984 (isso mais ou menos teve que ser redescoberto) cientistas descobriram que quando davam injeções de vasopressina na área pré-ótica medial (MPOA) e no hipotálamo anterior de hamsters machos, eles entravam num frenesi de agarrar grama, usando as glândulas olfativas em sua traseira para marcar território assim como os migrantes de Oklahoma numa corrida por terras.

As rãs não usam urina nem glândulas olfativas; elas falam entre si. O macho da rã anuncia sua disponibilidade às fêmeas — e em algumas espécies estabelece território — coaxando. O coaxo é provocado pela ação da vasotocina — o análogo da vasopressina neles —, no cérebro da rã. Há evidências de que o coaxo é modulado pela retenção de água, que aumenta a pressão dentro da rã e resulta em um belo grito. Portanto, para a rã, a vasotocina é vital para a comunicação relacionada ao acasalamento e para marcar território.

Para alegar com sucesso e eficiência que um território é seu, é claro que um animal tem que se lembrar de onde fica seu território. É preciso memória espacial — parecida com a memória social que exploramos no capítulo anterior — para que ele possa distinguir seu território de todos os outros.

Se você também vai sair por aí alegando que um território é seu, há uma boa chance de ter que defendê-lo. Então, você tem que estar disposto a lutar, do contrário, qual o sentido disso? E se você está disposto a defendê-lo, a arriscar-se à dor, a se ferir e até a morrer, então precisa estar bem ligado a ele. Pode-se até dizer que você tem um vínculo com seu território. Você tem uma casa. Nenhum outro lugar é sua casa, apenas esse lugar. Você se tornou, por assim dizer, territorialmente monógamo. Quando você se acasala, há chances de que convide sua nova parceira para seu território ou de que estabeleça algum novo território como seu — um pedacinho de terra onde você possa criar seus filhos. E você vai proteger zelosamente sua companheira assim como protegeu zelosamente seu território.

O que começou como um modo de controlar o equilíbrio da água criou, agora, uma inclinação dos machos humanos a se vincularem a uma parceira. Assim como o amor tem suas raízes evolutivas e neuronais no circuito do vínculo entre mãe e filho no caso das fêmeas humanas, para os machos humanos as fêmeas são o território, acredita Larry.

187

Conforme dissemos antes, isso é uma hipótese, não um fato científico provado. Então, vamos estipular neste momento que tanto a oxitocina quanto a vasopressina estão presentes e têm funções fisiológicas e neurossinalizadoras em homens e mulheres. A ciência não descobriu completamente como elas podem interagir para influenciar comportamentos de acasalamento nas pessoas. Mas sabemos um pouco a partir de experiências com animais.

Agora está estabelecido que, enquanto a sensibilidade à oxitocina depende mais do estrogênio, a produção de vasopressina em neurônios que se projetam para regiões do cérebro que controlam o comportamento depende mais da testosterona. Os machos têm níveis mais elevados de neurônios emissores de vasopressina na amígdala, e em diversas espécies a vasopressina parece regular comportamentos sociais masculinos, como proteger a parceira.

É verdade que se você injetar vasopressina em um homem, ele não vai largar a pizza imediatamente e começar a se enroscar como um fio de telefone. Por isso perguntamos a Kathy French se é um exagero comparar o acasalamento das sanguessugas com o acasalamento humano.

"Há um paralelo impressionante com os seres humanos", responde French. "Eu acho que... até o nível molecular."

Todd mexe a cabeça com convicção. "Até o nível molecular", acrescenta.

A QUÍMICA DA NAMORADA

Para as espécies nas quais existe, a monogamia é importante — até mesmo para os machos, e, às vezes, principalmente para eles. O macho do peixe-diabo, um habitante do fundo do mar, leva a monogamia muito a sério. Ele vive tão abaixo da superfície que a luz está praticamente excluída de seu mundo. Por isso, esses peixes desenvolveram uma lanterna, um pequeno bulbo sobre um bastão bioluminescente que eles usam para atrair presas e, talvez, para se encontrar uns com os outros. Mesmo com a ajuda da lanterna, porém, pode ser difícil encontrar uma parceira nessa profundidade. Então, quando esbarram com uma fêmea, os peixes-diabos formam um vínculo de verdade, e não apenas metafórico. Eles a mordem, fundem vasos sanguíneos e depois se dissolvem, até existirem principalmente como um hipotálamo e um saco de testículos preso ao corpo da fêmea.

As fêmeas não são tão leais. Elas podem ser encontradas exibindo vários conjuntos de testículos, como se fossem muitos troféus. Não sinta pena do macho, porém. Ele conseguiu o que mais queria, falando em termos evolutivos. Toda vez que a fêmea desova, ele produz alguns filhotes, soltando na população de peixes-diabos os genes que os fizeram escolher seu estilo de vida. Os machos dos primórdios, cujos cérebros não eram organizados para buscar essa monogamia extrema, tinham pouca chance de produzir muitos filhotes, devido ao ambiente. Como resultado, esses genes solteiros desapareceram do conjunto de genes. É assim que a seleção natural funciona. Os comportamentos se adaptam ao ambiente para produzir os filhotes que sobrevivem melhor.

Em 1993, James Winslow, Sue Carter, Thomas Insel e outros anunciaram que haviam descoberto que a atividade da vasopressina no cérebro tinha um papel na monogamia mamífera. Eles haviam feito uma série de experiências com arganazes-do-campo. Antes de se acasalarem com uma fêmea, os machos se associavam alegremente a outros arganazes dos dois sexos. Se um macho virgem estranho chegava à gaiola de outro macho virgem, os dois se cheiravam e investigavam um ao outro, e tudo terminava assim. Tudo isso mudava, porém, depois que os machos se acasalavam. Eles desenvolviam uma preferência por se associar à fêmea com a qual haviam se acasalado e começavam a atacar qualquer arganaz estranho que chegasse à gaiola.

A vasopressina não era um candidato tão óbvio para o papel de formar vínculos quanto a oxitocina — a ciência já sabia que a oxitocina estava envolvida no comportamento de afiliação. Quando as experiências de Winslow chegaram ao fim, porém, os cientistas haviam provado que a vasopressina do cérebro, liberada no cérebro dos machos durante o acasalamento, não apenas estava envolvida nos comportamentos deles após o acasalamento como os arganazes-do-campo machos não teriam seus comportamentos sem ela. Quando a vasopressina era bloqueada, eles não formavam uma preferência por parceira mesmo que se acasalassem. Sem a vasopressina, os machos têm uma memória social muito fraca. E embora se acasalassem quando a vasopressina era bloqueada, eles não agiam com agressividade em relação a outros machos depois.

Eles também descobriram que se injetassem vasopressina no cérebro de um macho quando ele estava com uma fêmea há apenas algumas horas — *sem* se acasalar —, ele preferiria ficar com essa fêmea que com outras, mesmo que ela o ignorasse. Pesquisas subsequentes mostraram que se acasalar e depois morar com uma fêmea causavam mudanças físicas no cérebro do macho, aumentando a densidade dos nervos emissores de vasopressina e reorganizando o núcleo acumbente. As duas mudanças fortaleciam o vínculo e estimulavam os cuidados paternos com os filhotes.

Arganazes-do-prado e arganazes-montanheses se acasalam exatamente como os arganazes-do-campo, e também recebem uma descarga de vasopressina. Os neurônios relacionados e suas projeções são iguais. Mas eles não criam vínculo com suas parceiras e não demonstram qualquer aumento da agressão com machos intrusos. Poder-se-ia supor que os arganazes-do-prado e os arganazes-montanheses recebem uma dose pequena demais de vasopressina para formar vínculo. Mas Insel descobriu que não é uma questão de dosagem.

Em vez disso, o que conta — assim como no sistema de oxitocina das fêmeas — não é a *quantidade* da substância química, mas as regiões cerebrais específicas que são *sensíveis* a ela. Isso difere entre as espécies. Uma região, o pálido ventral (a principal saída do núcleo acumbente — Figura 2, página 93), é repleta de receptores de vasopressina nos arganazes-do-campo machos, mas não nos arganazes-do-prado. A outra região é o septo lateral, onde receptores de vasopressina são necessários para que um macho se lembre de uma fêmea específica. Quando Larry e seu colega Zuoxin Wang bloquearam os receptores de vasopressina em qualquer um desses dois lugares, uma noite com uma fêmea sexy deixou de ser tempo suficiente para formar o vínculo. Então, Larry acredita que é essa distribuição de receptores que leva os arganazes-do-campo machos a formarem vínculos com fêmeas.

Seis anos depois das experiências pioneiras de Winslow, Larry fez um teste bastante simples, mas revelador. Ele injetou vasopressina ou um placebo nos cérebros de arganazes-do-prado e de montanheses machos, em seguida os pôs em um lado de uma arena de dois lados com uma fêmea anestesiada. Todos os arganazes-montanheses se aproximaram da fêmea adormecida, a cheiraram, figurativamente deram de ombros e foram embora, explorando a gaiola. Não importava se eles haviam recebido vasopressina ou não. Mas os arganazes-do-campo que haviam recebido uma injeção de vasopressina cheiraram a fêmea, fuçaram-na e cuidaram dela muito mais do que aqueles que haviam recebido o placebo. É um pouco parecido com o flerte fictício de French, exceto que os arganazes tinham uma fêmea de verdade — ainda que inconsciente — para flertar. Isso pode parecer simples, mas as implicações são tremendas. Isso prova que a mesma vasopressina nos cérebros de duas espécies muito semelhantes tem efeitos muito diferentes sobre o comportamento social delas.

Receptores são proteínas, e proteínas são codificadas por genes. Os genes têm partes diferentes: a sequência (ou receita) do código e o promotor. O promotor determina as células que produzirão a proteína — neste caso, o receptor de vasopressina. Larry se perguntou se diferenças no promotor do gene receptor de vasopressina, chamado *AVPR1A*, poderiam explicar as diferenças no padrão de expressão dos cérebros do arganazes-do-campo, arganazes-do-prado e arganazes-montanheses. Então, ele isolou o gene *AVPR1A* dos arganazes-do-campo e dos arganazes-do-prado e sequenciou seus DNAs.

Os genes eram 99% idênticos em ambas as espécies, sugerindo que a estrutura da proteína do receptor era idêntica. Mas havia uma diferença em parte do promotor, num trecho ao qual geneticistas costumam se referir como "DNA lixo", porque se achava que não tinha outra função além de ficar ali como lixo. Como esse lixo é formado por seções repetidas, ele pode soar como um disco arranhado à máquina de replicação de DNA de uma célula, levando a máquina a gaguejar e emitir mais — ou menos — repetições do que aquelas que existem na sequência que está tentando copiar. Em outras palavras, o DNA lixo — mais adequadamente chamado de microssatélites — é uma área perigosa para a evolução genética. (Na verdade, os microssatélites podem ser usados como uma impressão digital genética para identificar um suspeito, à la *CSI*.) Isso levou Larry a crer que os microssatélites são responsáveis pela diversidade na distribuição de receptores no cérebro e, portanto, pela diversidade de comportamentos.

Mas a distribuição de receptores no cérebro realmente determina o comportamento? Para descobrir isso Larry e sua equipe puseram um gene *AVPR1A* — com seu DNA lixo, seu promotor e sua sequência de código — em embriões de camundongos para criar camundongos transgênicos com padrões de receptores de vasopressina no cérebro parecidos com os de um arganaz-do-campo. Quando esses camundongos machos — que são firmemente polígamos — cresceram e receberam injeções de vasopressina, agiram de modo muito mais parecido com os arganazes-do-campo ao encontrarem fêmeas de sua espécie do que com seus irmãos normais. Cheiraram muito mais as fêmeas e cuidaram muito mais delas.

Nada mais nesses camundongos era diferente. A expressão do receptor de oxitocina era a mesma nos camundongos normais e transgênicos. Eles passeavam e exploravam da mesma maneira, e quando Larry lhes deu outra coisa para cheirar — bolas de algodão com cheiro de limão ou cheiro de fêmeas que tinham tido seus ovários retirados —, também não houve diferença alguma. A única mudança de comportamento entre camundongos machos com gene receptor de vasopressina de arganaz-do-campo e camundongos machos sem isso era o modo como os machos se relacionavam com uma fêmea: os camundongos transgênicos eram mais prodigiosos ao flertar. Essa experiência foi uma das primeiras a provar que mutações numa região promotora-reguladora podem afetar profundamente o comportamento. A implicação, é claro, é de que o comportamento — algo que com frequência consideramos fixo, pelo menos quando estamos falando de comportamento típico de espécies — pode na verdade estar sujeito a pedacinhos altamente mutáveis do filamento molecular.

Como os camundongos não se tornaram monógamos como os arganazes-do-campo, uma pergunta natural foi se o truque funcionaria pondo o *AVPR1A* do arganaz-do-campo num arganaz promíscuo que fosse parente mais próximo. Então o laboratório de Larry realizou uma série de experiências semelhantes em arganazes-do-prado machos.

Eles focaram no circuito de recompensa de dopamina — especificamente, no pálido ventral, a região onde Insel encontrou diferenças na densidade do receptor entre espécies. (Os ratos-do-campo e os micos também têm muito mais receptores em seus pálidos ventrais, comparados aos camundongos e macacos monógamos que são parentes próximos.) Larry se utilizou do poder que os vírus têm de infectar uma célula e injetar nela seus genes virais. Ele apagou os genes de um vírus e os substituiu pelo gene *AVPR1A* do arganaz-do-campo. Em seguida, Miranda Lim, sua aluna, injetou esse vírus no pálido ventral de arganazes-do-prado. O vírus fez seu trabalho e as células do pálido dos arganazes-do-prado começaram a produzir receptores de vasopressina mais ou menos na mesma proporção que os arganazes-do-campo machos normalmente produzem.

Os machos foram então postos numa gaiola com uma fêmea receptiva durante 24 horas. Depois disso, os arganazes foram submetidos ao teste da preferência por parceira. Conforme esperado, os casais fizeram sexo a noite inteira, como costumam fazer os arganazes-do-prado normais. Mais tarde, quando tiveram a chance de escolher entre a fêmea com a qual haviam passado algum tempo morando e outra, diferente, os arganazes-do-prado machos que haviam recebido uma injeção de placebo não demonstraram preferência alguma. Eles investigaram a estranha e se aconchegaram a ela com tanta frequência, e por tanto tempo, quanto haviam feito com a namorada, como se espera que os arganazes-do-prado façam. Os arganazes-do-prado, porém, com o gene *AVPR1A* do arganaz-do-campo passaram muito mais tempo aconchegados à namorada, como faria um arganaz-do-campo.

A equipe de Larry havia trocado a monogamia — ou, se você preferir, havia criado um vínculo de casal numa espécie que normalmente não tem vínculo de casal. Havia mudado um comportamento inato com uma alteração genética, e não era nem um gene inteiramente novo — era simplesmente uma versão diferente de um gene que os arganazes-do-prado já possuíam. Essa pequena variação não apenas fazia uma grande diferença entre um arganaz e outro como também criava um sistema social diferente: monogamia *versus* poligamia. Trata-se de uma cortina muito fina dividindo modos de vida profundamente diferentes.

A explicação sobre o motivo pelo qual a experiência funcionou é mais ou menos como a explicação sobre o vínculo feminino no capítulo anterior (e, na verdade, as fibras nervosas de oxitocina e vasopressina podem ser encontradas paralelamente nas partes do cérebro onde existem). Motivados por androgênios agindo em seus cérebros masculinos heterossexualmente organizados, e pela recompensa apetitosa despertada pelo cheiro de uma fêmea no cio que pulava e fazia movimentos rápidos, os machos se acasalaram e receberam a recompensa cerebral. Durante o sexo, eles absorveram os aromas das fêmeas e qualquer outra informação social que pudessem coletar. O sexo também produziu um surto de vasopressina vindo de fibras com origem na amígdala. Enquanto o núcleo acumbente estava sendo banhado em dopamina, a assinatura social da parceira estava convergindo sobre o septo lateral e o pálido ventral. A convergência da dopamina, juntamente com essas pistas sociais, resultou em fortes conexões neurais que ligaram as pistas à recompensa.

Agora, os arganazes-do-prado, assim como seus primos arganazes-do-campo machos, podiam associar uma fêmea à recompensa. Ter uma namorada de repente parecia uma ideia maravilhosa.

Desde então, cientistas aprenderam que a cortina pode ser rasgada, que o DNA lixo responsável por essa diferença é mutável, mesmo dentro de uma espécie. Na verdade, quando Larry estava estudando os trechos repetidos dos microssatélites, notou que nem todos os arganazes-do-campo tinham a mesma sequência. Havia uma variação no comprimento das seções repetidas entre indivíduos. Havia, também, muita variação individual no comportamento social entre os arganazes-do-campo machos. Na natureza, aproximadamente 60% dos machos se acomodam com uma parceira. O resto sai com várias namoradas.

Elizabeth Hammock, uma ex-aluna de Larry que está hoje na Universidade Vanderbilt, quis saber se as variações no comprimento do microssatélite do *AVPR1A* podiam estar relacionadas a variações nos padrões do receptor de vasopressina, e no comportamento social, entre arganazes-do-campo, assim como essas variações existem entre arganazes-do-campo e arganazes-do-prado. Ela examinou todos os arganazes da colônia, encontrou machos e fêmeas com versões longas e curtas do microssatélite e em seguida brincou de casamenteira, cruzando fêmeas longas com machos longos e fêmeas curtas com machos curtos, a fim de criar dois grupos de bebês arganazes-do-campo: um com microssatélites longos e o outro com microssatélites curtos. Em seguida, ela pôs metade dos filhotes resultantes para serem adotados por mães que tinham a versão oposta, de modo que qualquer diferença na criação fosse minimizada e qualquer futuro comportamento resultasse mais provavelmente da variante de gene — e não das lambidas e cuidados de mamãe.

Os machos que haviam cruzado para ter a versão longa do microssatélite do *AVPR1A* tinham uma densidade mais elevada nos receptores de vasopressina em várias regiões do cérebro, incluindo o bulbo olfativo e o septo lateral (bom para a memória social), e eram perfeitos lambedores e roçadores, demonstrando muita atenção parental com seus bebês. Os novos pais com a versão curta do *AVPR1A* demonstraram comportamentos lambedores e roçadores significativamente menores — até 20% menos — quase equiparando o grau de diferença que Frances Champagne vê entre suas mães ratas com LR alto e baixo. Não havia qualquer diferença de versão de comprimento de gene entre as fêmeas, o que mostrou que a resposta ao gene do receptor de vasopressina é específica do macho.

As diferentes versões do gene levaram a diferentes estilos paternais. Mas e o acasalamento e a criação de vínculo? Hammock pôs a roupa de cama suja da gaiola de uma fêmea de idade semelhante em gaiolas de machos. Os machos com a versão longa do *AVPR1A* foram mais rápidos para investigar o aroma, fizeram isso com mais frequência e ficaram mais tempo em torno da roupa de cama fedorenta que os machos com a versão curta. Essas diferenças foram vistas apenas em resposta ao aroma da fêmea, e não quando Hammock experimentou outros cheiros, como banana. Mais importante: quando os machos foram acasalados com uma fêmea sexualmente receptiva numa visita de uma noite, os machos com a versão longa, como grupo, passaram pelo menos o dobro do tempo com suas novas namoradas durante um teste posterior de preferência de parceira. Os machos com a versão curta mostraram pouca ou nenhuma preferência. Eram fracos formadores de vínculo.

Essas experiências mostraram que variações no comprimento do chamado DNA lixo têm efeitos muito profundos sobre o comportamento — pelo menos nos confins bem controlados de um apartamento de arganaz do tamanho de uma caixa de sapato. É verdade que outros estudos realizados em ambientes selvagens, ou semelhantes a estes, produziram resultados conflitantes. Uma dessas experiências, liderada por Alex Ophir, da Universidade do Estado de Oklahoma, descobriu que não eram necessariamente os microssatélites que determinavam o grau de fidelidade de um arganaz. Em vez disso, o padrão de distribuição de receptores em seu cérebro predizia quantos bebês um macho teria, e com quantas fêmeas diferentes. Arganazes-do-campo machos com poucos receptores de vasopressina no córtex cingulado, que processa a memória espacial, pareciam "esquecer" seu território e se tornar "andarilhos", acasalando-se com muitas fêmeas e tendo mais filhotes.

Ainda assim, não há dúvida de que a expressão do gene da vasopressina tem efeitos profundos sobre o comportamento de acasalamento de um arganaz macho, bem como sobre seu comportamento parental, e de que a variação do gene afeta esses comportamentos.

Para pôr essas descobertas num contexto maior, Larry pesquisou bancos de dados de genes com o objetivo de verificar se outros mamíferos possuem uma diversidade semelhante. Quando olhou o *AVPR1A* de Clint, o primeiro chimpanzé a ter seu genoma sequenciado, Larry descobriu que faltava uma parte enorme de DNA no microssatélite — a sequência repetitiva 3 (SR3), que em seres humanos é variável em comprimento. Curiosamente, os chimpanzés são conhecidos por violência, infanticídio e por molestar sexualmente fêmeas.

Intrigado, ele e uma estudante, Zoe Donaldson, observaram a região em mais oito chimpanzés e descobriram que mais ou menos metade deles tinha um microssatélite na SR3 do *AVPR1A* muito semelhante ao dos seres humanos. A outra metade era como Clint; não o tinha.

William "Bill" Hopkins, um psicobiólogo do Yerkes National Primate Research Center e um dos colegas de Larry, descobriu que características da personalidade do chimpanzé — como dominação e conscientização — estão ligadas à variação na SR3. Os chimpanzés machos que possuem duas cópias — uma da mãe e outra do pai — de uma versão curta da SR3 demonstram um comportamento dominador significativamente maior e menos aceitação. Eles também têm menos massa cinzenta no córtex cingulado anterior, a mesma área envolvida no esquecimento do território pelos arnagazes. O córtex cingulado anterior está interligado ao córtex pré-frontal (PFC), que encontramos antes, quando discutimos como a recompensa acalma o pensamento crítico.

Os bonobos são parentes tão próximos dos chimpanzés que, até 1929, biólogos pensavam que eram da mesma espécie. Mas eles são um grupo muito menos violento e, embora dificilmente monógamos, formam vínculos sociais, com frequência usando o sexo como cola. A região do microssatélite do *AVPR1A* do bonobo estudada por Hammock é quase idêntica à mesma região do *AVPR1A* humana. (Os nomes de genes humanos são escritos em letra maiúscula.)

Ninguém pode dizer ainda com certeza se essa similaridade genética realmente está ligada ao sistema social do bonobo, mas há fortes evidências de que essa mesma região da SR3 influencia a expressão do receptor de vasopressina no cérebro humano e prediz o comportamento, como se poderia esperar dos estudos sobre arganazes de Larry.

PROTEGENDO A PARCEIRA, OU POR QUE ELE QUER LHE DAR UM CHUTE NO TRASEIRO

Os arganazes-do-campo machos defenderão seus ninhos e protegerão agressivamente suas parceiras contra qualquer intruso, principalmente outros machos. Quando um intruso chega, a vasopressina no cérebro dos arganazes-do-campo machos aumenta quase 300%. Quando hamsters farejam um intruso, começam a marcar vigorosamente o cheiro, como fariam se um cientista injetasse vasopressina em seus cérebros. Mamíferos de todos os tipos, incluindo pessoas, tendem a essas demonstrações de domínio e proteção relacionadas a parceiras perto de outros machos.

Sean Mulcahy começa sua história do modo como muitos caras que se meteram em problemas iniciam uma história: "Eu conheci uma garota."

Ele tem 31 anos na época em que conversamos com ele. É um sujeito de boa aparência — e grande — com um bigode castanho, cavanhaque e costeletas longas. Ele dirige uma loja de silenciadores de escapamento. É o tipo de cara que gosta de festa, de motocicletas, e não teme se impor fisicamente. Criados numa família de classe operária católica irlandesa nos arredores de Chicago, ele e seu irmão passaram boa parte da juventude fazendo o que muitos irmãos católicos irlandeses fazem: lutando um com o outro. Ainda assim, Mulcahy considerava o irmão seu melhor amigo.

Em 2001, Mulcahy foi preso por danos a uma propriedade. Ele estava saindo de um bar com sua esposa na época quando falou de maneira grosseira com outro homem. "O cara estava dirigindo um conversível e eu disse algo extremamente estúpido: fui eu que o irritei", admite Mulcahy. "Eu disse algo como: 'Homem não dirige conversível, mulheres, sim. E os caras que dirigem, sentam para mijar.' Eu tinha 21 anos, sabe como é: um cara sendo um imbecil. Não pensei que ele fosse quebrar minha janela!"

Sean Mulcahy estava, à sua maneira, comunicando-se socialmente. Estava protegendo sua parceira e tentando estabelecer seu domínio sobre o bacana de conversível. Poderíamos dizer que estava sendo um babaca — ele mesmo não se furta a dizer isso, nem a demonstrar seu arrependimento em relação ao incidente. Mulcahy, porém, não é de modo algum um babaca o tempo todo. É um homem que trabalha duro e originalmente treinara para construir moinhos. Ele chora fácil. É próximo de sua mãe — como bom filho católico irlandês que é. E quando fala de amor, parece possuído por isso.

Mulcahy e sua primeira esposa estavam divorciados há quatro anos quando ele conheceu sua noiva. Ele prometera a si mesmo nunca mais se casar de novo nem confiar em outra mulher, e mantivera sua promessa. Mas então, "foi tão estranho", ele diz. "Uma semana depois de conhecê-la, ela era tudo para mim. Toda a minha defesa simplesmente saiu pela janela. Eu senti algo muito forte por ela. Era um vínculo de verdade, uma ligação séria."

Na época, Mulcahy e seu irmão dividiam uma casa — a antiga casa de seus pais. A casa tinha uma piscina. A noiva de Mulcahy aparecia por lá, assim como uma de suas amigas, e deve-se dizer que, às vezes, se consumia álcool. Um dia, em agosto de 2010, quando a namorada de Mulcahy estava na piscina com sua amiga, o irmão dele pulou na piscina.

É aí que as histórias começam a divergir, e não vamos tentar aqui verificar acusações, contra-acusações e defesas. Basta dizer que Sean Mulcahy veio a crer que seu irmão havia se aproveitado sexualmente de sua noiva e se sentiu terrivelmente ofendido ao saber disso. "Foi uma traição superintensa", diz ele.

Três dias depois, após atormentadas noites sem dormir e telefonemas desesperados para sua mãe, Mulcahy confrontou seu irmão, que estava ficando na casa de um amigo. "Era a minha mulher, minha noiva, e principalmente..." Ele para por um momento, sem concluir o pensamento. "Então eu só queria dar um murro na cara dele tão forte quanto pudesse." Usando seu córtex pré-frontal, porém, ele raciocinou que um murro não seria o fim daquilo. "Peso 102 quilos, ele, mais de 145 quilos, e temos mais de 1,90 metro de altura. Se a coisa se tornasse física, não iria parar. Isso me assustava." Alguém poderia acabar morto, imaginava ele. Por maior que fosse a vontade de enfrentar seu irmão, as possíveis consequências eram tão grandes que Mulcahy se retirou. Ele saiu, voltou para casa e começou a beber uma combinação improvável de Hi-C e vodca. Sentou-se nos degraus da frente e "berrou".

Mulcahy geralmente levava na cintura uma faca que usava no trabalho. Quando o gato de seu irmão se aproximou e Mulcahy o empurrou, o gato retaliou, arranhando-o. Em um instante Mulcahy apanhou a faca e cortou a garganta do gato. Imediatamente se arrependeu disso. Tirou uma foto do animal morto e ensanguentado com seu telefone celular e a enviou por e-mail para seu irmão com a mensagem: "Isso é o que você fez comigo." Eram mais ou menos 4h30. Ele recuara de uma luta antes. Mas desta vez não usou nem um pouco seu cérebro racional que, de todo modo, estava avariado por Hi-C e vodca. "Eu estava completamente fora de controle", diz um contrito Mulcahy. "Não foi premeditado. Eu não podia acreditar que havia feito aquilo. Telefonei para minha mãe imediatamente e disse: 'Acho que preciso me internar.' Aquilo nem parecia real."

No tribunal ele se declarou culpado e pediu desculpas profusamente. Em março de 2011 o juiz o condenou a uma longa experiência em serviços comunitários. Ele perdeu dezenas de milhares de dólares como resultado e recebeu várias ameaças de morte de agitadores de direitos dos animais.

O sistema judicial e a sociedade em geral punem esse tipo de comportamento, é claro, e com razão. O próprio Mulcahy reconhece que recebeu do juiz o que merecia.

Há mais ou menos 3 mil anos tínhamos uma atitude diferente para retaliar homens intrusos. "O inconquistável Ulisses olhou para eles com raiva", escreveu Homero no desfecho da história do herói que retorna. "Seus covardes!", gritou ele. "Vocês nunca pensaram que me veriam de volta a Troia. Então me devoraram fora de casa e em casa; violentaram minhas criadas; cortejaram minha esposa às escondidas, embora eu estivesse vivo — sem mais medo dos deuses no céu do que da vingança humana que poderia vir. Eu lhes digo, a todos vocês, seu destino está selado."

E então, numa orgia de massacre, Ulisses matou muita gente.

Pode ser que tenhamos nos tornado mais civilizados desde então, mas não se pode civilizar nossa biologia. Os registros de qualquer tribunal estão salpicados de relatos sobre brigas de bar, esfaqueamentos e tiroteios por causa de mulheres. Assim como a literatura dos antigos, a grande literatura moderna se voltou para esse tema. Ao confrontar o misterioso Jay Gatsby sobre suas intenções com sua esposa, Daisy, Tom Buchanan pergunta: "Que tipo de briga você está tentando provocar em minha casa?" E logo depois, em vingança, e para proteger Daisy, Tom implica Gatsby falsamente em uma morte — uma mentira que acaba levando ao assassinato de Gatsby.

Minha casa. *Minha* esposa. *Minha* namorada. *Meu* lar. Assim como Buchanan, outros homens, com frequência, usam as palavras "casa" e "esposa" alternadamente. Quando nações acharam conveniente, tentaram até explorar esse antigo desejo em cartazes de propaganda mostrando a caricatura de um inimigo procurando não com muita frequência terras, mas sim mulheres, que representam todas as esposas e namoradas. Aliste-se para protegê-la!

Podemos expressar essa vontade no fervor patriótico ou na poesia heroica, mas ainda estamos fazendo o que um simples arganaz-do-campo faria. Mulcahy não teria matado o gato de seu irmão se seu irmão estivesse ligado a alguma outra mulher — ele fez isso porque seu irmão estava ligado à **sua** mulher. Um cara não entra numa briga de bar por causa de uma mulher que não está namorando ou pela qual não esteja apaixonado — ele entra numa briga porque um homem está flertando com a **sua** mulher. Os gregos não tinham escrúpulos ao estuprar e matar as mulheres que conquistavam, mas Ulisses ficou ultrajado ao pensar que homens estavam cortejando a **sua** esposa. O acasalamento faz os homens se comportarem de maneira diferente com aqueles que se intrometem com suas fêmeas.

Nas palavras do próprio Sean Mulcahy, ele tinha um "vínculo" forte com sua noiva. (Não, não sugerimos esse termo a ele — ele o citou por conta própria.) Movido por hormônios e recompensa apetitiva, o sexo liberou vasopressina (e oxitocina) e levou a uma recompensa consumadora e à forte proeminência de sua namorada. Ou, como a maioria das pessoas diria, ele se apaixonou. Não podemos dizer isso com certeza científica, é claro, porque não podemos fazer com Mulcahy o que os neurocientistas fazem com roedores. Nem podemos dizer com certeza quais foram os eventos moleculares que ocorreram no cérebro de Mulcahy para levá-lo a seu ato de "gatocídio", nenhuma "vasopressina o fez fazer aquilo!". Porém, da mesma forma como a história da oxitocina e do amor feminino está tomando forma para entendermos as mulheres, surgem evidências em seres humanos de que os arganazes e até mesmo as sanguessugas são realmente boas analogias para o modo como os homens se acasalam e formam vínculos de amor.

A vasopressina induz o cérebro ao sexo. Kathy French vê isso claramente em suas sanguessugas. Certa vez, ela tentou fechar os olhos para ignorar se as sanguessugas recebiam ou não uma injeção de conopressina, de modo a poder registrar objetivamente o comportamento das sanguessugas e depois ver se havia alguma diferença entre a conopressina e um placebo. Ela não conseguiu, porém, fechar os olhos, porque o flerte fictício induzido pela conopressina era óbvio demais. Na demonstração que Todd fez para nós, a sanguessuga estava sozinha, então ficou ali se contorcendo toda por conta própria: masturbação fictícia. Quando estava tentando comparar a vasopressina ao placebo, porém, French estava testando o comportamento na presença de outras sanguessugas.

"Uma sanguessuga se levantou, e ela perseguia todas as outras sanguessugas no recipiente", recorda French. "Pensei no cara chato no bar, cantando todas as mulheres. Era exatamente assim! As outras diziam 'Eca!' e se afastavam." A sanguessuga que recebera injeção provava o ar em busca de sinais de outras, tentando coletar informações sociais. Mas, mesmo não encontrando boas candidatas, a vasopressina a deixou tão concentrada em se acasalar que ela continuou se aproximando das outras. "Ela ficava, prove aqui, prove aqui, prove aqui, e o tempo todo as outras 'Eca, eca, eca'", diz French com uma risada.

Portanto, sabemos que, pelo menos nas sanguessugas, a anetocina ou a conopressina criam um foco concentrado no sexo. Na verdade, o nervo que controla o pênis da sanguessuga é guarnecido de receptores de anetocina. Já os homens podem não ficar tão concentrados, mas a vasopressina está envolvida na ereção e ejaculação humanas, e sob sua influência nossos cérebros são mais receptivos a sinais sexuais.

Adam Guastella mostrou isso numa experiência com palavras. Ele deu vasopressina ou um placebo a alguns homens. Em seguida, mostrou a eles uma série de palavras, em ordem aleatória. Os homens que receberam um spray de vasopressina reconheceram mais rapidamente as palavras relacionadas a sexo do que aquelas não relacionadas a sexo. A vasopressina extra aumentou a valência das palavras ligada a sexo. Borrifar vasopressina nos narizes dos homens criou uma afinidade por sexo. E, embora isso não tenha sido testado em seres humanos, Heinrichs acredita que a vasopressina também influencia os homens a considerarem rostos femininos mais atraentes do que achariam sem a vasopressina extra, assim como mulheres com mais oxitocina consideram rostos de homens mais atraentes.

Se essa afinidade é expressa ou não, isso pode depender totalmente do ambiente. Se você não mostra palavras ligadas a sexo a um homem com vasopressina borrifada em seu nariz, pode ser que ele não pense em sexo.

Durante algum tempo cientistas souberam que as pessoas respondem — muitas vezes inconscientemente — às emoções de outros: isso faz parte de nosso comportamento social. As reações não estão apenas no cérebro; elas podem ser detectadas em músculos faciais sem que tenhamos qualquer percepção de que algo se mexeu.

Um músculo que cientistas com frequência observam via detectores de atividade elétrica é o corrugador do supercílio, que tem o formato de uma pequena cunha e fica ao longo da parte interna da sobrancelha. Estudos mostraram que esse músculo fornece um sinal revelador, ainda que geralmente inconsciente, de emoções competitivas ou agressivas. Quando Richmond Thompson, um neurocientista do Bowdoin College, realizou um dos primeiros testes de vasopressina intranasal em homens, expôs esses homens a fotos de rostos alegres, zangados ou neutros. Um jato de vasopressina no nariz não fez diferença nas reações a qualquer uma das faces, conforme medido, por exemplo, pelo ritmo cardíaco. Mas Thompson descobriu algo estranho. Sob influência da vasopressina os músculos corrugadores do supercílio dos homens reagiam agonisticamente a rostos zangados — o que se poderia esperar — mas também a rostos neutros. Thompson interpretou esses resultados para sugerir que a vasopressina induzia o cérebro a ver expressões neutras como potencialmente combativas.

Thompson, juntamente com seus colegas da Harvard Medical School, expandiu esse pequeno teste. Alguns homens e mulheres receberam o jato intranasal de vasopressina e outros receberam um spray de solução salina. Em seguida, ele mostrou ao grupo uma série de rostos zangados, alegres e neutros. Os homens olharam para rostos masculinos e as mulheres, para rostos femininos. Todos eles também classificaram a acessibilidade dos rostos que viam e responderam a um questionário sobre os níveis de ansiedade que sentiam.

Os homens que receberam a solução salina ou a vasopressina demonstraram uma atividade igual do corrugador do supercílio quando olharam para rostos alegres e zangados. Em outras palavras, quando não havia qualquer dúvida sobre o que a pessoa na foto estava sentindo, os dois grupos de homens reagiram da mesma maneira. Somente o grupo da vasopressina produziu respostas elétricas significativamente maiores a rostos neutros de outros homens, como que prevendo problemas.

As mulheres tiveram uma reação exatamente **oposta**. A vasopressina **reduziu** a atividade do músculo. Na verdade, o músculo ficou significativamente inibido em resposta aos rostos alegres e zangados.

Os homens com vasopressina classificaram os rostos alegres de outros homens como muito menos acessíveis do que os homens que receberam o spray de solução salina. As mulheres que receberam vasopressina consideraram os rostos neutros de outras mulheres significativamente *mais* acessíveis que as mulheres que receberam apenas uma solução salina (placebo). Elas também mostraram um leve aumento em sua classificação de acessibilidade de rostos alegres, comparadas ao grupo do placebo. A vasopressina aumentou a ansiedade nos dois sexos.

Isso pode parecer intrigante. A vasopressina aumentou a ansiedade em todos, mas tendeu a tornar as mulheres mais dispostas a se aproximarem de outras mulheres estranhas. Nos homens, por outro lado, a vasopressina não apenas aumentou a ansiedade como também os influenciou a crer que homens estranhos eram menos acessíveis. Pareceu induzir os cérebros masculinos a prever conflito ao olhar para um rosto masculino neutro. Era como se, na ausência de certeza sobre as intenções do outro homem, a vasopressina estivesse dizendo aos cérebros masculinos para supor o pior, mas dizendo aos cérebros femininos para se aproximarem dos outros em tempos de necessidade.

Há hipóteses sobre por que isso pode acontecer. De acordo com uma delas, a ansiedade elevada nas mulheres pode estimular o que Shelley Taylor, uma neurocientista social da Universidade da Califórnia em Los

Angeles, chamou de "disponha-se e seja amigável". O argumento é de que as mulheres buscarão segurança em outras mulheres, enquanto os homens respondem se preparando para a batalha ou para a fuga — a resposta de luta ou fuga. Pode ser isso. Pode ser também que a vasopressina funcione em partes diferentes do cérebro. Algumas pesquisas mostraram que os efeitos da vasopressina são sutis e variados e que a organização do cérebro de acordo com o gênero sexual e a distribuição de receptores são responsáveis por essas diferenças.

Em 2010 Guastella deu a alguns homens a vasopressina intranasal ou um placebo e depois lhes mostrou rostos alegres, zangados e neutros. Em seguida os dispensou, pedindo que retornassem no dia seguinte. Quando eles voltaram, ele pediu que olhassem um grupo muito maior de fotos, com as imagens do dia anterior misturadas. Ele pediu aos homens para relatar se a foto era "nova", "lembrada" (significando que parecia familiar) ou "conhecida" (significando que eles se lembravam de tê-la visto no dia anterior). Os homens que tomaram vasopressina mostraram uma probabilidade muito menor de cometer erros por identificarem as fotos novas como lembradas ou conhecidas, e muito mais probabilidade de dizer corretamente que conheciam uma das fotos do dia anterior. A vasopressina melhorou a memória social deles. Mas quando Guastella verificou os dados, descobriu que quase toda essa melhoria provinha de um reconhecimento maior de rostos alegres ou zangados, e não dos neutros. A vasopressina aumentou a capacidade dos homens de registrar sinais emocionais claros em suas memórias, assim como a oxitocina pode aumentar a proeminência de pistas sociais.

Como isso pode funcionar? Para descobrir Caroline Zink, uma pesquisadora dos National Institutes of Health, realizou uma experiência combinando imagens de ressonância magnética com uma tarefa de comparar rostos. Ela deu a alguns homens a vasopressina intranasal ou um placebo e em seguida os pôs nas máquinas. Uma vez ali, os homens foram solicitados a olhar para uma tela e, usando botões à esquerda ou à direita, a responder qual o rosto mostrado na parte de baixo da tela que correspondia a um rosto no alto da tela. Às vezes, as imagens não eram rostos, mas formas como círculos ou triângulos.

Todos os homens mostraram uma diferença importante entre a comparação de rosto e objeto. Quando olhavam para os rostos, suas amígdalas ficavam significativamente mais ativas, independentemente de terem recebido a droga ou o spray falso — como vimos antes, os rostos evocam uma ação da amígdala que objetos genéricos não podem evocar.

Havia uma diferença, porém, na sinalização entre a amígdala e o PFC medial. Quando estamos em situações sociais que criam medo ou raiva, nossa amígdala sinaliza o PFCm, que calcula o que fazer com as coisas e envia informações de volta à amígdala. Trata-se de um circuito em feedback.

Nos homens que receberam o placebo, esse circuito amígdala-PFCm foi ativado, conforme esperado. A amígdala sinalizou uma região do PFCm, que sinalizou outra região vizinha no PFCm, e então essa sinalizou à amígdala para se acalmar. O circuito é negativo: o PFCm obstrui a atividade relacionada a medo e agressão na amígdala.

Mas a comunicação entre as duas regiões do PFCm foi rompida nos homens que receberam o jato extra de vasopressina. E, como foi rompida, não houve mensagem alguma de volta à amígdala para dizer que não havia nada a temer. Em resposta aos rostos negativos, as amígdalas dos homens com vasopressina ficariam então mais ativas por mais tempo, tornando esses rostos mais fáceis de ser lembrados.

Não se sabe ainda com certeza se a vasopressina funciona diretamente na amígdala ou via esses circuitos de feedback. Mas quaisquer que sejam os detalhes, está claro que, em resposta à negatividade, a vasopressina incentiva a cautela, a agressão e a propensão do cérebro masculino a transformar pistas sociais ambíguas em negativas. A desconexão que Zink encontrou no circuito de feedback amígdala-PFCm pode ter o efeito de impedir os homens de pensar demais em tomar uma ação agressiva — assim como Mulcahy não pensou ao matar o gato — e a tendência dos homens com vasopressina a interpretar rostos masculinos neutros como negativos pode ser uma estratégia de sobrevivência de ativação imediata.

Em 2011 cientistas israelenses usaram um teste chamado "Lendo a mente nos olhos". Desenvolvido originalmente por Simon Baron-

Cohen, o teste tornou-se uma medida padrão da capacidade de uma pessoa sentir empatia por outras. Durante o teste, os participantes são apresentados a uma longa série de fotos que mostram apenas a área dos olhos de rostos humanos. A cada foto eles são solicitados a escolher uma entre quatro emoções, ou estados de espírito, que combina melhor com o que veem nos olhos da pessoa. As quatro opções para cada rosto provêm de uma lista de possibilidades, algumas das quais podem parecer um pouco esotéricas. Além de escolhas óbvias como raiva, por exemplo, o cardápio inclui estados como "fantasiar", "desejo" e "desanimado". Ao todo, o teste israelense oferecia 93 estados de espírito e apresentava regiões dos olhos masculinas e femininas.

Alguns homens cheiraram gotas de uma mera solução salina e um número igual recebeu a verdadeira vasopressina. Ao contrário dos estudos de oxitocina intranasal, os homens que receberam a droga verdadeira cometeram um número de erros significativamente maior quando tentaram combinar os estados mentais às fotos. Mas quando os pesquisadores verificaram *onde* os homens cometeram os erros, descobriram que toda a diferença entre os grupos de placebo e droga era explicada pelo gênero sexual dos olhos nas fotos. Os homens que tomaram vasopressina avaliaram mal as emoções por trás dos olhos de outros homens, mas eles se deram bem quando olharam para mulheres. Por outro lado, os homens do placebo avaliaram **melhor** as emoções dos homens que das mulheres. Quando os cientistas aperfeiçoaram os resultados ainda mais, descobriram que não era apenas o gênero sexual nas fotos que importava, mas o gênero combinado à emoção específica exibida.

O efeito da vasopressina só se aplica às imagens de homens exibindo expressões negativas, como perturbação, acusação e hostilidade. A vasopressina talvez ajude você a se lembrar de rostos negativos, mas se você acha que pode precisar lutar com alguém — por exemplo, se está protegendo uma parceira ou um território —, é melhor não ficar preocupado demais com o modo como a pessoa está exatamente se sentindo. Empatia demais pode levá-lo a ser morto, seja você um arganaz, um macaco ou um homem.

Isso leva à conclusão meio perturbadora de que, para os homens, sexo, amor e agressão estão inextricavelmente misturados no cérebro.

Isso faz sentido, à luz da teoria de Larry de que o papel da vasopressina nos comportamentos de acasalamento e territorial foi adaptado pelos seres humanos para que as mulheres se tornassem uma extensão do território no cérebro masculino. Se Larry está correto, um homem tende a ter um vínculo forte com sua parceira e a ser agressivo ao defendê-la.

É claro que não estamos argumentando que uma mulher é literalmente território de seu homem! Estamos sustentando que para ela esse vínculo envolve sistemas neurais que originalmente evoluíram para regular o comportamento territorial. Também não estamos sugerindo que este é o único componente do vínculo de um homem com uma mulher. Mas o desejo de território tem um papel importante.

A agressão é um ato social. Informa aos outros que limites — pessoais ou físicos — não devem ser ultrapassados. Diz aos outros que "Isso é meu". Mas será que homens como Mulcahy realmente demonstram esse tipo de agressão defensiva ou retaliatória sob influência da vasopressina?

Em Freiburg, Alemanha, Bernadette von Dawans, membro do laboratório de Markus Heinrichs, descreve uma experiência que acabou de fazer usando homens num jogo de economia semelhante àqueles que já descrevemos, mas com uma mudança inesperada. "Você tem que escolher entre confiar ou não confiar", diz ela. "Você tem 10 euros e pode guardar todos eles ou dar todos ao depositário, onde o dinheiro será triplicado. E, então, você espera que o depositário, que agora tem 30 euros, devolva parte do dinheiro, pensando algo como: 'Eu espero conseguir 18 euros, ou 20 euros'" — um bom acréscimo aos 10 originais.

Von Dawans tornou a confiança atraente dizendo aos homens que se eles não quisessem participar do jogo poderiam ficar com os 10 euros e ir embora, mas se quisessem correr o risco teriam a chance de triplicar o dinheiro. Porém, o depositário não tinha que devolver nada. "Se você jogasse, ele poderia ficar com seus 10 euros e os 'juros' que ganhasse, ou podia devolver, digamos, ultrajantes 5 euros, ou os 10 originais, guardando os 20 que ganhasse com estes", explica ela. "Mas há sempre aqueles que não fazem isso", explica ela. "Trinta euros é uma boa mudança, então é tentador para os depositários ficarem com tudo, ou com a maior parte do ganho inesperado."

Essa ganância era exatamente a situação que Von Dawans visava alcançar, para poder então testar a mudança inesperada no jogo. Se os homens ficavam e participavam do jogo, recebiam parte dos 30 pontos que podia mais tarde ser convertida em dinheiro. Eles podiam usar esses pontos apenas de uma maneira: para eliminar pontos dos depositários. Cada ponto que um investidor gastava eliminava três pontos do depositário. O investidor não ganhava nada gastando seus pontos assim — os pontos do depositário não eram passados para ele, apenas desapareciam —, portanto, a teoria econômica tradicional sugeriria que investidores racionais acumulariam seus pontos para maximizarem o lucro.

Von Dawans deu a seus objetos de estudo um spray falso, um spray de oxitocina ou um spray de vasopressina, e em seguida iniciou o jogo. Diferentemente de outras experiências envolvendo níveis de confiança, não houve muita diferença entre os grupos com spray de oxitocina e placebo sob essas regras de tudo ou nada. Ambos tenderam a confiar em seus depositários. O grupo da vasopressina também. Mas quando os depositários devolveram menos da metade dos 30 euros resultantes, os homens com vasopressina rapidamente castigaram os depositários sovinas. Castigaram duramente — mesmo ao custo de usar seus próprios pontos para eliminar pontos das contas deles.

"Esta não é uma atitude econômica", explica Von Dawans. Se a razão controlasse suas ações, os investidores embolsariam todos os seus pontos, agradeceriam às suas estrelas da sorte por saírem com alguma coisa e iriam comprar uma cerveja. Mas eles se sentiram lesados, e talvez um pouco depreciados, então atacaram.

Von Dawans vê um lado positivo na questão. Dar uma lição a um traidor pode ser prejudicial aos interesses do professor, mas beneficia o grupo. Ela e Heinrichs veem esse comportamento punitivo agressivo como uma metáfora da defesa do território. Poder-se-ia dizer que um depositário ganancioso "ultrapassou o limite" de comportamento aceitável e prejudicou o grupo. A punição estabelece limites, como um cara no bar que diz: "Não mexa com a minha mulher!"

"A maioria de nós pensa na testosterona como o hormônio responsável pelo comportamento masculino agressivo", argumenta

Heinrichs, "mas a vasopressina explica esse efeito de uma forma muito melhor."

POR QUE OS HOMENS SÃO COMO OS ARGANAZES

Os seres humanos têm outra coisa em comum com os arganazes: os mesmos tipos de variação de gene influenciam comportamentos individuais — essa variação pode explicar por que alguns homens são do tipo que casa e outros, não, ou por que alguns homens são melhores do que outros em relacionamentos.

As pessoas, assim como os arganazes, carregam diferentes versões do gene *AVPR1A*. O *AVPR1A* humano tem vários microssatélites no promotor com comprimentos variados. Uma variação em duas regiões de microssatélite, SR1 e SR3, tem sido associada a variações na atividade cerebral e no comportamento social. (A SR3, lembre-se, é o microssatélite que Bill Hopkins associou a características da personalidade dos chimpanzés.)

Usando o trabalho de Larry como motivador, uma equipe do National Institute of Mental Health recrutou centenas de voluntários para serem analisados geneticamente e escaneados numa máquina de ressonância magnética enquanto faziam o teste de comparação de rostos que Caroline Zink usou para explorar o circuito de feedback amígdala-PFCm e em seguida analisar a personalidade. Mais de 100 pessoas completaram toda a série de testes. Os resultados mostraram que certas características da personalidade — como buscar novidades e disposição para realizar ações que podem levar a danos — estavam associadas a uma variante particular, a SR1. Melhor ainda: homens com versões mais longas da SR3 mostraram uma ativação maior da amígdala durante a tarefa, indicando que o gene receptor de vasopressina afeta o modo como a amígdala responde quando processa informações sociais.

Esse teste não diz nada sobre o comportamento em si. A questão é que as pessoas têm versões diferentes de *AVPR1A*, e essas versões diferentes estão associadas à personalidade e à função da amígdala, uma parte crucial do cérebro social. Mas quando os mesmos cientistas israelenses que realizaram a experiência "Lendo a mente nos olhos" tentaram comparar os tipos de *AVPR1A* com o modo como um grupo de pouco mais de 200 pessoas atuava no jogo do ditador, as pessoas com versões curtas da variante SR3 deram significativamente menos dinheiro à outra pessoa do que aquelas com versões longas.

Quando os voluntários foram analisados como parte de um exame padrão de traços de benevolência, pessoas com versões longas da variante de *AVPR1A* SR3 tiveram uma pontuação maior do que aquelas com versões curtas — como você poderia esperar, já que as pessoas com SR3 curta deram menos dinheiro. Por fim, a equipe examinou cérebros de cadáveres humanos, descobrindo que aqueles com versão longa de SR3 fabricaram muito mais a proteína do receptor do que aquelas com a versão curta. A indicação é de que quanto mais sensível à vasopressina, mais provavelmente uma pessoa será sociável e terá um comportamento altruísta.

Como você deve se lembrar, os arganazes-do-campo com uma versão longa do microssatélite do *AVPR1A* eram pais mais atenciosos com seus filhotes e tinham vínculos melhores com suas parceiras. Agora considere isso: pesquisadores suecos têm um programa criado há muito tempo chamado "estudo de prole de gêmeos". É algo parecido com o venerável Estudo Framingham do Coração (que leva o nome da cidade de Massachusetts onde morava a maioria das pessoas estudadas), que investigou a saúde dos participantes durante décadas. Cientistas suecos e americanos, inspirados por estudos sobre vínculo entre casais em arganazes — e pelo fato de as pessoas, assim como os arganazes, terem variantes do gene *AVPR1A* —, decidiram olhar o genótipo de centenas de pares de gêmeos e seus cônjuges ou parceiros, fazer testes de personalidade com eles e depois investigar a natureza e a qualidade de seus relacionamentos usando uma escala que mede o comportamento na formação de vínculo de casal entre primatas não humanos.

Tenha em mente que, quando fazem esse tipo de estudo, os cientistas quase nunca usam a palavra "causa", como em: "Arrá! Então é o gene XYZ que causa o autismo." Comparativamente, poucas doenças — fibrose cística, por exemplo — são **causadas** por um gene que deu errado. O comportamento humano é complicado e, portanto, o termo preferido é com frequência algo como "ligação" ou "associação". (Versões do próprio *AVPR1A* têm sido associadas à anorexia nervosa e a outros distúrbios alimentares, bem como ao "perfeccionismo" em crianças.) Esse uso cuidadoso de palavras reflete tanto as muitas incertezas quanto as possíveis contribuições de outros fatores e mesmo as limitações da ciência.

Ainda assim, quando a equipe verificou todos os dados, testes e análises sobre genes, encontrou uma associação "significativa" entre uma variante da SR3 e a personalidade do homem, o comportamento dele e a qualidade de seus relacionamentos. E mais: essa associação era ainda mais forte em homens homozigotos, ou seja, que herdavam duas cópias da variante. Mulheres que tinham a variante pareciam não ser afetadas.

De acordo com o teste do comportamento na formação de vínculo de casal, os homens com uma variante específica da SR3, chamada 334, tiveram uma pontuação significativamente mais baixa do que os homens que não a tinham, e os homens homozigotos tiveram uma pontuação ainda menor. Como grupo, esses caras foram todos reprovados na disciplina básica "Relacionamentos I". Naturalmente, quando parceiras foram analisadas por meio de uma avaliação que mede a coesão, a satisfação e a afeição no relacionamento, os homens com uma ou duas cópias da 334 se saíram muito mal.

Apenas 15% dos homens que não tinham a 334 relataram uma crise conjugal, incluindo conversas sobre divórcio, no ano anterior. Em comparação, 34% dos homens que tinham duas cópias da 334 disseram que haviam tido uma crise conjugal e/ou ameaças de divórcio no ano anterior. Dezessete por cento dos homens que não tinham cópia alguma não eram casados, assim como 32% dos que eram homozigotos. Todos os homens da amostra estavam morando com alguém na época, e a maioria dos casais tinha filhos biológicos, mas os homens com a versão 334 do SR3 tendiam muito mais a mudar de vida. Como os solteiros que não estavam morando com uma mulher sequer foram incluídos na amostra, é possível que um percentual ainda maior desse grupo fosse homozigoto para a versão 334.

A versão específica do gene ligada a todas essas características é uma das mais comuns na população humana.

Embora ninguém possa prever a personalidade de um homem com base em um gene, esses estudos sugerem que variações nesse gene — ligadas a variações na expressão de receptores de vasopressina e à ativação da amígdala — têm um papel na determinação de como o cérebro responde a situações sociais, influenciando, portanto, o comportamento.

O ambiente e a experiência social também criam variações. Os ratos machos das experiências de Frances Champagne sobre cuidados maternais não demonstraram os mesmos efeitos nos receptores de oxitocina decorrentes de lambidas e afagos da mãe que as fêmeas demonstraram. Em vez disso, os roedores machos demonstraram as mudanças epigenéticas na expressão do gene do receptor de vasopressina em suas amígdalas. Filhotes machos de mães com alto LR foram mais sensíveis à vasopressina. Elliot Albers, da Universidade do Estado da Georgia, mostrou que hamsters socialmente isolados têm padrões de sensibilidade à vasopressina diferentes dos padrões de hamsters que vivem em grupos. E os solitários são mais agressivos. Hamsters treinados para lutar reagem mais a uma injeção de vasopressina que aqueles que não são treinados. Exposições hormonais precoces, que têm efeitos organizacionais, podem também afetar o modo como o cérebro de um indivíduo reage à vasopressina.

Os homens são iguais. Temos cérebros organizados para ser mais responsivos à vasopressina do que os cérebros das mulheres, o que, por sua vez, ajuda a conduzir nossa resposta a sinais sexuais (formando um vínculo de amor) e a ameaças a esse vínculo percebidas. A história de Mulcahy ilustra o poder desses circuitos para influenciarem o comportamento, mesmo ao preço de trair nossos próprios interesses.

O fato de nossa herança genética, eventos dentro do útero de nossas mães e o modo como nossos pais nos educam — ou não educam — terem tanto a ver com o amor de uma mulher por um homem, e com o amor de um homem por uma mulher, pode fazer o paradigma da formação do vínculo parecer terrivelmente frágil, sem falar no efeito de toda aquela coisa de espalhar xixi levar à monogamia. E a crença de Larry de que, em termos de cérebro, um homem é o bebê de uma mulher e uma mulher é uma extensão do território de um homem não é a maneira mais politicamente cautelosa de falar sobre o amor humano. Muitos gostam de crer que essas ideias são estereótipos datados. Não são.

Podemos disfarçar isso, mas a natureza tem a última palavra. O paradigma da formação do vínculo que apresentamos também leva a perguntas desconfortáveis: por que, então, as pessoas se apaixonam? E se a formação de vínculo é tão forte, por que tantas pessoas que dizem ser monógamas acabam na cama com outra pessoa que não é aquela com a qual elas supostamente estão sendo monógamas?

7

VICIADO EM AMOR

O vínculo entre duas pessoas é forte e certamente cativante, mas a natureza da cola que as mantém juntas muito tempo depois dos primeiros tempos de paixão eletrizante não é exatamente conforme geralmente retratado nos romances vitorianos ou nos comerciais sobre remédio para disfunção erétil. Portanto, para aprender mais sobre a verdadeira natureza da monogamia duradoura chegamos a um homem chamado Fred Murray. Ele tinha 59 anos na época de nossa conversa, bigode, estatura baixa, uma barriga redonda, mas possuía um poder que lhe dava uma altura imaginária.

Murray tem muito a nos ensinar sobre o amor porque foi viciado em drogas, um viciado daqueles, perito em encher o cachimbo de vidro com metanfetamina e crack. O vício em drogas é uma passagem escura — Murray o viveu durante décadas — que pode parecer tão distante da alegria do amor quanto possivelmente está. Mas quando Brian pergunta "Você foi apaixonado por drogas?", Murray abre um sorriso largo e revira os olhos diante de uma pergunta tão tola.

Em seguida ele ri. "Ah, sim, eu amava as drogas. Eu amaaaaaava", diz ele, transformando "amar" numa palavra maior. Essa pequena mágica fonética não o satisfaz, porém, porque não transmite a força de seu ardor. Ele se inclina em sua cadeira e procura superlativos no teto, mas não encontra qualquer palavra mais forte do que "amar". "Eu quero dizer que AMAVA as drogas. Amava mais do que a mim. Amava adquiri-las, tê-las, usá-las. Amava. Mais do que minha mulher. Mais do que minha filha."

Quando Fred Murray diz que era apaixonado por drogas, não está falando em metáforas. Ele está dizendo da mesma maneira que você poderia dizer a alguém o quanto é apaixonado/a por sua esposa ou por seu marido. Ele está certo em falar assim, também, porque o amor que sentia pelas drogas e o amor que as pessoas sentem por parceiros de muito tempo são a mesma coisa. O amor é um vício. Alguns até sugeriram que o amor é um "distúrbio" de vício. Não vamos chegar a tanto, em parte porque o amor pode muito bem ser uma adaptação evolutiva apropriada e saudável. Mas o amor tem o mesmo poder sobre nós — usando os mesmos mecanismos cerebrais — que as drogas viciantes. A única diferença é qualitativa: as drogas podem ser muito mais intensas que os vínculos humanos.

Conforme já insinuamos várias vezes, os processos cerebrais ativados durante o êxtase sexual e durante o desenvolvimento de fetiches e preferências por parceiros têm uma tremenda superposição no circuito cerebral que faz o uso da droga parecer tão bom. Ambos dependem da maioria das mesmas estruturas, das mesmas substâncias neuroquímicas, e criam as mesmas mudanças no cérebro. Isso pode ser verdade até o nível das células individuais. Por exemplo, quando um rato toma metanfetamina, a droga estimula alguns dos mesmos neurônios que o sexo estimula.

Os paralelos não param aí, porém. As pessoas que passam a abusar de drogas regularmente, e fazem a transição para o vício, logo acham que gostam menos da droga. De modo semelhante, a natureza do amor muda com o tempo. Gostamos menos quando o desejo febril diminui. Mas mantemos nossos relacionamentos quando a paixão inicial se transforma em uma monogamia social durável porque ficamos viciados um no outro.

A ideia do amor como vício circulou nos anos 1960 e em seguida foi explorada por psicanalistas freudianos, embora a maioria deles usasse o termo "vício em amor" para se referir a apaixonar-se de modo recorrente como uma maneira de viver repetidamente a excitação e o prazer dos primeiros tempos românticos. Mas o modo como estamos usando o termo é muito mais antigo até do que esse. Platão comparou o amor ao "desejo tirânico de beber".

O sistema de recompensa que exploramos no Capítulo 3 é o local tanto do vício em drogas quanto do vício em amor. Evoluiu para fazermos o que for preciso para viver e reproduzir. A dopamina é o motivador. Sem ela não faríamos muita coisa. Camundongos mutantes que não fazem muita coisa são como viciados congênitos em televisão que não se movem a não ser que sintam dor ou estejam muito estressados. Seres humanos com doença de Parkinson, e cuja dopamina esgotou, permanecem completamente imóveis. Se não fosse pela dopamina, nossos antigos antepassados certamente não teriam tido a iniciativa de caminhar quilômetros em busca de um gnu ou de produzir novas pessoas fazendo sexo.

A recompensa nos ensina que comer uma refeição faz com que nos sintamos bem o bastante para que valha a pena caçar ou cultivar trigo. Uma coisa que os seres humanos aprenderam rapidamente, porém, foi que não precisávamos matar um antílope ou lutar para ter acesso a um/a parceiro/a sexual e obter prazer. Na verdade, pode-se argumentar que a busca de mais recompensa com menos trabalho é um tema central da história humana, e ao longo do milênio nos tornamos muito bons em ativar com rapidez, força e eficiência os circuitos formados para nos induzir a comer ou fazer sexo. Os sumérios antigos produziam um tipo de cerveja há pelo menos 5 mil anos. A fermentação do vinho é também antiga. No século passado, produzimos Big Macs, biquínis e aquele flagelo dos bares nos últimos tempos, a mistura de Red Bull com vodca, só porque eles fazem cócegas nos circuitos de recompensa. Drogas como cocaína, heroína e metanfetamina fazem isso incrivelmente bem. Podem também ser tão sedutoras que os usuários farão vista grossa para o tão propagandeado risco de futuras dores para se sentirem melhores agora, escorregando por um buraco de vício.

Murray, por exemplo, já não tem uma esposa. Ele e sua filha reconstruíram o relacionamento (e agora ele luta por ele), mas é franco em relação aos anos em que não se importava nem um pouco. Antes de conseguir parar de beber e tomar drogas, ele perdera a carreira de músico, dois empregos, sua casa, e tentara, com crescente determinação, perder a vida.

George Koob passou décadas tentando desemaranhar os eventos cerebrais pelos quais Murray e milhões de outros passam durante o ciclo do vício. Hoje, Koob, com o cabelo grisalho e o bigode de uma eminência acadêmica, é presidente da Comissão de Neurobiologia de Distúrbios de Vício do Scripps Research Institute, em San Diego, Califórnia. É amplamente considerado um dos maiores especialistas do mundo em cérebro e vício. Mas não era isso que fazia no início de sua carreira. Ele começou, nos anos 1970, tentando desvendar a neurobiologia da emoção humana, principalmente as emoções envolvidas no estresse e na recompensa. Logo descobriu que os dois campos — uso de drogas e emoção humana natural — estavam intimamente ligados.

As drogas são viciantes, diz Koob, porque no início fazem as pessoas se sentirem maravilhosas com "uma enorme liberação, ou uma enorme ativação, dos sistemas de recompensa".

Os detalhes diferem de acordo com o tipo de droga, mas seja álcool, heroína, cocaína, oxicodona ou metanfetamina, todas atuam, basicamente, da mesma maneira. Elas estimulam neurônios produtores de dopamina no sistema de recompensa mesolímbico a bombear um dilúvio de substâncias neuroquímicas. Estimulantes como a cocaína fazem isso direta e rapidamente, enquanto o álcool faz isso um pouco menos diretamente e mais devagar. Qualquer que seja a rota, o núcleo acumbente age como uma estação de transferência central de recompensa, enviando os sinais resultantes para a amígdala, que atribui uma importância — geralmente algo como "Bom!" —, e para o pálido ventral (a área que Larry e seus colegas no laboratório encontraram cheia de receptores de vasopressina nos arganazes monógamos). A amígdala também repassa as informações para outras estruturas cerebrais, como o núcleo da base da estria terminal (BNST), uma das regiões onde Dick Swaab encontrou diferenças na orientação sexual.

Animais tratados com drogas e expostos a um estímulo rapidamente aprendem a associar esse estímulo à sensação boa. Depois de apenas algumas sessões de drogas, começam a receber uma descarga de dopamina ao antecipar o estímulo, mesmo que as drogas não estejam presentes, assim como os ratos que acharam a luz na parede agradável depois de aprender a associá-la ao sexo. O aprendizado funciona também nas pessoas. Estudos com imagens mostraram que em resposta a sinais como um cachimbo de crack, o cérebro de um viciado responde da mesma maneira que reage ao ter acesso ao crack em si. Quando o circuito percebe o sinal relacionado à droga, suas conexões com o sistema motor desencadeiam uma motivação direcionada para um objetivo: comprar a droga, cheirar uma carreira, tomar uma dose de tequila. Meninos heterossexuais de 14 anos passam exatamente pelo mesmo processo motivacional com a chegada da edição de roupas de banho da *Sports Illustrated* na caixa de correio, ou clicando num link da internet que leva à pornografia de uma *cosplay* japonesa.

Geralmente, esse mecanismo está associado a sensações positivas. Um usuário de droga pode ser tomado por uma agradável antecipação sobre a próxima vez que a usará. Se ele faz planos para usá-la, talvez realizando uma cerimônia relacionada à droga, como preparando um cachimbo de crack, batendo a cocaína com uma lâmina de barbear sobre um espelho especial, ou retirando-se para um lugar especial para ficar doidão, e depois consuma esses planos, ele aprecia as drogas ainda mais. Se é surpreendido com, digamos, algumas carreiras de cocaína quando não esperava encontrá-las, ficará feliz por cheirá-las, mas não será uma experiência tão intensa quanto se tivesse passado mais tempo esperando pelo momento. Quando esse momento chega, o sistema de recompensa dispara antes mesmo de ele usar a droga. Em seguida, com a droga, o cérebro é tomado por sensações hedônicas. Depois, os usuários sentem a onda tranquilizadora dos opioides cerebrais.

O mesmo mecanismo explica por que as preliminares funcionam para intensificar o prazer erótico. Assim como os usuários de drogas gostam mais das drogas quando antecipam que vão usá-las, e realizam uma cerimônia antes de tomá-las, a provocação e a demora antes da consumação do sexo sensibilizam o sistema de recompensa.

Com o passar do tempo, quando os sinais que aprendemos a associar com sensações boas estão presentes, nosso córtex pré-frontal é atenuado e fica bem fácil ignorar todas as outras coisas para se concentrar em satisfazer nosso apetite. Podemos ficar tão altamente motivados que podemos agir impulsivamente. Se você é um usuário de droga, poderá deixar de ir a um almoço para cheirar uma carreira de cocaína. Se os sinais são eróticos, você pode acabar sendo apanhado em flagrante delito sobre o capô de um Ford Focus 2003.

Embora esse tipo de impulsividade possa ser divertido, "Infelizmente", diz Koob, "o ciclo não pode ser mantido."

Os usuários de drogas acabam ficando como naquela canção clássica de Cole Porter: não conseguem ter prazer com cocaína — ou pelo menos não o mesmo prazer com a mesma quantidade — e um "mero álcool" não lhes satisfaz nem um pouco. Eles têm que usar mais, e depois ainda mais, até obter o mesmo efeito que antes conseguiam com uma pequena quantidade.

Provavelmente, você ouviu falar, ou leu, ou viu alguma versão dessa parte da história de um vício em droga: a tolerância à droga e o uso cada vez maior. Esse tem sido o histórico do rompimento de dezenas de bandas de rock. E descrições dos sinais físicos do vício e da abstinência existem desde os tempos antigos. "Mas esse não é o fim da história", continua Koob, "embora a maioria das pessoas termine aí." A parte mais relevante para a nossa discussão sobre a monogamia de longo prazo é o que vem em seguida: o motivo pelo qual cantores de rock, celebridades e Fred Murray, mesmo vendo os danos, não conseguem se afastar das drogas, ou não o farão.

NÚMERO 1 COM UMA BALA

Murray nasceu e cresceu em Gary, Indiana, à sombra das obras da gigante U.S. Steel. Mesmo em seu auge, Gary podia ser uma cidade difícil. O pai de Murray era soldador e sua mãe trabalhava no departamento de serviços alimentadores da U.S. Steel. Ambos bebiam. Muito. Murray se lembra da primeira vez que ficou bêbado. Tinha 6 anos e caiu da escada. Seu pai saiu de casa quando ele ainda era pequeno e então as bebedeiras de sua mãe pioraram. Ele se mudou para a casa da avó, mas passava a maior parte do tempo nas ruas de Gary. Murray acha que no primeiro ano do ensino médio ele já era um alcoólatra. "Eu precisava beber", recorda. "Dizia a mim mesmo que podia não beber, que podia parar quando quisesse, mas isso era uma mentira."

O primeiro ano do ensino médio marcou também sua primeira prisão. Seu irmão menor encontrara uma carteira com dinheiro e dois meninos mais velhos e maiores a tomaram dele. Murray decidiu recuperá-la. Pôs no bolso uma pistola de calibre pequeno para sua proteção, encontrou os meninos e ameaçou atirar se eles não devolvessem a carteira. Eles devolveram, mas depois, afirma Murray, foram à polícia e o acusaram de assaltá-los daquela vez e de outras. Murray passou cinco anos no reformatório do estado. Internos mais velhos lhe ensinaram a filtrar tinta de sapato através de um pedaço de pão para obter álcool. Às vezes, quando estava catando lixo no Raccoon Lake State Park, em Indiana, prestando serviço, encontrava latas de cerveja ou garrafas de vinho e bebia os restos.

Um juiz libertou Murray cedo, depois de apenas dois meses. Ele tivera sorte, e sabia disso, mas a primeira coisa que fez depois de ser solto foi comprar bebida. "Beber era a principal coisa para mim", recorda ele. "Crown Royal, cara, esse era meu preferido. Mas se não tinha dinheiro para isso, bebia cerveja."

Porém, a bebida não parecia atrapalhá-lo, principalmente, ele imagina, porque ele se tornara tolerante. Murray se formou no ensino médio, começou a trabalhar para uma ferrovia, tornou-se contramestre, casou-se e tornou-se pai de uma menininha. Ele se interessava por música há muito tempo. A cidade de Gary foi berço de vários grupos de rhythm-and-blues, como os Spaniels (que haviam feito um grande sucesso nos anos 1950 com "Goodnight Sweetheart Goodnight") e os Jackson 5. E Murray, que costumava dar uma espiada nos ensaios dos Jackson, começou a cantar um pouco e a escrever letras. Ele ajudou a formar sua própria banda de R&B, chamada The Group. Sua banda disputava com outras da área de Garry e Chicago a sessão de abertura dos shows quando grandes nomes iam à região. The Group abriu apresentações de Gladys Knight, Ray Charles e Earth, Wind & Fire. Falava-se em fazer uma turnê e em contrato de gravação.

Certa noite, quando Murray tinha 27 anos, o cantor principal de um grupo nacional famoso e alguns tipos da indústria de gravadoras assistiram a uma apresentação do The Group para examinar a banda. "Meu empresário e alguns figurões estavam numa sala fazendo carreiras de cocaína", lembra ele. "Eu nunca havia visto carreiras daquele tamanho, daquela grossura." Um dos homens exigiu que Murray cheirasse um pouco para garantir que ele não informasse a ninguém sobre o uso da droga.

"Então eu subi no palco, cara, e foi como se eu pensasse que era o melhor, o mais legal, e eu era o pior cantor do grupo. Mas, no palco, eu ocupava aquele palco inteiro! Era como se eu tivesse algo a mais. O público enlouquecia. Eu me lembro de dizer a meu empresário: 'Ei, aquele troço me deixou bem. Tenho que conseguir mais.'"

Murray e outros membros da banda começaram a usar cocaína com frequência cada vez maior. "Parecia que aquilo lhe dava uma sensação de energia, uma animação. E é um lubrificante social! Cara, é quase como receber uma injeção de adrenalina diretamente no ego, e de repente eu estava conversando com mulheres às quais nunca tinha dito uma palavra."

Ele ansiava por cheirar cocaína. Se não conseguia, bebia — o álcool era sempre um substituto seguro. Mas a cocaína era muito mais agradável.

Murray se tornou muito impulsivo, como Koob prevê. Um dia, resolveu abandonar seu emprego na ferrovia.

"Eu fui até o departamento de pessoal e um cara, Leroy, nunca vou me esquecer dele, disse: 'Fred, faça-me um favor. Vá ao banheiro e olhe para a sua cara.' Eu fui ao banheiro e minhas duas narinas estava brancas de pó. Eu me limpei, voltei e Leroy disse: 'Que diabo está havendo com você? O que você está fazendo?' E eu disse: 'Estou me aposentando e quero minha pensão.' Ele disse: 'Fred, deixe esse dinheiro. Não toque nele.' Eu disse: 'Leroy, eu quero tudo.' E ele disse: 'Se você levar, acabará em seis meses.' Bem, ele me convenceu e, como resultado, ainda tenho alguma pensão."

Leroy estava fazendo o trabalho que o córtex pré-frontal de Murray devia estar fazendo, mas não conseguia, porque o cérebro de Murray estava cronicamente cheio de dopamina.

Conforme explicamos no Capítulo 3, o mesmo efeito acontece — em grau muito menor — de maneira aguda em todos nós. Por exemplo, em 2010, um grupo multidisciplinar de pesquisadores de economia e psicologia no Reino Unido realizou testes com pessoas que receberam o medicamento L-dopa, um substituto da dopamina usado com frequência por pacientes com mal de Parkinson. A experiência empregou uma série de tarefas que exigiam uma escolha intertemporal, recurso que ganhou fama quando Walter Mischel o utilizou no fim dos anos 1960 para estudar a "gratificação atrasada" em crianças. Essas experiências geralmente exigem que as pessoas escolham entre duas opções separadas por um tempo, como apresentar a crianças uma bala e dizer a elas que podem comer a bala agora ou esperar 15 minutos e receber três balas. Os estudos com L-dopa no Reino Unido utilizaram dinheiro. As pessoas podiam receber uma pequena quantia de dinheiro imediatamente ou uma quantia significativamente maior muitas semanas depois. A escolha mais economicamente racional seria adiar a gratificação para receber um pagamento maior — a escolha que Leroy exortou Murray a fazer. Mas depois de tomarem L-dopa os voluntários do teste escolheram a opção menos e mais cedo com muito mais frequência do que quando tomaram um placebo. Com a dopamina, eles reduziram o valor da recompensa futura, o que tornou a recompensa rápida relativamente mais atraente do que seria se eles estivessem pesando as opções com imparcialidade.

Quando pesquisadores belgas usaram a escolha intertemporal para testar 358 homens jovens, não precisaram usar L-dopa. Simplesmente expuseram os homens a fotos de mulheres bonitas de biquíni ou lingerie, a vídeos de mulheres de biquíni correndo em "colinas, campos e praias" ao estilo *Baywatch*, a sutiãs femininos e a imagens neutras de paisagens encantadoras. Os homens foram solicitados a negociar um pagamento: 15 euros agora ou uma quantia maior depois. Como grupo, os homens expostos a mulheres sensuais negociariam pagamentos menores e mais cedo que aqueles que haviam visto paisagens.

Fred Murray pensava com frequência que estava no controle e fazendo escolhas perfeitamente racionais. Isso fazia sentido quando ele entrava numa loja de bebidas, apanhava uma garrafa de Crown Royal, tirava a tampa, dava dois goles grandes e punha a garrafa de volta. "Eu não estava roubando", recorda ele, "porque não saía com a garrafa." O que fazia sentido em uma época que ele arrombava carros.

Com o tempo, porém, essa impulsividade excitante degenerou para uma paranoia. O consumo cada vez maior o levou a roubar. Apesar de tentar manter a vida das drogas separada da vida em casa e no trabalho, ele começou a perceber que estava olhando pelo lado errado de um telescópio que estreitava seu campo de visão para as drogas — como obtê-las, vendê-las, tomá-las. Depois de começar a fumar crack, batizou seu cachimbo de Sherlock, porque ele tinha um formato parecido com o do antigo cachimbo de Holmes no cinema. Ele tratava Sherlock como seu melhor amigo. "Toda vez que o usava, enrolava-o numa toalha macia e o punha numa gaveta especial. Isso era importante para mim."

Fred Murray estava agora apaixonado pela droga. "Se ela me dizia para parar de sair com certas pessoas, eu parava", diz ele, dando à droga um status de gente. "Se dizia: 'Entre naquela loja, pegue aquele videocassete e saia', eu fazia isso. 'Ligue para o seu trabalho agora! Diga que você não vai. Agora!' E eu dizia: 'Está bem.'"

O problema, como explica Koob, é que o cérebro de um viciado muda. "O cérebro se adapta às drogas. O sistema de recompensa pode ficar comprometido."

O uso crônico de drogas reconfigura o sistema de dopamina mesolímbico, principalmente o modo como a dopamina age no núcleo acumbente. A transformação é como um interruptor, alterando o desejo de drogas de "gostar" para "querer". De início, a ação da dopamina fornece a motivação que dá início ao apetite agradável de um viciado. A dopamina imprime no cérebro associações positivas de sinais contextuais que aumentam a vontade de consumir. Mais tarde, porém, o viciado fica sujeito ao que Koob chama de "motivação negativa". Em vez de muita expectativa, euforia e impulsividade, o mecanismo agora está cheio de ansiedade, disforia e compulsão. O viciado se sente compelido a agir, porque, se não agir, algo ruim vai acontecer.

"Sua preocupação é de se sentir terrível quando não estiver drogado", diz Koob. "Esse é o lado ruim, o estímulo negativo. É insidioso." Antes de mais nada, essa compulsão não simplesmente diminui o volume do córtex pré-frontal, mas quase o incapacita. Imagine, sugere Koob, o que nossas vidas seriam sem ele. "Você sempre buscaria recompensas imediatas em vez de recompensas tardias, e sempre estaria buscando algo para resolver o problema imediato, em vez de superar o que é desagradável." Essa é a vida de um viciado: não se trata de ficar doidão e se sentir bem, mas sim de tentar evitar se sentir mal.

Murray diz: "Era como se eu fosse um escravo, quer dizer, eu **era** um escravo."

Outras fontes naturais de recompensa já não produzem efeito algum. Os viciados perdem o interesse pela família, pelo trabalho e até por comer. Murray parou de fazer sexo. "O que não consegue se levantar não consegue sair", recorda ele. As drogas, afirma, deixaram-lhe não apenas desinteressado, mas impotente. "Macarrão nos dias de loucura", cara. Quando comecei a fumar crack, era algo como: "Cancele o Natal, querida!"

A principal arma da motivação negativa é um hormônio cerebral chamado fator liberador de corticotropina, ou CRF. Ele emprega o eixo hipotalâmico/pituitário/adrenal (HPA) do corpo. "Sua amígdala e seu sistema de CRF ficam loucos", explica Koob. "Esta é a resposta de fuga ou luta. Então, você recebe uma dupla praga com o vício em drogas. Você perde a recompensa, e ativa o sistema de estresse do cérebro."

Imagine ser perseguido por um urso e subir numa árvore, sugere Koob. Você vê o urso correndo atrás de você e o CRF corre para seus receptores neuronais, o que por sua vez ativa o eixo HPA. Você sente uma descarga repentina de energia que lhe dá força para correr para salvar sua vida e subir numa árvore. Quando está no alto da árvore e percebe que o urso não pode subir, os opioides são liberados na área tegmental ventral (VTA). Você se acalma e consegue pensar em como sair daquela situação difícil. Com sorte, o urso vai embora, você desce e começa a ensaiar a história que vai contar diante de uma taça de vinho quando voltar para o alojamento.

Mas se a VTA produtora de opioides nunca é ativada, você fica na árvore por muito tempo depois de o urso ir embora, apavorado demais para descer. Isso é o que acontece com um viciado. Ele consegue destruir o feedback natural, de modo que o CFR e o eixo HPA ficam bombeando, exigindo ações para pôr fim ao sentimento de pânico do terrível estresse. Como a recompensa natural já não consegue aliviar o estresse, a única ação que funciona é tomar mais drogas. Assim como você não pararia de correr a toda velocidade até a árvore ao ser perseguido pelo urso para só mais tarde pensar se pediria vinho tinto ou branco, para um viciado em drogas sob estresse todas as outras preocupações — entes queridos, trabalho, hobbies e até aversões a crimes e riscos — desaparecem.

Muray estava numa armadilha. Não conseguir parar o deixou tão cheio de repugnância por si mesmo que ele planejou suicidar-se — duas vezes. Por fim, em 1994, depois de outro choque com a lei relacionado a comportamento, ele retirou o cachimbo Sherlock de seu lugar especial e o esmagou no chão. "Em me senti como se tivesse perdido meu melhor amigo", recorda Muray. "Fiquei de luto." Ele arrumou uma bagagem com poucas coisas, mudou-se para Oceanside, Califórnia, onde morava um parente, e conseguiu um emprego fabricando tacos na Callaway Golf. Parecia um rompimento de verdade, mas sua ânsia por cocaína voltou quando ele entreouviu colegas de trabalho falando sobre uma transação de drogas.

Qualquer sinal pode ativar o sistema do CRF, mesmo muito depois de um viciado se recuperar dos sintomas físicos de abstinência. Muitos fumantes de longa data sentem isso onde há pessoas em volta tragando cigarros. É por isso, explica Koob, que tantos viciados têm recaída. A resposta de estresse reativada os compele a usar, mesmo sabendo que já não gostam da droga, que ela os prejudicou e, em muitos casos, levou a sérias perdas pessoais.

Meses depois Murray estava cheirando pó, fumando crack e, agora, usando metanfetamina também. "Eu perdi meu apartamento. Parei completamente de falar com minha irmã. Acabei dormindo num closet de um apartamento vazio, embora tivesse um emprego, porque minha doença me dizia que me puniria se eu gastasse qualquer coisa por um teto. Então, todo o meu dinheiro — cada centavo —, depois de meu despejo, ia para as drogas. Eu conseguia drogas suficientes para poder sentar naquele closet, ficar doidão o dia inteiro e depois ir para o trabalho à noite. Não me lembro sequer se dormia."

ARGANAZES DROGADOS

Cientistas como Koob aprenderam tanto sobre vício em drogas em parte porque conseguiram transformar todo tipo de animal em um viciado.

Do álcool à metanfentamina, as drogas funcionam em ratos, camundongos e macacos mais ou menos da mesma forma que funcionam em pessoas, até o nível dos receptores. A curva do vício também é a mesma. Um rato cocainômano buscará cocaína constantemente, por exemplo. E se for deixado sozinho com um grande estoque, ele se matará com isso. Atribuirá grande significado a uma alavanca que apertou para conseguir cocaína, mesmo que a alavanca já não forneça pó. Ele se torna um fetichista de alavanca, porque a alavanca por si só desencadeia a recompensa cerebral. Se as drogas lhe forem tiradas, ele passará por uma abstinência e então, mais tarde, depois de os sintomas físicos desaparecerem, ele se sentirá compelido a encontrar cocaína em resposta ao sinal relacionado à droga, porque seu sistema de CRF estará ativando o eixo HPA e tornando-o um rato bastante estressado.

Os arganazes-do-campo provaram recentemente ser valiosos para pesquisas sobre vícios também. Graças à sua capacidade em formar vínculos com parceiras, eles podem servir de modelo para o modo como as drogas afetam as relações sociais e, durante o processo, esclarecer mais a natureza do vínculo de casal.

Em 2010 e 2011 o laboratório de Zuoxin Wang, na Universidade do Estado da Flórida, realizou uma série de experiências para explorar a interseção entre as drogas e a versão de amor dos arganazes. Quando os cientistas deram doses de anfetaminas a arganazes machos virgens, eles criaram uma preferência por ficar na câmara onde recebiam a droga, assim como experiências mostraram que outros roedores e pessoas fazem quando recebem anfetaminas. Lembre-se que os arganazes-do-campo virgens também criam uma preferência por parceira quando se acasalam. Mas quando deram a droga a arganazes machos virgens e em seguida deixaram que eles se acasalassem, os arganazes drogados **não** criaram uma preferência por parceira, diferentemente de todos os outros arganazes-do-campo. Além disso, machos que receberam a anfetamina **depois** de formarem um vínculo com a parceira não mostraram tanto interesse pela droga. Não criaram uma preferência por lugar. Foi como se os arganazes-do-campo tivessem a chance de formar um vínculo com alguma coisa e, uma vez feito o vínculo com essa coisa — droga ou outro arganaz —, não havia espaço algum para se vincularem a qualquer outra coisa.

É praticamente isso o que acontece. Estudos em seres humanos e em animais têm mostrado que o vício em droga pode pôr o núcleo acumbente numa espécie de congelamento profundo, enfraquecendo a neuroplasticidade. O sistema de recompensa perde muito de sua capacidade de reagir a estímulos novos e potencialmente agradáveis, como, por exemplo, o primeiro gosto de trufas que uma pessoa sente, o novo bebê de alguém ou um novo amante. Nas experiências do laboratório de Wang, a criação do vínculo de casal tirou a maior parte da diversão das drogas, e as drogas tiraram a maior parte da diversão do vínculo.

Um dos alunos de Wang, Brandon Aragona, decifrou uma chave para esse fenômeno. Utilizando arganazes machos, ele descobriu que o sistema de recompensa do cérebro dos arganazes faz o mesmo tipo de substituição visto nos viciados em drogas. O sistema tem que permitir aos arganazes-do-campo virgens acharem a ideia de acasalamento — e depois de criação de vínculo — atraente. Tem que motivá-los a fazer isso. Se não o fizesse, não haveria mais arganazes-do-campo. Depois de um dia de acasalamento, os arganazes terão formado uma preferência de parceria um com o outro, mas não ainda um vínculo firme. Em outras palavras, o sistema ainda estará ligado em sua configuração original. O macho, por exemplo, ainda estará querendo entreter uma fêmea estranha que passar por ele.

Se o sistema permanecesse assim, nunca haveria um vínculo monógamo, porque os arganazes ficariam igualmente interessados em se acasalar e, em seguida, em criar novos vínculos com diferentes parceiras, algo parecido com o que seus primos arganazes-do-prado fazem. De algum modo, o sistema tem que ser desviado do acasalamento e da criação de vínculo com novas parceiras e direcionado a manter o vínculo agora criado.

O segredo é o tempo. Vinte e quatro horas é muito pouco tempo. Mas em questão de dias o arganaz macho consolidou o vínculo com sua parceira e agora atacará brutalmente uma fêmea intrusa. As experiências de Aragona mostraram que o próprio sistema de recompensa passa por uma mudança com a formação do vínculo. O núcleo acumbente do arganaz é reorganizado e se torna menos plástico, tal qual como Koob descreve isso acontecendo num viciado em droga. Na verdade, o sistema de dopamina, primeiramente, faz uma potencial parceira sexual parecer boa e, mais tarde, muda, de modo que os arganazes estreitem seu mundo para ficarem com aquela parceira. Alguns arganazes que formaram vínculo de casal — 28% — não passaram pela reorganização necessária e, de modo curioso, na natureza, cerca de 20% dos arganazes-do-campo que formaram vínculo de casal devem formar um segundo vínculo com uma nova parceira.

Essa mudança no acumbente também levanta outro possível problema comum nos relacionamentos humanos: o tédio. Os arganazes podiam simplesmente perder interesse um pelo outro e partir para outra. Mas quando um dos dois parceiros deixa o ninho para procurar comida, ele volta de vez em quando. Assim como as pessoas, os pássaros e Dorothy de *O mágico de Oz*, eles se sentem compelidos a voltar para casa. O que os faz voltar?

Larry há muito tempo acredita que viver uma perda — como a separação ou a morte de um parceiro — é algo como um viciado sem drogas: as sensações negativas que acompanham a perda motivam indivíduos a manterem os vínculos. Um cientista alemão chamado Oliver Bosch, normalmente especializado no estudo do comportamento maternal, foi ao laboratório de Larry a fim de realizar experiências para testar essa ideia nos arganazes. Quando ele e Larry terminaram, descobriram um importante mecanismo de monogamia.

Embora geralmente use ratos e camundongos em suas pesquisas, Bosch ficou intrigado com a criação de vínculo de casal nos arganazes. "Em nosso laboratório na Alemanha vimos alguns resultados de separar mães de filhotes", recorda ele. "E os arganazes têm um tipo diferente de criação de vínculo entre adultos. Então, queríamos ver o que aconteceria se você interrompesse isso."

Bosch, um homem sociável de cabelo castanho e óculos ovais, trabalha na Universidade de Regensburg, a mais ou menos uma hora de Munique, na Baviera, seu estado natal. O campus moderno, construído nos anos 1960, com a sensibilidade do design de otimismo tecnológico tão comum à época, parece destoar das próprias sensibilidades de Bosch. Embora fale com típica cautela científica sobre traduzir o comportamento de roedores em comportamento de pessoas, ele não está estudando ratos por se preocupar com os ratos — ele está preocupado com as pessoas, principalmente com os efeitos da sociedade moderna sobre todos nós. Ele acredita que o engajamento social, principalmente a interação entre pais e filhos, é uma chave para a felicidade.

Conhecer Bosh tem o efeito de fazer você querer correr para casa e ficar com sua mãe. "Eu estava numa conferência recentemente e havia um cara da Austrália", Bosch inicia uma história típica. "Era seu aniversário e ele estava longe de casa. Ele me disse que recebera um bolo de aniversário de sua mulher e seu filho bem pequeno. Mas não conseguira receber um abraço! Era isso que o deixava triste, não tocá-los, e um abraço é muito importante!" O bom da Alemanha, diz ele, não são os trens, os Porsches ou esquiar. É que, em geral, as pessoas ainda vivem perto de suas famílias e, portanto, "receber um abraço na Alemanha ainda é possível".

Para investigar a versão roedora de receber abraços, e o que acontece na ausência de abraços de um parceiro com o qual se tem um vínculo, Bosch pegou machos virgens e os instalou em apartamentos de arganazes com colegas de quarto — ou um irmão que não viam há muito tempo ou uma fêmea virgem desconhecida. Como acontece habitualmente entre machos e fêmeas, os colegas de quarto menino e menina se acasalaram e formaram um vínculo. Cinco dias depois ele dividiu as duplas de irmãos e os casais de macho e fêmea, criando o equivalente a um divórcio involuntário de arganazes. Em seguida, fez uma série de testes de comportamento com os arganazes.

O primeiro é chamado de teste do nado forçado. Bosch o compara a um antigo provérbio bávaro sobre dois camundongos que caem em um balde de leite. Um dos camundongos não faz nada e se afoga. O outro tenta nadar tão furiosamente no leite que o transforma em manteiga e escapa. Patinhar é geralmente o que os roedores fazem quando se veem na água: eles simplesmente nadam como loucos porque acham que vão se afogar se não o fizerem. (Na verdade, eles flutuarão, mas aparentemente nenhum roedor flutuador jamais voltou para informar o resto da tribo.)

Os arganazes separados de seus irmãos patinharam loucamente, assim como aqueles que permaneram com seus irmãos ou com suas parceiras. Somente os arganazes que haviam passado por um divórcio de arganaz flutuaram languidamente, como se não se importassem caso se afogassem.

"Foi incrível", lembra Bosch. "Durante minutos eles apenas flutuaram. Você pode assistir ao vídeo e, sem saber em que grupo estavam, poderá dizer facilmente se é um animal separado da parceira ou ainda com a parceira." Assistindo aos vídeos dos arganazes boiando languidamente, é fácil imaginá-los cantarolando "Ain't No Sunshine When She's Gone", com suas vozinhas de arganazes.

Em seguida, Bosch submeteu os arganazes a um teste de suspensão do rabo. Esse teste utiliza uma técnica altamente sofisticada de colar com fita adesiva a ponta do rabo de um animal a uma vara e suspendê-lo. Como no teste do nado, um roedor suspenso geralmente bate e gira as pernas como um personagem de desenho animado que corre além da beira de um penhasco. Mais uma vez, porém, enquanto os outros machos fizeram isso, os machos divorciados ficaram pendurados como roupa molhada.

No teste de comportamento final, Bosch pôs os arganazes num labirinto elevado, como aqueles que já descrevemos para testes de ansiedade. Nesse labirinto, o desejo do animal de investigar enfrenta seu medo de áreas expostas. Comparados aos outros arganazes, os machos divorciados mostraram uma probabilidade significativamente menor de explorarem os lados abertos do labirinto.

Todos esses testes, comumente usados para testar depressão em animais de laboratório, mostraram que se você separa um arganaz macho da parceira com a qual ele tem um vínculo, terá um arganaz muito triste, que utiliza o que é chamado de enfrentamento de estresse passivo para lidar com a ansiedade devastadora da perda da parceira. "Quando a separação acontece, é isso que leva os animais a se sentirem tão mal", explica Bosch. "Encontramos esse comportamento depressivo intensificado e isso nos diz que o animal não está se sentindo bem." Ele não quer dizer "desanimado", quer dizer que os arganazes divorciados estão sofrendo emocionalmente. "É como quando minha mulher foi aos Estados Unidos para um pós-doutorado de um ano e eu sabia que não a veria por pelo menos seis meses. Bem, eu ficava em casa, deitado no sofá, sem motivação para fazer coisa alguma, para sair e encontrar os amigos como geralmente faço."

Koob e outros têm usado drogas para criar exatamente o mesmo comportamento em outros animais de laboratório. Quando as drogas são retiradas de ratos e camundongos, eles demonstram as mesmas respostas passivas que exibem em labirintos elevados: afastam-se socialmente e ficam tristes. Os seres humanos viciados fazem a mesma coisa, observa Koob, citando como exemplos personagens de filmes como *Despedida em Las Vegas* e *Trainspotting — sem limites*.

Para explicar a fisiologia por trás desse estado de depressão passiva nos arganazes separados, Bosch verificou a química deles. Os machos separados de suas parceiras tinham níveis muito mais elevados de corticosterona no sangue que qualquer um dos outros grupos, incluindo os arganazes separados de seus irmãos. O eixo HPA deles estava trabalhando duro, as glândulas adrenais deles pesavam mais. Bosch focalizou o papel do CRF de levar tanto à sobrecarga de trabalho do eixo HPA quanto ao comportamento deprimido bloqueando os receptores de CRF no cérebro dos arganazes. Quando fez isso, os arganazes divorciados já não ficaram pendurados passivamente nas varas. Não flutuavam na água por tanto tempo. Eles ainda se lembravam de suas parceiras e ainda estavam vinculados a elas; apenas não se preocuparam com isso quando as deixaram.

Mas há uma coisa estranha: tanto os arganazes que ficaram com suas parceiras quanto aqueles obrigados a se separarem delas tinham muito mais CRF no BNST que o machos que viviam com seus irmãos ou estavam separados deles. Em outras palavras, uma grande quantidade desse hormônio ligado ao estresse estava sendo bombeada tanto nos arganazes que ficaram deprimidos depois da separação quanto naqueles que ainda estavam alegremente vinculados e não mostravam sinais de enfrentar o estresse passivo.

"A formação do vínculo por si só produz muito CRF", diz Bosch. "Mas isso não significa que o sistema também está disparando." Há algo fundamental em viver com uma parceira que resulta em mais hormônio do estresse CRF no cérebro, mas que também impede o envolvimento do eixo de estresse HPA enquanto os parceiros permanecem juntos. Usando uma metáfora interessante para a formação do vínculo, Bosch diz: "Eu comparo isso com um rifle. Logo que eles formam o vínculo de casal, o rifle está carregado com uma bala. Mas o gatilho não é apertado a não ser que haja uma separação." Ele acha que a vasopressina serve como gatilho químico para disparar o eixo HPA durante a separação, embora os papéis da oxitocina e da vasopressina ainda não estejam claros.

Usuários de drogas viciados também carregam o rifle. A arma não dispara a não ser que eles parem de tomar a droga. Para os arganazes com vínculo, "não disparará a não ser que a parceira deixe o ninho", diz Bosch. "Esse pré-carregamento permite ao sistema trabalhar muito rápido. Assim que a separação acontece, é isso que faz os animais se sentirem tão mal." Essa sensação ruim leva os arganazes para casa. "Você quer garantir que essa sensação vá embora e a única coisa que os animais podem fazer é voltar para a parceira." Uma vez em casa, a oxitocina pode estar envolvida para ajudar a reduzir a ansiedade causada pela separação. O rifle para de disparar e o sistema de estresse volta ao normal.

Para os seres humanos, apaixonar-se é como pôr uma arma na cabeça. Você é atraído para um relacionamento, sente prazer e então, com o passar do tempo, esse prazer diminui e a compulsão passa a dominar. "É uma situação bastante semelhante a quando uma pessoa de início tem um sentimento forte num relacionamento, o CRF está quieto e a recompensa de dopamina, dominando", diz Bosch. "Você se sente nas nuvens. Tudo é legal. Tudo é bom. Então, depois de algum tempo, a natureza assegura que você ainda queira ficar com sua parceira. E esse sistema faz você se sentir mal assim que deixa sua parceira. Esta é a ideia de toda a história."

Perguntamos se ele acha que isso significa que os arganazes estão voltando para casa porque estão positivamente motivados a ficar com suas parceiras — a fase de "gostar" — ou porque querem interromper o sofrimento da separação — a fase de "querer". Eles querem interromper o sofrimento, responde ele. "Temos um normal juntos, o que quer que seja normal. E a sensação ruim força você a voltar."

Koob concorda. O sistema do CRF está ali, explica ele, para sinalizar que uma perda ocorreu e que precisamos fazer alguma coisa em relação a isso. De modo semelhante, quando os ratos são deixados sem drogas e seus cérebros são testados em tempo real para verificar níveis de CRF, ele encontra um grande aumento de CRF nas regiões de recompensa relevantes. Quando ratos alcoólatras aos quais a bebida foi negada recebem a mesma droga bloqueadora de CRF que Bosch usou nos arganazes, eles param de beber excessivamente mesmo que tenham acesso ao álcool, e não demonstram o mesmo enfrentamento de estresse passivo.

A paternidade e a maternidade seguem o mesmo padrão, sustentando ainda mais a ideia de que o amor entre adultos tem raízes na formação do vínculo entre pais e filhos. Conforme explicamos, cuidar dos filhos é compensador. Se não fosse, não cuidaríamos deles, assim como não faríamos sexo, nem nos apaixonaríamos. E, assim como o amor, é algo que tem vias em comum com o vício em drogas, incluindo, entre outros, a amígdala, a VTA e o núcleo acumbente. Os pais "se apaixonam" por seus bebês, mas com o tempo, assim como no amor entre adultos, há o risco de tédio, sem falar em aversão. Depois de algumas noites sem dormir, trocas de fralda e irritação geral com o bebê, a suprema alegria dos primeiros dias pode se transformar em trabalho árduo. A perda de interesse dos pais é uma questão de vida ou morte para um bebê, portanto, a natureza construiu um sistema para assegurar que os pais se sintam compelidos a cuidar — quer eles gostem de fazer isso ou não.

Quando uma mãe perde seu filho num shopping center, seu nível de CRF dispara. Quando ela encontra a criança, os opioides a acalmam. Quando um bebê chora agoniado, o CRF ativa o eixo HPA, levando o pai e/ou a mãe a prestar atenção na criança, não tanto porque cuidar é tão agradável quanto deve ter sido logo depois que o bebê nasceu, mas porque o pai ou a mãe está agora negativamente motivado a interromper o estresse. Com os cuidados e o contato, a liberação de oxitocina diminui o termostato HPA e as sensações voltam ao normal.

Isso pode ajudar a explicar por que mães usuárias de drogas muitas vezes negligenciam seus bebês. Estudos de novas mães que consomem cocaína mostram que elas são menos envolvidas e responsivas, provavelmente porque as drogas reduzem a importância das recompensas naturais, tornando-as menos entusiasmadas para cuidar, assim como o vício em drogas torna os viciados menos envolvidos em relações sociais de todo tipo, e, assim, como dar anfetaminas a arganazes os impede de criar uma preferência por parceira. As drogas interferiram em sua capacidade natural de formar vínculo com seus filhos.

Os resultados de Bosch foram em machos. Em geral, coincidem com estudos de fêmeas, mas há algumas diferenças importantes. As fêmeas de arganazes que receberam anfetamina reagem como os machos, só que mais intensamente. Elas parecem mais vulneráveis às recompensas das drogas e à preferência por lugar que a droga induz. Nas experiências de Bosch, os machos afastados de seus camaradas machos não sofreram com a separação. Já as fêmeas separadas de outras fêmeas, como companheiras de gaiola e irmãs com as quais viveram por longo tempo — qualquer fêmea com a qual compartilharam apoio social —, sofreram. Os machos depositam todo o seu capital emocional em um banco, com a parceira. Já as fêmeas demonstram um comportamento depressivo se perdem suas mães, irmãs, amigas próximas ou parceiros — talvez uma pista que ajude a explicar por que o índice das mulheres que sofrem de depressão é mais ou menos o dobro em relação aos homens.

EXPLICADO O TELEFONEMA
DE BÊBADO DE MADRUGADA

"O vício em drogas e o amor são absolutamente paralelos", declara Koob sem a menor dúvida. Isso com certeza explica um bocado de comportamentos malucos.

Pense na curva do amor. Duas pessoas — estranhas uma para a outra, com sonhos, objetivos e caminhos próprios — se conhecem. Há uma atração, uma associação, sexo. Aparentemente, em nenhum momento seus pensamentos se tornam o que em qualquer outro campo da vida seria considerado uma forma de obsessão, o que é muito parecido com o foco estreito de um viciado em droga. O cheiro da parte de trás do pescoço dela, a textura dos pelos do peito dele, a suavidade dos lábios dela, o som da voz dele ao sussurrar pedidos eróticos urgentes no ouvido dela, as gravuras de Lautrec nas paredes dele, a coleção de revistas

Vogue dela — todas essas pistas sensoriais são não apenas muito nítidas como também importantes por motivos inexplicáveis. Simplesmente pensar no perfume dela pode distraí-lo de seu trabalho por longos minutos de devaneio. Então, um dia, os planos da vida mudam porque as consequências de não mudá-los são dolorosas demais para considerar. Os anos passam. Ele se pergunta por que ela insiste em guardar aquelas malditas revistas. Ela o acha pedantemente cansativo e, por falar nisso, gravuras de Lautrec são um clichê de decoração. Mas eles dizem que são felizes. Não felizes como já foram, mas estáveis, seguros, confortáveis. Quando ela viaja a trabalho, sente falta dele e da casa. E ele sente falta dela. A vida não aconteceu como qualquer um dos dois sonhava, mas a vida de quem é assim? Eles carregaram a arma e agora vivem com essa arma apontada para suas cabeças.

Essa não é necessariamente uma visão tão cínica quanto pode parecer. Ter uma arma apontada para você pode ajudar a mantê-lo num caminho que leva à maior felicidade a longo prazo, sem falar que ajuda a satisfazer o mandato evolutivo de criar filhos.

Há muitas evidências indiretas para sustentar o cenário de amor como vício. Amantes, por exemplo, podem agir como analgésico um para o outro. Em um teste, 15 pessoas que estavam há nove meses num novo relacionamento — tempo suficiente para estar apaixonado, mas não tão longo para enjoar um do outro — foram postas em máquinas de ressonância magnética e submetidas a graus variados de dor causada por calor. Elas olharam para fotos de conhecidos atraentes, de seus parceiros e de palavras previamente mostradas para reduzir a dor. As palavras realmente reduziram a dor que as pessoas diziam estar sentindo, mas as imagens revelaram que essa redução se devia à simples distração: as palavras ocupavam suas mentes. As fotos de conhecidos não tiveram efeito algum sobre a dor. Mas as fotos de seus amantes reduziram a dor ao ativar o sistema de recompensa, incluindo o acumbente, a amígdala e o córtex pré-frontal, tal como as drogas fazem.

O modelo do vício também explica a atração do relacionamento a longa distância. É realmente como preliminares prolongadas. Quando a recompensa apetitiva é obtida apenas de vez em quando, explica Jim Pfaus, "não apenas você não fica tolerante como fica mais sensível a esta. O sexo funciona da mesma forma, e é assim que relacionamentos a longa distância funcionam. É dramático, certo? 'Nós nos veremos a cada duas semanas.' E então você cria expectativa, e nos dois dias antes de vocês se verem você está cheio de expectativa pela recompensa, e depois se envolvendo naquela resposta apetitiva, bem como em sexo quente, bem, isso gruda aquelas representações corticais de seu parceiro." Nenhum de vocês jamais tem a chance de ficar entediado. Ambos estão para sempre fascinados um com o outro, um relacionamento parado naquela zona intermediária entre a primeira paixão irresistível e, mais tarde, o desgosto com o uso de calça de moletom para dormir. "Se você pode ter isso toda noite", explica Pfaus, "é como masturbação. O grau de recompensa diminui. Mesmo a ejaculação diminui em tamanho e volume! Pessoas que estudam vício em drogas sabem disso; se você dá cocaína todo dia, torna-se tolerante à cocaína."

O vício certamente ajuda a explicar nosso comportamento quando o amor vai mal. Como a destruição de Sherlock por Murray, o fim é traumático, não importa quem puxe o gatilho, "O vício em drogas é muito parecido com o rompimento de relações de amor", diz Koob, pensando na experiência de Bosch. "Acho que esta é a função do sistema, levar você de volta à sua parceira. Ele está ali para um propósito, levar você para casa para ficar com sua parceira."

Poder-se-ia dizer que os arganazes separados de suas parceiras vinculadas estavam de luto. E as pessoas ficam de luto também, é claro, pela perda do amor e pela morte da pessoa amada. Mary-Frances O'Connor, neurocientista da Universidade da Califórnia, em Los Angeles, examinou os cérebros de mulheres que haviam vivenciado a morte de uma irmã ou da mãe pouco tempo antes. Algumas mulheres estavam sofrendo do que é chamado de "luto complicado". Mais do que tristeza, o luto complicado é uma saudade crônica, patológica, da pessoa falecida, e uma preocupação com ela. Outras mulheres estavam num "luto não complicado". Quando as mulheres estavam numa máquina de ressonância magnética, O'Connor as expôs a fotos de seus entes queridos mortos ou fotos de estranhos, cada uma combinada a palavras relacionadas ao luto ou neutras.

As mulheres com luto complicado mostraram uma ativação mais intensa de estruturas de recompensa. Isso pode parecer estranho, a não ser que esse luto seja visto à luz de um vício. Quando as palavras refletiam o luto, somente as mulheres com luto complicado mostraram ativação do núcleo acumbente. Essa ativação do acumbente estava associada a uma saudade maior da pessoa morta, muito parecida com a falta que se sente de uma droga ou com o modo como o cheiro de uma camiseta velha pode causar uma onda de saudade dolorosa da pessoa amada que foi embora.

O estresse imediato de um rompimento e o estresse crônico posterior podem ser tão grandes que chegam a afetar nossa saúde. Quando passam por uma separação conjugal, as pessoas mostram declínios significativos na força do sistema imunológico. Pessoas recém-separadas visitam médicos com mais frequência, têm mais problemas de saúde agudos e crônicos do que pessoas casadas e morrem de infecção em proporção maior. Diferentemente da imagem comum de um homem recém-separado comemorando sua "liberdade" perambulando por boates em busca de mulheres fáceis de levar para a cama, os homens parecem sofrer mais seriamente, talvez porque invistam todo o seu vínculo emocional na parceira, enquanto as mulheres muitas vezes contam com o apoio emocional e social de outras mulheres.

Longe de conseguir se concentrar em alguma coisa tão trivial quanto o trabalho, o recém-solteiro pode se ver buscando pateticamente, e obsessivamente, qualquer sensação ligada ao ser amado que partiu: um pouco de cabelo, um pedaço de papel escrito à mão, o gosto da comida favorita. Pessoas passarão longos minutos olhando para fotografias. De modo semelhante, viciados em drogas que pararam de usá-las ainda mantêm uma atenção elevada e preferencial a qualquer pista relacionada à droga. O poder dessas pistas emana de sua capacidade de reativar o CRF e o eixo HPA, criando uma ânsia compulsiva pelo contato — o motivo pelo qual Murray destruiu Sherlock. Mesmo sem Sherlock, o menor sinal podia levar à tentação anos depois de ele parar de usar a droga. "Quando eu entrava na cozinha e via o pó de Coffee-Mate derramado sobre a bancada, vou lhe dizer, cara, eu tinha que limpar aquilo imediatamente ou então sair dali."

Sob o domínio do sistema de estresse, faremos coisas que nunca imaginamos fazer, como telefonar bêbados para a amada que se foi às 2 horas da manhã ou ouvir canções tristes de Edith Piaf embora não tenhamos a menor ideia do que as palavras da música significam. Nós bebemos — principalmente os homens, que liberam muito mais dopamina com o álcool que as mulheres. Ficamos fora de controle porque nos foi negado o acesso à nossa fonte natural de alívio: a pessoa que amamos.

Em animais, o CRF induz a recaída na droga; e em seres humanos, o estresse de um rompimento deixa os ex-parceiros vulneráveis à recaída de transar pela última vez. Aqueles que terminaram o relacionamento poderão racionalizar e pensar que talvez tenham cometido um grande erro ao encerrá-lo. Aqueles que foram dispensados no relacionamento não estão pensando em autoestima porque estão racionalizando com "Arrá! Ela me quer de volta!".

Murray racionalizava o tempo todo. "Eu dizia: 'Sim, tudo bem se eu não pagar à Montgomery Ward.' Eu dizia a mim mesmo que na próxima parcela pagaria em dobro. Ou: 'Tudo bem se você não apanhar sua filha. Outra pessoa o fará.' Ou: 'Tudo bem atrasar. Tudo bem não ir. Você está ocupado, tudo bem não ir ao ensaio da banda, você é bom demais.'"

O amor como vício, com frequência, é responsável pela retomada do relacionamento. Se fôssemos arganazes, diz Koob, e tivéssemos acabado de romper com nossos parceiros, seria melhor não ficar amuado e em vez disso partir para a ação. "A melhor coisa a fazer, é claro, seria esperar por outro arganaz ou simplesmente procurar outro arganaz, ser o Newt Gingrich dos arganazes." Conforme dissemos, o sexo em si não é um vício, ao contrário do que dizem alguns psicólogos pop e empreendedores de "reabilitação de vícios sexuais". Mas o sexo não desencadeia a liberação de oxitocina, que silencia a resposta de estresse elevada à separação da pessoa amada. Pessoas recém-saídas de um relacionamento de amor, mesmo que tenham iniciado o rompimento, podem ainda sentir vontade de aliviar esse estresse, o que as leva a uma nova união com alguém.

Algumas pessoas respondem ao amor perdido com comportamentos radicais, como perseguir pessoas ou cometer suicídio. Uma análise de bilhetes deixados por americanos que cometeram suicídio mostrou que o amor era um motivo mais comum do que a falta de êxito, tanto entre homens quanto entre mulheres. Na Índia, aproximadamente dez pessoas se matam todos os dias por causa de um amor perdido — mais do que por pobreza, desemprego e falência. Curiosamente, a depressão é outro fator significativo em suicídios, e pessoas deprimidas com frequência têm níveis altos de CRF, porque a resposta de estresse está presa na posição "ligado".

Simplesmente considerar um rompimento pode criar o estresse e o medo da coisa de verdade. Quando calouros universitários apaixonados foram solicitados a prever o quanto ficariam perturbados, e por quanto tempo, se seu parceiro, ou parceira, terminasse o relacionamento, aqueles que se descreveram como mais apaixonados, com pouca probabilidade de iniciar um novo romance e sem querer um rompimento superestimaram significativamente o quanto se sentiriam mal e por quanto tempo. Sem dúvida, é por isso que algumas pessoas optam por continuar num relacionanento depois de uma transgressão de um dos parceiros.

Quando Silda Spitzer, mulher do então governador de Nova York, Eliot Spitzer, optou por aparecer com seu marido diante das câmeras de noticiários e manter o casamento depois de ele ser acusado de visitar uma prostituta, foi denegrida por algumas pessoas como um capacho antifeminista. Chegou a inspirar uma série de TV, *The Good Wife*. Mas muitos maridos e esposas continuam o relacionamento apesar da infidelidade sexual de um parceiro. Sem dúvida que crenças religiosas, a economia e os filhos têm papéis nessas decisões, mas o vício é um forte motivador visceral.

Mesmo homens e mulheres que sofreram abusos verbais ou físicos de seus parceiros se recusam a deixar o relacionamento, assim como Murray não conseguia deixar seu relacionamento com as drogas. Eles racionalizam sua opção por ficar, por exemplo, focando as características positivas que o parceiro possuiria. Aqueles que permanecem, mas que depois conseguem sair, muitas vezes se lembram de seu antigo estado mental como uma "lavagem cerebral", ou confuso. Quando Murray usa frases como "Minha doença me disse...", está refletindo o mesmo estado de espírito.

Assim como os 28% de arganazes que não mostraram a reorganização do acumbente nas experiências de Aragona, nossa disposição para o amor e nossa ansiedade para formar um vínculo — o grau em que cada um de nós estará vulnerável ao vício da monogamia ou a manifestações extremas desse vício — dependem dos mesmos tipos de variação genética e circunstâncias ambientais que influenciam uma tendência ao vício em drogas. Por exemplo, as interações sociais positivas nos fazem sentir bem, em parte, porque resultam na liberação daqueles opioides cerebrais. Quando cientistas examinaram mais de 200 pessoas para verificar a variação do gene receptor de opioide-mi, descobriram que aquelas que tinham um determinado poliformismo apresentavam uma probabilidade maior de se tornar romanticamente envolvidas e obtinham mais prazer com isso do que aquelas que tinham outro polimorfismo. Essa versão do gene tem sido associada também a ondas de drogas mais intensas e a uma resposta de estresse elevada, comparada a outros polimorfismos.

Fred Murray acredita que estava quase destinado a se tornar um usuário de drogas devido à sua história familiar de alcoolismo. Ele pode estar certo, ou pode ser que seu ambiente — incluindo caminhos difíceis e uma criação ruim oferecida por seus pais — tenha tido mais influência. Provavelmente, foi uma combinação. Mas, com certeza, ele se apaixonou pelas drogas e sentiu toda a dor de tentar um rompimento.

No fim, ele forçou um clímax. Hospedou-se num motel barato na Califórnia e começou a fumar uma combinação de crack e metanfetamina, tanto quanto podia. Conforme esperava, sentiu seu coração batendo no peito. O suor escorria por seu corpo. Mais dois fornilhos e seu coração explodiria. Mas ele desmaiou. Quando acordou, olhou para si mesmo no espelho e ficou enojado. "Nem isso eu consegui fazer direito", diz ele, referindo-se à tentativa de se matar. Ele telefonou para a Callaway Golf. Envergonhado demais para falar em drogas, disse que não conseguia parar de beber e que tentara se matar. Por isso, havia desaparecido. A empresa agiu para que ele fosse internado numa casa de reabilitação, o Scripps McDonald Center, em San Diego, onde Murray trabalha hoje como orientador.

Ele não preservou muitas lembranças de seu passado; diz que não lamenta e que sua vida agora é inteiramente nova. Mas gosta de copiar

CDs com as músicas de sua antiga banda em seu laptop e dá-los como uma espécie de cartão de visita. Murray era muito bom. Cantava no melhor estilo R&B, e ao fazer um cover de um blues popularizado por B.B. King gritando "the thrill is gone, baby... I'm free from your spell", você precisa lembrar a si mesmo que a música é sobre uma mulher.

8

O PARADOXO DA INFIDELIDADE

Nós entendemos se você estiver, neste momento, coçando o queixo e se perguntando: "Se somos tão viciados um no outro que morremos de medo de nos separar, como poderia alguém sequer romper um relacionamento? E o que explica o adultério? E enganar o namorado ou a namorada?"

São excelentes essas perguntas, e fazem parte de um enigma bastante difícil que as sociedades do mundo inteiro lutam para resolver há milênios. A pergunta sobre por que este ou aquele relacionamento fracassa é irrespondível, em parte porque as circunstâncias de cada um são muito diferentes. Mas há uma verdade geral sobre os relacionamentos sexuais: como veremos a seguir, a paixão vai desaparecendo aos poucos. Antes de isso acontecer, porém, ela pode preencher uma multidão de buracos na pista. Depois que vai embora, o simples reconhecimento de que duas pessoas não combinam em personalidade ou temperamento provavelmente explica muitas separações, e pelo menos alguns dos cerca de 43% de primeiros casamentos que se dissolvem nos Estados Unidos. Mesmo assim, porém, é realmente difícil romper, o que é mais um testemunho do poder do vício planejado para nos manter juntos.

A infidelidade pode ser um problema totalmente separado dos choques de personalidade e temperamento, mas é claro que também explica muitas dissoluções. Embora o adultério possa ter também muitos ingredientes, trata-se de um fenômeno universal, até mesmo, como observamos, em arganazes-do-campo. Embora sejam monógamos socialmente, os arganazes-do-campo não são nem de perto tão estritos em relação à monogamia sexual quanto se acredita popularmente. Variações em circuitos cerebrais existem e podem influenciar significativamente a suscetibilidade de um arganaz ou uma pessoa a se envolver em travessuras sexuais.

Isso cria um paradoxo inerente em nossa concepção de monogamia. A monogamia social e a monogamia sexual podem ser duas coisas completamente diferentes. Mas a maioria das sociedades insiste em associá-las tão intimamente que tentamos pensar nelas como sendo a mesma coisa. Para muitos, não é assim que funciona. Fred Murray e a diferença entre gostar e querer descrita por George Koob ilustram isso. Murray era casado, amava sua mulher, mas arrumou uma amante. Sua amante eram as drogas, e não outra pessoa, mas no que diz respeito aos circuitos cerebrais básicos envolvidos, não há muita diferença. Ele não planejou destruir seu casamento ou sua família. Na verdade, antes de tudo desmoronar, Murray tentou manter sua vida em casa e sua vida de drogas separadas uma da outra. Algumas pessoas de sua vida de drogas não tinham a menor ideia de onde ele morava, se era casado e tinha filhos ou não, ou mesmo o que fazia para ganhar a vida. Ele comprava carros velhos, deteriorados, e os usava para ir a encontros relacionados a drogas, com frequência estacionando-os longe de sua casa para que não pudessem ser encontrados. Certa vez, quando um homem bateu à sua porta no meio da noite à procura de drogas, Murray atendeu à porta dizendo: "O que você está fazendo em minha casa? Esta é a minha casa! Nunca venha à minha casa." E em seguida bateu a porta. Ele via sua vida em família — seu território, se você quiser — como algo muito diferente de sua relação excitante, ainda que destrutiva, com as drogas.

A maioria das pessoas que faz sexo fora de seu relacionamento com vínculo também deseja manter essa experiência totalmente separada de sua vida em casa, de seu vínculo social. Geralmente, romper o relacionamento original não é o objetivo do sexo fora dele: mais de 60% dos homens que têm um caso extraconjugal também dizem que nunca se imaginaram seriamente fazendo isso até realmente acontecer. Alguns de nós somos claramente motivados — ou capazes de ser motivados —

a fazer sexo com parceiros fora do vínculo, mas a maioria de nós jura fidelidade ao vínculo, pode ser feliz dentro dele e não tem desejo algum de desfazê-lo.

Daí a constante rotação de confessionários de celebridades, políticos e líderes religiosos produzidos para a TV. O pastor de TV Jimmy Swaggart deu o tom para isso em 1988 com um mea-culpa lacrimoso à sua congregação e uma ampla audiência na televisão. Ele havia "pecado contra" Jesus, e praticamente contra todas as outras pessoas que seguiam sua orientação moral, depois de um rival evangelista fotografá-lo com uma prostituta de Louisiana. Para alguns, Swaggart teve um castigo merecido, porque condenara, vociferante, outro líder cristão, Jim Bakker, por um escândalo sexual no ano anterior. Nem Swaggart nem Bakker tinham qualquer desejo de destruir seus vínculos sociais principais, mas ambos se afastaram do caminho que consideravam virtuoso, movidos por uma força mais poderosa do que suas convicções morais.

O número de pessoas que se desgarram sexualmente é discutível. Apesar dos melhores esforços de pesquisadores sociais e científicos ao longo de muitos anos, nenhum deles pode dizer exatamente o percentual de pessoas que faz sexo fora do que supostamente seria um relacionamento sexualmente monógamo. Como você poderia esperar, os entrevistados relutam muitas vezes em dizer a verdade em entrevistas cara a cara, e até mesmo pesquisas por escrito anônimas não são muito confiáveis. Ainda assim, há números estimados.

Nos anos que precederam a tão exaltada "revolução sexual" dos anos 1960, médicos de um hospital em Nova Orleans realizaram uma pesquisa com mulheres ali atendidas. Elas foram divididas em dois grupos: com câncer no útero e sem a doença. Mais da metade das mulheres do grupo com câncer — 54% — disseram que haviam feito sexo fora do casamento. Isso pode não parecer surpreendente, uma vez que o câncer no útero é causado por um vírus transmitido sexualmente e, portanto, quanto mais parceiros você tem, maior a chance de ser infectada. Mas um quarto — 26% — das mulheres sem câncer também disse que traía o marido.

Na maior e mais abrangente pesquisa de opinião desse tipo, publicada em 1994 como "The Social Organization of Sexuality", Edward

Laumann e seus colegas descobriram que entre as mulheres americanas nascidas entre 1943 e 1952 — aquelas que estavam nas casas dos 40 e 50 anos na época — quase 20% relataram que haviam feito sexo com outra pessoa além do marido. Pouco mais de 31% dos homens no mesmo grupo etário também haviam feito. Entre os não casados, mas supostamente sexualmente monógamos, os casais — como aqueles que moram junto ou namoram — relataram índices de traição superiores a 50%.

Quer os seres humanos estejam ou não num relacionamento monógamo, tendemos a cobiçar a mulher do próximo — ou o marido, ou o namorado, ou a namorada. Uma pesquisa multinacional com quase 17 mil pessoas, em 53 países de todas as regiões do planeta, revelou que homens e mulheres — ou pelo menos os homens e as mulheres em idade universitária da amostra — estavam fazendo muito o que cientistas sociais e biólogos especializados em animais selvagens chamam de "caça ilegal de parceiros". Mais ou menos metade havia feito pelo menos uma tentativa, e muitos haviam sido bem-sucedidos. Na América do Norte, 62% dos homens e 40% das mulheres haviam tentado caçar ilegalmente o parceiro de alguém para uma aventura de curto prazo.

Muitas pessoas também morderam a isca. Sessenta por cento dos homens que disseram ter sido alvo de uma caçada ilegal afirmaram que haviam concordado em fazer sexo por um prazo curto com a caçadora. Pouco menos da metade das mulheres disse a mesma coisa. Sucessos semelhantes foram relatados por caçadores/as que disseram que haviam tentado roubar um/a parceiro/a para estabelecer um relacionamento de longo prazo. Curiosamente, as sociedades em que as mulheres tinham mais poder político também tinham mais caça ilegal de parceiros, tanto por parte de homens quanto de mulheres.

É claro que o sexo leva a bebês. Neste momento, no mundo inteiro, milhões de bebês humanos estão sendo criados por homens inconscientemente corneados. O percentual exato é desconhecido; os resultados de estudos variam muito de acordo com a região coberta pelo estudo e outras variáveis. Uma estimativa do Havaí em 1980 chegou a 2,3%. Um estudo da Suíça disse 1%. Outro, do México, disse 12%. A melhor suposição parece ser a de que entre 3% e 10% das crianças no mundo estão sendo criadas por pais que não sabem que os filhos não estão geneticamente relacionados a eles.

Portanto, para fins de argumento, vamos aceitar uma estimativa aproximada de 30% a 40% de infidelidade no casamento; 50% em relacionamentos não conjugais, mas monógamos; e até 10% de bebês não relacionados geneticamente ao homem que acredita ser o pai. No mundo inteiro. Entre todas as raças, credos e culturas. A conclusão tem de ser a de que a infidelidade é uma característica de comportamento inerente a pelo menos parte da população humana.

Sempre foi assim. Um dos discursos mais famosos escritos pelo antigo escritor e orador grego Lísias é uma defesa de um homem que matou outro homem depois de encontrar sua mulher na cama com ele. "Eu nunca desconfiei, mas era ingênuo demais para supor que minha própria mulher era a mais casta da cidade", disse o homem acusado ao tribunal.

Em todas as épocas e culturas, o paradoxo que se estabelece entre a monogamia social e o apetite sexual tem sido um problema desagradável. Durante milhares de anos, sociedades tentaram eliminá-lo e forçar a monogamia social e o comportamento sexual a se alinharem, geralmente controlando, encurralando e domando o desejo erótico. O próprio casamento — a institucionalização do amor humano — é, em parte, uma tentativa de fornecer estrutura e regras para o comportamento sexual. Para muitas culturas influenciadas pela tradição cristã, o casamento serve para conter a recompensa erótica dentro de um vínculo social, como uma defesa contra o pecado original. Agostinho de Hipona, que escreveu e pregou no fim dos anos 300 e início dos 400, deu o tom. O sexo, ensinou ele, existia porque o homem caíra em desgraça e fora banido do paraíso. Ele abordou o problema do desejo ilícito argumentando que, no Éden, a paixão sexual não existia da forma como existe para as pessoas após a Queda do Homem. Era totalmente controlada por nosso eu racional. Os orgasmos não eram uma fonte de prazer vibrante, enlouquecedora; eram sedados e feitos de um pedaço de todas as outras coisas boas do jardim. Os membros de Adão e Eva se juntavam com o fervor de não mais que "uma laje com uma laje". O fardo do desejo sexual e da tentação era parte do castigo ao homem por desafiar Deus. Afastar sua selvageria desenfreada de volta aos domínios da razão tinha de ser um dos principais deveres do homem para com Deus se o homem quisesse recuperar o paraíso.

Considerando a forma degradante da sexualidade humana depois da Queda, seria muito melhor nunca fazer sexo, acreditavam alguns pais da Igreja. Mas eles também reconheciam que os fracos seriam viciosamente tentados a desafiar o plano de Deus. Então, deram uma saída a eles. As pessoas podiam ceder à força do desejo sexual, mas somente no casamento e somente sob circunstâncias rigidamente reguladas. Mesmo no casamento, fazer sexo por luxúria ou prazer era um pecado mortal, e uma esposa devia se guardar contra a realização de qualquer ato, qualquer "abraço indecente" que pudesse inflamar o prazer erótico de seu marido.

A violação dessas regras era punida severamente. Você podia perder sua propriedade, sua família, sua liberdade por cometer adultério. E mesmo assim, apesar da repressão, muitas pessoas ainda cometiam adultério. Não importando quão terríveis fossem as consequências, elas não conseguiam dominar o poder do cérebro humano de inclinar as pessoas para comportamentos que elas sabiam que podiam resultar em sérios problemas.

Portanto, havia uma "desconexão entre o que as pessoas defendiam e o que elas realmente esperavam e toleravam", diz Stephanie Coontz, professora de história e estudos de família no Evergreen State College, em Olympia, Washington, ecoando a desconexão entre a vida de casa e a vida de drogas de Murray, bem como a desconexão de um cônjuge que faz sexo com outro par mas preza o principal vínculo. "Moralistas e filósofos geralmente exaltavam a fidelidade e condenavam a infidelidade, mas na maior parte do tempo isso estava na mesma esfera de abstração do endosso deles ao celibato, à paz na Terra e à boa vontade para com todos."

Coontz, que escreveu o livro *Marriage, a History: How Love Conquered Marriage*, explica que mesmo durante os períodos mais rígidos de repressão sexual eram feitas acomodações. Muitas cidades medievais, por exemplo, tinham um bordel reconhecido, legal. Nas elites, havia um reconhecimento explícito de que o casamento e o amor romântico —

incluindo o desejo erótico — eram duas coisas diferentes. O romance era exaltado como uma forma mais elevada de amor. "O culto do amor cortês sustentava que o amor mais verdadeiro só podia ser encontrado fora do casamento", observa ela. De fato, a primeira regra de *Art of Courtly Love*, de Andreas Capallanus, do século XII, era "O casamento não é desculpa para não amar". "O único amor verdadeiro era adúltero", continua Coontz, "uma vez que o casamento era econômico e político e, portanto, não era um amor verdadeiro. Você estava se casando por motivos práticos."

Na época de Chaucer, no fim dos anos 1300, a literatura europeia estava repleta de casos cômicos e não tão cômicos de adultério e traição. *Le Morte D'Arthur*, de Malory, gira em torno do caso entre Lancelot e Guinevere. Enquanto isso, no mundo da não ficção, líderes da Igreja lutavam para conter a libertinagem. Lendo relatos eclesiásticos da época, pode parecer às vezes que combater o sexo ilícito se tornara a principal ocupação do cristianismo.

Nos séculos XVI e XVII, os homens falavam e escreviam livremente — mesmo para seus sogros e cunhados — "sobre suas aventuras com criadas, sobre contrair sífilis com uma prostituta, sobre uma boa transa", diz Coontz com uma risada. Eles falavam sobre contratar como nova criada uma garota que era boa de cama e tinham total confiança de que ninguém contaria a suas esposas.

Mas o núcleo do que o noivo relutante Alfred Doolittle em *Pigmaleão*, de George Bernard Shaw, chamou repulsivamente de "moralidade da classe média" já se formara nos tempos de Chaucer. "Chaucer era um historiador social incrível", diz Coontz. *Os contos de Canterbury*, um seminário sobre as diversas contracorrentes na luta da sociedade ocidental contra o desejo sexual, mostra o início do que a maioria de nós considera hoje uma vida conjugal ideal.

"O conto de Franklin", narrado por um pequeno proprietário de terras, um sujeito de classe média, é sobre um casal de classe média: um cavaleiro sóbrio, sem glamour, trabalhador, e sua esposa de status mais elevado, Dorigen. Ao cortejar sua esposa, o cavaleiro promete não se comportar como um mestre diante dela, obedecer-lhe e servir-lhe se ela preservar a imagem pública dele de mestre, para proteger sua reputação como cavaleiro. Ela, em troca, jura ser sua "humilde e fiel esposa". Em outras palavras, eles fazem um acordo bastante moderno de igualdade.

Outro homem, um escudeiro chamado Aurelius, é, em contraste com o cavaleiro estável, um "servo de Vênus". Ele se apaixona por Dorigen. Aurelius a persegue constantemente. Chega a ameaçar se matar se ela não lhe der alguma esperança. Por fim, na ausência do marido, e num esforço para salvar o escudeiro apaixonado e ao mesmo tempo proteger sua virtude, Dorigen promete fazer sexo com Aurelius, mas só quando a paisagem da orla próxima mudar, algo que ela tem certeza que nunca acontecerá. Quando a mudança parece acontecer, Dorigen, atormentada, faz chorando uma confissão ao marido, que carinhosamente lhe diz para honrar sua promessa, mas nunca falar sobre isso ou associar isso ao nome dele. Aurelius, comovido com a diginidade do casal e com o amor de um pelo outro, libera Dorigen de sua promessa.

"Este era o modelo de casamento de companheirismo de Chaucer", explica Coontz. "Era um casamento que representava os valores de parceria da classe média emergente, e começamos a ter essa glorificação do companheirismo e da fidelidade mútua entre marido e mulher, em oposição à imoralidade das classes superior e inferior. Isso deu início à idealização das relações conjugais e dos valores de classe média. Chaucer era muito presciente."

Um princípio crucial dessa visão de casamento de companheirismo tem sido uma visão sobrenatural das mulheres e da feminilidade. Nos tempos de Chaucer, o desejo erótico feminino era tido como certo. Na verdade, 300 anos antes de Chaucer, e pelo menos até os anos 1700, os clérigos viam as mulheres como fossos de perversa tentação. O desejo feminino era tão temível que deu origem ao mito da *vagina dentata*, a vagina com dentes. Mas "no século XIX", diz Coontz, "a visão que surgiu do casamento baseava-se na ideia de que as mulheres eram puras e virtuosas".

Uma mulher pura, virtuosa, que considerava o sexo um dever e que não podia se permitir abraços indecentes, não era muito divertida na cama, porém. Então, era no mínimo um pouco compreensível que os homens buscassem esses prazeres em outros lugares. Daí o famoso "padrão duplo". Os homens podiam ver prostitutas, talvez ter uma amante, mas qualquer ação lateral desse tipo não deveria ser fatal para o casamento. As esposas não deveriam protestar. "Encontrei muitos diários e cartas, incluindo alguns em que a mulher fazia um inconveniente escarcéu por causa disso e seus próprios parentes lhe diziam que não era uma coisa decente a fazer", diz Coontz sobre sua pesquisa.

Durante a era das melindrosas, nos anos 1920, e depois de livros como o de nosso amigo H. W. Long, americanos e europeus estavam familiarizados com a ideia do desejo sexual feminino. Enquanto seu poder econômico aumentava, e elas adquiriam vida fora de casa, as mulheres também encontravam mais oportunidades de satisfazer esse desejo, às vezes na forma de flertes extraconjugais.

Facilitar a traição não era certamente a intenção do Dr. Long no mundo. A liberação sexual das mulheres, observa Coontz, deveria ser boa para o casamento. Com o advento dos livros de conselhos sexuais conjugais, os homens não deveriam "ter uma desculpa para se aventurar fora do casamento a fim de conseguir o sexo que não podiam ter em casa, porque eles podiam".

A liberação sexual visava a classe média. Não se esperava que as classes inferiores fossem terrivelmente "moralistas". Já a elite tinha licença. A classe média deveria ser a classe da retidão, a espinha dorsal de aço que sustentava o país.

Desde os anos 1930, acredita Coontz, vivemos numa era que censura a infidelidade sexual mais do que nunca, mesmo que os hábitos sexuais fora do casamento tenham se tornado mais tolerados do que nunca. Já não há uma dissociação entre erotismo e o vínculo principal. Na verdade, não se espera que o vínculo principal — o casamento — esteja dissociado de quase nada; nós o exaltamos a tal ponto que agora esperamos que nos traga felicidade e realização. Muitos casamentos, pensa Coontz, racham sob a pressão de expectativas tão altas.

Nós lhe oferecemos essa rápida análise da história para observar que há mais de 1.800 anos de civilização ocidental grande parte do mundo tem tentado lidar com o paradoxo central do amor: como ele pode coexistir com a infidelidade. De início, o prazer sexual era suspeito, com frequência pecaminoso, no mínimo malvisto, mesmo no casamento. Durante os últimos 100 anos, mais ou menos, o prazer sexual se tornou um dos principais objetivos do casamento. Mas, independentemente de como a sociedade tem visto as relações sexuais conjugais, tanto homens quanto mulheres ainda faziam sexo fora do casamento, e fora de qualquer outro tipo de suposto relacionamento sexualmente monógamo. Isso porque a infidelidade não é causada por hábitos sociais frouxos ou hábitos sociais rígidos. Uma tendência para o sexo com outro par pode estar programada em nossos cérebros.

BLOQUEIE AQUELA CAÇA ILEGAL!

Suponha que você é um jovem executivo responsável por contas de clientes numa agência de publicidade. (Faremos de você um homem, mas, como Susan, de Minnesota, demonstrou no Capítulo 2, devido à descarga de estrogênio na ovulação, o cenário funciona para as mulheres também. Simplesmente troque de sexo nesta história.) Um dia, você entra no elevador para subir até os escritórios da agência e vê uma mulher bonita. Ela está vestida de modo profissional, mas atraente: salto alto, saia apertada, cabelo solto, fluente. Está de óculos. Você tem uma coisa com mulheres bonitas de óculos desde que tinha 13 anos e via fotos de professoras sensuais em revistas. A atração é imediata e forte. Você faz contato visual e troca sorrisos. Os eventos neuroquímicos que abordamos nos capítulos anteriores começam a acontecer. A oxitocina e a vasopressina são liberadas, a dopamina pinta dentro do núcleo acumbente e você é motivado a flertar. Você não é, porém, um animal de laboratório, mas sim um ser humano. E neste momento seu cérebro racional está indicando freneticamente que você a viu antes, na casa de seu chefe. Ela é noiva dele. Mesmo que não fosse, você é casado e, embora sua vida sexual seja bem chata, e a antiga premência dos primeiros anos com sua mulher tenha se dissipado, você a ama. Você odeia a ideia de perdê-la e, meu irmão, você, com certeza, a perderia se ela descobrisse que você tem um caso. Você também pode perder metade de seu dinheiro e sua propriedade, sem falar no preço de um bom advogado de divórcio. Além disso, você comeu linguine com alho ao molho de mariscos no almoço. Você se conforma com um gesto de cabeça simpático, um sorriso e, quando a porta do elevador se abre, você se retira para sua mesa e se senta com um suspiro inconsciente.

Isso é autocontrole. Seu córtex pré-frontal se comunicou com sua amígdala, com a área tegmental central (VTA) e o acumbente e disse: "Pare com isso!" Você acabou de enfrentar um dilema desejo-razão e escolheu a razão.

Os neurocientistas alemães Esther Diekhof e Oliver Gruber submeteram pessoas a um teste de dilema desejo-razão para explorar diferenças funcionais na ligação PFC-acumbente. Primeiramente, 18 voluntários jovens completaram pesquisas por escrito padronizadas sobre impulsividade e busca de novidade. Em seguida, na fase 1 do teste, eles participaram de um tipo de jogo em que foram apresentados a um quadrado colorido de cada vez. Eles podiam escolher entre coletar ou rejeitar cada quadrado pressionando um botão. Depois de cada escolha, eram informados se essa escolha levava a uma pequena recompensa — um ponto — ou não. Os pontos equivaliam a um pagamento em dinheiro, portanto, quanto mais pontos acumulassem, mais dinheiro eles ganhavam. O exercício fazia com que se acostumassem a obter recompensas escolhendo quadrados.

Os voluntários fizeram a mesma coisa na fase 2, mas dessa vez estavam sendo escaneados numa máquina de ressonância magnética e, diferentemente do primeiro round, foram forçados a buscar um objetivo de longo prazo — coletar um bloco predeterminado de três cores no fim do jogo. Se tivessem sucesso, receberiam um número alto de pontos que determinava a quantidade de dinheiro que ganhariam. Eles também eram livres para escolher uma cor que *não* fizesse parte do bloco alvo. Escolher uma cor fora de bloco — "trapaceando" as cores que deveriam selecionar — renderia um ponto e aumentaria a contagem final. Portanto, eles podiam ganhar mais dinheiro sendo ousados. Mas isso também podia desviá-los do objetivo, e não conseguir atingir o objetivo resultava em desqualificação, anulando os pontos. Portanto, era mais seguro seguir o objetivo de longo prazo e não ceder à tentação de marcar tantos pontos quanto possível — jogar bem no meio. Em outras palavras, eles recebiam um incentivo para buscar uma recompensa imediata, mesmo que devessem estar focados na recompensa tardia por coletarem todas as cores no bloco determinado.

Quando os voluntários escolhiam as recompensas imediatas, seus cérebros mostravam uma ativação elevada do acumbente e da VTA. Quando enfrentavam o dilema desejo-razão, essas áreas ficavam quietas. Havia uma sinalização negativa vinda do PFC e as pessoas com menos pontos em impulsividade e em personalidade que busca novidades na pesquisa padrão mostravam a sinalização mais inversa entre o PFC e o acumbente, bem como eram as mais bem-sucedidas em focar no objetivo de longo prazo.

Os resultados dos cientistas coincidiram com dados sobre animais, disseram eles, oferecendo "a primeira evidência de que os seres humanos podem ter um mecanismo semelhante, porque demonstram uma ligação negativa maior entre" o PFC, o acumbente e a VTA "quando o desejo colidia com a razão". Os seres humanos nascem com uma tendência a satisfazer recompensas imediatas, argumentaram eles, e nossa capacidade de contrariar essa tendência a serviço de um objetivo de longo prazo — como preservar um relacionamento com vínculo — quando percebemos algo — uma oportunidade sexual, por exemplo — que ativa nossos circuitos de recompensa pode depender da força da interação entre esses circuitos e o PFC.

Conforme mencionamos várias vezes, há diversas maneiras de enfraquecer a ligação PFC-acumbente. Digamos que faz dois anos que você encontrou a mulher no elevador. Digamos também que ela já não é noiva do chefe. E vamos pôr você numa viagem de negócios a Columbus, Ohio, onde você se hospeda no Hyatt, perto do aeroporto, e em vez de apenas sorrir educadamente, a mulher linda de óculos diz, dentro do elevador: "Você não odeia esses hotéis que parecem todos iguais e sem graça?" Então você diz algo sobre estar entediado porque a única coisa para fazer em Columbus é assistir ao futebol americano dos Buckeyes, e a única coisa que você sabe em seguida é que está no bar sem graça do Hyatt tomando manhattans com ela e rindo das piadas um do outro, que nem são tão engraçadas assim, mas o álcool está calando seu PFC, portanto, você não está sendo específico demais. A mão dela toca seu ombro. Ela olha diretamente em seus olhos. Um pouco de oxitocina é liberada. Um pouco de dopamina pinga dentro de seu acumbente e aquele apetite sexual que havia desaparecido em seu casamento ressurge bem desperto num estalo. Você não está pensando em sua mulher nem no preço de um advogado de divórcio.

Assim como as pessoas, os arganazes-do-campo machos e fêmeas farão sexo fora do vínculo de casal. Mas gastamos muitas palavras explicando que, depois que formam vínculo com uma fêmea e seus centros de recompensa são reorganizados, os machos atacam fêmeas intrusas. Também dissemos que a maioria das fêmeas não forma vínculo com nenhum outro macho se seu parceiro morrer ou desaparecer. O que, então, explica esse paradoxo?

O circuito de vasopressina do arganaz-do-campo macho modula sua ligação com o território e o espaço e ajuda a forjar seu vínculo monógamo. Uma fêmea estranha (ou um macho também) que chega está violando a terra do macho residente. Antes de estabelecer o vínculo, ele não se importava, mas agora atacará. Se ele estiver fora — numa viagem de negócios —, à procura de comida para levar para sua mulher e seus filhos em casa e encontrar uma fêmea que entrou no cio com outro macho, pode ser que não consiga — ou não queira — resistir. É verdade que seu cérebro mudou com o vínculo à sua parceira e, conforme descrevemos no capítulo anterior, ele está viciado nela. Mas isso não significa que seu apetite para responder ao cheiro doce de uma fêmea fértil tenha sido eliminado. Mesmo que essa fêmea fértil esteja em seu espaço, o aroma dela e o desejo sexual dele podem superar seu desejo de proteger seu território ou de pensar mais em sua parceira. Seu sistema de recompensa apetitivo é ativado. Ele é induzido a se acasalar. Ele não tende a investir tempo e energia em cortejar a fêmea. Geralmente, ele não tentará levar uma fêmea que não está no cio a se excitar. Mas se ela já está disposta a dar uma volta, ele ficará feliz por ter uma transa casual, assim como 60% dos homens que disseram ter sucumbido à tentativa de caça ilegal de uma mulher. Depois, o arganaz não terá uma preferência por ela como parceira — aquela reorganização em seu cérebro de gostar para querer ainda o vincula sexualmente à sua parceira. Em vez disso, sua reação é mais algo como, "Ah, foi bom, obrigado", e em seguida ele voltará para casa como se nada tivesse acontecido.

O lado feminino do caso que acabamos de descrever é igualmente casual. O estrogênio dela está elevado porque ela entrou no cio com o cheiro de seu parceiro. Mas agora ela está sozinha, procurando comida. Ou está sentada em seu ninho enquanto seu parceiro está fora. Um macho estranho aparece. Induzida por seu circuito do desejo apetitivo, ela permite que ele monte. Em seguida, ela vai para casa, ou espera que seu macho chegue em casa, sem qualquer mudança em seu relacionamento.

Cada um desses arganazes "traidores" ainda é induzido por sua resposta de estresse do CRF a manter seu vínculo e voltar para casa. Eles ainda não gostam de ficar separados. Só fizeram sexo com outros indivíduos por acaso. E como o fizeram, um percentual de filhotes de arganazes — assim como um percentual de bebês humanos — não será descendente genético dos machos que residem em seus ninhos.

Arganazes traidores e pessoas traidoras levantam uma questão central para o paradoxo da monogamia: se é sexo o que você quer, por que não fazê-lo em casa? Por que correr o risco?

A natureza pregou uma peça em nós. Quando um mico macho cativo é apresentado a uma fêmea, torna-se um macaco bem desejoso. Nos primeiros dez dias, ele fará sexo com sua nova namorada mais de três vezes a cada meia hora, em média. Os dois formam um vínculo monógamo. Depois de 60 dias de relacionamento, eles não estarão fazendo sexo algum. Mas estarão se aconchegando um ao outro muito mais do que no início. Basicamente, diz Jeffrey French, da Universidade de Nebraska, que estudou esse padrão, em 80 dias os micos "deixam de ser jovens amantes para se tornarem um casal de velhos casados". Eles podem não estar fazendo sexo, mas formaram o que nos termos humanos de Coontz pode ser chamado de casamento de companheirismo.

Refletindo a reduzida motivação para procurar sexo, a testosterona dos machos cai. Assim como os hormônios do estresse. Enquanto isso, o estrogênio deles sobe. Eles se acomodaram.

"O que acontece quando as pessoas se casam?", pergunta Jim Pfaus. "Agora que podem fazer sexo quando quiserem, elas param de fazer sexo!" Ele está exagerando deliberadamente, mas é verdade que quanto mais tempo as pessoas passam casadas, menos sexo elas fazem.

Dezesseis por cento dos homens americanos casados com idade entre 40 e 49 anos disseram que fazem sexo "de algumas vezes por ano a uma vez por mês", numa pesquisa nacional realizada em 2010 pelo Kinsey Institute for Research in Sex, Gender, and Reproduction. Somente 20% dos homens casados com idade entre 40 e 49 anos disseram fazer sexo "duas a três vezes por semana". Trinta e sete por cento dos homens casados com idade entre 25 e 29 anos (e presumivelmente casados há menos tempo) disseram o mesmo. As mulheres mostraram tendências semelhantes. Muitos fatores afetam a frequência e a motivação sexual, incluindo filhos, trabalho, contas e sua forma física e sua saúde. Mas há poucas dúvidas de que o declínio tem uma base neuroquímica. Homens casados têm significativamente menos testosterona do que homens solteiros, assim como os micos. Eles têm estrogênio mais elevado e menos hormônios do estresse. Estão vinculados e acomodados. Fazem uma massagem nas costas, que é apenas uma massagem nas costas. Morar com alguém por muito tempo diminui nosso interesse por fazer sexo com essa pessoa. É triste, mas é verdade.

Não é que as pessoas, ou os macacos, já não gostem de sexo; elas gostam. É que o sexo com o mesmo parceiro leva a um desinteresse, e o impulso apetitivo por sexo diminui. Elas tendem menos a buscar sexo com seu parceiro ou com um novo parceiro.

Há um possível lado positivo adaptativo na perda do interesse sexual. Os machos que saem à procura de sexo não são bons pais. Pode ser que as mudanças químicas que acompanham a formação do vínculo nos ajudem a prestar atenção ao trabalho próximo: cuidar de bebês. Também os peixinhos de aquário machos, quando vivem com uma fêmea por muito tempo, focam muito menos no sexo e gastam muito mais energia e atenção tentando encontrar comida. Como resultado, tornam-se maiores e mais fortes que os peixinhos de aquário que se encontram com um elenco de fêmeas que muda constantemente. Esses machos se esforçam muito mais para copular e menos para encontrar comida, provando mais uma vez que ser playboy é um hobby caro.

Essa falta de desejo sexual que acompanha uma parceria de longa data é a metade de um fenômeno descoberto há cerca de 50 anos e que leva o nome, acredite ou não, do trigésimo presidente dos Estados Unidos.

Calvin Coolidge é um avatar comicamente improvável de qualquer aspecto da sexualidade. Embora tenha ocupado o poder durante os animados anos 1920, quando a Bolsa de Valores teve um boom, o hot jazz estava a toda e as melindrosas usavam cabelo curto, ele era um taciturno cidadão da Nova Inglaterra cujo apelido, "Silent Cal", refletia seu jeito calado e sua inteligência concisa. Hoje, ele é mais lembrado — quando lembrado — por duas citações. Uma delas: "O principal negócio do povo americano são os negócios". É possível que a outra seja mais apócrifa do que factual, mas está agarrada a ele da mesma forma.

Diz a história que Coolidge e sua mulher estavam visitando uma fazenda, guiados separadamente pelo fazendeiro residente. Quando o fazendeiro estava mostrando à senhora Coolidge a área junto ao celeiro, um galo montou numa galinha. O fazendeiro ficou um pouco atrapalhado com a demonstração e, num esforço para reduzir o constrangimento dele reconhecendo o óbvio, a senhora Coolidge resolveu fazer uma pergunta técnica: "Com que frequência o galo se acasala?"

"Dezenas de vezes por dia", respondeu o fazendeiro.

A senhora Coolidge sorriu e disse: "Diga isso ao presidente."

Quando o fazendeiro conduzia o presidente pela mesma área e viu o galo, informou obedientemente a ele que a senhora Coolidge pedira para transmitir a ele essa pequena e fascinante curiosidade sobre a fazenda.

"A mesma galinha todas as vezes?", perguntou Coolidge.

"Não, todas elas galinhas diferentes", respondeu o fazendeiro.

"Diga isso à senhora Coolidge", ironizou o presidente.

Cerca de 40 anos depois, cientistas estão tentando explicar um problema encontrado em muitos laboratórios que usavam ratos como modelo de animal. Ratos machos acasalados com uma fêmea tinham o hábito frustrante de copular com ela durante algum tempo e depois reduzir a frequência com que faziam isso até se tornarem quase completamente "improdutivos".

Os cientistas descobriram que tudo o que tinham de fazer para reacender o desejo sexual do macho era pôr uma nova fêmea em sua gaiola. Quando faziam isso, os machos esgotados se tornavam novamente vigorosos copuladores. Isto é o chamado Efeito Coolidge, e nos 50 anos que se passaram desde então descobriu-se que se aplica não apenas aos ratos, mas a todos os mamíferos e a alguns animais tão remotamente relacionados quanto os caracóis-do-lago hermafroditas e os besouros.

A primeira parte do Efeito Coolidge — a morte lenta da paixão — é vivenciada por muitos casais humanos. Quando a paixão física desaparece, há menos cola para uni-los no longo percurso da vida, menos entusiasmo, menos recompensa e, muitas vezes, menos proximidade. Se existem problemas que foram enterrados sob a paixão, eles podem vir à tona.

A segunda parte do Efeito Coolidge — o rejuvenescimento do apetite e do desempenho sexual — é um exemplo perfeito da sedução da novidade e, portanto, um exemplo da sedução da infidelidade. O que se constata é que os animais individualmente e as pessoas diferem na intensidade que essa sedução pode ter quando diante de um conflito entre desejo e razão.

A ATRAÇÃO PELO "ESTRANHO"

Fred Murray adorava novidades e sensações. Sua motivação para usar drogas era tão forte que superou o vínculo que ele tinha com sua esposa, e até com sua filha. Mas a excitação com a nova amante acabou o deixando também. O mesmo estímulo, usado da mesma maneira, repetidamente, acaba enfraquecendo o efeito da dopamina, e os viciados trocam sua motivação: de gostar para querer.

No caso das drogas, você pode tomar mais, e depois mais novamente, para continuar sob o efeito até seu corpo finalmente se esgotar na esteira do prazer. Você não pode fazer isso com uma pessoa se a excitação vazar de um relacionamento compromissado de longo prazo. Sim, você pode tentar, mas, apesar das prateleiras de livros de autoajuda sobre conselhos sexuais e de décadas de artigos em revistas transmitindo a sabedoria dos gurus do sexo e do amor, há apenas muitos estilos de lingerie sensuais, apenas muitas posições sexuais e apenas muitas escapadas românticas que você pode usar para injetar fogo de novo em seu relacionamento e manter a doce urgência do amor bramindo como acontecia no início.

Mas, sem considerar a idade, que também reduz seu desejo sexual — é triste também, mas é verdade — morar com alguém não diminui sua capacidade de gostar de sexo. Portanto, nós nos descobrimos bem, com um vínculo verdadeiro — viciados — e menos interessados sexualmente na pessoa com a qual mantemos o vínculo, mas ainda capazes de nos interessarmos por sexo com novas pessoas.

Parece haver forte influência genética sobre nossa disposição para ceder a esse interesse. Numa grande pesquisa com 1.600 pares de gêmeas com idade entre 19 e 83 anos realizada por Lynn Cherkas e seus colegas no Reino Unido, quase um quarto dessas mulheres disse que havia tido um caso sexual estando casada, ou morando com um parceiro num relacionamento socialmente monógamo. As gêmeas idênticas tinham uma probabilidade uma vez e meia maior de ter traído do que as gêmeas fraternas. A herança genética era responsável por 41% da diferença, uma ligação forte entre genes e comportamento.

Dezessete por cento das mulheres que haviam traído também achavam que fazer isso era sempre errado, mas, assim como Jimmy Swaggart, haviam feito mesmo assim. Sua crença moral, concluíram os cientistas baseados na análise, era produzida pelo ambiente em que haviam sido criadas. Portanto, em 17% dos casos, a mulher desafiava o sistema moral que haviam recebido de sua família e sua educação para seguir outro imperativo, mais forte.

Cientistas que, como Pfaus, estudam a recompensa determinaram que o Efeito Coolidge ocorre porque a presença de um novo estímulo — um novo parceiro sexual — libera dopamina no acumbente. O mecanismo do desejo começa a funcionar, como um carro que recebe uma bateria nova, e o circuito do impulso apetitivo é ativado. A velha primavera está de volta. Os roedores começarão a procurar sexo. Os humanos começarão a malhar na academia de ginástica, a adquirir novos cortes de cabelo, a comprar roupas novas.

Para o Efeito Coolidge acontecer, porém, um indivíduo tem que reconhecer o valor da novidade e ser ousado o bastante para ir atrás dela. Você tem que se dispor a deixar o abrigo confortável de uma ordem estabelecida — às vezes realmente ir embora, deixar a casa, e, às vezes, deixar metaforicamente, como numa escapada fora do vínculo. Há riscos envolvidos em qualquer aventura desse tipo. Pode ser que você tenha que caçar ilegalmente o parceiro de outro indivíduo, talvez passando por cima das objeções desse indivíduo, que pode estar protegendo seriamente seu parceiro. O homem acusado, ajudado pelo discurso de Lísias, matara o amante de sua mulher. Sean Mulcahy, cujo irmão tentou caçar ilegalmente sua noiva, teve um ataque furioso. No início de 2012 uma mulher em Granbury, Texas, Shannon Griffin, foi presa por matar a amante de seu marido em Kansas, horas depois de descobrir o caso.

Parceiros de animais também vigiam e, portanto, qualquer pretenso "adúltero" também enfrenta riscos. O quanto ele está disposto a ignorar esses riscos varia de acordo com o indivíduo. Tome como exemplo os pássaros. Os tentilhões-zebras são pássaros pequenos e coloridos nativos da Austrália. Eles têm um bico alaranjado-vermelho, peito branco, penas cinzentas atrás e rabo preto e branco. Os machos têm uma mancha de penas alaranjadas nas laterais da cabeça que os fazer parecer o trompetista de jazz Dizzy Gillespie com suas bochechas semelhantes a balões. Os tentilhões-zebras são usados com frequência em pesquisas científicas por razões diversas. Mas um motivo pelo qual são usados é que, assim como muitas espécies de pássaros, eles formam laços monógamos para a vida inteira.

Mas alguns traem seus parceiros. Usando uma colônia cativa de tentilhões-zebras, Wolfgang Forstmeier, juntamente com um grupo de colegas do laboratório de Bart Kempenaers, do Instituto de Ornitologia Max Planck, na Alemanha, resolveu descobrir o que impulsiona esse sexo com outro par. Pensando em termos evolutivos, eles acharam que os pássaros tinham que ganhar alguma coisa com a infidelidade.

O lado macho da equação pode ser fácil de entender. Os tentilhões-zebras machos, assim como os machos humanos, têm muito esperma. Ao espalharem esse esperma para muitas fêmeas, eles são capazes de transmitir genes para mais filhotes. A monogamia sexual estrita limita essa capacidade. O caso da fêmea que pula a cerca é menos compreendido. Diferentemente dos machos, que não precisam usar muito capital pessoal para terem filhotes fora do vínculo — os machos não precisam ficar por perto para ajudar a criá-los — as fêmeas têm que fazer a mesma quantidade de trabalho não importando quem seja o pai de seus bebês. Mas elas não apenas se submetem a machos estranhos como deixam o ninho para seduzi-los. Uma explicação possível tem sido a de que as fêmeas estão procurando, para seus futuros filhotes, características superiores que seus parceiros de longa data não podem fornecer. Então elas tentam colher vencedores procurando machos muito atraentes. Há algumas evidências de que as fêmeas humanas e primatas fazem isso também, principalmente quando estão ovulando. Na verdade, algumas fêmeas primatas realmente negociam, trocando sexo por frutinhas vermelhas ou carne oferecidas por algum velhote conquistador — o que indica que ele é um bom provedor.

Forstmeier não exatamente contestou essa ideia, mas a modificou. Ele descobriu que as fêmeas podem, de fato, escolher Clooneys pássaros para fazer sexo com outro par, mas, pelo menos entre os tentilhões-zebras, a aparência não é tudo.

Depois de passar meses observando 1.500 tentilhões cativos, Forstmeier concluiu que era uma questão de genes, tudo bem, mas não necessariamente de aparência. Alguns machos eram mais inclinados a pular a cerca do que outros, e o que em grande parte determinava essa probabilidade era a herança genética transmitida por aqueles Casanovas que eram seus pais, principalmente para a personalidade. Machos bonitões procuravam sexo fora do relacionamento, mas machos mais caseiros também procuravam. E quanto mais um macho — bonito ou comum — procurava sexo, mais ele copulava. Então, não eram apenas os genes da boa aparência que estavam sendo espalhados, mas também os genes da busca de novidade, da aventura, da ousadia.

Depois de criar um sistema de medição para avaliar as respostas das fêmeas a essas tentativas de caça ilegal dos machos, a equipe descobriu que a inclinação da fêmea para trair também estava ligada aos genes que ela herdava de seu pai. Como machos promíscuos — bonitos ou feios — tendiam a copular mais, os filhos e as filhas desses machos tendiam a fazer sexo fora de casa. As mesmas características que proporcionavam aos machos sucesso nos acasalamentos também faziam as fêmeas tender mais à traição, apesar de a promiscuidade poder ter realmente um custo alto para as fêmeas — os filhotes de fêmeas adúlteras tendiam a ficar um pouco abaixo do peso. Entretanto, concluiu Forstmeier, parece que a promiscuidade, mesmo entre casais com vínculo, é, até um grau significativo, uma característica herdada por meio do sexo. Certos indivíduos simplesmente nascem com mais tendência a buscar sexo fora de casa.

Há muito adultério entre as aves. As cambaxirras fêmeas voam ao amanhecer para visitar gigolôs. Aproximadamente um terço dos ovos postos por fêmeas de pardal-da-savana não é fertilizado pelo companheiro que está pagando o aluguel.

Uma equipe multinacional de cientistas europeus anunciou no fim de 2011 que passara três anos observando 164 ninhos de chapins-reais silvestres. Treze por cento dos filhotes resultavam de acasalamentos com outro par. De novo, a aparência pode ter contado, mas a personalidade parece ter contado mais. Os machos "ousados" procriaram um número significativamente maior de filhotes com fêmeas que não eram a principal parceira do que os machos "tímidos", que tendiam a ficar perto da parceira. A personalidade da fêmea ousada também foi associada a mais filhotes gerados com outros pares. Machos passeadores também tendiam mais a ser, eles próprios, traídos — quando o gato sai, o rato sobe na mesa. Esses tipos de personalidade não pareciam ter muito — ou qualquer coisa — a ver com a boa forma reprodutiva geral: machos tímidos e machos ousados tinham o mesmo número de filhotes em geral. A personalidade influenciava apenas a probabilidade que cada tipo tinha de fazer sexo com um animal com o qual não tinha vínculo.

Pesquisadores do laboratório de Kempenaers encontraram um importante gene alelo que influenciava o quanto os chapins-reais podiam ser passeadores, sociáveis, ousados e buscar novidades. Era uma variação de um gene de receptor de dopamina crucial, a versão dos pássaros para o receptor D4 humano, com frequência chamado de *DRD4*, encontrado principalmente no córtex pré-frontal humano.

Em 2010, um grupo interdisciplinar da Universidade de Binghamton, no estado de Nova York, e da Universidade da Geórgia investigou diferenças individuais na personalidade humana para sequências repetidas do gene receptor D4. Pessoas portadoras de uma ou mais versões do gene com sete ou mais repetições (7R+, mais ou menos como as sequências repetidas no *AVPR1A* dos arganazes encontrado por Larry) tendiam a buscar aventura, novidade, sensação.

Os cérebros dos portadores das repetições 7R+ mostram diferenças no modo como a dopamina e seus receptores são distribuídos, e no modo como estes agem no circuito de recompensa e no PFC. Por exemplo, essas pessoas tendem a ter índices mais elevados de distúrbio de deficit de atenção/hiperatividade, vício em drogas e alcoolismo. Tendem a arriscar dinheiro — como em jogos de apostas ou investimentos incertos.

Naturalmente, ninguém quer se tornar alcoólatra ou jogar fora suas economias na roleta. Mas as mesmas repetições 7R+ são também encontradas em pessoas ousadas que se arriscam e naquelas que buscam novidades — que provam ser vitais para o avanço humano. Pessoas portadoras dessa variante tendem a ser migrantes, colonos de novas terras. O alelo tende também a resultar em inquietos inovadores, ambiciosos e aventureiros.

Com tudo isso em mente, a equipe investigou 181 adultos jovens para medir suas tendências impulsivas, comportamentos de escolha intertemporal e relacionamentos sexuais. Em seguida, analisou amostras de cada participante para repetições 7R+ do gene receptor D4.

Os portadores de pelo menos uma versão do alelo 7R+ tinham 50% mais ocorrências de infidelidade sexual do que aqueles que não portavam nenhuma. Metade dos portadores do alelo repetido disse que havia traído um parceiro com o qual tinha um compromisso monógamo, mas apenas 22% dos não portadores disseram que haviam traído. Os portadores de repetições 7R+ que traíam também disseram que tinham mais parceiros fora da relação do que os 22% de não portadores que traíam.

Pode ser que as populações monógamas precisem de uma certa quantidade de sexo com outro par para fixar rapidamente variantes de gene benéficas no conjunto genético. O grupo sugeriu que o gene receptor D4 está sob seleção evolutiva. Quando os tempos são difíceis e assustadores, e o futuro incerto, a população precisa de pessoas ousadas e aventureiras. Em tempos de calma e abundância, há menos necessidade. "Ou seja, em ambientes onde o comportamento 'safado' é adaptativo, a pressão seletiva para 7R+ seria positiva; mas em ambientes onde o comportamento de 'papai' é adaptativo, a pressão seletiva para 7R+ seria negativa." Curiosamente, os índios ianomâmis polígamos da região amazônica são frequentes portadores de 7R+.

O gene receptor D4 não é o único receptor de dopamina associado à capacidade humana de resistir ao desejo impulsivo ou ceder à tentação de sensação e novidade. A reorganização que descrevemos em viciados em drogas e arganazes-do-campo com vínculo que fazem a troca no cérebro de gostar para querer, de um apetite pelo novo para a manutenção de um relacionamento existente, depende da interação entre outros dois receptores de dopamina que mencionamos, D1 e D2.

Joshua Buckholtz, professor assistente de psicologia da Universidade de Harvard, estudou pessoas com níveis mais baixos de receptores de dopamina D2 no estriado, a região do cérebro humano que inclui o núcleo acumbente e está fortemente ligada à amígdala, ao PFC e a estruturas produtoras de dopamina cruciais. Ele descobriu que níveis mais baixos de D2 no estriado estão associados à propensão ao vício em drogas.

"Quando estão diante de um estímulo novo ou algo proeminente para a recompensa", diz ele, "essas pessoas não têm a maquinaria para bloquear os sinais de dopamina. Portanto, a liberação de mais dopamina causa um impulso excessivo para obter a coisa que elevou o sinal de dopamina. Elas ficam mais excitadas quando veem um estímulo associado a uma recompensa."

O estímulo pode ser dinheiro, comida, drogas ou algo erótico, mas, o que quer que seja, o PFC não parece ser capaz de fazer seu trabalho, ou é silenciado. Essas pessoas, diz ele, tendem a exibir níveis altos de comportamento impulsivo. Elas também têm "mais probabilidade de violar os vínculos do casamento, de fazer sexo promíscuo e de apresentar comportamentos arriscados de modo mais geral — de basicamente não aderir às normas sociais relacionadas à monogamia e à parceria cooperativa".

A história dos receptores de dopamina e de quais são os papéis que eles desempenham em que áreas do cérebro é extremamente complexa — Buckholtz descreve o estado do conhecimento sobre como eles agem em pessoas como ainda "confuso" — e, portanto, é cedo demais para chamar o D4 de gene da "traição" ou para dizer que pessoas com níveis mais baixos de receptores D2 seriam espiões ruins porque seriam suscetíveis demais a uma Mata Hari. Porém, embora a visão de perto possa estar embaçada, a visão geral está cada vez mais clara.

"A variação no nível comportamental" entre um indivíduo e outro, diz Buckholtz, "depende da variação no nível neurobiológico."

SER TRAÍDO POR ALGUNS PODE SER BOM PARA TODOS

Stephanie Coontz tem uma visão cética sobre o que chama de "rede elétrica do comportamento humano". "Sobre isso, eu tomo uma posição no meio. Acho que os seres humanos são programados para as duas inclinações — para a monogamia e para a promiscuidade, ou atividades extraconjugais. Ambos os desejos estão em nós, ambas as capacidades." Ela acha que as estruturas sociais nos inclinam para um lado ou outro.

Tome como exemplo o caso da guarda do parceiro. Ela observa que embora a guarda do parceiro esteja entranhada em muitas sociedades humanas, e seja uma característica básica da monogamia, há também uma explicação sociológica para isso. "Parece haver menos guarda do parceiro quando há menos coisas em jogo, ou quando a sobrevivência depende de compartilhar, e não de se apropriar", diz ela, referindo-se aos índios da bacia amazônica que tradicionalmente praticam uma forma de paternidade social múltipla, em que mulheres grávidas fazem sexo com vários homens, todos eles considerados como tendo contribuído para a criança com algo de sua substância e, portanto, sentindo-se obrigados a contribuir para o sustento dela. "Mas quando você desenvolve diferenças substanciais em riqueza e status social numa sociedade, então há uma espécie de estreitamento de obrigações."

A propriedade e o status são transmitidos à prole genética de uma pessoa. Famílias tecem conexões baseadas na genealogia. Um filho bastardo é um intruso. "Em minha interpretação da história, as famílias se tornam realmente estritas em relação à castidade feminina quando não querem a introdução na família de uma criança cujo pai ou outros parentes possam fazer reivindicações" de riqueza ou propriedade, diz Coontz.

De fato, padres católicos romanos eram com frequência homens casados até o Primeiro Concílio de Latrão, em 1123, quando a Igreja declarou: "Nós proibimos absolutamente padres, diáconos, subdiáconos e monges de ter concubinas ou contrair matrimônio. Decretamos, em conformidade com as definições dos cânones sagrados, que os casamentos já contraídos por essas pessoas devem ser dissolvidos e que as pessoas sejam condenadas a fazer penitência." Um dos motivos para essa imposição — juntamente com a antiga repreensão ao prazer carnal — era o medo de Roma de que os filhos de sacerdotes herdassem propriedades da Igreja. Os padres estavam "casados" com a Igreja mãe. Esta não tolerava concorrência alguma. As freiras tinham que permanecer celibatárias porque eram casadas com Jesus.

A visão de Coontz não diverge necessariamente da visão de Larry de que mecanismos neurais inatos estão atuando. Afinal de contas, a "matéria" — riqueza, propriedade, parentesco — é território. E se, falando em termos neurais, os homens são bebês para suas parceiras, não é de se estranhar que as mulheres queiram ficar de olho neles. Relembre do Capítulo 2, por exemplo, que os homens apresentam um comportamento de guarda de parceira mais intenso quando percebem, ainda que inconscientemente, que suas amantes estão ovulando. E a guarda do parceiro é uma característica de todos os animais monógamos e de muitos que não são monógamos.

Como enfatizamos muitas vezes, e como Coontz afirma, o ambiente importa. Por exemplo, o gene *AVPR1A* é bastante plástico: responde às condições sociológicas. Quando Nancy Solomon, da Universidade de Miami em Oxford, pôs arganazes em recintos naturalistas durante um período mais ou menos correspondente ao tempo de vida de um arganaz na natureza (geralmente em torno de quatro anos), descobriu que os alelos *AVPR1A* que os machos portavam "influenciaram significativamente" o número de fêmeas com as quais eles se acasalaram e o número total de filhotes que eles geraram. Isso também significava que os machos residentes estavam sendo corneados. Como era de se esperar, as fêmeas com vínculos pariram filhotes que não eram descendentes genéticos de seus parceiros.

Usando também recintos naturalistas, Alex Ophir investigou a probabilidade de o macho fazer sexo com outro par em relação à distribuição de receptores de vasopressina em duas áreas do cérebro, o cingulado superior e o tálamo laterodorsal, ambos envolvidos na atenção espacial e na memória. Os machos com mais tendência a fertilizar fêmeas estranhas tinham níveis baixos do receptor nessas duas áreas.

E no estudo dos tentilhões-zebras, cerca de 28% dos filhotes de tentilhões cativos tinham pais diferentes. Em amostras na natureza, isso ocorre em aproximadamente 2%.

Lembre-se que no amplo estudo de gêmeas no Reino Unido 17% das mulheres que traíam violavam seus preceitos morais. Presumivelmente, algumas mulheres que podiam ser mais inclinadas a trair mas eram mais influenciadas por ensinamentos semelhantes não o fizeram. Se o ambiente não tivesse inculcado nelas restrições ao sexo com outro par, elas poderiam ter cedido à sua inclinação natural.

A cultura é um reflexo de nossos cérebros, com frequência um reflexo dos conflitos dentro deles. O vínculo social certamente está em conflito com o desejo sexual. E, então, tivemos cintos de castidade, a burca e a mutilação genital feminina. Instituímos o casamento e impusemos consequências à destruição de um casamento. O divórcio não é barato; muitas vezes, uma vergonha pública acompanha um romance descoberto, e pode haver implicações negativas para a carreira. Nas Forças Armadas americanas, você está sujeito a acusações criminais por violar as cláusulas do Códido Uniformizado da Justiça Militar contrárias ao adultério. Essas medidas são uma maneira de a sociedade tentar explorar nossa capacidade de ponderar acrescentando custos à infidelidade e, assim, constranger nosso desejo de fazer sexo com outro par.

A necessidade dessas barreiras de defesa faz parecer que os seres humanos estão se dedicando a propósitos contrários. A evolução pode ter ocorrido numa tensão do tipo puxe-empurre entre o vínculo social e o desejo sexual. Ao longo de milhões de anos de evolução, machos e fêmeas podem ter travado uma espécie de guerra de interesses próprios. As fêmeas podem estar constantemente buscando os melhores genes possíveis para seus filhotes. Para obter sucesso, precisariam ser tanto férteis quanto ousadas o suficiente para explorar essa fertilidade buscando um parceiro fora da relação. Enquanto isso, os machos podem ser levados a disseminar todos os seus espermatozoides, mas também levados a impedir que as fêmeas se acasalem com outros machos, principalmente em seus períodos férteis. Portanto, nós guardamos nossos parceiros ciosamente e contruímos normas culturais de monogamia sexual para institucionalizar a necessidade natural de guardar o parceiro. Queremos a monogamia para aqueles que amamos, mas não necessariamente para nós mesmos.

Ao longo deste livro vimos como a "variação no nível neurobiológico" pode fazer grandes diferenças no comportamento: os estudos de ratos de Frances Champagne, os estudos de Todd Ahern com arganazes que têm uma só família, os avanços de Larry com a oxitocina e os receptores de vasopressina, a influência dos esteroides sexuais que começa no útero da mãe. Essas variações podem influenciar futuras relações e a vida sexual, incluindo a duração de relacionamentos e a propensão a fazer sexo fora do vínculo com um parceiro.

Kristina Durante, que conhecemos no Capítulo 2, descobriu que mulheres com níveis de estrogênio naturalmente mais elevados relatavam mais disposição para manter relações sexuais com um homem que não era seu parceiro principal e comprometido. Elas parecem também ser mais inclinadas a ter relacionamentos monógamos em série e a ficar atentas a um cara mais bonito, mais rico e mais inteligente.

Algumas pessoas, como as portadoras do alelo 334 *AVPR1A* RS3 e aquelas que sofreram privações emocionais na primeira infância, tendem a formar vínculos que não são tão fortes quanto aqueles formados por outras pessoas e podem tender a ter mais parceiros sexuais.

Outros estudos mostraram que homens e mulheres com níveis mais elevados de testosterona têm uma probabilidade maior de fazer sexo com mais pessoas. Isso talvez aconteça porque um nível básico maior de testosterona enfraquece a primeira parte do Efeito Coolidge — a queda de testosterona relacionada a uma queda no esforço para se acasalar —, de modo que eles permanecem mais motivados a procurar sexo.

Outra maneira de explicar isso é que essas variações moderam nossa capacidade individual de lutar contra nossos desejos. Muitos acham a ideia de que componentes químicos da matéria — nosso DNA, a dopamina e outras moléculas neurossinalizadoras que discutimos — contribuem tanto para o que geralmente pensamos como sendo moralidade profundamente incômoda, e até ofensiva. Mas a natureza não é nem moral nem imoral. É o que é.

Aumentam as evidências de que a natureza preservou uma tendência para a infidelidade sexual em pelo menos alguns seres humanos e de que a aventura sexual é parte inerente dos sistemas sociais monógamos. Pode ser até uma parte necessária da monogamia social. Mas os seres humanos tentam com frequência integrar totalmente nosso desejo sexual ao nosso vínculo social. Estes, porém, nem sempre são facilmente acasalados. A maioria de nós preza a monogamia social, e a maioria das pessoas, embora não todas, preza a monogamia social como parte daquele relacionamento com vínculo. Mas a monogamia social deprime o impulso erótico de fazer sexo com esse mesmo parceiro social, enquanto nos deixa suscetível à sedução de outros. Certas diferenças inatas em nossos cérebros podem nos tornar mais receptivos a esse estímulo novo — a colega de trabalho bonita, o marido bonitão de uma amiga, o chefe rico. Pior: exatamente o tipo de pessoa que a maioria de nós acha atraente — os corajosos, ousados, amantes da diversão e que buscam sensação correndo risco — como o "safado" do Capítulo 2 —, aqueles que geralmente chamamos de "bom partido", podem ser as mesmas pessoas que tendem mais a fazer sexo com pessoas que não somos nós.

Em 2011 pesquisadores holandeses anunciaram os resultados de uma pesquisa sobre infidelidade e intenção de cometer adultério numa população de executivos de negócios. Dos 1.250 participantes, pouco mais de 26% disseram que haviam tido um caso. Havia uma forte correlação entre a posição de uma pessoa na hierarquia corporativa e a probabilidade de ela trair, sendo que aqueles que tinham posições mais elevadas, com mais poder, mostravam um grau maior tanto de abertura para ter um caso quanto de infidelidade de fato. O gênero sexual não importava. Os resultados valiam para homens e mulheres em posições elevadas. Essas pessoas eram mais confiantes, extrovertidas e ousadas, o que podia explicar, antes de mais nada, como haviam conseguido alcançar sucesso na carreira.

Isso não significa que toda mulher ou homem ousado, impulsivo e que corre riscos vai para a cama com novos parceiros quando cai na estrada. Diferentemente dos animais, as pessoas têm cérebros maiores, mais poderosos, racionais. Muitos de nós sabemos pesar riscos e recompensas.

Mas o próprio fato de a maioria das culturas ter investido recursos enormes para impor a monogamia demonstra o quanto pelo menos um subconjunto da população humana é movido a fazer sexo com pessoas fora de seu vínculo. Isso acontece em todas as espécies. Não são apenas os tentilhões-zebras, as cambaxirras ou os arganazes-do-campo que traem. Praticamente, todos os animais socialmente monógamos também fazem sexo com outro par, incluindo os primatas monógamos. Os casais de gibão formam fortes vínculos socialmente monógamos, mas tanto os machos quanto as fêmeas copulam com outros parceiros. Em 2005, quando *A marcha dos pinguins* (um documentário sobre o pinguim-imperador) tornou-se um sucesso inesperado, conservadores sociais insistiram que a incrível dedicação que os parceiros pinguins macho e fêmea demonstravam ao voltarem um para o outro depois de alimentarem — viajando por dezenas de quilômetros de paisagens congeladas — e ao cuidar de seus filhotes era um reflexo natural da preferência de Deus pela monogamia e uma lição para todos nós. Bem, os pinguins-imperadores são, de fato, sexualmente monógamos, mas apenas durante um ciclo de reprodução. Depois que os filhotes conseguem sobreviver por si mesmos, a família se divide e os adultos encontram novos parceiros. É como se Ozzie e Harriett Nelson trocassem de parceiros com seus vizinhos Clara e Joe Randolph depois de Rick e David começarem a frequentar a escola.*

Alguns, como Christopher Ryan e Cacilda Jethá, autores de um livro chamado *Sex at Dawn*, argumentam o extremo oposto. Eles insistem que a monogamia sexual é totalmente inatural, puramente uma criação da cultura humana. Isso parece insatisfatório. Mesmo que estudos e pesquisas estejam incorretos por dez pontos, ou mesmo 20, isso ainda significa que pelo menos metade dos seres humanos que iniciam um compromisso sexualmente monógamo de longo prazo não faz sexo com outra pessoa fora desse vínculo. Da mesma forma, nem todo arganaz-do-cam-

---

*Personagens da série de *The Adventures of Ozzie and Harriet*, sucesso da TV norte-americana nos anos 1950 e 1960. (*N. do T.*)

po, tentilhão-zebra ou chapim-real faz sexo com um segundo parceiro também. Apenas alguns o fazem. Além disso, muitas pessoas expressam ainda mais satisfação geral com seus casamentos de décadas do que expressam com casamentos que têm menos tempo do que um mandato presidencial, independentemente da frequência sexual.

A monogamia sexual parece ser boa até para a nossa saúde, a exemplo dos peixinhos de aquário obrigados a viver com um único parceiro. Homens casados vivem mais tempo e são mais saudáveis por mais tempo do que homens solteiros. O mesmo vale para mulheres casadas.

A resposta certa para a pergunta sobre se seres humanos são projetados para serem sexualmente monógamos parece ser. Depende. Alguns são. Outros talvez nem tanto.

A monogamia sexual é menos uma questão sobre o que as pessoas ou os animais *deveriam* supostamente fazer do que sobre o que eles são, como indivíduos, *inclinados* por seus cérebros a fazer. Só porque gente como Swaggart, Bakker e a pessoa famosa do escândalo sexual da vez podem possuir qualidades que não apenas os levam à fama mas também tendem a levá-los a ter casos fora de seus relacionamentos não significa que outras pessoas não possam ser mais inclinadas a se acomodar numa vida confortável e feliz e nunca pensar seriamente em fazer sexo fora dela, assim como algumas pessoas são mais ou menos propensas a ser atraídas por drogas.

Nossos problemas de muitos milênios são parcialmente autoinfligidos. Estudiosos eclesiásticos como Agostinho ensinaram que, sim, os seres humanos **devem** ser sexualmente monógamos. De fato, todos nós estaríamos em situação muito melhor se nunca tivéssemos feito sexo algum. Eles viam essa questão pelo prisma da lei natural, argumentando que Deus criou os seres humanos para que um homem e uma mulher formassem um vínculo exclusivo. A expulsão do Éden obrigou as pessoas a ganhar o caminho de volta imitando a intenção original da melhor forma possível. Desde então, estamos presos a esse dogma de solução única para todos.

Reconhecer um erro não significa que a monogamia social ou sexual vai desaparecer. Em vez disso, especula Coontz, mais casais adotarão novos modos de relacionamento. Alguns se sentirão melhor adotando as monogamias social e sexual, outros vão embaralhar as cartas. Alguns vão negociar brincadeiras sexuais, outros poderão determinar uma política geral do tipo "não pergunte não diga". "Eu também acho que não deveríamos ignorar o fato de que quando a idade em que as pessoas se casam aumenta, elas podem ter 20 anos de sexo pré-conjugal e, ao se casarem dirão: 'Estou cansado disso'", aposentando-se numa feliz monogamia sexual, diz ela.

"Uma coisa que prevejo com certeza", continua ela, "é mais diversidade para satisfazer a todos esses desejos conflitantes." Isso já está acontecendo quando seres humanos tentam chegar a uma trégua com o paradoxo que vive em suas cabeças.

9

REESCREVENDO A HISTÓRIA DO AMOR?

As hipóteses que apresentamos podem parecer bastante sombrias, não? O amor é um vício: um vício não apenas metafórico, mas real. Alguns de nós somos simplesmente inclinados a fazer sexo fora do vínculo social. Mesmo aqueles malditos pinguins lá no meio do gelo — aqueles do documentário que todos nós admiramos — não são tão monógamos quanto pensávamos. Pior de tudo: o amor são apenas substâncias químicas estimulando atividades neurais em circuitos bem definidos, e não com o propósito de nos elevar a algum tipo de plano espiritual mais alto, mas sim de nos atrair inconscientemente para a reprodução, maximizando nossa "boa forma" evolutiva. É tudo tão básico.

Temos ouvido objeções desde antes de começarmos a escrever. As pessoas contestam principalmente a ideia de pôr tanta responsabilidade pelo amor humano nos ombros pequeninos das moléculas de nossas cabeças. Elas temem o modo como essa visão poderia afetar a maneira como nos vemos como seres humanos. Quando Kathy French discutiu o papel de hormônios como a vasopressina num seminário para estudantes de graduação em biologia, "muita gente ficou ofendida", recorda ela, com uma risada. "Disseram coisas como 'Reduzir essa experiência mágica, emocional, a simples hormônios!' Quer dizer, ficaram realmente ofendidas!"

"Num certo sentido, é surpreendente quanta resistência existe à ideia de uma base biológica para o comportamento", sugere Paul Root Wolpe, bioeticista que é diretor do Centro de Ética da Universidade Emory.

Ainda assim, entendemos as críticas. Poderíamos ser facilmente acusados de cometer aquilo ao qual o grande crítico cultural Neil Postman se referiu como "cientificismo", aquilo contra o qual William James advertiu como sendo "materialismo médico" e ao qual outros se referiram como "reducionismo". Mas a ideia básica de que as emoções — e os comportamentos a que essas emoções levam — são criadas em nossos cérebros é muito antiga. "Os homens devem saber que do cérebro, e só do cérebro, surgem nossos prazeres, alegrias, risos e piadas, bem como nossas tristezas, dores, pesares e lágrimas", escreveu Hipócrates. Dois mil anos depois, T. H. Huxley declarou com menos eloquência que "todos os estados da consciência em nós, assim como em [animais], são causados imediatamente por mudanças moleculares da substância cerebral".

Uma visão mecanicista tende a dar origem a pensamentos sombrios, porém. Na verdade, podemos argumentar (e corretamente, pensamos) que a ciência pode interromper um caminho para o mal. Já podemos ver os primeiros fazendeiros reivindicando seus direitos.

"As mulheres confiam em mim mais do que nunca!", diz uma legenda sob uma foto de um cara de aparência bem suspeita num site na internet de uma empresa chamada Vero Labs. "Liquid Trust faz as mulheres me quererem", diz outra legenda, dessa vez sob uma foto de uma mulher atraente de lingerie desfazendo a gravata de um homem. Num trecho gramaticalmente errado do texto publicitário que revela apenas o quanto o produto é impreciso, a Vero Labs insiste que "96% da escolha do homem pelas mulheres não se baseiam em o quanto o homem é fisicamente atraente. Não se baseia em o quanto o homem é rico ou simpático. Baseia-se num forte sentimento interno — CONFIANÇA".

Como você pode provavelmente supor, essa confiança é instilada com um spray de oxitocina. Apenas borrife-a como você faria com uma água-de-colônia e em seguida terá um emprego melhor, fará aquela grande venda e mulheres bonitas em camisolas diáfanas se oferecerão para retirar sua gravata. Infelizmente para os pretensos conquistadores e vendedores de carros usados, Liquid Trust não é bom para muita coisa além de risadinhas. Ainda que contenha alguma oxitocina (e temos dúvidas quanto a isso), borrifá-lo sobre a pele ou sobre a roupa não fará nada por você ou para alguém que você encontrar. Beate Ditzen se refere a esse tipo de coisa como um "horror". Mas, enquanto estamos escrevendo isso, você pode comprar Liquid Trust no Amazon.com por pouco menos de 35 dólares (as pessoas compram).

Laboratórios comerciais têm enxergado o potencial de ganhar dinheiro com a ciência das relações sociais. Depois da publicação de um trabalho de Larry sobre genes receptores de vasopressina e da divulgação de um estudo sueco sobre homens e formação de vínculo afetivo, um laboratório canadense começou a vender uma análise sobre o *AVPR1A* por 99 dólares. Agora as mulheres podiam escolher potenciais maridos pelo "gene da traição". Um cientista se promoveu na televisão e em impressos com alegações de que pode prever se um homem trairá suas parceiras. Ele desenvolveu um suposto teste com cinco pontos que extrapolou amplamente estudos realizados por Larry e colegas como Markus Heinrichs, bem como outros do campo da neurociência social. O chemistry.com, um site de encontros imensamente popular, promete "enviar a você companheiros personalizados livres com o potencial de ativar a química". Esses tipos de negócios só aumentarão em número, e os consumidores terão que aperfeiçoar seus radares para charlatões — assim como devem fazer em relação a falsas curas de câncer, "medicina" homeopática e cristais que focam a energia.

Pode ser fácil detectar hoje em dia a "química" falsa, mas em curto prazo o futuro pode trazer mais riscos sérios, bem como ambiguidades. Potenciais noivas ou noivos e sogros ou sogras poderiam começar a insistir num conjunto de testes genéticos pré-conjugais relacionados a substâncias neuroquímicas como oxitocina, vasopressina, dopamina e CRF, juntamente com seus receptores. Além do conhecido pacote de "homem branco, solteiro, alto, profissional" em anúncios pessoais, por que os homens não proclamariam "neg. *AVPR1A* RS3" como outro argumento de venda? Homens e mulheres rotineiramente pedem o tipo de corpo em seus anúncios pessoais. Por que não incluir o tipo genético? Por que não pôr casualmente o status de receptores de oxitocina, estrogênio ou testosterona, o poder da dopamina ou o quociente de opioide-mi na conversa inicial, juntamente com a profissão da pessoa? Imaginamos uma mulher dizendo "Sim", agitando as mãos e mexendo no cabelo, "aparentemente eu tenho um *zilhão* de receptores de oxitocina em minha área tegmental ventral".

Vamos supor que algo como o produto vendido pela Vero Labs realmente funcione. Ou, mais plausivamente, suponha que alguém desenvolveu um spray em aerosol para desencadear a liberação de sua própria oxitocina. Você acha que banqueiros, corretores da Bolsa de Valores e agentes imobiliários hesitariam em usá-lo? Sob a influência de substâncias químicas que formam laços sociais, pode ser que tenhamos uma probabilidade maior de acreditar que uma casa pequena descrita como "necessitada de reparos" por um alegre corretor de imóveis realmente valha o preço de meio milhão de dólares. Na experiência do jogo da confiança em Zurique que discutimos no Capítulo 5, investidores que receberam o spray de oxitocina — exceto aqueles cuja confiança foi subsequentemente violada pelos depositários — continuaram a apresentar um comportamento de confiança — mesmo depois de lesados. Como Heinrichs explica, com a oxitocina extra "você não se importa com riscos sociais".

Robert Heath pode não ter conseguido curar o paciente B-19 de sua homossexualidade, mas ele previu o impacto do trabalho que estava fazendo. "O que é mais importante do que a função da mente em termos não apenas individuais mas de grupos sociais?", perguntou ele. "O que é mais importante em termos de futuro da espécie humana, de sobrevivência do homem, do que ser capaz de regular e controlar a mente?"

Estamos querendo dar a Heath o benefício da dúvida, para supor que seus pensamentos tinham intenções boas, e não assustadoras, como muitas vezes somos capazes de imaginar hoje em dia. Mas, na realidade de Heath, quem é que decide como a mente de alguém é controlada? Como nos sentiríamos em relação a um pai ou mãe que medica um filho num esforço para incentivar sua abstinência sexual ou para estimulá-lo a ser menos ansioso e mais social? Milhões de crianças nos Estados Unidos — na maioria meninos — tomam todos os dias Ritalin, um impulsionador de dopamina, ostensivamente para ajudá-los a prestar atenção. Mas o remédio também ajuda essas crianças a se comportar de maneiras mais socialmente aceitáveis. Seria isso um modelo do futuro?

Algumas pessoas com síndrome de Asperger se ofendem com qualquer insinuação de que há algo "errado" com elas que precisa ser corrigido. Algumas pessoas com Asperger acreditam que são superiores àquelas que consideram "neurotípicas". Uma pessoa com Asperger no fim do espectro do autismo interrompeu Larry numa discussão, argumentando que sua pesquisa era um esforço para tornar pessoas como ele mais parecidas com Larry. Qualquer tratamento desse tipo apenas exporia as pessoas com espectro do autismo a todos os fardos sociais que as outras pessoas enfrentam, sugeriu ele. "Quem precisa disso?", perguntou.

Esse argumento reflete outro que é ouvido com frequência de eticistas: e se curássemos os gênios? Como seria o mundo se Beethoven, Van Gogh e Einstein fossem sujeitos bem-ajustados, com uma vida em família como a de *Papai sabe tudo*? O preço do gênio muitas vezes inclui antissocialidade, relacionamentos ruins e dor pessoal. Por outro lado, embora a angústia de Van Gogh possa parecer um preço aceitável àqueles de nós que gostamos de *Noite estrelada*, para Van Gogh era algo bastante ruim. Portanto, como algum tratamento possível deveria ser oferecido? Quem o faria? Quem deveria controlar o uso dos remédios que mudam o cérebro e alteram as emoções?

O emergente campo do neuromarketing busca explorar com eficiência os sistemas sobre os quais você aprendeu aqui. Na verdade, todo marketing é, em algum nível, neuromarketing — anunciantes e fabricantes de produtos tentam apelar às nossas emoções há centenas de anos. Empresas farmacêuticas impulsionam suas vendas com mulheres jovens e atraentes, e a Cinnabon espalha o aroma tentador de seus bolos assados em terminais de aeroportos e shopping centers para que os estímulos sensoriais de nossos olhos e narizes desencadeiem uma ânsia de recompensa, motivando a compra. No momento, o neuromarketing é mais slogan do que ciência. Mas, e se os especialistas em neuromarketing se tornarem realmente bons em seu trabalho? Em que momento uma cutucada se torna um empurrão?

E o que dizer do possível uso de substâncias neuroquímicas durante interrogatórios de inimigos? Isso pode parecer menos uma traição dos ideais americanos do que torturar pessoas simulando afogamentos, mas seria ético? No passado, o "Manual de Campo" do Exército dos EUA indicou que, de acordo com as convenções de Genebra (que abordam o tratamento de prisioneiros), o uso de qualquer droga não necessária com fins medicinais era proibido. Mas, de acordo com um relatório de 2004 do Serviço de Pesquisas do Congresso, essa restrição foi ligeiramente alterada numa nova edição do "Manual de Campo" do Exército para proibir os interrogadores de usar "drogas que possam induzir a alterações e danos mentais duradouros e permanentes". Isso parece deixar uma porta aberta para o uso de substâncias neuroquímicas.

A BOA NOTÍCIA

Um grande problema de qualquer regulamento ou lei que tenta impedir o uso perverso da ciência é que o que pode ser assustador pode ser também de imensa ajuda para muitas pessoas. O homem que contestou Larry em relação à síndrome de Asperger estava errado ao sugerir que achamos que qualquer adulto capacitado deveria ser obrigado a aceitar um tratamento. Mas estava correto ao dizer que o trabalho realizado em laboratórios como o de Larry tem um potencial para criar avanços médicos para males como os distúrbios do espectro do autismo. "Somos, por natureza, uma espécie altamente associativa ansiosa por contato social", afirmou Thomas Insel, ex-mentor de Larry. "Quando a experiência social se torna fonte de ansiedade, e não de conforto, perdemos algo fundamental — sejá lá como for que chamamos isso."

É verdade que o autismo tem sido "ligado" ou "associado" a muitas variantes de genes e agressões do ambiente, portanto, é importante ser cauteloso. Mas muitos esperam que, compreendendo a associação motivada pela neuroquímica, a recompensa social e o vínculo social, possamos algum dia ser capazes de traduzir esse conhecimento em tratamentos com drogas para atenuar alguns sintomas do autismo. Com essa finalidade, Larry estabeleceu o Centro para Neurociência Social Tranlacional, na Universidade Emory. Como a história de Maria Marshall nos mostra, distúrbios ocorridos mesmo em idades muito precoces podem nos afetar na vida adulta. E se uma criança pequena fosse diagnosticada com um distúrbio do espectro do autismo e em seguida tratada com algo tão simples quanto preparados de substâncias neuroquímicas intranasais para afastar o cérebro de uma área mais grave do espectro? Um tratamento assim, provavelmente, nunca seria uma cura. Mas seria possível tirar proveito da química do cérebro para ajudar a produzir um contato olho a olho e uma interação social mais recompensadores para a criança autista? Se uma criança como essa aprender a associar o olhar à recompensa, poderá responder melhor a sinais sociais. Um efeito bola de neve poderá acontecer, levando a criança a interpretar melhor as emoções e tornando-a menos ansiosa em relação a interagir com os outros. Conexões neurais novas e mais fortes poderiam ser estabelecidas. Os efeitos poderiam durar a vida inteira. Larry acredita que drogas que ativam o sistema de oxitocina, combinada a terapias comportamentais, farão exatamente isso algum dia. A oxitocina já está sendo vendida a pais de crianças autistas. Na Austrália, por exemplo, pais estão pedindo, e recebendo, receitas de médicos para sprays intranasais. Isso é lastimável, porque, embora as experiências tenham demonstrado progresso no comportamento de pacientes autistas que receberam oxitocina, essas melhorias têm sido até agora temporárias e modestas. Mais pesquisas são necessárias. Enquanto isso, os pais podem estar comprando falsas esperanças ou, o que é ainda pior, causando algum dano com o uso descontrolado do medicamento.

O hormônio melanócito estimulante (MSH), que discutimos brevemente no Capítulo 3, tem alguns efeitos especialmente intrigantes. Essa molécula (ou uma droga que possa se ligar a seus receptores, tendo, assim, uma ação semelhante à do próprio MSH) pode lhe dar um bronzeado. Na Austrália, empresas estão tentando vender essas drogas como agentes que reduzem o risco de câncer de pele. Essas drogas podem também aumentar a excitação sexual, reduzir o apetite e estimular a liberação de oxitocina no cérebro, agindo como uma estimulação vaginocervical em uma pílula. Em outras palavras, em breve poderá haver uma pílula que lhe dá um bronzeado, aumenta seu desejo sexual, ajuda você a perder peso e ativa o sistema de oxitocina, presumivelmente aumentando a confiança, a simpatia e a formação de vínculo. Imagine o boom terapêutico para casais que sofrem uma crise da meia-idade.

A droga também tem o potencial de aumentar a reciprocidade social no autismo. Meera Modi, pesquisador do laboratório de Larry, mostrou que uma droga com MSH induz a formação de vínculo em arganazes-do-campo com muito mais eficiência do que a oxitocina. Isso pode significar que medicamentos relacionados ao MSH poderão tratar também os deficits sociais do autismo com muito mais eficiência do que a oxitocina intranasal.

Experiências iniciais e em pequena escala com pessoas que sofrem do transtorno da ansiedade social — o distúrbio mental mais comum depois da depressão e do alcoolismo — indicam que a oxitocina pode ser capaz de reduzir o volume do medo na amígdala, tornando mais fácil para as pessoas acometidas interagir com outras. Em março de 2012 cientistas da Universidade da Califórnia em San Diego anunciaram que quando um homem com rejeição social e problemas no relacionamento foi tratado com oxitocina intranasal, sua libido, suas ereções e seus orgasmos melhoraram e, portanto, seu relacionamento também. Em testes, pacientes com Parkinson, que podem perder parte de sua capacidade de distinguir emoções (seja pela ação da doença ou em consequência do tratamento), se beneficiaram da oxitocina.

A esquizofrenia pode ser especialmente intratável. Pacientes com esse distúrbio tendem a ter níveis anormais de oxitocina no sangue. Quando esquizofrênicos receberam doses intranasais juntamente com medicamentos antipsicóticos, seus sintomas melhoraram ligeiramente quando comparados àqueles que tomaram apenas os antipsicóticos.

Alguns pesquisadores estão explorando agora a possibilidade de alterar o circuito de recompensa do cérebro como forma de ajudar viciados a permanecer afastados das drogas. Talvez a ação do CRF possa ser inibida de modo a que viciados em recuperação tenham menos tendência a sentir a motivação negativa que os leva a voltar a usar a droga.

Também foram feitas associações entre diferentes variantes do gene receptor e padrões de comportamento que não se encaixam realmente na categoria de distúrbios, mas que podem fazer diferenças importantes na vida daqueles que os têm. Uma variante de receptor de oxitocina tem sido associada à menor empatia de mães em relação a seus filhos. Outra variante, associada a deficits emocionais, parece ser influenciada pelo ambiente. Meninas que a têm, juntamente com algumas experiências negativas na infância (uma mãe com depressão, por exemplo), são, por sua vez, mais propensas a sofrer de depressão e ansiedade. Uma variante do *AVPR1A* da vasopressina tem sido associada à idade em que as meninas fazem sexo pela primeira vez. Conforme vimos, o estresse no início da vida pode atuar de modo a que as meninas tendam a fazer sexo mais cedo. Meninos que têm duas cópias da versão RS3-longa do *AVPR1A* tendem a fazer sexo antes dos 15 anos, quando comparados a meninos que têm duas cópias da versão curta.

Uma mãe que sofre de depressão pós-parto e ansiedade pode se beneficiar de um tratamento com substâncias neuroquímicas, e seu bebê também. Um pai distante também pode mostrar um comportamento melhor ao cuidar de seu bebê. Alguns psicólogos e cientistas estão agora discutindo o uso de oxitocina intranasal em terapias de casais, no rastro de um estudo de Ditzen sobre comunicação de casais sob influência da oxitocina. Terapias são por si só estressantes. Como inibe a resposta de ansiedade e faz o cérebro tender a confiar, a oxitocina pode ser muito útil para promover uma comunicação aberta e positiva entre parceiros com problemas. Um psiquiatra poderia usar substâncias neuroquímicas para facilitar a comunicação com um cliente, com a anuência deste. Se tomar uma dose no início da sessão, o paciente poderá ficar mais cooperativo e revelar seus pensamentos e motivações. Isso pode beneficiar tanto o paciente quanto o psiquiatra (e economizar um tempo pago que é dedicado geralmente a uma conversa informal usada para ganhar a confiança do paciente). É claro que esse uso deve ser bastante controlado. Quando homens foram solicitados a responder a uma pesquisa sobre suas fantasias sexuais mais íntimas e em seguida pôr as respostas num envelope e entregá-lo a um pesquisador, 60% daqueles que receberam uma dose intranasal de oxitocina não lacraram o envelope, deixando o conteúdo acessível ao pesquisador. Apenas 3% dos homens que receberam um placebo deixaram o envelope sem lacre.

O DESAFIO DA SOCIEDADE

Como escreveu William James: "Algo definido acontece quando a um certo estado cerebral corresponde uma certa 'ciência'.* Um olhar genuíno sobre isso seria *a* conquista científica, diante da qual todas as conquistas anteriores perderiam importância." Cada nova iniciativa científica ou tecnológica obriga a sociedade a responder. O campo da neurociência social, e principalmente o estudo da formação de vínculo entre pessoas, deve suscitar o reexame de hábitos, instituições e sistemas grandes e pequenos.

O caráter de nações pode depender de como elas tratam as questões levantadas. Em 1949, no auge da Guerra Fria, Geoffrey Gorer e John Rickman publicaram um livro chamado *The People of Great Russia: A Psychological Study*. Nele, argumentaram que o hábito russo de envolver as crianças em panos apertados é "extremamente doloroso e frustrante e é respondido com uma raiva intensa e destrutiva que não pode ser expressada fisicamente". Em combinação com outros elementos da cultura russa — como envergonhar pessoas publicamente —, isso teria levado à agressão e ao apoio a líderes fortes. Gorer, Rickman, seu livro e a teoria sobre as cobertas apertadas foram criticados — e até provocaram risos. Essa reação pode ou não ser justificada (embora a teoria ainda fosse discutida em livros nos anos 1970), mas o conceito de que o início da vida e variações genéticas conspiram para criar uma tendência a um estilo de comportamento ou outro é hoje óbvio, mesmo em um nível nacional.

Por meio de pesquisas realizadas na Coreia do Sul e nos Estados Unidos, cientistas descobriram que os coreanos correspondiam a um estereótipo: eles eram mais propensos do que os americanos a suprimir suas emoções. Em seguida, pessoas dos dois países foram classificadas em dois tipos de acordo com diferenças no receptor de oxitocina. Os coreanos com o tipo 1, suprimiam mais as emoções do que seus compatriotas com o tipo 2. Os americanos com o primeiro tipo suprimiam menos as emoções do que aqueles com o segundo tipo. Os resultados

---

*William James usa o termo *sciousness*. (*N. do T.*)

opostos dos dois povos foram explicados pelo modo como suas culturas afetavam a expressão do gene.

Novos conhecimentos nos oferecem a oportunidade de pensar em produzir mudanças nas escalas individual e cultural que possam afetar nossa sociedade. Algumas mudanças podem ser fáceis e pequenas, mas muito importantes. E se mudássemos o modo como os bebês são paridos? Lane Strathearn, da Universidade Baylor, preocupa-se com a prevalência das operações cesarianas. Conforme afirmamos quando discutimos o modo como as ovelhas formam vínculos com cordeiros, a cesariana desvia o canal vaginal. Isso tende a levar a uma liberação significativamente menor de oxitocina no cérebro da mãe, possivelmente afetando o vínculo entre mãe e filho. Poucos médicos ou mães grávidas parecem levar isso em conta quando marcam cirurgias que do ponto de vista médico são desnecessárias.

A própria experiência do parto em hospital pode interferir na formação de vínculo entre mãe e bebê, teme Strathearn. "O que fazemos logo que o bebê nasce?", pergunta ele, retoricamente. "Nós tiramos bruscamente esses bebês de suas mães, em vez de permitir um contato mais longo entre suas peles, possibilitando a amamentação."

Num estudo publicado no fim de 2011 pesquisadores descobriram que recém-nascidos separados de suas mães apresentavam um aumento de 176% na atividade autônoma (um indicador de estresse) e uma queda de 86% no sono tranquilo em relação aos bebês que faziam contato com a pele de suas mães. Não estamos sugerindo que as mães abram mão dos hospitais; não estão sendo contestadas as vantagens da tecnologia moderna na prevenção de lesões e morte de mães e recém-nascidos. Mas o hábito de retirar os bebês de suas mães logo depois do parto pode estar afetando os cérebros de mães e bebês de modo prejudicial, aumentando, por exemplo, os riscos de depressão pós-parto e comportamento infantil negativo, respectivamente.

Sue Carter levantou outra questão complicada. Medicamentos anti-oxitocina são, algumas vezes, dados a mulheres grávidas para evitar parto prematuro. E é claro que a oxitocina é dada a mães para induzir o parto. Experiências com arganazes indicaram que interferências nesses sistemas podem criar mudanças cerebrais que influenciam comportamentos posteriores, possivelmente fazendo o cérebro tender a distúrbios como depressão, ansiedade e até autismo. Embora não haja qualquer evidência clínica humana indicando que medicamentos de oxitocina usados para administrar o parto aumentam o risco de questões psiquiátricas mais tarde, a possibilidade justifica investigações.

Qualquer menção a comportamento parental e risco de autismo está repleta de inflamadas controvérsias. Quando discute o assunto, Strathearn pontua sua parte da conversa com pesados suspiros. Depois de um desses suspiros, seguido de uma longa pausa, ele diz: "Entre os colegas aqui do hospital eu devo ter extremo cuidado com as palavras que uso para essas... Essas são opiniões." Ele está pensando em Leo Kanner. Fundador da clínica psquiátrica da Johns Hopkins, Kanner usou palavras como "frígida" para descrever estilos de maternidade. Esse tipo de vocabulário deu origem ao termo "mãe-geladeira" e seguiu-se uma tradição infeliz de culpar a mãe. "Hoje, no campo do autismo, qualquer sugestão de que a maternidade pode ter um impacto sobre o desenvolvimento do autismo é rejeitada de modo agressivo", explica Strathearn. "Por isso, esse é um tema com o qual se deve ter muito cuidado, mas tenho um forte sentimento de que não podemos ignorá-lo, porque o autismo é algo que não podemos ignorar."

Ele acredita que os estilos de vínculo entre mãe e filho e de cuidados maternais têm, de fato, um papel na trajetória de comportamentos autistas em crianças cuja genética e/ou desenvolvimento uterino os predispõe a distúrbios do espectro do autismo. "Há evidências inegáveis, tanto em animais quanto em seres humanos, de que o ambiente social influencia o desenvolvimento do comportamento social em crianças", argumenta ele.

É possível que a conexão social entre pais e bebês seja como um exercício físico. Toda vez que a criança e seus pais trocam olhares, tocam-se fisicamente ou sorriem mutuamente e trocam sons com ternura, o bebê pode estar aumentando sua resistência a fatores de risco genéticos ou ambientais para o autismo ao fortalecer as conexões neurais de seu cérebro social, dirigindo-as para um desenvolvimento saudável.

Como Strathearn teme, a resposta quase reflexiva de algumas pessoas a esse tipo de conversa é uma irritação. Ele não está culpando mães ou pais, mas observando que as interações humanas afetam o cérebro, que o cérebro afeta as interações humanas num circuito de feedback e que o comportamento dos pais é um ingrediente do que parece ser uma sopa complexa que afeta a trajetória do autismo, ou o desenvolvimento do cérebro social.

Como o tipo de trabalho que Frances Champagne e outros tem demonstrado, o estresse e a ansiedade, principalmente no início da vida, podem alterar o comportamento na vida adulta. Esse comportamento pode ser transmitido à geração seguinte. Estudos têm mostrado que níveis de substâncias neuroquímicas como a oxitocina e a vasopressina são compartilhados entre os pais e seus filhos, e que o comportamento das duas gerações está associado a esses níveis. Pares de pais e filhos com níveis mais baixos de oxitocina se envolvem com menos frequência e de forma menos recompensadora do que aqueles com níveis mais altos.

Informações como esta devem nos fazer parar e procurar ter uma visão panorâmica de nossa cultura. Temos construído uma cultura bastante ansiosa. Ao fazer isso, pode ser que estejamos mudando o cérebro social coletivo.

Por exemplo, pode parecer que a economia não tem muito a ver com amor, desejo e formação de vínculo. Mas considere algo que Strathearn faz com frequência. Sabemos que ele pensa que a maternidade pode estar passando a ter um começo ruim nos Estados Unidos e em outros países desenvolvidos — mas não apenas por causa do que acontece em nossos hospitais. "A mãe leva o bebê do hospital para casa e logo volta a trabalhar e põe o bebê numa creche." Se você olhar nosso mundo pelo ângulo da formação de vínculo, diz Strathearn, esta pode não ser uma ideia muito boa. "Olhe para nossa sociedade e para os padrões que criamos. Achamos que estamos tornando nossa vida melhor, mas será que estamos? Ou estamos criando talvez problemas mais sutis, ou não tão sutis?"

A formação de vínculo entre mãe e filho é a base de toda a formação de vínculo humana. Mas em nosso mundo econômico atual muitos pais, solteiros ou não, têm poucas opções a não ser voltar para o trabalho logo que possível depois de ter um filho. Ficar em casa cuidando dos filhos tornou-se um luxo, e não apenas porque os pais querem uma lancha ou duas semanas no Claridge's em Londres, mas porque estamos sendo esmagados por prêmios de seguros de saúde, pelos cuidados com nossos pais, por custos de educação escolar, pelo medo de desemprego, por uma realidade inconstante no trabalho, em que, se você cochilar, perde.

Discussões sobre a economia e a vida em família existem desde os anos 1970, mas pesquisas sobre essas questões tradicionalmente acabam no reino da ciência social, tornando-as vulneráveis a acusações de que suas descobertas são "frágeis". Agora, porém, a neurociência está produzindo dados concretos para explicar mecanismos reais por trás do modo como as conexões emocionais entre pais e filhos afetam o cérebro em desenvolvimento e mais tarde, influenciam a geração seguinte. Nos ratos, sabemos como isso acontece — até o nível da molécula.

Poucas pessoas reconhecem o quanto essas pesquisas podem ser importantes. Formuladores de políticas, políticos e lobistas estão presos ao passado, descartando "responsabilidades pessoais" e, depois, defendendo sérios cortes orçamentários, até mesmo para programas efetivos que intervêm no ciclo da maternidade e paternidade negativos. Esses cortes podem poupar um centavo agora apenas para elevar a onda de custos mais adiante. Tudo bem ao argumentar que uma mãe adolescente só tem a si mesma para culpar por dar à luz uma criança que não está preparada para criar, que ela deve ser forte e mostrar responsabilidade. Mas essa retórica supõe controle perfeito e racional. Conforme vimos, isso não existe. Querendo ou não, algumas fracassarão, e então a sociedade arcará com a despesa das dificuldades futuras encontradas, ou causadas, por uma criança criada num lar com privações emocionais ou físicas.

É possível que a própria cultura da comunicação que passamos os últimos 50 anos criando, e nos congratulando por ela, esteja contribuindo para uma sociedade alienada, por desviar os circuitos neurais formados para fomentar o amor comum. Muito pouca estimulação direta de ser humano para ser humano nesses circuitos pode inibir o desenvolvimento deles. E-mails, torpedos, Twitter, Facebook — a adoração digital em geral — têm levado a menos contato cara a cara, promovendo o tempo todo a impressão de que a tecnologia pode imitar a presença física de seres humanos no tempo e no espaço. Compramos verduras em corredores onde nos servimos, usamos o banco pela internet ou via caixa eletrônico, fazemos compras em nossos computadores. Criamos o que Postman chamou de "Tecnópole".

Essas tendências podem afetar o modo como nossos cérebros funcionam. O mesmo laboratório em Wisconsin que estudou crianças adotadas de orfanatos no exterior realizou uma pesquisa sobre estresse com meninas. Os pesquisadores avaliaram os relacionamentos entre as meninas e suas mães, e depois fez com as meninas um teste de matemática e linguagem destinado a aumentar seus níveis de ansiedade. As meninas foram divididas em quatro grupos. Um deles interagiu com as mães pessoalmente. Outro falou com as mães por telefone. Um terceiro trocou torpedos com as mães e o quarto não teve comunicação alguma com elas. Durante o teste, os cientistas monitoraram os níveis de oxitocina na urina das meninas e de cortisol na saliva delas. Mesmo depois de um controle para diferenças no relacionamento, as meninas que interagiram com suas mães cara a cara tiveram níveis de oxitocina maiores e menos liberação de cortisol do que os outros grupos. As meninas que usaram torpedos para se comunicar com suas mães não tiveram qualquer liberação adicional de oxitocina e apresentaram níveis mais elevados de cortisol — o mesmo aconteceu com as meninas que não tiveram comunicação alguma com suas mães.

Uma hipótese defendida pelo cientista holandês Carsten de Dreu, entre outros, vê a evolução funcional da oxitocina à luz de grupos. O primeiro grupo consiste de uma mãe e seu filho. Outro grupo é um casal, depois a família imediata, a família extensa, o clã, a tribo e por aí em diante. Isso explica o incrível sucesso dos seres humanos não apenas em conseguir evitar a extinção, mas em dominar o planeta. A confiança em grupo, propõe Dreu, é moderada pela oxitocina e seus circuitos neurais relevantes, que fornecem o lubrificante social — não apenas às interações de pessoa para pessoa que focalizamos aqui, mas também, em maior escala, de sociedades inteiras.

De fato, parece que quando as pessoas cooperam entre si a oxitocina e a vasopressina ajudam a construir a confiança da comunidade. Isso foi demonstrado recentemente em pequena escala por um colega de Larry na Emory, o antropólogo James Rilling.

Nos anos que se seguiram à Segunda Guerra Mundial, enquanto a ameaça de uma guerra nuclear aumentava, dois pesquisadores da Rand Corporation, Merrill Flood e Melvin Dresher, estudaram a teoria dos jogos num esforço para descobrir como dois países poderiam reagir a vários cenários nucleares possíveis. Eles criaram o que mais tarde ficou conhecido como o "Dilema do Prisioneiro". Imagine dois ladrões presos por assalto a banco. Eles são mantidos em celas separadas. A polícia diz a cada um que se ele cooperar e o outro não, o delator terá liberdade condicional e seu cúmplice ficará cinco anos na penitenciária. Se não cooperar, mas seu cúmplice sim, *ele* pegará cinco anos e o outro conseguirá liberdade condicional. Se nenhum dos dois cooperarem, ambos ganharão liberdade condicional por um delito menor porque os policiais não conseguirão provar um caso mais sério. Se você fosse um dos ladrões, o que faria? Bem, isso depende de o quanto você confia que seu companheiro ladrão vai se calar.

Uma versão do jogo pode ser jogada com pagamentos em dinheiro, e foi isso que Rilling fez. A quantia dos pagamentos dependia dos níveis de cooperação ou não do parceiro. A oxitocina intranasal tendeu a aumentar a cooperação. Mas isso não foi tudo o que ela fez. Quando os homens cooperararam um com o outro, descobriu Rilling, a oxitocina acentuou a atividade do estriato, remanescente de seus efeitos no núcleo acumbente de arganazes durante a formação de vínculo. Esse efeito tende a aumentar a recompensa da cooperação recíproca e facilita o aprendizado da lição de que se pode confiar em outra pessoa e de que confiar faz bem. A oxitocina e a vasopressina aumentaram os níveis de colaboração (embora a vasopressina tenha aumentado somente quando um jogador fez primeiramente um gesto de confiança em relação ao outro), sugerindo que as moléculas podem ajudar a construir a confiança de uma comunidade agindo em regiões específicas do cérebro, incluindo a amígdala. Isso leva a uma pergunta: o que acontece em sociedades onde há pouca interação pessoal entre pessoas que não sejam de grupos de amigos próximos?

A violência e o meio ambiente são duas outras grandes preocupações. Quando Larry falou na anual Cúpula de Liderança Criativa Blouin, realizada em conjunção com a reunião da Assembleia Geral da ONU em setembro de 2011, argumentou que líderes de governos que produziam políticas para regiões assoladas por guerras, como o Iraque e o Afeganistão, precisavam considerar o modo como experiências estressantes no início da vida afetam o cérebro e o comportamento mais tarde. As famosas experiências de Harry Harlow no fim dos anos 1950 mostraram como bebês transtornados podiam ficar se não cuidassem deles ou se ninguém os segurasse. E muitas experiências, pesquisas e histórias de vida em muitos lugares e épocas diferentes fornecem inúmeras evidências de que as guerras, a violência de gangues e os traumas têm sérias consequências para jovens que os vivem. Agora, porém, que neurocientistas sociais estão apontando os mecanismos cerebrais que ajudam a explicar o comportamento adulto à luz dessas experiências, os planejadores de guerras devem considerar que tipo de reação negativa poderão enfrentar quando essa geração jovem e conturbada se tornar adulta.

O conhecimento sobre as substâncias químicas envolvidas na diferenciação sexual de nossos cérebros deve também nos fazer considerar como administrar o ambiente natural. Poluidores conhecidos como compostos desreguladores endócrinos (EDCs) — encontrados em certos plásticos, herbicidas e até em remédios — podem estar contribuindo para mudar nossos cérebros sociais mais do que qualquer outro fator, desempenhando o mesmo papel na organização sexual de nossos cérebros que o estrogênio e a testosterona usados nas experiências realizadas por Charles Phoenix e seus sucessores. Entre os mais famosos e disseminados estão o BPA (encontrado em revestimentos de epóxi de latas e recibos de lojas sensíveis ao calor); os ftlatos (encontrados, bem, em toda parte, mas especialmente em plásticos amaciados e flexíveis); a atrazina (o herbicida mais popular do país, usado na maioria das plantações de milho dos EUA) e os estrogênios de remédios como pílulas anticoncepcionais. Mas há dezenas de outros. Experiências após experiências provaram que, mesmo em doses baixas, a exposição a EDCs no útero ou numa fase muito inicial da vida altera permanentemente o comportamento típico de gênero sexual de animais de laboratório, geralmente efeminando os machos.

No estágio atual, ninguém — incluindo nós — pode dizer com certeza o que nosso conhecimento significa para o futuro. Mas achamos que muito mais consideração deve ser dada ao tipo de cultura que podemos estar criando com ações, leis e políticas que podem parecer não ter nada a ver com nossos cérebros sociais, mas que podem ter efeitos de amplo alcance, e profundos, sobre estes.

O QUE É AMOR? QUEM SOMOS NÓS?

Quando Copérnico derrubou cerca de 2 mil anos de pensamento declarando a Terra como um dos vários planetas em torno do Sol, e enquanto a visão copernicana se expandia com novas descobertas, pondo nosso sistema solar na Via Láctea e a Via Láctea em uma das muitas milhões de galáxias de um universo em expansão, os humanos foram forçados a repensar a ideia de seu planeta como centro das coisas. Depois, Darwin nos forçou a sair de nosso pedestal autorreferencial. A cada um desses passos, dogmas religiosos, sociais e pessoais são expulsos da poltrona da crença para ocupar outra posição, muito menos cômoda. A neurociência social está agora propondo esse tipo de desafio desconfortável às ideias com as quais começamos: os modos como pensamos em amor e como os modos como pensamos em amor nos fazem pensar em nós mesmos.

Tentamos responder a muitas perguntas neste livro. Mas há uma pergunta que não conseguimos eliminar: por que amamos? A ciência nunca consegue responder aos grandes por quês da vida. Os porquês nos levam a situações bizarras, como bem sabe qualquer pai ou mãe de uma criatura de 3 anos bombardeando-os com por quês. Quando o pequeno pergunta: "Por que nos apaixonamos?", respondemos: "Para ter filhos." "Por que temos filhos?" E nessa hora nos vemos invocando algo como "plano de Deus" ou "Para compartilhar nosso amor". Isso então nos expõe a "Por que queremos compartilhar nosso amor?", e então sacamos nossa opção plano de emergência capenga: um convite para assistir a *Bob Esponja*.

É para responder a por quês que existem religião, filosofia e criação de mitos. Então contamos histórias para nos ajudar a dar sentido ao mundo e ao universo. Usamos nossas histórias para justificar nossas visões particulares.

William James compreendia o poder das histórias. Na verdade, diz-se com frequência que Henry James era um romancista que escrevia como um psicólogo, enquanto seu irmão William era um psicólogo que escrevia como um romancista. Embora fosse um homem da ciência, William lamentava o modo como novos insights eram, às vezes, usados para minar mitos:

> Talvez a expressão mais comum dessa suposição de que o valor espiritual se perde quando se afirma uma origem modesta seja vista nesses comentários que pessoas não sentimentais fazem com tanta frequência sobre seus conhecidos mais sentimentais. Alfred acredita com tanto fervor na imortalidade porque seu temperamento é muito emocional...
>
> Todos nós usamos isso em alguma medida ao criticar pessoas cujo estado de espírito consideramos excessivo. Mas quando outras pessoas criticam nossos momentos mais exaltados chamando-os de "nada além de" expressões de nossas disposições, nos sentimos indignados e feridos, porque sabemos que, quaisquer que sejam as peculiaridades de nosso organismo, nossos estados mentais têm seu valor substantivo como revelações da verdade viva; e desejamos que todo esse materialismo médico possa ser levado a dobrar sua língua. [...] O materialismo médico acaba com São Paulo ao chamar sua visão na estrada para Damasco de lesão aberta no córtex occipital, e ele, de epilético.

Filósofos conservadores, teóricos políticos e bioeticistas temem exatamente isso, e estão certos. Eles reconhecem — como muitos outros não reconhecem — que os verdadeiros pilares de nossa cultura não são a ciência, a tecnologia, as fábricas, ou mesmo as leis, mas as histórias que contamos a nós mesmos. Esses pilares podem ser frágeis, porém. Às vezes, cometemos erros quando tentamos erodi-los — vide John Money e sua insistência de que a sociedade produz o gênero sexual. Portanto, num esforço para lhes dar peso e autoridade, conservadores muitas vezes tentam construir uma espécie de Linha Maginot codificando a narrativa como "lei natural", um conjunto de verdades imutáveis. Como a verdadeira Linha Maginot, porém, a lei natural é, ela própria, frágil. Longe de ser imutável, muda com o tempo.

O amor é um bom exemplo de como isso acontece. Se a história de alguma coisa humana parecesse imutável, você pensaria que essa coisa seria o amor. Assim que inventamos a escrita, começamos a compor obras sobre amor e desejo. Um poema cuneiforme sumério de cerca de 4.100 anos atrás começa: "Noivo, querido de meu coração, Grande é sua beleza, doce como o mel." A narradora prossegue pedindo a esse noivo para se apressar e levá-la para a alcova. Ele a atende e depois ela diz: "Noivo, você tirou seu prazer de mim. Diga a minha mãe, ela lhe dará acepipes; a meu pai, ele lhe dará presentes." Algumas tradições podem ter mudado (embora achemos que essa ideia de dar aos homens um pouco de presunto e um Rolex depois do sexo mereça um retorno), mas o sentimento básico é reconhecível por qualquer um de nós que vive em qualquer sociedade tantas gerações depois. Existe a expectativa ansiosa, a alegria e o erotismo puros, a agradável lembrança manifestada em seguida. E então vem a história. Ou a pintura, ou o poema, ou o filme.

Mas mudamos nossa visão sobre a lei natural em termos de como ela se aplica ao amor. Nos Estados Unidos, as leis contra a miscigenação, assim como a escravidão e a negação de direitos políticos às mulheres, baseavam-se numa interpretação da lei natural por algumas pessoas segundo a qual a mistura de raças era abominável, contrariava a Bíblia e macularia a raça branca. Essa visão vigorou em alguns estados até 12 de junho de 1967, quando o *Loving v. Virginia** foi decidido em favor do casal de nome apropriado. De modo semelhante, a maioria dos americanos pensa hoje não apenas que a homossexualidade não é errada, mas também que homens e mulheres gays devem poder se casar legalmente. Esta é uma reviravolta surpreendente em nossa crença nacional de apenas poucos anos atrás, quando prevalecia a visão de que essas uniões eram inaturais.

---

*Caso que foi um marco dos direitos civis nos EUA: a Suprema Corte declarou inconstitucional o estatuto contra miscigenação na Virgínia. Os querelantes eram Mildred Loving (descendente de africanos e índios americanos) e Richard Perry Loving (branco), casados desde 1958. (*N. do T.*)

A ciência pode receber algum crédito por isso. Tem proporcionado novas informações que podem ser incorporadas a novas explicações para as vidas de pessoas que não se encaixam num mundo de sexo e gênero sexual estritamente binário. Mas essa história de mudanças minou as narrativas firmemente mantidas por outros. Alguns reagem à desorientação resultante com negação. Outros respondem com ataques de medo.

No outono de 2011, o Dr. Keith Ablow, que rotula a si mesmo de "um dos principais psiquiatras dos Estados Unidos" e atua como especialista em psiquiatria na Fox News e como editor colaborador da revista *Good Housekeeping*, aconselhou todos os pais a impedir que seus filhos assistissem ao programa de TV *Dancing with the Stars* durante a temporada em que Chaz Bono era um dos concorrentes. Por quê? Porque Chaz Bono fizera uma cirurgia de mudança de sexo para deixar de ter um corpo de mulher e passar a ter um corpo de homem. Ablow escreveu para a Fox que "muitas crianças que poderão assistir estarão estabelecendo um senso de self que inclui, é claro, a identidade sexual/de gênero".

Se você acha que isso soa muito com a antiga teoria de Money de que o gênero sexual pode ser imposto pela sociedade, você está certo. "Os seres humanos são modelos uns para os outros — em termos de emoção, pensamento e comportamento", prosseguiu Ablow. "Chaz Bono não deveria ser aplaudido mais do que alguém que, tragicamente, acredita que sua espécie, e não o gênero sexual, é que está errada e pede a um cirurgião plástico para lhe fazer uma cauda de carne extraída de seu abdome."

Em outras palavras, de acordo com Ablow, assistir a Chaz Bono dançando rumba poderia levar seus filhos a querer cortar seus pênis. Essas crenças não apenas têm o medo como base como também demonstram uma ignorância impressionante. Mas a negação da realidade deliberada de Ablow tem apoio.

Quando o presidente Obama escolheu Amanda Simpson — transexual e ex-piloto de testes — como assessora do Departamento do Comércio, conservadores sociais ficaram indignados. A American Familiy Association, um grupo evangélico de ação política, chamou a nomeação de "palhaçada". "O que o desviado cabal quer mais do que tudo é a aprovação da sociedade para seu estilo de vida sexualmente aberrante", declarou. Denúncias igualmente estridentes foram feitas por outros influentes grupos políticos de direita, como o Family Research Council. Alguns deles misturaram equivocadamente transexuais com homossexuais.

Em 2011, quando transexuais requisitaram à cidade de Nova York que os deixasse alterar suas certidões de nascimento para que estas correspondessem ao gênero sexual identificado, mesmo que eles não tivessem feito cirurgia de mudança de sexo, Peter Sprigg, um pesquisador de políticas do Family Research Council, disse ao *New York Times* que qualquer alteração seria uma forma de "fraude".

"Acho que você tem a realidade objetiva de sua constituição genital e sua constituição cromossômica pesadas contra a experiência inteiramente subjetiva da chamada identidade de gênero", disse Sprigg. Isso pôs Sprigg e seu grupo no mesmo campo de Germaine Greer, uma aliança de fato improvável.

Transexuais não acordam simplesmente um dia e decidem que pode ser mais divertido ser homem ou mulher. Você pode fingir que não é homossexual, o que pode levar a problemas se você é um homem proeminente e construiu uma reputação de antigay, apenas para se ver contratando um prostituto ou pegando um homem num banheiro de aeroporto ou tentando seduzir jovens de sua congregação. Mas você não pode ser recrutado para ser homossexual, e certamente não pode ser "curado" disso. Meninos e meninas heterossexuais se comportam como tal porque seus cérebros estão lhe dizendo isso. Não importa o quanto o comercial de TV seja atraente, fabricantes de brinquedos não podem forçar crianças a comprar um brinquedo para um gênero sexual. Seus comerciais de TV são feitos para levar as crianças a acreditar que um brinquedo específico realizará seu desejo que tem o gênero como base e é gerado em seus cérebros.

Existe forte interação entre cultura, genes, educação e nossos cérebros. Mas a cultura não cria o gênero sexual — reflete-o. O gênero influencia tudo, desde quem amamos até se tenderemos mais ou menos a pensar que seria realmente divertido transformar as cabeceiras de nossas camas em ringues de luta imaginários e nos jogar neles. (Há um motivo pelo qual meninos respondem por uma grande maioria de atendimentos em emergências de hospitais americanos relacionados a lesões.) Mas muita gente ainda argumenta que a cultura cria a sexualidade porque essa história se encaixa em sua visão do mundo.

De forma semelhante, conforme escrevemos no início deste capítulo, uma visão mutante do amor também ameaça a história de muitas pessoas (talvez a maioria) sobre a emoção mais importante de suas vidas. Então, como a compreensão dos sistemas neurais do amor afetaria nossa visão de amor? O amor que pode ser criado por encomenda ainda poderia ser "real"?

Existe uma escola de pensamento dentro da neurociência que sugere que o livre arbítrio é um mito, que o cérebro pré-consciente informa a mente consciente, que então age *como se* estivesse tomando uma decisão — quando, na verdade, nosso curso de ação já estava decidido antes mesmo de termos consciência dele. Se isso é verdade, alguns temem que o amor possa ser como a física quântica, em que o mero ato de observar duas partículas emaranhadas muda as características delas. Se tivéssemos consciência dos mecanismos cerebrais do amor, poderíamos realmente destruí-lo?

Nosso velho amigo Eduard von Hartmann, aquele sombrio mestre teutônico, pensava assim. O conhecimento remove a loucura e a ilusão, acreditava ele. Temos que ser cegos, escreveu ele, porque, quando alguém "percebe o absurdo da vastidão desse impulso [...] embarca na paixão com a certeza, de *sua* parte, de estar fazendo uma estupidez".

Uma boa visão também pode nos fazer pensar no amor da maneira como pensamos em motores de carro, máquinas caça-níqueis ou softwares de computador: como um processo programático. Um a um, poderíamos passar a nos ver como programáticos também.

Discordamos de Hartmann. Se ele estivesse correto, poderíamos curar um viciado em drogas explicando os mecanismos cerebrais do vício. Lamentavelmente, isso não é tão fácil. Um usuário de metanfetamina que entende em detalhes os mecanismos moleculares dos efeitos da droga, e o papel dos hormônios do estresse, ainda será um viciado em metanfetamina. De forma semelhante, uma pessoa que está se apaixonando pode entender os processos neurais, mas ainda assim será incapaz de resistir ao amor.

Se o livre-arbítrio existe — ou se contribui com 10, 20 ou 30% para nossos comportamentos — isso é menos importante do que o fato de agirmos como se o tivéssemos. Em outras palavras, nós contamos a história a nós mesmos. É *isso* que significa ser humano, especialmente ser alguém apaixonado. É por isso que nós dois acreditamos que o futuro do amor pode ser mais brilhante do que nunca.

Como, por exemplo, reagiríamos ao mundo descrito pelo satirista George Saunders em seu conto "Escape from Spiderhead"? O narrador, Jeff, e uma jovem chamada Heather se conhecem num laboratório onde ambos estão servindo de cobaia para uma nova droga. Depois de outro personagem — Abnesti, que está administrando os testes — dar-lhes a droga, Jeff acha Heather "superboa", e ela pensa o mesmo dele. "Logo, ali no sofá, nós explodimos. Foi superquente entre nós." E não apenas quente, mas "certeiro". Jeff e Heather acham que estão apaixonados. Mais tarde, Jeff toma outra droga, e o amor desaparece.

"Esta é forte", diz Abnesti a Jeff. "Esta é formidável. Descobrimos um misterioso segredo eterno. É fantástico para mudar o jogo! E alguém não consegue amar? Agora consegue. Podemos fazer isso. É alguém que ama demais? Ou ama alguém considerado inadequado por quem cuida dele ou dela? Podemos harmonizar isso completamente. É alguém que está triste por causa de um amor verdadeiro? Nós intervimos, ou quem toma conta dele ou dela intervém: triste nunca mais... Podemos parar uma guerra? Podemos, com certeza, reduzi-la! De repente, os soldados dos dois lados começam a trepar. Ou, em doses baixas, a se sentir super a fim."

É divertido, certo? Nós rimos quando lemos isso. Mas também pensamos em distopias clássicas de ficção científica, em que as emoções são manipuladas de modo a que o limite entre sentimentos reais e fabricados fique impreciso.

Mas os americanos já são entusiastas de substâncias que alteram o cérebro. De acordo com o Centro de Controle e Prevenção de Doenças, aproximadamente um em cada dez toma antidepressivos. Estudantes usam Ritalin rotineiramente, e com sucesso, para melhorar a concentração mental a fim de estudar. Plantonistas, pilotos, motoristas de caminhão e, sim, cientistas usam modafinil, um remédio que os mantém acordados para que possam continuar trabalhando. Não estamos nem contando os inúmeros maconheiros, usuários de cocaína, bebedores de uísque, viciados em nicotina ou loucos por cafeína. Usamos todas essas drogas por motivos diversos, inclusive para lidar com o amor (quer o queiramos e não o tenhamos, tenhamos e não o queiramos, ou estejamos tentando superá-lo depois de tê-lo e perdê-lo).

Muitos já usam substâncias, principalmente o álcool, para melhorar suas experiências sociais. Jovens festeiros e frequentadores de raves usam MDMA, mais conhecido como ecstasy, porque isso lhes dá uma sensação de pertencimento e amizade em relação a seus companheiros que ficam agitando canudos luminosos. A droga faz isso, em parte, porque estimula a liberação de oxitocina e dopamina.

Em 2009, Larry escreveu um artigo para a revista *Nature* em que especulava, conforme argumentamos aqui, que o amor é uma propriedade que surge de uma série de reações químicas em nossos cérebros. O artigo levou o colunista John Tierney, do *New York Times*, a especular sobre uma possível "vacina do amor", contra a emoção, para ser usada por recém-divorciados ou pessoas apaixonadas por outras que não podem, ou não querem, corresponder a seu amor. A coluna foi publicada mundo afora. Então Larry recebeu uma carta de um homem de Nairóbi: "Peço humildemente que você me informe como posso conseguir a vacina para prevenção futura. Espero que você me informe e, se possível, me envie a vacina." Ele estava tão interessado que escreveu uma segunda carta: "Se houver uma droga igual que cure, gostaria de algumas doses."

Será que todos nós não gostaríamos? Quem não foi fisgado por um amor impossível ou sentiu o vazio da dor do amor aumentar? Quem não gostaria de uma injeção de algo que levasse toda essa dor embora?

O pobre sujeito de Nairóbi e as pessoas que compram Liquid Trust querem manipular suas emoções e as dos outros. Há milhares de anos este tem sido o objetivo de feiticeiros, magos da poção do amor e vendedores de óleo de cobra afrodisíaco. Nós nos sentimos de um modo, ou outra pessoa se sente de um modo, e queremos nos sentir de outra maneira, ou queremos que ela se sinta de outra maneira.

Na Índia, onde a oxitocina é usada com frequência para forçar as vacas a dar mais leite e até para melhorar a aparência de vegetais, a imprensa acompanha de perto as experiências sobre formação de vínculo social, em parte porque os casamentos são muitas vezes arranjados, e não uniões por amor. Se uma droga pudesse induzir a paixão depois do fato, muitos casais a usariam.

Se é possível utilizar os mecanismos que discutimos neste livro — e achamos que será —, eles serão utilizados. Mas isso não tornará o amor nem um pouco menos real.

As indústrias de flores, joias, champanhe e perfumes existem com base na nossa crença de que essa manipulação não apenas é possível, mas desejável. Como sociedade, já decidimos que não há problema em usar drogas para afetar nossas personalidades — não há como negar isso. Em geral, não achamos que essas alterações induzidas em nosso comportamento tornam nossas experiências emocionais de algum modo menos "reais" do que antes. Estamos sempre sendo manipulados ou manipulando nós mesmos e os outros. O amor desencadeado por uma droga não seria nem um pouco diferente do amor desencadeado por martínis, brincadeiras inteligentes e sexo bom. A emoção é a mesma. Se alguém aceita o conceito de amor de Larry, então não importa o que ativa os mecanismos cerebrais. O que importa é a ativação desses circuitos. Seja lá como for que chegamos lá, agiremos como se tivéssemos feito uma escolha. O amor induzido por uma droga ainda é amor, real e verdadeiro — ou, pelo menos, tão real e verdadeiro quanto qualquer outro.

Podemos saber exatamente como o amor, o desejo e o gênero sexual funcionam em nossos cérebros, mas ainda assim inventaremos sentidos para acompanhar esse conhecimento. Ainda assim celebraremos os sentimentos e a excitação, bem como lamentaremos a tristeza.

Agora, porém, temos uma chance de sermos mais determinados e mais conscientes em relação ao que estamos fazendo. Temos a oportunidade de pôr fim a preconceitos desinformados, de apreciar o poder do mecanismo do amor e de tentar — ainda que muitas vezes inutilmente — nos proteger contra a falta de prudência. Assim como aqueles que não acreditam em um deus, ou em uma vida após a morte, mas que constroem vidas éticas e encontram sentido apesar da convicção de que nenhum ser supremo está esperando para recompensá-los, criaremos mitos sobre encontrar a pessoa que amamos, sobre ver o rosto de nosso filho pela primeira vez, sobre o turbulento prazer de nosso despertar sexual. Certamente, haverá atos de maldade deliberados e conscientes também; nem tudo será bom.

Mas, diz Wolpe, "digamos que Larry esteja 100% correto" em sua hipótese sobre amor, formação de vínculo e desejo. "Digamos que eu acredite nisso até o fio de meu cabelo. Bem, e daí? Como isso mudaria o modo como me comporto? O modo como me sinto em relação à minha mulher e meus filhos?"

Não mudará, e não tem que mudar. Wolpe, sua mulher e seus filhos têm uma narrativa que eles criaram em torno de sua experiência compartilhada de amor em família. Mesmo Larry — o cara que passa seus dias pensando em amor e formação de vínculo em termos de reações bioquímicas em circuitos localizados no cérebro — sente o amor por sua mulher e seus filhos como uma paixão que não é diminuída por sua perspectiva reducionista.

Fazemos isso cada vez que vemos um filme. Quem consegue assistir a *Ídolo, amante e herói*, a história de Lou Gehrig, e não chorar? Sabemos que o diretor, os atores e o roteirista estão nos manipulando, mas nos desvairamos em nossas emoções assim mesmo. Precisamos da história pelas lições que ela nos ensina sobre coragem, dignidade e, sim, amor. Exatamente assim, quando nosso apetite estiver envolvido, criaremos razões para nossos batimentos cardíacos rápidos e nossas vibrações abaixo da cintura. Em Minnesota, Susan ainda estará flertando. Mesmo que passe a ter consciência disso e possa dissecar a neuroquímica envolvida, ela ainda contará a si mesma outra história sobre o motivo de estar fazendo isso.

É claro que o amor ainda dará errado, como sempre deu, e contaremos histórias sobre isso também. Talvez, porém, a nova ciência possa ajudar a atenuar algumas das manifestações mais perigosas e patológicas do amor trágico.

É verdade que teremos de repensar algumas suposições com as quais temos vivido há gerações. Mas muitos aos quais tem sido negada há tanto tempo uma participação na família social humana — seja por biologia ou preconceito — poderão exigir o que lhes é devido. Pode ser que tenhamos também de repensar o modo como navegamos por uma paisagem de relacionamentos humanos que sabemos ser tão fortemente influenciada por ações inconscientes de substâncias químicas em circuitos. Pode ser que tenhamos de nos perguntar se o que é certo é sempre o que é natural. Se não é, teremos que decidir quando e como fazer a distinção.

A nova neurociência social não apenas nos desafia a pensar nessas questões, como também pode ajudar a proporcionar soluções informando sobre a criação de pilares novos, e até mais fortes, que podemos usar para sustentar a cultura do amor humano. Para evitarmos as possibilidades mais sombrias que o futuro trará, teremos que estar muito atentos ao que dizemos a nós mesmos. Se estivermos, o amor jamais cairá de seu pedestal.

AGRADECIMENTOS

Agradecemos àqueles cuja cooperação tornou este livro possível. Exigimos muito de nossos entrevistados, por vezes nos intrometendo em assuntos profundamente pessoais, e eles responderam com a doação de seu tempo e sua tolerância. Somos especialmente gratos aos cientistas que se dispuseram a participar de conversas acaloradas, às vezes arriscadas, sobre as implicações de seu trabalho.

David Moldawer acreditou firmemente na ideia e Jillian Gray mostrou uma ajuda paciente. Obrigado também a Michelle Tessler, a Susan Heard por seu trabalho duro e suas sugestões, e a Alex Heard, por sua orientação sábia habitual. Brian saúda Lorry, um colaborador mais agradável e ávido do que qualquer pessoa tem o direito de esperar. A esposa de Larry, Anne, não apenas ouve suas ideias sobre sexo e relacionamentos como o ama assim mesmo — o que quer dizer alguma coisa —, e seus filhos são lembretes constantes de porque a história do amor é tão importante.

BIBLIOGRAFIA

CONSTRUINDO UM CÉREBRO SEXUAL

Amateau, S. e M. McCarthy. "Induction of PGE2 by Estradiol Mediates Developmental Masculinization of Sex Behavior." *Nature Neuroscience*, 7 de junho de 2004.

Arnold, A. "The Organizational-Activational Hypothesis as the Foundation for a Unified Theory of Sexual Differentiation of All Mammalian Tissues." *Hormones and Behavior*, maio de 2009.

Auyeung, B. et al. "Fetal Testosterone Predicts Sexually Differentiated Childhood Behavior in Girls and in Boys." *Psychological Science*, fevereiro de 2009.

Bao, A-M. e D. Swaab. "Sex Differences in the Brain, Behavior, and Neuropsychiatric Disorders." *The Neuroscientist*, outubro de 2010.

Berenbaum, S. et al. "Early Androgens Are Related to Childhood Sex-Typed Toy Preferences." *Psychological Science*, março de 1992.

Berglund, H. et al. "Brain Response to Putative Pheromones in Lesbian Women." *Proceedings of the National Academy of Sciences*, 23 de maio de 2006.

Bleier, R. "Why Does a Pseudohermaphrodite Want to Be a Man?" *New England Journal of Medicine*, 11 de outubro de 1979.

Bradley, S. et al. "Experiment of Nurture: Ablatio Penis at 2 Months, Sex Reassignment at 7 Months, and a Psychosexual Follow-Up in Young Adulthood." *Pediatrics*, julho de 1998.

Brooks, C. "Some Perversion of the Sexual Instinct." *Journal of the National Medical Association*, janeiro-março de 1919.

Capel, B. e D. Coveney. "Frank Lillie's Freemartin: Illuminating the Pathway to 21st Century Reproductive Endocrinology." *Journal of Experimental Zoology 301* (2004).

Chura, L. et al. "Organizational Effects of Fetal Testosterone on Human Corpus Callosum Size and Asymmetry." *Psychoneuroendocrinology*, janeiro de 2010.

Ciumas, C. et al. "High Fetal Testosterone and Sexually Dimorphic Cerebral Networks in Females." *Cerebral Cortex*, maio de 2009.

Collaer, M. et al. "Motor Development in Individuals with Congenital Adrenal Hyperplasia: Strength, Targeting, and Fine Motor Skill." *Psychoneuroendocrinology*, fevereiro de 2009.

Diamond, M. "Developmental, Sexual and Reproductive Neuroendocrinology: Historical, Clinical and Ethical Considerations." *Frontiers in Neuroendocrinology*, 18 de fevereiro de 2011.

Diamond, M. "Pediatric Management of Ambiguous and Traumatized Genitalia." *Journal of Urology*, setembro de 1999.

Diamond, M. Entrevista com os autores, 6 de abril de 2011.

Diamond, M. e K. Sigmundson. "Sex Reassignment at Birth: A Long Term Review and Clinical Implications." *Archives of Pediatrics and Adolescent Medicine*, março de 1997.

Domurat Dreger, A. "'Ambiguous Sex' — or Ambivalent Medicine? Ethical Issues in the Treatment of Intersexuality." *Hastings Center Report 28*, nº 3 (1998).

Durante, M. et al. "Ovulation, Female Competition, and Product Choice: Hormonal Influences on Consumer Behavior." *Journal of Consumer Research*, abril de 2011.

Eckert, C. "Intervening in Intersexualization: The Clinic and the Colony." Dissertação. Proefschrift Universiteit Utrecht, 2010.

Ehrhardt, A. e H. Meyer-Bahlburg. "Effects of Prenatal Sex Hormones on Gender-Related Behavior." *Science*, 10 de março de 1981.

Garcia-Falgueras, A. e D. Swaab. "A Sex Difference in the Hypothalamic Uncinate Nucleus: Relationship to Gender Identity." *Brain*, 2 de novembro de 2008.

Gizewski, E. et al. "Specific Cerebral Activation Due to Visual Erotic Stimuli in Male-to-Female Transsexuals Compared with Male and Female Controls." *Journal of Sexual Medicine*, fevereiro de 2009.

Glickman, S. et al. "Mammalian Sexual Differentiation: Lessons from the Spotted Hyena." *Trends in Endocrinology and Metabolism*, novembro de 2006.

Goldstein, J. et al. "Normal Sexual Dimorphism of the Adult Human Brain Assessed by *In Vivo* Magnetic Resonance Imaging." *Cerebral Cortex*, junho de 2001.

Gooren, L. "Care of Transsexual Persons." *New England Journal of Medicine*, 31 de março de 2011.

Gorski, R. Entrevista com os autores, 2 de maio de 2011.

Gorski, R. "Hypothalamic Imprinting by Gonadal Steroid Hormones." *Advances in Experimental Medicine and Biology*, 2002.

Gorski, R. "Sexual Dimorphisms of the Brain." *Journal of Animal Science* 61, sup. 3 (1985).

Gorski, R. et al. "Evidence for a Morphological Sex Difference Within the Medial Preoptic Area of the Rat Brain." *Brain Research*, 16 de junho de 1978.

Greer, G. *The Whole Woman*. Nova York: Anchor Books, 2000.

Guerrero, L. Entrevista com os autores, 8 de março de 2011.

Hamann, S. et al. "Men and Women Differ in Amygdala Response to Visual Sexual Stimuli." *Nature Neuroscience*, abril de 2004.

Hasbro. http://www.hasbro.com/babyalive/en_us/ shop/browse.cfm.

Hassett, J. et al. "Social Segregation in Male, but Not Female Yearling Rhesus Macaques." *American Journal of Primatology*, 13 de outubro de 2009.

Hassett, J. et al. "Sex Differences in Rhesus Monkey Toy Preferences Parallel Those of Children." *Hormones and Behavior*, agosto de 2008.

Herman, R. et al. "Sex Differences in Interest in Infants in Juvenile Rhesus Monkeys: Relationship to Prenatal Androgen." *Hormones and Behavior*, maio de 2003.

Hines, M. "Prenatal Endocrine Influences on Sexual Orientation and on Sexually Differentiated Childhood Behavior." *Frontiers in Neuroendocrinology*, fevereiro de 2001.

Hines, M. e G. Alexander. "Commentary: Monkeys, Girls, Boys and Toys: A Confirmation Comment on 'Sex Differences in Toy Preferences: Striking Parallels Between Monkeys and Humans.'" *Hormones and Behavior*, agosto de 2008.

Imperato-McGinley, J. et al. "Androgens and the Evolution of Male-Gender Identity Among Male Pseudohermaphrodites with 5a-Reductase Deficiency." *New England Journal of Medicine*, 31 de maio de 1979.

Imperato-McGinley, J. et al. "Steroid 5-alpha-reductase Deficiency in Man: An Inherited Form of Male Pseudohermaphroditism." *Science*, 27 de dezembro de 1974.

Jacobson, C. et al. "The Influence of Gonadectomy, Androgen Exposure, or a Gonadal Graft in the Neonatal Rat on the Volume of the Sexually Dimorphic Nucleus of the Preoptic Area." *Journal of Neuroscience*, 1º de outubro de 1981.

Kahlenberg, S. e R. Wrangham. "Sex differences in chimpanzees' use of sticks as play objects resemble those of children." *Current Biology*, 21 de dezembro de 2010.

Kimchi, T. et al. "A Functional Circuit Underlying Male Sexual Behavior in the Female Mouse Brain." *Nature*, 30 de agosto de 2007.

Kruijver, F. et al. "Male-to-Female Transsexuals Have Female Neuron Numbers in a Limbic Nucleus." *Journal of Endocrinology and Metabolism 85*, nº 5 (2000).

LeVay, S. "From Mice to Men: Biological Factors in the Development of Sexuality." *Frontiers in Neuroendocrinology*, fevereiro de 2011.

Lillie, F. "Sex-Determination and Sex-Differentiation in Mammals." *Zoology*, julho de 1917.

Lillie, F. "The Theory of the Free-Martin." *Science*, 28 de abril de 1916.

Marentette, J. et al. "Multiple Male Reproductive Morphs in the Invasive Round Goby (*Appollonia melanostoma*)." *Journal of Great Lakes Research*, junho de 2009.

McCarthy, M. et al. "New Tricks by an Old Dogma: Mechanisms of the Organizational/Activational Hypothesis of Steroid-Mediated Sexual Differentiation of Brain and Behavior." *Hormones and Behavior 55* (2009).

Meyer-Bahlburg, H. "Gender Identity Outcome in Female-Raised 46,XY Persons with Penile Agenesis, Cloacal Exstrophy of the Bladder, or Penile Ablation." *Archives of Sexual Behavior*, agosto de 2005.

Meyer-Bahlburg, H. et al. "Sexual Orientation in Women with Classical or Non-Classical Congenital Adrenal Hyperplasia as a Function of Degree of Prenatal Androgen Excess." *Archives of Sexual Behavior*, fevereiro de 2008.

Money, J. "Ablatio Penis: Normal Male Infant Sex-Reassigned as a Girl." *Archives of Sexual Behavior*, janeiro de 1975.

Money, J. e J. Dalery. "Iatrogenic Homosexuality: Gender Identity in Seven 46,XX Chromosomal Females with Hyperadrenocortical Hermaphroditism Born with a Penis, Three Reared as Boys, Four Reared as Girls." *Journal of Homosexuality*, 1976.

Ngun, T. et al. "The Genetics of Sex Differences in Brain and Behavior." *Frontiers in Neuroendocrinology*, outubro de 2010.

Ostrer, H. et al. "Mutations in MAP3K1 Cause 46,XY Disorders of Sex Development and Implicate a Common Signal Transduction Pathway in Human Testis Determination." *American Journal of Human Genetics*, dezembro de 2010.

Palanza, P. et al. "Effects of Developmental Exposure to Bisphenol A on Brain and Behavior in Mice." *Environmental Research*, outubro de 2008.

Park, D. et al. "Male-like Sexual Behavior of Female Mouse Lacking Fucose Mutarotase." *BMC Genetics*, 7 de julho de 2010.

Perkins, A. e C. Roselli. "The Ram as a Model for Behavioral Neuroendocrinology." *Hormones and Behavior*, junho de 2007.

Perkins, A. e J. A. Fitzgerald. "Luteinizing Hormones, Testosterone, and Behavioral Response of Male-Oriented Rams to Estrous Ewes and Rams." *Journal of Animal Science 70* (1992).

Peterson, R. et al. "Male Pseudohermaphroditism Due to Steroid 5-alpha-reductase Deficiency." *American Journal of Medicine*, fevereiro de 1977.

"Prenatal Shaping of Behavior." *British Medical Journal*, 25 de abril de 1963.

Phoenix, C. et al. "Organizing Action of Prenatally Administered Testosterone Propionate on the Tissues Mediating Mating Behavior in the Female Guinea Pig." *Endocrinology*, 1º de setembro de 1959.

Renn, S. et al. "Fish and Chips: Functional Genomics of Social Plasticity in an African Cichlid Fish." *Journal of Experimental Biology*, setembro de 2008.

Resko, A. et al. "Endocrine Correlates of Partner Preference Behavior in Rams." *Biology of Reproduction*, 1º de julho de 1996.

Rosahn, P. e H. Greene. "The Influence of Intrauterine Factors on the Fetal Weight of Rabbits." *Journal of Experimental Medicine*, 31 de maio de 1936.

Roselli, C. Entrevista com os autores, 27 de abril de 2011.

Roselli, C., e F. Stormshak. "Prenatal Programming of Sexual Partner Preference: The Ram Model." *Journal of Neuroendocrinology*, março de 2009.

Roselli, C. et al. "The Development of Male-Oriented Behavior in Rams." *Frontiers in Neuroendocrinology*, janeiro de 2011.

Roselli, C. et al. "The Ovine Sexually Dimorphic Nucleus of the Medial Preoptic Area Is Organized Prenatally by Testosterone." *Endocrinology*, maio de 2007.

Rupp, H. e K. Wallen. "Sex Differences in Viewing Sexual Stimuli: An Eye-Tracking Study in Men and Women." *Hormones and Behavior*, abril de 2007.

Ruta, V. et al. "A Dimorphic Pheromone Circuit in Drosophila from Sensory Input to Descending Output." *Nature*, 2 de dezembro de 2010.

Saenger, P. et al. "Prepubertal Diagnosis of Steroid 5-alpha-reductase Deficiency." *Journal of Clinical Endocrinology and Metabolism*, abril de 1978.

Savic, I. e S. Arver. "Sex Dimorphism of the Brain in Male-to-Female Transsexuals." *Cerebral Cortex*, 5 de abril de 2011.

Savic I. et al. "Male-to-Female Transsexuals Show Sex-Atypical Hypothalamus Activation When Smelling Odorous Steroids." *Cerebral Cortex*, agosto de 2008.

Savic, I. et al. "PET and MRI Show Differences in Cerebral Asymmetry and Functional Connectivity Between Homo- and Heterosexual Subjects." *Proceedings of the National Academy of Sciences*, 16 de junho de 2008.

Savic, I. et al. "Brain Response to Putative Pheromones in Homosexual Men." *Proceedings of the National Academy of Sciences*, 17 de maio de 2005.

Schwartz, J. "Of Gay Sheep, Modern Science and Bad Publicity." *New York Times*, 25 de janeiro de 2007.

Scott, H. et al. "Steroidogenesis in the Fetal Testis and Its Susceptibility to Disruption by Exogenous Compounds." *Endocrine Reviews*, 3 de novembro de 2009.

Sommer, V. e P. Vasey. *Homosexual Behavior in Animals: An Evolutionary Perspective*. Londres: Cambridge University Press, 2006.

Stowers, L. et al. "Loss of Sex Discrimination and Male-Male Aggression in Mice Deficient for TRP." *Science*, 22 de fevereiro de 2002.

Swaab, D. Entrevista com os autores, 28 de março de 2011.

Swaab, D. "Sexual Orientation and Its Basis in Brain Structure and Function." *Proceedings of the National Academy of Sciences*, 29 de julho de 2008.

Swaab, D. e M. Hofman. "An Enlarged Suprachiasmatic Nucleus in Homosexual Men." *Brain Research*, 24 de dezembro de 1990.

Swan, S. Entrevista com os autores, 26 de novembro de 2010.

"The Sexes: Biological Imperatives." *Time*, 8 de janeiro de 1973.

Urological Sciences Research Foundation, http://www.usrf.org/news/010308-guevedoces.html.

Vom Saal, F. "Sexual Differentiation in Litter-Bearing Mammals: Influence of Sex of Adjacent Fetuses in Utero." *Journal of Animal Science*, julho de 1989.

Vom Saal, F. et al. "Chapel Hill Bisphenol A Expert Panel Consensus Statement: Integration of Mechanisms, Effects in Animals and Potential to Impact Human Health at Current Levels of Exposure." *Reproductive Toxicology*, agosto-setembro de 2007.

Vom Saal, F. et al. "Paradoxical Effects of Maternal Stress on Fetal Steroids and Postnatal Reproductive Traits in Female Mice from Different Intrauterine Positions." *Biology of Reproduction*, novembro de 1990.

Wallen, K. "The Organizational Hypothesis: Reflections on the 50th Anniversary of the Publication of Phoenix, Goy, Gerall, and Young (1959)." *Hormones and Behavior*, maio de 2009.

Wallen, K. "Sex and Context: Hormones and Primate Sexual Motivation." *Hormones and Behavior*, setembro de 2001.

Wallen, K. e J. Hassett. "Sexual Differentiation of Behavior in Monkeys: Role of Prenatal Hormones." *Journal of Neuroendocrinology*, março de 2009.

Wallen, K. e H. Rupp. "Women's Interest in Visual Sexual Stimuli Varies with Menstrual Cycle Phase at First Exposure and Predicts Later Interest." *Hormones and Behavior*, fevereiro de 2010.

Whitam, F. et al. "Homosexual Orientation in Twins: A Report on 61 Pairs and Three Triplet Sets." *Archives of Sexual Behavior*, junho de 1993.

Wilson, J. "Androgens, Androgen Receptors, and Male Gender Role Behavior." *Hormones and Behavior*, setembro de 2001.

Women Studies Department, Universidade de Wisconsin. http://womenstudies.wisc.edu/ruthbleier-scholarship.htm.

Woodson, J. et al. "Sexual Experience Interacts with Steroid Exposure to Shape the Partner Preferences of Rats." *Hormones and Behavior*, setembro de 2002.

Young, L. e D. Crews. "Comparative Neuroendocrinology of Steroid Receptor Gene Expression and Regulation: Relationship to Physiology and Behavior." *Trends in Endocrinology and Metabolism*, setembro/outubro de 1995.

Young, L. e Z. Wang. "The Neurobiology of Pair Bonding." *Nature Neuroscience*, outubro de 2004.

Zhou, J. et al. "A Sex Difference in the Human Brain and Its Relation to Transsexuality." *International Journal of Transgenderism*, setembro de 1997.

A QUÍMICA DO DESEJO

Baird, A. et al. "Neurological Control of Human Sexual Behavior: Insights from Lesion Studies." *Journal of Neurology, Neurosurgery and Psychiatry*, 22 de dezembro de 2006.

Brown, S. et al. "The Menstrual Cycle and Sexual Behavior: Relationship to Eating, Exercise, Sleep and Health Patterns." *Women and Health*, 20 de maio de 2009.

Burnham, T. "High-Testosterone Men Reject Low Ultimatum Game Offers." *Proceedings of the Royal Society B*, 5 de julho de 2007.

Davidson, J. e G. Bloch. "Neuroendocrine Aspects of Male Reproduction." *Biology of Reproduction 1* (1969).

Desjardins, J. et al. "Female Genomic Response to Mate Information." *Proceedings of the National Academy of Sciences*, 7 de dezembro de 2010.

Durante, K. Entrevista com os autores, 19 de abril de 2011.

Durante, K. e N. Li. "Oestradiol Level and Opportunistic Mating in Women." *Biology Letters*, 13 de janeiro de 2009.

Durante, K. et al. "Changes in Women's Choice of Dress Across the Ovulatory Cycle: Naturalistic and Laboratory Task-Based Evidence." *Personality and Social Psychology Bulletin*, 21 de agosto de 2008.

Everitt, B. "Sexual Motivation: A Neural and Behavioral Analysis of the Mechanisms Underlying Appetitive and Copulatory Response of Male Rats." *Neuroscience and Biobehavioral Reviews 14* (1990).

Fessler, D. "No Time to Eat: An Adaptationist Account of Periovulatory Behavioral Changes." *Quarterly Review of Biology*, março de 2003.

Fleischman, D. e D. Fessler. "Differences in Dietary Intake as a Function of Sexual Activity and Hormonal Contraception." *Evolutionary Psychology 5* (2007).

Gangestad, S. e R. Thornhill. "Human Oestrus." *Proceedings of the Royal Society B*, 5 de fevereiro de 2008.

Gangestad, S. et al. "Changes in Women's Mate Preferences Across the Ovulatory Cycle." *Journal of Personality and Social Psychology*, janeiro de 2007.

Gangestad, S. et al. "Women's Preferences for Male Behavioral Displays Change Across the Menstrual Cycle." *Psychological Science*, 15 de março de 2004.

Gangestad, S. et al. "Changes in Women's Sexual Interests and Their Partners' Mate-Retention Tactics Across the Menstrual Cycle: Evidence for Shifting Conflicts of Interest." *Proceedings of Biological Sciences*, 7 de maio de 2002.

Goldstein, J. et al. "Hormonal Cycle Modulates Arousal Circuitry in Women Using Functional Magnetic Resonance Imaging." *Journal of Neuroscience*, 5 de outubro de 2005.

Griskevicius, V. et al. "Aggress to Impress: Hostility As an Evolved Context-Dependent Strategy." *Journal of Personality and Social Psychology 96*, nº 5 (2009).

Harris, G. e R. Michael. "The Activation of Sexual Behavior by Hypothalamic Implants of Oestrogen." *Journal of Physiology 171*, nº 2 (1964).

Haselton, M. e S. Gangstad. "Conditional Expression of Women's Desires and Men's Mate Guarding Across the Ovulatory Cycle." *Hormones and Behavior*, 3 de janeiro de 2006.

Haselton, M. e K. Gildersleeve. "Can Men Detect Ovulation?" *Current Directions in Psychological Science*, abril de 2011.

Haselton, M. et al. "Ovulatory Shifts in Human Female Ornamentation: Near Ovulation, Women Dress to Impress." *Hormones and Behavior 51* (2007).

Hill, S. e D. Buss. "The Mere Presence of Opposite-Sex Others on Judgments of Sexual and Romantic Desirability: Opposite Effects for Men and Women." *Personality and Social Psychology Bulletin*, 26 de fevereiro de 2008.

Hill, S. e K. Durante. "Courtship, Competition, and the Pursuit of Attractiveness: Mating Goals Facilitate Health-Related Risk Taking and Strategic Risk Suppression in Women." *Personality and Social Psychology Bulletin*, 20 de janeiro de 2001.

Hill, S. e K. Durante. "Do Women Feel Worse to Look Their Best? Testing the Relationship Between Self-Esteem and Fertility Status Across the Menstrual Cycle." *Personality and Social Psychology Bulletin*, 17 de setembro de 2009.

Hill, S. e M. Ryan. "The Role of Model Female Quality in the Mate Choice Copying Behavior of Sailfin Mollies." *Biology Letters*, 19 de dezembro de 2005.

Hull, E. e J. Dominguez. "Sexual Behavior in Male Rodents." *Hormones and Behavior*, 19 de abril de 2007.

Kimchi, T. et al. "A Functional Circuit Underlying Male Sexual Behavior in the Female Mouse Brain." *Nature*, 30 de agosto de 2007.

Kruger, D. "When Men Are Scarce, Good Men Are Even Harder to Find: Life History, the Sex Ratio, and the Proportion of Men Married." *Journal of Social, Evolutionary, and Cultural Psychology 3* (2009).

Levi, M. et al. "Deal or No Deal: Hormones and the Mergers and Acquisitions Game." *Management Science*, setembro de 2010.

McClintock, M. et al. "Human Body Scents: Conscious Perceptions and Biological Effects." *Chemical Senses 30*, sup. 1 (2005).

Michael, R. e P. Scott. "The Activation of Sexual Behaviour in Cats by the Subcutaneous Administration of Oestrogen." *Journal of Physiology 171*, n° 2 (1964).

Miller, G. Entrevista com os autores, 9 de maio de 2011.

Miller, G. et al. "Ovulatory Cycle Effects on Tip Earnings by Lap Dancers: Economic Evidence for Human Estrus?" *Evolution and Human Behavior 28* (2007).

Miller, S. e J. Maner. "Ovulation as a male mating prime: subtle signs of women's fertility influence men's mating cognition and behavior." *Journal of Personality and Social Psychology*, fevereiro de 2011.

Miller, S. e J. Maner. "Scent of a woman: men's testosterone responses to olfactory ovulation cues." *Psychological Science*, fevereiro de 2010.

Paris, C. et al. "A Possible Mechanism for the Induction of Lordosis by Reserpine in Spayed Rats." *Biology of Reproduction*, 4 de fevereiro de 1971.

Pfaff, D. "Autoradiographic Localization of Radioactivity in Rat Brain After Injection of Tritiated Sex Hormones." *Science*, 27 de setembro de 1968.

Pfaff, D. et al. "Reverse Engineering the Lordosis Behavior Circuit." *Hormones and Behavior*, abril de 2008.

Pfaus, G. "Pathways of Sexual Desire." *Journal of Sexual Medicine*, junho de 2006.

Pfaus, G. e M. Scepkowski. "The Biologic Basis for Libido." *Current Sexual Health Reports*, fevereiro de 2005.

Pillsworth, E. et al. "Kin Affiliation Across the Ovulatory Cycle: Females Avoid Fathers When Fertile." *Psychological Science*, 24 de novembro de 2010.

Prudom, S. et al. "Exposure to Infant Scent Lowers Serum Testosterone in Father Common Marmosets." *Biology Letters*, 26 de agosto de 2008.

Rupp, H. Entrevista com os autores, 10 de maio de 2011.

Rupp, H. e K. Wallen. "Relationship Between Testosterone and Interest in Sexual Stimuli: The Effect of Experience." *Hormones and Behavior*, 10 de agosto de 2007.

Rupp, H. et al. "Neural Activation in the Orbitofrontal Cortex in Response to Male Faces Increases During the Follicular Phase." *Hormones and Behavior*, junho de 2009.

Shille, V. et al. "Follicular Function in the Domestic Cat as Determined by Estradiol-17ß Concentrations in Plasma: Relation to Estrous Behavior and Cornification of Exfoliated Vaginal Epithelium." *Biology of Reproduction 21* (1979).

Slatcher, R. et al. "Testosterone and Self-Reported Dominance Interact to Influence Human Mating Behavior." *Social Psychological and Personality Science*, 28 de fevereiro de 2011.

Sundie, J. et al. "Peacocks and Porsches and Thorstein Veblen: Conspicuous Consumption as a Sexual Signaling System." *Journal of Personality and Social Psychology*, 1º de novembro de 2010.

Takahashi, L. "Hormonal Regulation of Sociosexual Behavior in Female Mammals." *Neuroscience and Behavioral Reviews*, abril de 1990.

Wiesner, B. e L. Mirskaia. "On the Endocrine Basis of Mating in the Mouse." *Experimental Physiology*, 9 de outubro de 1930.

Zhu, X. et al. "Brain Activation Evoked by Erotic Films Varies with Different Menstrual Phases: An fMRI Study." *Behavioral Brain Research*, 20 de janeiro de 2010.

Ziegler, T. et al. "Neuroendocrine Response to Female Ovulatory Odors Depends Upon Social Condition in Male Common Marmosets." *Hormones and Behavior*, janeiro de 2005.

O PODER DO APETITE

Abelard, P. *Historia Calamitatum*. Project Gutenberg. http://www.gutenberg.org/ebooks/14268.

Abelard, P. e Heloise. *Letters of Abelard and Heloise*. Project Gutenberg. http://gutenberg.org/ebooks/35977.

Alighieri, D. *The Divine Comedy*. Traduzido por John Ciardi. Nova York: W. W. Norton, 1977.

Ariely, D. e G. Loewenstein. "The Heat of the Moment: The Effect of Sexual Arousal on Sexual Decision Making." *Journal of Behavioral Decision Making*, 26 de julho de 2005.

Associated Press, "Exec Admits Stealing from Charity for S& M Bill", 28 de março de 2006.

Balfour, M. et al. "Sexual Behavior and Sex-Associated Environmental Cues Activate the Mesolimbic System in Male Rats." *Neuropsychopharmacology*, 23 de dezembro de 2003.

Barfield, R. e B. Sachs. "Sexual Behavior: Stimulation by Painful Electric Shock to Skin of Male Rats." *Science*, 26 de julho de 1968.

Bishop, M. et al. "Intracranial Self-Stimulation in Man." *Science*, 26 de abril de 1963.

Bullough, V. e J. Brundage, eds. *Handbook of Medieval Sexuality*. Nova York: Garland, 2000.

Caggiula, A. e B. Hoebel. "'Copulation-Reward Site' in the Posterior Hypothalamus." *Science*, 9 de maio de 1966.

Childs, E. e H. de Wit. "Amphetamine-induced Place Preference in Humans." *Biological Psychiatry*, 15 de maio de 2009.

Coolen, L. "Activation of mu-Opioid Receptors in the Medial Preoptic Area Following Copulation in Male Rats." *Neuroscience*, 18 de fevereiro de 2004.

Coria-Avila, G. et al. "Olfactory Conditioned Partner Preference in the Female Rat." *Behavioral Neuroscience*, vol. 119, nº 3, 2005.

"Dr. Robert G. Heath." *New York Times*, 27 de setembro de 1999.

Dominguez, J. e E. Hull. "Dopamine, the Medial Preoptic Area, and Male Sexual Behavior." *Physiology and Behavior*, 15 de outubro de 2005.

Dreher, J-C. et al. "Menstrual Cycle Phase Modulates Reward-Related Neural Function in Women." *Proceedings of the National Academy of Sciences*, 13 de fevereiro de 2007.

Eagle, D. et al. "Contrasting Roles for Dopamine D1 and D2 Receptor Subtypes in the Dorsomedial Striatum but Not the Nucleus Accumbens Core During Behavioral Inhibition in the Stop- Signal Task in Rats." *Journal of Neuroscience*, 18 de maio de 2011.

Elliott, V. "Patients Returning to Cosmetic Surgery as Recession Loosens Grip." *AMA News*, 28 de fevereiro de 2011.

Everitt, B. "Sexual Motivation: A Neural and Behavioural Analysis of the Mechanisms Underlying Appetitive and Copulatory Responses of Male Rats." *Neuroscience and Biobehavioural Reviews 14* (1990): 217-32.

Flagel, S. et al. "A Selective Role for Dopamine in Stimulus-Reward Learning." *Nature*, 6 de janeiro de 2011.

Frohmader, K. et al. "Methamphetamine Acts on Subpopulations of Neurons Regulating Sexual Behavior in Male Rats." *Neuroscience*, 31 de março de 2010.

Frohmader, K. et al. "Mixing Pleasures: Review of the Effects of Drugs on Sex Behavior in Humans and Animal Models." *Hormones and Behavior*, 31 de dezembro de 2009.

Frohman, E. et al. "Acquired Sexual Paraphilia in Patients with Multiple Sclerosis." *Archives of Neurology 59* (2002): 1006-10.

Groman, S. et al. "Dorsal Striatal D2-Like Receptor Availability Covaries with Sensitivity to Positive Reinforcement During Discrimination Learning." *Journal of Neuroscience*, 18 de maio de 2011.

Hamann, S. et al. "Men and Women Differ in Amygdala Response to Visual Sexual Stimuli." *Nature Neuroscience*, abril de 2004.

Hamburger-Bar, R. e H. Rigter. "Apomorphine: Facilitation of Sexual Behaviour in Female Rats." *European Journal of Pharmacology*, junho-julho de 1975.

Hartmann, E. *The Philosophy of the Unconscious: Speculative Results According to the Inductive Method of Physical Science*. Edimburgo: Ballantyne, Hanson, and Company, 1884.

Heath, R. "Correlations Between Levels of Psychological Awareness and Physiological Activity in the Central Nervous System." *Psychosomatic Medicine 17*, nº 5 (1955).

Health, R. e E. Norman. "Electroshock Therapy by Stimulation of Discrete Cortical Sites with Small Electrodes." *Proceedings of the Society for Experimental Biology and Medicine. Society for Experimental Biology and Medicine*, dezembro de 1946.

Heath, R. et al. "Effects of Chemical Stimulation to Discrete Brain Areas." *American Journal of Psychiatry*, 1º de maio de 1961.

Holder, M. e J. Mong. "Methamphetamine Enhances Paced Mating Behaviors and Neuroplasticity in the Medial Amygdala of Female Rats." *Hormones and Behavior*, 24 de abril de 2010.

Hori, A. e T. Akimoto. "Four Cases of Sexual Perversions." *Kurume Medical Journal 15*, nº 3 (1968).

Hull, E. et al. "Hormone-Neurotransmitter Interactions in the Control of Sexual Behavior." *Behavioural Brain Research 105* (1999): 105-16.

Katz, H. Entrevista com os autores, 1º de junho de 2011.

Keiper, A. "The Age of Neuroelectronics." New Atlantis, inverno de 2006.

Kelley, A. e K. Berridge. "The Neuroscience of Natural Rewards: Relevance to Addictive Drugs." *Journal of Neuroscience*, 1º de maio de 2002.

Krafft-Ebing, R. *Psychpathia Sexualis*. http://www.archive.org/stream/sexualinstinctcon00krafuoft/ sexualinstinctcon00krafuoft_djvu.txt.

Lee, S. et al. "Effect of Sertraline on Current-Source Distribution of the High-Beta Frequency Band: Analysis of Electroencephalography Under Audiovisual Erotic Stimuli in Healthy, Right- Handed Males." *Korean Journal of Urology*, 18 de agosto de 2010.

Liu, Y. et al. "Social Bonding Decreases the Rewarding Properties of Amphetamine Through a Dopamine D1 Receptor- Mediated Mechanism." *Journal of Neuroscience*, 1º de junho de 2011.

Loewenstein, G. "Out of Control: Visceral Influences on Behavior." *Organizational Behavior and Human Decision Processes*, março de 1996.

Loewenstein, G. et al. "The Effect of Sexual Arousal on Expectations of Sexual Forcefulness." *Journal of Research in Crime and Delinquency*, 4 de novembro de 1997.

Lorrain, D. et al. "Lateral Hypothalamic Serotonin Inhibits Nucleus Accumbens Dopamine: Implications for Sexual Satiety." *Journal of Neuroscience*, 1º de setembro de 1999.

Meisel, R. e A. Mullins. "Sexual Experience in Female Rodents: Cellular Mechanisms and Functional Consequences." *Brain Research*, 18 de dezembro de 2006.

Mendez, M. "Hypersexuality After Right Pallidotomy for Parkinson's Disease." *Journal of Neuropsychiatry and Clinical Neuroscience*, fevereiro de 2004.

Moan, C. e R. Heath. "Septal Stimulation for the Initiation of Heterosexual Behavior in a Homosexual Male." *Journal of Behavioral Therapy and Experimental Psychiatry 3* (1972): 23-30.

Monroe, R. e R. Heath. "Effects of Lysergic Acid and Various Derivatives on Depth and Cortical Electrograms." *Journal of Neuropsychiatry*, novembro-dezembro de 1961.

O'Halloran, R. e P. Dietz. "Autoerotic Fatalities with Power Hydraulics." *Journal of Forensic Science*, março de 1993.

Olds, J. e P. Milner. "Positive Reinforcement Produced by Electrical Stimulation of Septal Area and Other Regions of Rat Brain." *Journal of Comparative and Physiological Psychology*, dezembro de 1954.

Pfaus, J. Entrevista com os autores, 8-9 de junho de 2011.

Pfaus, J. "Pathways of Sexual Desire." *Journal of Sexual Medicine*, 6 de junho de 2009.

Pfaus, J. "Conditioning and Sexual Behavior: A Review." *Hormones and Behavior*, setembro de 2001.

Pfaus, J. e L. Scepkowski. "The Biologic Basis for Libido." *Current Sexual Health Reports 2* (2005): 95-100.

Pfaus, J. et al. "What Can Animal Models Tell Us About Human Sexual Response?" *Annual Review of Sex Research*, 2003.

Pitchers, K. et al. "Neuroplasticity in the Mesolimbic System Induced by Natural Reward and Subsequent Reward Abstinence." *Biological Psychiatry*, 1º de maio de 2010.

"Playboy Enterprises Inc." *Encyclopedia of Chicago*. Chicago Historical Society, 2005.

Portenoy, R. et al. "Compulsive Thalamic Self-Stimulation: A Case with Metabolic, Electrophysiologic and Behavioral Correlates." *Pain*, 27 de dezembro de 1986.

Rankin, R. "Judge Says Depression, Accident Led to Cocaine, Stripper Troubles." *Atlanta Journal-Constitution*, 26 de fevereiro de 2011.

Rupp, H. Entrevista com os autores, 10 de maio de 2011.

Rupp, H. "The Role of the Anterior Cingulate Cortex in Women's Sexual Decision Making." *Neuroscience Letters*, 2 de janeiro de 2009.

Scaletta, L. e E. Hull. "Systemic or Intracranial Apomorphine Increases Copulation in Long-Term Castrated Male Rats." *Pharmacology Biochemistry and Behavior*, novembro de 1990.

Smith, A. "Cosmetic Surgery Market Stands Firm." CNNMoney.com, 20 de fevereiro de 2008.

Stuber, G. et al. "Excitatory Transmission from the Amygdala to Nucleus Accumbens Facilitates Reward Seeking." *Nature*, 29 de junho de 2011.

Tabibnia, G. et al. "Different Forms of Self-Control Share a Neurocognitive Substrate." *Journal of Neuroscience*, 30 de março de 2011.

Takahashi, H. et al. "Dopamine D1 Receptors and Nonlinear Probability Weighting in Risky Choice." *Journal of Neuroscience*, 8 de dezembro de 2010.

Taub, S. "Accountant Embezzled to Pay Dominatrix." CFO.com, 4 de maio de 2006.

Tenk, C. et al. "Sexual Reward in Male Rats: Effects of Sexual Experience on Conditioned Place Preferences Associated with Ejaculation and Intromission." *Hormones and Behavior*, janeiro de 2009.

Thompson, R. "Biography of James Olds." http://www.nap.edu/readingroom.php?book=biomems& page=jolds.html.

Tomlinson, W. Entrevista com Robert Heath. http://www.archive.org/details/WallaceTomlinsonInterviewingRobertHeath_March51986.

Torpy, B. e S. Visser. "Seamy Allegations Just Don't Fit Courtly Life." *Atlanta Journal-Constitution*, 10 de outubro de 2010.

United States of America v. Jack T. Camp. Caso Número 1:10-MJ-1415, 4 de outubro de 2010.

Well Blog. *New York Times.* http://well.blogs.nytimes.com/2010/03/09/sagginginterest-in-plastic-surgery.

Wen Wan, E. e N. Agrawal. "Carry-Over Effects on Decision-Making: A Construal Level Perspective." *Journal of Consumer Research*, junho de 2011.

Young, L. e Z. Wang. "The Neurobiology of Pair Bonding." *Nature Neuroscience*, 26 de setembro de 2004.

O CIRCUITO MAMÃE

Ahern, T. e L. Young. "The Impact of Early Life Family Structure on Adult Social Attachment, Alloparental Behavior, and the Neuropeptide Systems Regulating Affiliative Behaviors in the Monogamous Prairie Vole." *Frontiers in Behavioral Neuroscience*, 27 de agosto de 2009.

Ahern, T. et al. "Parental Division of Labor, Coordination, and the Effects of Family Structure on Parenting in Monogamous Prairie Voles." *Developmental Psychology*, março de 2011.

Bartels, A. e S. Zeki. "The Neural Correlates of Maternal and Romantic Love." *Neuroimage*, março de 2004.

Beckett, C. et al. "Do the Effects of Early Severe Deprivation on Cognition Persist into Early Adolescence? Findings from the English and Romanian Adoptees Study." *Child Development*, maio-junho de 2006.

Bellow, S. *The Dean's December*. Nova York: Pocket Books, 1982.

Bos, K. et al. "Effects of Early Psychosocial Deprivation on the Development of Memory and Executive Function." *Frontiers in Behavioral Neuroscience*, 1º de setembro de 2009.

Bos, P. et al. "Acute Effects of Steroid Hormones and Neuropeptides on Human Social-Emotional Behavior: A Review of Single Administration Studies." *Frontiers in Neuroendocrinology*, 21 de janeiro de 2011.

Broad, K. et al. "Mother-Infant Bonding and the Evolution of Mammalian Social Relationships." *Philosophical Transactions of the Royal Society B*, 6 de novembro de 2006.

Buchen, L. "In Their Nurture." *Nature*, 9 de setembro de 2010.

Buckley, J. Entrevista com os autores, 10 de agosto de 2011.

Cameron, N. "Maternal Influences on the Sexual Behavior and Reproductive Success of the Female Rat." *Hormones and Behavior*, junho de 2008.

Cameron, N. et al. "Maternal Programming of Sexual Behavior and Hypothalamic-Pituitary-Gonadal Function in the Female Rat." *PLoS One*, 21 de maio de 2008.

Champagne, D. et al. "Maternal Care and Hippocampal Plasticity: Evidence for Experience-Dependent Structural Plasticity, Altered Synaptic Functioning, and Differential Responsiveness to Glucocorticoids and Stress." *Journal of Neuroscience*, 4 de junho de 2008.

Champagne, F. Entrevista com os autores, 24 de março de 2011.

Champagne, F. e M. Meaney. "Transgenerational Effects of Social Environment on Variations in Maternal Care and Behavioral Response to Novelty." *Behavioral Neuroscience*, dezembro de 2007.

Champagne, F. et al. "Maternal Care Associated with Methylation of the Estrogen Receptor-α1b Promoter and Estrogen Receptor-α Expression in the Medial Preoptic Area of Female Offspring." *Endocrinology*, 2 de março de 2006.

Champagne, F. et al. "Naturally Occurring Variations in Maternal Behavior in the Rat Are Associated with Differences in Estrogen-Inducible Central Oxytocin Receptors." *Proceedings of the National Academy of Sciences*, 23 de outubro de 2001.

Da Costa, A. "The Role of Oxytocin Release in the Paraventricular Nucleus in the Control of Maternal Behaviour in the Sheep." *Journal of Neuroendocrinology*, março de 1996.

Da Costa, A. et al. "Face Pictures Reduce Behavioural, Autonomic, Endocrine and Neural Indices of Stress and Fear in Sheep." *Proceedings of The Royal Society B*, 7 de setembro de 2004.

Deardorff, J. et al. "Father Absence, BMI and Pubertal Timing in Girls: Differential Effects by Family Income and Ethnicity." *Journal of Adolescent Health*, 17 de setembro de 2010.

Devlin, A. et al. "Prenatal Exposure to Maternal Depressed Mood and the MTHFRC677T Variant Affect SLC6A4 Methylation in Infants at Birth." *PLoS One*, 16 de agosto de 2010.

Febo, M. et al. "Functional Magnetic Resonance Imaging Shows Oxytocin Activates Brain Regions Associated with Mother-Pup Bonding During Suckling." *Journal of Neuroscience*, 14 de dezembro de 2005.

Fleming, A. et al. "Father of Mothering: Jay S. Rosenblatt." *Hormones and Behavior*, 14 de janeiro de 2009.

Francis, D. et al. "Naturally Occurring Differences in Maternal Care Are Associated with the Expression of Oxytocin and Vasopressin (V1a) Receptors: Gender Differences." *Journal of Neuroendocrinology*, maio de 2002.

Francis, D. et al. "Variations in Maternal Behaviour Are Associated with Differences in Oxytocin Receptor Levels in the Rat." *Journal of Neuroendocrinology*, dezembro de 2000.

George, E. et al. "Maternal Separation with Early Weaning: A Novel Mouse Model of Early Life Neglect." *BMC Neuroscience*, 29 de setembro de 2010.

Grady, D. "Cesarean Births Are at a High in U. S." *New York Times*, 23 de março de 2010.

Hamilton, B. e S. Ventura. "Fertility and Abortion Rates in the United States, 1960– 2002." *International Journal of Andrology*, fevereiro de 2006.

Heim, C. et al. "Effect of Childhood Trauma on Adult Depression and Neuroendocrine Function: Sex-Specific Moderation by CRH Receptor 1 Gene." *Frontiers in Behavioral Neuroscience*, 6 de novembro de 2009.

Heim, C. et al. "Lower CSF Oxytocin Concentrations in Women with a History of Childhood Abuse." *Molecular Psychiatry*, outubro de 2009.

Heim, C. et al. "Pituitary-Adrenal and Autonomic Responses to Stress in Women After Sexual and Physical Abuse in Childhood." *Journal of the American Medical Association*, 2 de agosto de 2000.

Henshaw, S. "Unintended Pregnancy in the United States." *Family Planning Perspectives*, janeiro-fevereiro de 1998.

Kendrick, K. et al. "Sex Differences in the Influence of Mothers on the Sociosexual Preferences of Their Offspring." *Hormones and Behavior*, setembro de 2001.

Kim, P. et al. "Breastfeeding, Brain Activation to Own Infant Cry, and Maternal Sensitivity." *Journal of Child Psychology and Psychiatry*, agosto de 2011.

Kim, P., et al. "The Plasticity of Human Maternal Brain: Longitudinal Changes in Brain Anatomy During the Early Postpartum Period." *Behavioral Neuroscience*, outubro de 2010.

Kinnally, E. et al. "Epigenetic Regulation of Serotonin Transporter Expression and Behavior in Infant Rhesus Macaques." *Genes, Brain and Behavior*, agosto de 2010.

Kramer, J. "Against Nature." *New Yorker*, 25 de julho de 2011.

Marshall, G. Entrevista com os autores, 24 de agosto de 2011.

Marshall, M. Entrevista com os autores, 24 de agosto de 2011.

Maselko, J. et al. "Mother's Aff ection at 8 Months Predicts Emotional Distress in Adulthood." *Journal of Epidemiology and Community Health*, julho de 2011.

Matthiesen, A. S. et al. "Postpartum Maternal Oxytocin Release by Newborns: Effects of Infant Hand Massage and Sucking." *Birth*, março de 2001.

McGowan, P. O. et al. "Broad Epigenetic Signature of Maternal Care in the Brain of Adult Rats." *PLoS One*, 28 de fevereiro de 2011.

McGowan, P. O. et al. "Epigenetic Regulation of the Glucocorticoid Receptor in Human Brain Associates with Childhood Abuse." *Nature Neuroscience*, março de 2009.

Meaney M. "Epigenetics and the Biological Definition of Gene X Environment Interactions." *Child Development*, janeiro de 2010.

Meinlschmidt, G. e C. Heim. "Sensitivity to Intranasal Oxytocin in Adult Men with Early Parental Separation." *Biological Psychiatry*, 1º de maio de 2077.

Numan, M. e B. Woodside. "Maternity: Neural Mechanisms, Motivational Processes, and Physiological Adaptations." *Behavioral Neuroscience*, dezembro de 2010.

Numan, M. et al. "Medial Preoptic Area and Onset of Maternal Behavior in the Rat." *Journal of Comparative and Physiological Psychology*, fevereiro de 1977.

Oberlander, T. et al. "Prenatal Exposure to Maternal Depression, Neonatal Methylation of Human Glucocorticoid Receptor Gene (NR3C1) and Infant Cortisol Stress Responses." *Epigenetics*, março-abril de 2008.

Olazabal, D. e L. Young. "Oxytocin Receptors in the Nucleus Accumbens Facilitate 'Spontaneous' Maternal Behavior in Adult Female Prairie Voles." *Neuroscience*, 25 de agosto de 2006.

Olazabal, D. e L. Young. "Species and Individual Differences in Juvenile Female Alloparental Care Are Associated with Oxytocin Receptor Density in the Striatum and the Lateral Septum." *Hormones and Behavior*, maio de 2006.

Pedersen, C. e A. Prange. "Induction of Maternal Behavior in Virgin Rats After Intracerebroventricular Administration of Oxytocin." *Proceedings of the National Academy of Sciences*, dezembro de 1979.

Porter, R. et al. "Induction of Maternal Behavior in Non-Parturient Adoptive Mares." *Physiology and Behavior*, setembro de 2002.

Pruessner, J. et al. "Dopamine Release in Response to a Psychological Stress in Humans and Its Relationship to Early Life Maternal Care: A Positron Emission Tomography Study Using [11C]Raclopride." *Journal of Neuroscience*, 17 de março de 2004.

Rosenblatt, J. "Nonhormonal Basis of Maternal Behavior in the Rat." *Science*, 16 de junho de 1967.

Rosenblatt, J. et al. "Hormonal Basis During Pregnancy for the Onset of Maternal Behavior in the Rat." *Psychoneuroendocrinology 13* (1988): 29-46.

Ross, H. e L. Young. "Oxytocin and the Neural Mechanisms Regulating Social Cognition and Affiliative Behavior." *Frontiers in Neuroendocrinology*, 28 de maio de 2009.

Seltzer, L. et al. "Social Vocalizations Can Release Oxytocin in Humans." *Proceedings of The Royal Society B*, 6 de março de 2010.

Shahrokh, D. et al. "Oxytocin-Dopamine Interactions Mediate Variations in Maternal Behavior in the Rat." *Endocrinology*, 12 de março de 2010.

Shakespeare, W. *Macbeth*. Nova York: Signet Classic, 1963.

Strathearn, L. Entrevista com os autores, 31 de agosto de 2011.

Strathearn, L. et al. "Adult Attachment Predicts Maternal Brain and Oxytocin Response to Infant Cues." *Neuropsychopharmacology*, dezembro de 2009.

Strathearn, L. et al. "What's in a Smile? Maternal Brain Responses to Infant Cues." *Pediatrics*, julho de 2008.

Sullivan, R. et al. "Developing a Neurobehavioral Animal Model of Infant Attachment to an Abusive Caregiver." *Biological Psychiatry*, 15 de junho de 2010.

Swain, J. et al. "Maternal Brain Response to Own Baby-Cry Is Affected by Cesarean Section Delivery." *Journal of Child Psychology and Psychiatry*, outubro de 2008.

SweetnessInFlorida. http://forums.plentyoffish.com/13867208datingPostpage2.aspx.

Terkel, J. e J. Rosenblatt. "Maternal Behavior Induced by Maternal Blood Plasma Injected Into Virgin Rats." *Journal of Comparative and Physiological Psychology*, junho de 1968.

Wismer Fries, A. et al. "Early Experience in Humans Is Associated with Changes in Neuropeptides Critical for Regulating Social Behavior." *Proceedings of the National Academy of Sciences*, 22 de novembro de 2005.

SEJA MEU BEBÊ

Abelard, P. *Historia Calamitatum*. Project Gutenberg. http://gutenberg.org/ebooks/14268.

Abelard, P. e Heloise. *Letters of Abelard and Heloise*. Project Gutenberg. http://gutenberg.org/ebooks/35977.

Ackerman, J. et al. "Let's Get Serious: Communicating Commitment in Romantic Relationships." *Journal of Personality and Social Psychology*, junho de 2011.

Aragona, B. et al. "Nucleus Accumbens Dopamine Differentially Mediates the Formation and Maintenance of Monogamous Pair Bonds." *Nature Neuroscience*, janeiro de 2006.

Aslan, A. et al. "Penile Length and Somatometric Parameters: A Study in Healthy Young Turkish Men." *Asian Journal of Andrology*, março de 2011.

Axelrod, V. "The Fusiform Face Area: In Quest of Holistic Face Processing." *Journal of Neuroscience*, 30 de junho de 2010.

Barnhart, K. et al. "Baseline Dimension of the Human Vagina." *Human Reproduction*, 14 de fevereiro de 2006.

Bos. P. et al. "Acute Effects of Steroid Hormones and Neuropeptides on Human Social-Emotional Behavior: A Review of Single Administration Studies." *Frontiers in Neuroendocrinology*, 21 de janeiro de 2011.

Boulvain, M. et al. "Mechanical Methods for Induction of Labor." *Cochrane Database of Systematic Reviews*, nº 4, 2001.

Buchheim, A. et al. "Oxytocin Enhances the Experience of Attachment Security." *Psychoneuroendocrinology*, outubro de 2009.

Burkett, J. et al. "Activation of μ-Opioid Receptors in the Dorsal Striatum is Necessary for Adult Social Attachment in Monogamous Prairie Voles." *Neuropsychopharmacology*, 6 de julho de 2011.

Burnham, T. e B. Hare. "Engineering Human Cooperation: Does Involuntary Neural Activation Increase Public Goods Contributions?" *Human Nature*, junho de 2005.

Burri, A. et al. "The Acute Effects of Intranasal Oxytocin Administration on Endocrine and Sexual Function in Males." *Psychoneuroendocrinology*, junho de 2008.

Carmichael, M. et al. "Plasma Oxytocin Increases in the Human Sexual Response." *Journal of Clinical Endocrinology and Metabolism*, janeiro de 1987.

Damasio, A. "Brain Trust." *Nature*, 2 de junho de 2005.

Ditzen, B. Entrevista com os autores, 29 de março de 2011.

Ditzen, B. "Intranasal Oxytocin Increases Positive Communication and Reduces Cortisol Levels During Couple Conflict." *Biological Psychiatry*, maio de 2009.

Ferguson, J. et al. "The Neuroendocrine Basis of Social Recognition." *Frontiers in Neuroendocrinology*, abril de 2002.

Ferguson, J. et al. "Social Amnesia in Mice Lacking the Oxytocin Gene." *Nature Genetics*, julho de 2000.

Gamer, M. "Does the Amygdala Mediate Oxytocin Effects on Socially Reinforced Learning?" *Journal of Neuroscience*, 14 de julho de 2010.

Georgescu, M. et al. "Vaginocervical Stimulation Induces Fos in Glutamate Neurons in the Ventromedial Hypothalamus: Attenuation by Estrogen and Progesterone." *Hormones and Behavior*, outubro de 2006.

Gonzalez-Flores, O. et al. "Facilitation of Estrous Behavior by Vaginal Cervical Stimulation in Female Rats Involves α1-Adrenergic Receptor Activation of the Nitric Oxide Pathway." *Behavioral Brain Research*, 25 de janeiro de 2007.

Goodson, J. et al. "Mesotocin and Nonapeptide Receptors Promote Estrildid Flocking Behavior." *Science*, 14 de agosto de 2009.

Griskevivius, V. et al. "Blatant Benevolence and Conspicuous Consumption: When Romantic Motives Elicit Strategic Costly Signals." *Journal of Personality and Social Psychology 93*, nº 1 (2007).

Guastella, A. et al. "Intransal Oxytocin Improves Emotion Recognition for Youth with Autism Spectrum Disorders." *Biological Psychiatry*, 7 de novembro de 2009.

Guastella, A. et al. "Oxytocin Increases Gaze to the Eye Region of Human Faces." *Biological Psychiatry*, 21 de setembro de 2007.

Heinrichs, M. Entrevista com os autores, 30 de março de 2011.

Heinrichs, M. et al. "Effects of Suckling on Hypothalamic-Pituitary-Adrenal Axis Responses to Psychosocial Stress in Postpartum Lactating Women." *Journal of Clinical Endocrinology and Metabolism*, outubro de 2001.

Israel, S. et al. "The Oxytocin Receptor (OXTR) Contributes to Prosocial Fund Allocations in the Dictator Game and the Social Value Orientations Task." *PLoS One*, 20 de maio de 2009.

Jhirad, A. e T. Vago. "Induction of Labor by Breast Stimulation." *Obstetrics and Gynecology*, março de 1973.

Kavanagh, J. et al. "Sexual Intercourse for Cervical Ripening and Induction of Labor." *Cochrane Database of Systematic Reviews*, nº 1 (2007).

Kavanagh, J. et al. "Breast Stimulation for Cervical Ripening and Induction of Labour." *Cochrane Database of Systematic Reviews*, nº 4 (2001).

Kendrick, K. et al. "Importance of Vaginocervical Stimulation for the Formation of Maternal Bonding in Primiparous and Multiparous Parturient Ewes." *Physiology and Behavior*, setembro de 1991.

Keverne, E. et al. "Vaginal Stimulation: An Important Determinant of Maternal Bonding in Sheep." *Science*, 7 de janeiro de 1983.

Khan, S. et al. "Establishing a Reference Range for Penile Length in Caucasian British Men: A Prospective Study of 609 Men." *British Journal of Urology*, 28 de junho de 2011.

King, J. Entrevista com os autores, 18 de agosto de 2010.

Kirsch, P. et al. "Oxytocin Modulates Neural Circuitry for Social Cognition and Fear in Humans." *Journal of Neuroscience*, 7 de dezembro de 2005.

Komisaruk, B. et al. "Women's Clitoris, Vagina, and Cervix Mapped on the Sensory Cortex: fMRI Evidence." *Journal of Sexual Medicine*, julho de 2011.

Kosfeld, M. et al. "Oxytocin Increases Trust in Humans." *Nature*, 2 de junho de 2005.

Lahr, J. "Mouth to Mouth." *New Yorker*, 30 de maio de 2011.

Larrazolo-Lopez, A. et al. "Vaginocervical Stimulation Enhances Social Recognition Memory in Rats Via Oxytocin Release in the Olfactory Bulb." *Neuroscience*, 27 de maio de 2008.

Leibenluft, E. et al. "Mothers' Neural Activation in Response to Pictures of Their Children and Other Children." *Biological Psychiatry*, 15 de agosto de 2004.

Levin, R. e C. Meston. "Nipple/Breast Stimulation and Sexual Arousal in Young Men and Women." *Journal of Sexual Medicine*, maio de 2006.

Liu, Y. e Z. Wang. "Nucleus Accumbens Oxytocin and Dopamine Interact to Regulate Pair Bond Formation in Female Prairie Voles." *Neuroscience 121* (15 de outubro de 2003): 537-44.

Long, H. W. *Sane Sex Life and Sane Sex Living: Some Things That All Sane People Ought to Know About Sex Nature and Sex Functioning; Its Place in the Economy of Life, Its Proper Training and Righteous Exercise.* Nova York: Eugenics Publishing Company, 1919, via Project Gutenberg.

Lynn, M. "Determinants and Consequences of Female Attractiveness and Sexiness: Realistic Tests with Restaurant Waitresses." *Archives of Sexual Behavior*, outubro de 2009.

Meyer-Lindenberg, A. et al. "Oxytocin and Vasopressin in the Human Brain: Social Neuropeptides for Translational Medicine." *Nature Reviews Neuroscience*, setembro de 2011.

The National Library of Ireland. "The Life and Works of William Butler Yeats." http://www.nli.ie/yeats/main.html.

Nitschke, J. et al. "Orbitofrontal Cortex Tracks Positive Mood in Mothers Viewing Pictures of Their Newborn Infants." *Neuroimage*, fevereiro de 2004.

Noriuchi, M. et al. "The Functional Neuroanatomy of Maternal Love: Mother's Response to Infant's Attachment Behaviors." *Biological Psychiatry*, fevereiro de 2008.

Normandin, J. e A. Murphy. "Somatic Genital Reflexes in Rats with a Nod to Humans: Anatomy, Physiology, and the Role of the Social Neuropeptides." *Hormones and Behavior*, 19 de fevereiro de 2011.

Perry, A. et al. "Intransal Oxytocin Modulates EEG mu/Alpha and Beta Rhythms During Perception of Biological Motion." *Psychoneuroendocrinology*, 20 de maio de 2010.

Petrovic, P. et al. "Oxytocin Attenuates Affective Evaluations of Conditioned Faces and Amygdala Activity." *Journal of Neuroscience*, 25 de junho de 2008.

Porter, R. et al. "Induction of Maternal Behavior in Non-Parturient Adoptive Mares." *Physiology and Behavior*, setembro de 2002.

Rimmele, U. et al. "Oxytocin Makes a Face in Memory Familiar." *Journal of Neuroscience*, 7 de janeiro de 2009.

Romeyer, A. et al. "Establishment of Maternal Bonding and Its Mediation by Vaginocervical Stimulation in Goats." *Physiology and Behavior*, fevereiro de 1994.

Ross, H. e L. Young. "Oxytocin and the Neural Mechanisms Regulating Social Cognition and Affiliative Behavior." *Frontiers in Neuroendocrinology*, 28 de maio de 2009.

Ross, H. et al. "Characterization of the Oxytocin System Regulating Affiliative Behavior in Female Prairie Voles." *Neuroscience*, maio de 2009.

Ross, H. et al. "Variation in Oxytocin Receptor Density in the Nucleus Accumbens Has Differential Effects on Affiliative Behaviors in Monogmaous and Polygamous Voles." *Journal of Neuroscience*, 4 de fevereiro de 2009.

Seltzer, L. et al. "Social Vocalizations Can Release Oxytocin in Humans." *Proceedings of the Royal Society B*, 6 de maio de 2010.

Smith, A. et al. "Manipulation of the Oxytocin System Alters Social Behavior and Attraction in Pair-Bonding Primates, Callithrix penicillata." *Hormones and Behavior*, fevereiro de 2010.

Spryropoulos, E. et al. "Size of External Genital Organs and Somatometric Parameters Among Physically Normal Men Younger Than 40 Years Old." *Urology*, setembro de 2002.

Strathearn, L. Entrevista com os autores, 31 de agosto de 2011.

Taylor, M. et al. "Neural Correlates of Personally Familiar Faces: Parents, Partner and Own Faces." *Human Brain Mapping*, julho de 2009.

Tenore, J. "Methods for Cervical Ripening and Induction of Labor." *American Family Physician*, 15 de maio de 2003.

Theodordou, A. et al. "Oxytocin and Social Perception: Oxytocin Increases Perceived Facial Trustworthiness and Attractiveness." *Hormones and Behavior*, junho de 2009.

Tucker, W. "Polygamy Chic." *American Enterprise Online*, 21 de março de 2006.

Unkel, C. et al. "Oxytocin Selectively Facilitates Recognition of Positive Sex and Relationship Words." *Psychological Science 19*, nº 11 (2008).

Vadney, D. "And the Two Shall Become One." Physicians for Life. http://www.physiciansforlife.org/content/view/1492/105/.

Waldheer, M. e I. Neumann. "Centrally Release Oxytocin Mediates Mating-Induced Anxiolysis in Male Rats." *Proceedings of the National Academy of Sciences*, 16 de outubro de 2007.

Walum, H. et al. "Variation in the Oxytocin Receptor Gene (OXTR) Is Associated with Pair-Bonding and Social Behavior." Apresentado na 41ª Reunião Anual da Behavior Genetics Association, Newport, Rhode Island, 8 de junho de 2011.

Young, L. e X. Wang. "The Neurobiology of Pair Bonding." *Nature Neuroscience*, 26 de setembro de 2004.

Young, L. et al. "Cellular Mechanisms of Social Attachment." *Hormones and Behavior*, setembro de 2001.

SEJA MEU TERRITÓRIO

Albers, H. "The Regulation of Social Recognition, Social Communication and Aggression: Vasopressin in the Social Behavior Neural Network." *Hormones and Behavior*, novembro de 2011.

Arch, S. e P. Narins. "Sexual Hearing: The Influence of Sex Hormones on Acoustic Communication in Frogs." *Hearing Research*, junho de 2009.

Bos, P. et al. "Acute Effects of Steroid Hormones and Neuropeptides on Human Social-Emotional Behavior: A Review of Single Administration Studies." *Frontiers in Neuroendocrinology*, 21 de janeiro de 2011.

Bos, P. et al. "Testosterone Decreases Trust in Socially Naïve Humans." *Proceedings of the National Academy of Sciences*, 24 de maio de 2010.

Burnham, T. "High-Testosterone Men Reject Low Ultimatum Game Offers." *Proceedings of the Royal Society B*, 5 de julho de 2007.

Carter, S. et al. "Consequences of Early Experiences and Exposure to Oxytocin and Vasopressin Are Sexually Dimorphic." *Developmental Neuroscience*, 17 de junho de 2009.

Dewan, A. et al. "Arginine Vasotocin Neuronal Phenotypes Among Congeneric Territorial and Shoaling Reef Butterflyfishes: Species,

Sex, and Reproductive Season Comparisons." *Journal of Neuroendocrinology*, dezembro de 2008.

Donaldson, Z. Entrevista com os autores, 25 de julho de 2011.

Donaldson, Z. e L. Young. "Oxytocin, Vasopressin, and the Neurogenetics of Sociality." *Science*, 6 de novembro de 2008.

Donaldson, Z. et al. "Central Vasopressin V1a Receptor Activation Is Independently Necessary for Both Partner Preference Formation and Expression in Socially Monogamous Male Prairie Voles." *Behavioral Neuroscience*, fevereiro de 2010.

Ebstein, R. et al. "Genetics of Human Social Behavior." *Neuron*, 25 de março de 2010.

Etkin, A. et al. "Emotional Processing in Anterior Cingulate and Medial Prefrontal Cortex." *Trends in Cognitive Sciences*, fevereiro de 2011.

Ferguson, J. et al. "The Neuroendocrine Basis of Social Recognition." *Frontiers in Neuroendocrinology 23* (2002): 200-224.

Fitzgerald, F. *The Great Gatsby*. Nova York: Scribner's, 1953.

Francis, D. et al. "Naturally Occurring Differences in Maternal Care Are Associated with the Expression of Oxytocin and Vasopressin (V1a) Receptors: Gender Differences." *Journal of Neuroendocrinology*, maio de 2002.

French, K. Entrevista com os autores, 4 de outubro de 2011.

Gobrogge, K. et al. "Anterior Hypothalamic Vasopressin Regulates Pair-Bonding and Drug-Induced Aggression in a Monogamous Rodent." *Proceedings of the National Academy of Sciences*, 10 de novembro de 2009.

Gospic, K. et al. "Limbic Justice — Amygdala Involvement in Immediate Rejection in the Ultimatum Game." *PLoS Biology*, 3 de maio de 2011.

Griskevicius, V. et al. "Blatant Benevolence and Conspicuous Consumption: When Romantic Motives Elicit Strategic Costly Signals." *Journal of Personality and Social Psychology 93*, nº 1 (2007).

Guastella, A. et al. "Intranasal Arginine Vasopressin Enhances the Encoding of Happy and Angry Faces in Humans." *Biological Psychiatry*, 15 de junho de 2010.

Hammock, E. e L. Young. "Microsatellite Instability Generates Diversity in Brain and Sociobehavioral Traits." *Science*, 10 de junho de 2005.

Hartmann, E. *The Philosophy of the Unconscious: Speculative Results According to the Inductive Method of Physical Science*. Edimburgo: Ballantyne, Hanson, and Company, 1884.

Heinrichs, M. Entrevista com os autores, 30 de março de 2011.

Holmes, C. et al. "Science Review: Vasopressin and the Cardiovascular System Part 1 — Receptor Physiology." *Critical Care*, 26 de junho de 2003.

Homer. *The Odyssey*. Nova York: Penguin Classics, 1966.

Hopkins, W. Apresentação, Workshop on the Biology of Prosocial Behavior, Emory University, 23-24 de outubro de 2011.

Hopkins, W. et al. "Polymorphic Indel Containing the RS3 Microsatellite in the 51 Flanking Region of the Vasopressin Receptor Gene Is Associated with Chimpanzee (Pan troglodytes) Personality." *Genes, Brains and Behaviour*, 20 de abril de 2012.

Ishunina, T. e D. Swaab. "Vasopressin and Oxytocin Neurons of the Human Supraoptic and Paraventricular Nucleus; Size Changes in Relation to Age and Sex." *Journal of Clinical Endocrinology and Metabolism 84*, nº 12 (1999).

Ishunina, T. et al. "Activity of Vasopressinergic Neurons of the Human Supraoptic Nucleus is Age- and Sex-Dependent." *Journal of Neuroendocrinology*, abril de 1999.

Israel, S. et al. "Molecular Genetic Studies of the Arginine Vasopressin 1a Receptor (*AVPR1A*) and the Oxytocin Receptor (*OXTR*) in Human Behaviour: From Autism to Altruism with Some Notes in Between." *Progress in Brain Research*, 2008.

Klieman, D. et al. "Atypical Reflexive Gaze Patterns on Emotional Faces in Autism Spectrum Disorders." *Journal of Neuroscience*, 15 de setembro de 2010.

Knafo, A. et al. "Individual Differences in Allocation of Funds in the Dictator Game Associated with Length of the Arginine Vasopressin 1a Receptor RS3 Promoter Region and Correlation Between RS3 Length and Hippocampal mRNA." *Genes, Brain and Behavior*, abril de 2008.

Levi, M. et al. "Deal or No Deal: Hormones and the Mergers and Acquisitions Game." *Management Science*, setembro de 2010.

Lim, M., et al. "Enhanced Partner Preference in a Promiscuous Species by Manipulating the Expression of a Single Gene." *Nature*, 17 de junho de 2004.

Lim, M. et al. "The Role of Vasopressin in the Genetic and Neural Regulation of Monogamy." *Journal of Neuroendocrinology*, abril de 2004.

Lynn, M. "Determinants and Consequences of Female Attractiveness and Sexiness: Realistic Tests with Restaurant Waitresses." *Archives of Sexual Behavior*, outubro de 2009.

McGraw, L. e L. Young. "The Prairie Vole: An Emerging Model Organism for Understanding the Social Brain." *Trend in Neuroscience*, fevereiro de 2010.

Meyer-Lindenberg, A. "Impact of Prosocial Neuropeptides on Human Brain Function." *Progress in Brain Research*, 2008.

Meyer-Lindenberg, A. et al. "Oxytocin and Vasopressin in the Human Brain: Social Neuropeptides for Translational Medicine." *Nature Reviews Neuroscience*, setembro de 2011.

Meyer-Lindenberg, A. et al. "Genetic Variants in *AVPR1A* Linked to Autism Predict Amygdala Activation and Personality Traits in Healthy Humans." *Molecular Psychiatry*, outubro de 2009.

Miczek, K. et al. "Escalated or Suppressed Cocaine Reward, Tegmental BDNF, and Accumbal Dopamine Caused by Episodic versus Continuous Social Stress in Rats." *Journal of Neuroscience*, 6 de julho de 2011.

Mulcahy, S. Entrevista com os autores, 28 de outubro de 2011.

Neumann, I. et al. "Aggression and Anxiety: Social Context and Neurobiological Links." *Frontiers in Behavioral Neuroscience*, 30 de março de 2010.

Normandin, J. e A. Murphy. "Somatic Genital Reflexes in Rats with a Nod to Humans: Anatomy, Physiology, and the Role of the Social Neuropeptides." *Hormones and Behavior*, 19 de fevereiro de 2011.

Ophir, A. "Variation in Neural V1aR Predicts Sexual Fidelity and Space Use Among Male Prairie Voles in Semi-Natural Settings." *Proceedings of the National Academy of Sciences*, 29 de janeiro de 2008.

"Prenatal Shaping of Behavior." *British Medical Journal*, 25 de abril de 1964.

Prichard, Z. et al. "AVPR1A and OXTR Polymorphisms Are Associated with Sexual and Reproductive Behavioral Phenotypes in Humans." *Human Mutation*, novembro de 2007.

Schmadeke, S. "Homer Glen Man Pleads Guilty to Killing Cat in Jealous Rage." *Chicago Tribune*, 23 de março de 2011.

Shalev, I. et al. "Vasopressin Needs an Audience: Neuropeptide Elicited Stress Responses Are Contingent Upon Perceived Social Evaluative Threats." *Hormones and Behavior*, 30 de abril de 2011.

Shirtcliff, E. et al. "Neurobiology of Empathy and Callousness: Implications for the Development of Antisocial Behavior." *Behavioral Sciences and the Law*, agosto de 2009.

Stribley, J. e S. Carter. "Developmental Exposure to Vasopressin Increases Aggression in Adult Prairie Voles." *Proceedings of the National Academy of Sciences*, 26 de outubro de 1999.

Takahashi, H. et al. "Dopamine D1 Receptors and Nonlinear Probability Weighting in Risky Choice." *Journal of Neuroscience*, 8 de dezembro de 2010.

Thompson, R. et al. "The Effects of Vasopressin on Human Facial Responses Related to Social Communication." *Psychoneuroendocrinology*, janeiro de 2009.

Thompson, R. et al. " Sex-Specific Influences of Vasopressin on Human Social Communication." *Proceedings of the National Academy of Sciences*, 16 de maio de 2006.

Todd, K. Entrevista com os autores, 4 de outubro de 2011.

Uzefovsky, F. et al. "Vasopressin Impairs Emotion Recognition in Men." *Psychoneuroendocrinology*, 17 de agosto de 2011.

Von Dawans, B. Entrevista com os autores, 30 de março de 2011.

Wagenaar, D. et al. "A Hormone-Activated Central Pattern Generator for Courtship." *Current Biology*, 23 de março de 2010.

Waldherr, M. e I. Neumann. "Centrally Released Oxytocin Mediates Mating-Induced Anxiolysis in Male Rats." *Proceedings of the National Academy of Sciences*, 16 de outubro de 2007.

Walum, H. et al. "Genetic Variation in the Vasopressin Receptor 1a Gene (*AVPR1A*) Associates with Pair-Bonding Behavior in Humans." *Proceedings of the National Academy of Sciences*, 16 de setembro de 2008.

Williamson, M. et al. "The Medial Preoptic Nucleus Integrates the Central Influences of Testosterone on the Paraventicular Nucleus of the Hypothalamus and Its Extended Circuitries." *Journal of Neuroscience*, 1º de setembro de 2010.

Winslow, J. et al. "A Role for Central Vasopressin in Pair Bonding in Monogamous Prairie Voles." *Nature*, 7 de outubro de 1993.

Young, L. e X. Wang. "The Neurobiology of Pair Bonding." *Nature Neuroscience*, 26 de setembro de 2004.

Young, L. et al. "Cellular Mechanisms of Social Attachment." *Hormones and Behavior*, setembro de 2001.

Young, L. et al. "Increased Affiliative Response to Vasopressin in Mice Expressing the V1a Receptor from a Monogamous Vole." *Nature*, 19 de agosto de 1999.

Zink, C. et al. "Vasopressin Modulates Medial Prefrontal Córtex – Amygdala Circuitry During Emotion Processing in Humans." *Journal of Neuroscience*, 19 de maio de 2010.

VICIADO EM AMOR

Aragona, B. et al. "Nucleus Accumbens Dopamine Differentially Mediates the Formation and Maintenance of Monogamous Pair Bonds." *Nature Neuroscience*, janeiro de 2006.

Bosch, O. Entrevista com os autores, 20 de dezembro de 2011.

Bosch, O. et al. "The CRF System Mediates Increased Passive Stress-Coping Behavior Following the Loss of a Bonded Partner in a Monogamous Rodent." *Neuropsychopharmacology*, 15 de outubro de 2008.

Buckholtz, J. et al. "Dopaminergic Network Differences in Human Impulsivity." *Science*, 30 de julho de 2010.

Canetto, S. e D. Lester. "Love and Achievement Motives in Women's and Men's Suicide Notes." *Journal of Psychology*, setembro de 2002.

The Deccan Herald. http://www.deccanherald.com/content/53967/love-affair-triggers-more-suicides.html.

Eastwick, P. et al. "Mispredicting Distress Following Romantic Breakup: Revealing the Time Course of the Affective Forecasting Error." *Journal of Experimental Social Psychology* 44 (2008): 800-807.

Fernando, R. et al. "Study of Suicides Reported to the Coroner in Columbo, Sri Lanka." *Medicine, Science and the Law*, janeiro de 2010.

Fisher, H. et al. "Reward, Addiction and Emotion Regulation Systems Associated with Rejection in Love." *Journal of Neurophysiology*, 5 de maio de 2010.

Frohmader, K. et al. "Methamphetamine Acts on Subpopulations of Neurons Regulating Sexual Behavior in Male Rats." *Neuroscience*, 31 de março de 2010.

Goldstein, R. et al. "Decreased Prefrontal Cortical Sensitivity to Monetary Reward Is Associated with Impaired Motivation and Self-Control in Cocaine Addiction." *American Journal of Psychiatry*, janeiro de 2007.

Kelley, A. e K. Berridge. "The Neuroscience of Natural Rewards: Relevance to Addictive Drugs." *Journal of Neuroscience*, 1º de maio de 2002.

Kiecolt-Glaser, J. et al. "Marital Quality, Marital Disruption, and Immune Function." *Psychosomatic Medicine* 49, nº 1 (janeiro-fevereiro de 1987).

Koob, G. Entrevista com os autores, 21 de dezembro de 2011.

Koob, G. "The Role of CRF and CRF-Related Peptides in the Dark Side of Addiction." *Brain Research*, 16 de fevereiro de 2010.

Koob, G. e N. Volkow. "Neurocircuitry of Addiction." *Neuropsychopharmacology*, 26 de agosto de 2009.

Koob, G. e E. Zorrilla. "Neurobiological Mechanisms of Addiction: Focus on Corticotropin-Releasing Factor." *Current Opinion in Investigational Drugs*, janeiro de 2010.

Krawczyk, M. et al. "A Switch in the Neuromodulatory Effects of Dopamine in the Oval Bed Nucleus of the Stria Terminalis Associated with Cocaine Self-Administration in Rats." *Journal of Neuroscience*, 15 de junho de 2011.

Krishnan, B. et al. "Dopamine Receptor Mechanisms Mediate Corticotropin-Releasing Factor-Induced Long-Term Potentiation in the

Rat Amygdala Following Cocaine Withdrawal." *European Journal of Neuroscience*, março de 2010.

Lester, D. et al. "Motives for Suicide — A Study of Australian Suicide Notes." *Crisis*, 2004.

Lester, D. et al. "Correlates of Motives for Suicide." *Psychological Reports*, outubro de 2003.

Liu, Y. et al. "Social Bonding Decreases the Rewarding Properties of Amphetamine Through a Dopamine D1 Receptor-Mediated Mechanism." *Journal of Neuroscience*, 1º de junho de 2011.

Liu, Y. et al. "Nucleus Accumbens Dopamine Mediates Amphetamine-Induced Impairment of Social Bonding in a Monogamous Rodent Species." *Proceedings of the National Academy of Sciences*, 19 de janeiro de 2010.

Loewenstein, G. "Emotions in Economic Theory and Economic Behavior." *AEA Papers and Proceedings*, maio de 2000.

Lowenstein, G. "Out of Control: Visceral Influences on Behavior." *Organizational Behavior and Human Decision Processes 65*, nº 3 (1996).

Martin-Fardon, R. et al. "Role of Innate and Drug-Induced Dysregulation of Brain Stress and Arousal Systems in Addiction: Focus on Corticotropin-Releasing Factor; Nocieptin/Orphanin FQ, and Orexin/Hypocretin." *Brain Research*, 16 de fevereiro de 2010.

McGregor, I. et al. "From Ultrasocial to Antisocial: A Role for Oxytocin in the Acute Reinforcing Effects and Long-Term Adverse Consequences of Drug Use?" *British Journal of Pharmacology* 154 (2008): 358-68.

Murray, F. Entrevista com os autores, 22 de dezembro de 2011.

Najib, A. et al. "Regional Brain Activity in Women Grieving a Romantic Relationship Breakup." *American Journal of Psychiatry*, dezembro de 2004.

Navarro-Zaragoza, J. et al. "Effects of Corticotropin-Releasing Factor Receptor-1 (CRF1R) Antagonists on the Brain Stress System Responses to Morphine Withdrawal." *Molecular Pharmacology*, 16 de fevereiro de 2010.

O'Connor, M. F. et al. "Craving Love? Enduring Grief Activates Brain's Reward Center." *Neuroimage*, 15 de agosto de 2008.

Petrovic, B. et al. "The Influence of Marital Status on Epidemiological Characteristics of Suicides in the Southeastern Part of Serbia." *Central European Journal of Public Health*, março de 2009.

Pfaus, J. Entrevista com os autores, 8-9 de junho de 2011.

Pine, A. et al. "Dopamine, Time, and Impulsivity in Humans." *Journal of Neuroscience*, 30 de junho de 2010.

Pitchers, K. et al. "Neuroplasticity in the Mesolimbic System Induced by Natural Reward and Subsequent Reward Abstinence." *Biological Psychiatry*, 1º de maio de 2010.

Pridmore, S. e Z. Majeed. "The Suicides of the Metamorphoses." *AustralAsia Psychiatry*, fevereiro de 2011.

Rudnicka-Drozak, E. et al. "Psychosocial and Medical Conditions for Suicidal Behaviors Among Children and Young People in Lublin Province." *Wiadomosci Lekarskie*, sup. 1 (2002).

Rutherford, H. et al. "Disruption of Maternal Parenting Circuitry by Addictive Process: Rewiring of Reward and Stress Systems." *Frontiers in Psychiatry*, 6 de julho de 2011.

Shalev, U. et al. "Role of CRF and Other Neuropeptides in Stress-Induced Reinstatement of Drug Seeking." *Brain Research*, 16 de fevereiro de 2010.

Stoessel, C. et al. "Differences and Similarities on Neuronal Activities of People Begin Happily and Unhappily in Love: A Functional Magnetic Resonance Imaging Study." *Neuropsychobiology*, 24 de maio de 2011.

Takahashi, H. et al. "Dopamine D1 Receptors and Nonlinear Probability Weighting in Risky Choice." *Journal of Neuroscience*, 8 de dezembro de 2010.

Troisi, A. et al. "Social Hedonic Capacity Is Associated with the A118G Polymorphism of the mu-Opioid Receptor Gene (OPRM1) in Adult Healthy Volunteers and Psychiatric Patients." *Social Neuroscience 6* (2011): 88-97.

Urban, N. et al. "Sex Differences in Striatal Dopamine Release in Young Adults After Oral Alcohol Challenge: A PET Imaging Study with [11C]Raclopride." *Biological Psychiatry*, 15 de outubro de 2010.

Van den Bergh, B. et al. "Bikinis Instigate Generalized Impatience in Intertemporal Choice." *Journal of Consumer Research*, 5 de dezembro de 2007.

Wise, A. e M. Morales. "A Ventral Tegmental CRF-Glutamate-Dopamine Interaction in Addiction." *Brain Research*, 16 de fevereiro de 2010.

Wise, R. "Dopamine and Reward: The Anhedonia Hypothesis 30 Years On." *Neurotoxicity Research*, outubro de 2008.

Young, K. et al. "Amphetamine Alters Behavior and Mesocorticolimbic Dopamine Receptor Expression in the Monogamous Female Prairie Vole." *Brain Research*, 7 de janeiro de 2011.

Younger, J. et al. "Viewing Pictures of a Romantic Partner Reduces Experimental Pain: Involvement of Neural Reward Systems." *PLoS One*, 13 de outubro de 2010.

O PARADOXO DA INFIDELIDADE

Aragona, B. et al. "Nucleus Accumbens Dopamine Differentially Mediates the Formation and Maintenance of Monogamous Pair Bonds." *Nature Neuroscience*, janeiro de 2006.

Ashton, G. "Mismatches in Genetic Markers in a Large Family Study." *American Journal of Human Genetics 32* (1980): 601-13.

Baugh, A. ed. *Chaucer's Major Poetry*. Upper Saddle River, Nova Jersey: Prentice-Hall, 1963.

Buckholtz, J. Entrevista com os autores, 19 de janeiro de 2012.

Buckholtz, J. et al. "Dopaminergic Network Differences in Human Impulsivity." *Science*, 30 de julho de 2010.

Bullough, V. e J. Brundage. *Handbook of Medieval Sexuality*. Nova York: Garland, 2000.

Burri, A. e T. Spector. "The Genetics of Sexual Behavior." *Behavioral Genetics*, maio de 2008.

Cherkas, L. et al. "Genetic Influences on Female Infidelity and Number of Sexual Partners in Humans: A Linkage and Association Study of the Role of the Vasopressin Receptor Gene (AVPR1A)." *Twin Research*, dezembro de 2004.

Coontz, S. Entrevista com os autores, 14 de dezembro de 2011.

Delhey, K. et al. "Paternity Analysis Reveals Opposing Selection Pressures on Crown Coloration in the Blue Tit." *Proceedings of The Royal Society B*, outubro de 2003.

Diekhof, E. e O. Gruber. "When Desire Collides with Reason: Functional Interactions Between Anteroventral Prefrontal Cortex and Nucleus Accumbens Underlie the Human Ability to Resist Impulsive Desires." *Journal of Neuroscience*, 27 de janeiro de 2010.

Durante, K. e N. Li. "Oestradiol Level and Opportunistic Mating in Women." *Biology Letters*, 23 de abril de 2009.

Ebstein, R. et al. "Genetics of Social Behavior." *Neuron*, 25 de março de 2010.

Fidler, A. et al. "DRD4 Gene Polymorphisms Are Associated with Personality Variation in a Passerine Bird." *Proceedings of The Royal Society B*, 22 de julho de 2007.

Fiorino, D. et al. "Dynamic Changes in Nucleus Accumbens Dopamine Efflux During the Coolidge Effect in Male Rats." *Journal of Neuroscience*, 15 de junho de 1997.

Foerster, K. et al. "Females Increase Offspring Heterozygosity and Fitness Through Extra-Pair Matings." *Nature*, 16 de outubro de 2003.

Forstmeier, W. et al. "Female Extrapair Mating Behavior Can Evolve via Indirect Selection on Males." *Proceedings of the National Academy of Sciences*, 28 de junho de 2011.

French, J. Apresentação, Workshop on the Biology of Prosocial Behavior, Universidade Emory, 23-24 de outubro de 2011.

Gangestad, S. et al. "Women's Sexual Interests Across the Ovulatory Cycle Depend on Primary Partner Developmental Instability." *Proceedings of the Royal Society B*, 17 de agosto de 2005.

Gangestad, S. et al. "Changes in Women's Sexual Interests and Their Partners' Mate-Retention Tactics Across the Menstrual Cycle: Evidence for Shifting Conflicts of Interest." *Proceedings of the Royal Society B*, 22 de abril de 2002.

Garcia, J. et al. "Associations Between Dopamine D4 Receptor Gene Variation with Both Infidelity and Sexual Promiscuity." *PLoS One*, 30 de novembro de 2010.

Garland, R. *The Greek Way of Life*. Ithaca, Nova York: Cornell University Press, 1990.

Gjedde, A. et al. "Inverted-U-Shaped Correlation Between Dopamine Receptor Availability and Striatum and Sensation Seeking." *Proceedings of the National Academy of Sciences*, 23 de fevereiro de 2010.

Gratian. http://www.fordham.edu/halsall/source/gratian1.asp.

Hammock, E. e L. Young. "Microsatellite Instability Generates Diversity in Brain and Sociobehavioral Traits." *Science*, 10 de junho de 2005.

Havens, M. e J. Rose. "Investigation of Familiar and Novel Chemosensory Stimuli by Golden Hamsters: Effects of Castration and Testosterone Replacement." *Hormones and Behavior*, dezembro de 1992.

Heinrichs, M. Entrevista com os autores, 10 de março de 2011.

Hostetler, C. et al. "Neonatal Exposure to the D1 Agonist SKF38393 Inhibits Pair Bonding in the Adult Prairie Vole." *Behavioral Pharmacology*, outubro de 2011.

Johnston, R. e K. Rasmussen. "Individual Recognition of Female Hamsters by Males: Role of Chemical Cues and of the Olfactory and Vomeronasal Systems." *Physiology and Behavior*, julho de 1984.

Jordan, L. e R. Brooks. "The Lifetime Costs of Increased Male Reproductive Effort: Courtship, Copulation, and the Coolidge Effect." *Journal of Evolutionary Biology*, novembro de 2010.

Kinsey Institute for Research in Sex, Gender, and Reproduction. http://www.iub.edu/~kinsey/resources/FAQ.html#frequency.

Koene, J e A. Ter Maat. "Coolidge Effect in Pond Snails: Male Motivation in a Simultaneous Hermaphrodite." *BMC Evolutionary Biology*, novembro de 2007.

Korsten, P. et al. "Association Between DRD4 Gene Polymorphism and Personality Variation in Great Tits: A Test Across Four Wild Populations." *Molecular Ecology*, janeiro de 2011.

Lammer, J. et al. "Power Increases Infidelity Among Men and Women." *Psychological Science*, julho de 2011.

Laumann, E. et al. *The Social Organization of Sexuality*. Chicago: University of Chicago Press, 1994.

Lysias. *On the Murder of Eratosthenes*. Tradução para o inglês de W. R. M. Lamb. Cambridge, Massachusetts: Harvard University Press, 1930. http://www.perseus.tufts.edu/hopper/text?doc=Perseus%3Atext%3A1999.01.0154% 3Aspeech%3D1.

McIntyre, M. et al. "Romantic Involvement Often Reduces Men's Testosterone Levels — But Not Always: The Moderating Role of Extrapair Sexual Interest." *Journal of Personality and Social Psychology*, outubro de 2009.

Ophir, A. et al. "Variation in Neural V1aR Predicts Sexual Fidelity and Space Use Among Male Prairie Voles in Semi-Natural Settings." *Proceedings of the National Academy of Sciences*, 29 de janeiro de 2008.

Patrick, S. et al. "Promiscuity, Paternity, and Personality in the Great Tit." *Proceedings of The Royal Society B*, 30 de novembro de 2011.

Pfaus, J. Entrevista com os autores, 8-9 de junho de 2011.

Pine, A. et al. "Dopamine, Time and Impulsivity in Humans." *Journal of Neuroscience*, 30 de junho de 2010.

Pruessner, J. et al. "Dopamine Release in Response to a Psychological Stress in Humans and Its Relationship to Early Life Maternal Care: A Positron Emission Tomography Study Using [11C]Raclopride." *Journal of Neuroscience*, 17 de março de 2004.

Rupp, H. et al. "Partner Status Influences Women's Interest in the Opposite Sex." *Human Nature*, 1º de março de 2009.

Ryan, C. e C. Jethá. http://www.sexatdawn.com/page4/page4. html.

Schmitt, D. et al. "Patterns and Universals of Mate Poaching Across 53 Nations: The Effects of Sex, Culture, and Personality on Romantically Attracting Another Person's Partner." *Journal of Personality and Social Psychology*, abril de 2004.

Schoebi, D. et al. "Stability and Change in the First 10 Years of Marriage: Does Commitment Confer Benefits Beyond the Effects of Satisfaction?" *Journal of Personality and Social Psychology*, 21 de novembro de 2011.

Solomon, N. "Polymorphism at the *AVPR1A* locus in male prairie voles correlated with genetic but not social monogamy in field populations." *Molecular Ecology*, novembro de 2009.

Steiger, S. et al. "The Coolidge Effect, Individual Recognition and Selection for Distinctive Cuticular Signatures in a Burying Beetle." *Proceedings, Biological Sciences, the Royal Society B*, agosto de 2008.

Strathearn, L. Entrevista com os autores, 30 de agosto de 2011.

Terris, M. e M. Oalmann. "Carcinoma of the Cervix: An Epidemiologic Study." *Journal of the American Medical Association*, 3 de dezembro de 1960.

Walker, R. et al. "Evolutionary History of Partible Paternity in Lowland South America." *Proceedings of the National Academy of Sciences*, 25 de outubro de 2010.

Wilson, J. et al. "Modification in the Sexual Behavior of Male Rats Produced by Changing the Stimulus Female." *Journal of Comparative Physiology and Psychology*, junho de 1963.

REESCREVENDO A HISTÓRIA DO AMOR?

Ablow, K. "Don't Let Your Kids Watch Chaz Bono on *Dancing with the Stars*." Foxnews.com, 2 de setembro de 2011.

Alexander, B. "Special Report: The New Boys' Health Scare." *Redbook*, junho de 2011.

American Family Association. "Obama Appointing the Mentally Diseased to Prominent Public Policy Positions." http://action.afa.net/Blogs/BlogPost.aspx?id=2147491010, 11 de janeiro de 2010.

Andari, E. et al. "Promoting Social Behavior with Oxytocin in High-Functioning Autism Spectrum Disorders." *Proceedings of the National Academy of Sciences*, 16 de fevereiro de 2010.

Bedi, G. et al. "Is Ecstasy an 'Empathogen'?" *Biological Psychiatry*, 15 de dezembro de 2010.

Brinn, L. "Brain Scans Could Be Marketing Tool of the Future." *Nature*, 4 de março de 2010.

Centers for Disease Control and Prevention. http://www.cdc.gov/nchs/data/databriefs/db76.htm.

Chen, F. et al. "Common Oxytocin Receptor Gene (OXTR) Polymorphism and Social Support Interact to Reduce Stress in Humans." *Proceedings of the National Academy of Sciences*, 13 de dezembro de 2011.

Combs, A. http://www.alan.com/2010/01/04/meet-amanda-simpson-likely-the-first-presidential-transgendered-appointee/.

Dando, M. "From Nose to Brain: New Route for Chemical Incapacitation?" http://www.thebulletin.org/node/8400.

De Dreu, C. et al. "The Neuropeptide Oxytocin Regulates Parochial Altruism in Intergroup Conflict Among Humans." *Science*, 11 de junho de 2010.

Ebstein, R. et al. "Genetics of Social Behavior." *Neuron*, 25 de março de 2010.

Eligon, J. "Lawsuits Challenge New York City on Sex-Change Rule." *New York Times*, 23 de março de 2011.

Elsea, J. "Lawfulness of Interrogation Techniques Under the Geneva Conventions." Congressional Research Service, 8 de setembro de 2004.

Evans, R. "Arms Expert Warns New Mind Drugs Eyed by Military." Reuters, 19 de agosto de 2009.

Family Research Council. "Don't Let Congress and President Obama Force American Employers to Hire Homosexuals, Transsexuals and Cross-dressers."http://www.frc.org/get.cfm?i=AL10A01&f=PG07J22, 6 de janeiro de 2010.

Flew, A., ed. *Body, Mind, and Death*. Nova York: Macmillan, 1977.

French, K. Entrevista com os autores, 4 de outubro de 2011.

Golden, J. Crítica de *The People of Great Russia: A Psychological Study*, de Geoffrey Gorer e John Rickman. *American Anthropologist* 54 (1952).

Guastella, A. Entrevista com os autores, 23 de outubro de 2011.

Hartmann, E. *The Philosophy of the Unconscious: Speculative Results According to the Inductive Method of Physical Science*. Edimburgo: Ballantyne, Hanson, and Company, 1884.

Heinrichs, M. Entrevista com os autores, 30 de março de 2011.

Hotchkiss, A. et al. "Fifteen Years After 'Wingspread' — Environmental Disruptors and Human and Wildlife Health: Where We Are Today and Where We Need to Go." *Toxicological Sciences*, 16 de fevereiro de 2008.

Israel, S. et al. "The Oxytocin Receptor (OXTR) Contributes to Prosocial Fund Allocations in the Dictator Game and the Social Value Orientations Task." *PLoS One*, 20 de maio de 2009.

Kim, H. et al. "Culture, Distress and Oxytocin Receptor Polymorphism (OXTR) Interact to Influence Emotional Support Seeking." *Proceedings of the National Academy of Sciences*, 19 de agosto de 2010.

Kim, P. et al. "The Plasticity of Human Maternal Brain: Longitudinal Changes in Brain Anatomy During the Early Postpartum Period." *Behavioral Neuroscience* 124, nº 5 (2010).

Linakis, J. et al. "Emergency Department Visits for Injury in School-Age Children in the United States: A Comparison of Nonfatal Injuries Occurring Within and Outside of the School Environment." *Academic Emergency Medicine*, maio de 2006.

Lowrey, A. "Programs That Tie Funding to Effectiveness Are at Risk." *New York Times*, 2 de dezembro de 2011.

Macdonald, K. e D. Feifel. "Dramatic Improvement in Sexual Function Induced by Intranasal Oxytocin." *Journal of Sexual Medicine*, 28 de maio de 2012.

Mason, A., ed. *Free Government in the Making: Readings in American Political Thought*. Nova York: Oxford University Press, 1965.

Meyer-Lindenberg, A. et al. "Oxytocin and Vasopressin in the Human Brain: Social Neuropeptides for Translational Medicine." *Nature Review Neuroscience*, setembro de 2011.

Modi, M. e L. Young. "The Oxytocin System in Drug Discovery for Autism: Animal Models and Novel Therapeutic Strategies." *Hormones and Behavior*, março de 2012.

Morgan, B. et al. "Should Neonates Sleep Alone?" *Biological Psychiatry*, 1º de novembro de 2011.

Palanza, P. et al. "Effects of Developmental Exposure to Bisphenol A on Brain and Behavior in Mice." *Environmental Research*, outubro de 2008.

Pedersen, C. "Biological Aspects of Social Bonding and the Roots of Human Violence." *Annals of the New York Academy of Science*, dezembro de 2004.

Postman, N. *Technopoly*. Nova York: Vintage Books, 1993.

Raytheon GLBTA News. http://ai.eecs.umich.edu/people/conway/TS/O&E/Raytheon/Raytheon%20Adds%20GI& E.html, agosto-outubro de 2005.

Reshetar, J. *The Soviet Polity: Government and Politics in the U.S.S.R.* Nova York: Harper and Row, 1978.

Rilling, J. et al. "Effects of Intranasal Oxytocin and Vasopressin on Cooperative Behavior and Associated Brain Activity in Men." *Psychoneuroendocrinology*, 11 de agosto de 2011.

Saunders, G. "Escape from Spiderhead." *New Yorker*, 20 de dezembro de 2010.

Seltzer, L. et al. "Social Vocalizations Can Release Oxytocin in Humans." *Proceedings of the Royal Society B*, 12 de maio de 2010.

Shepard, K. et al. "Genetic, Epigenetic and Environmental Impact on Sex Differences in Social Behavior." *Physiology and Behavior*, maio de 2009.

Stanford Encyclopedia of Philosophy. "Prisoner's Dilemma." http://plato.stanford.edu/entries/prisoner-dilemma/, 2007.

Strathearn, L. Entrevista com os autores, 30 de agosto de 2011.

Tomlinson, W. Entrevista com Robert Heath. http://www.archive.org/details/WallaceTomlinsonInterviewingRobertHeath_March51986.

Traditional Values Coalition. "Obama Appoints She-Male to Commerce Post." http://www.traditionalvalues.org/read/3826/obama-appoints-shemale-to-commercepost/, 7 de janeiro de 2010.

Vero Labs. https://www.verolabs.com/Default.asp.

Vom Saal, F. et al. "Chapel Hill Bisphenol A Expert Panel Consensus Statement: Integration of Mechanisms, Effects in Animals, and Potential to Impact Human Health at Current Levels of Exposure." *Reproductive Toxicology*, agosto-setembro de 2007.

Wolpe, P. R. Entrevista com os autores, 24 de outubro de 2011.

Este livro foi composto na tipografia
Minion Pro, em corpo 11,5/15, e impresso em
papel off-white no Sistema Digital Instant Duplex
da Divisão Gráfica da Distribuidora Record.